全国高职高专经济管理类"十四五"规划理论与实践结合型系列教材

现代企业经营与管理

XIANDAI QIYE JINGYING YU GUANLI

主　编　阮喜珍
副主编　张　静　朱春燕

华中科技大学出版社
http://press.hust.edu.cn
中国·武汉

图书在版编目(CIP)数据

现代企业经营与管理/阮喜珍主编. — 武汉：华中科技大学出版社，2023.8
ISBN 978-7-5680-9631-7

Ⅰ.①现… Ⅱ.①阮… Ⅲ.①企业经营管理 Ⅳ.①F272.3

中国国家版本馆 CIP 数据核字(2023)第 126890 号

现代企业经营与管理
Xiandai Qiye Jingying yu Guanli

阮喜珍　主编

策划编辑：聂亚文
责任编辑：段亚萍
封面设计：孢　子
责任监印：朱　玢

出版发行：华中科技大学出版社（中国·武汉）	电话：（027）81321913
武汉市东湖新技术开发区华工科技园	邮编：430223

录　　排：武汉创易图文工作室
印　　刷：武汉市洪林印务有限公司
开　　本：787 mm×1092 mm　1/16
印　　张：18.5
字　　数：474 千字
版　　次：2023 年 8 月第 1 版第 1 次印刷
定　　价：48.00 元

本书若有印装质量问题，请向出版社营销中心调换
全国免费服务热线：400-6679-118　竭诚为您服务
版权所有　侵权必究

前言
Preface

在产教融合的背景下,要建设职业教育品牌,必须紧密联系对应的产业或行业,以特色突出、水平较高、规模较大的专业(群)为载体,以学校、行业、企业共同组成的职业教育集团为平台。本教材的编写,考虑到本科制高职的兴起和发展,教材内容和难度在三年制高职高专的基础上有所增加。尤其是为了突出立德树人和思政教育,编写了思政能力要求并在内容的取舍上考虑到思政教育的需要。

企业管理学科是在自然科学与社会科学的交叉点上建立和发展起来的一门综合性交叉学科,同时也是从事经营管理研究和实践必须掌握的基本知识和技能。企业基层生产、服务第一线管理人员非常匮乏,而高职高专正是培养适应生产、建设、管理、服务第一线需要的高等技术应用型人才的摇篮。"现代企业经营与管理"是经济管理类专业的核心专业课程或专业基础课程,其教材和教学模式改革迫在眉睫。编写本教材可以解决当务之急,为培养满足国家和社会需要的品学兼优的第一线管理和技术人才做贡献,关键是可做本科制高职教材,满足本科制高职教育发展需要。

本课程的主要内容:企业设立、企业管理的职能与作用、管理理论的形成与发展;环境分析和企业战略;计划的种类、计划工作的程序和方法;目标管理的产生和发展、目标管理的实施过程;经济预测——预测的含义及其类型、预测的步骤与方法;决策的作用与原则、决策程序、决策方法;企业制度与企业文化;组织结构设计和领导者;现代企业资源管理;质量与控制的方法、预算控制方法、成本控制方法;现代企业生产与运作管理。

考虑到高职教育突出技能性和实用性的特点和要求,本教材围绕现代管理实务操作的相关知识、技能要求进行编写,突出以企业管理岗位和工作任务所需的知识、技能要求进行教材内容体系的架构,即按现行企业相关管理岗位或管理项目所实施的实务操作技能和必备知识要求编写。本教材采用通俗易懂的语言,既注重理论与方法的系统介绍,又穿插一些小案例、知识链接、小思考和情景训练,增强趣味性。本教材着重介绍怎么做、如何做,力求通俗易懂,注重案例和图表的运用。每章(第8章除外)均以企业管理案例引入,后面附有思考题、技能训练和案例分析。

本教材适用于高职高专类院校经济管理类专业(三年制、四年制均适用),非经济管理类专业如果开设本课程也可使用,同时也可作为企业管理人员培训和普通高等教育的教材或教学参考书,在教学中可以根据实际情况进行内容取舍。

为方便教学,本教材配有PPT教学课件、习题参考答案以及慕课等教学资源,任课教师可登录华中科技大学出版社网站下载使用。

在本教材的编写过程中,参考和引用了许多学者的研究成果,在此谨向有关作者表示诚挚的谢意!同时,感谢所有提供参考和指导意见的企业!本教材的出版得到了华中科技大学出版社的大力支持,得到了同行专家的关心、帮助和指导,在此一并表示感谢!

由于编者水平有限,本教材难免存在缺点和不足,恳请读者批评指正。

编者
2023年5月

目录
Contents

第1章 现代企业设立及企业管理概述 /1

1.1 企业的设立 /2

1.2 管理及管理者的能力 /9

1.3 企业管理概述 /14

第2章 现代企业组织设计与制度管理 /20

2.1 现代企业组织概述 /21

2.2 企业组织结构设计 /28

2.3 企业组织制度 /36

第3章 现代企业经营环境与战略管理 /53

3.1 企业经营环境分析 /54

3.2 企业战略管理 /61

3.3 企业战略实践 /63

第4章 企业经营决策和计划管理 /70

4.1 企业目标管理 /71

4.2 企业的经营决策管理 /85

4.3 企业的经营计划管理 /103

第5章 现代企业生产与运作管理 /118

5.1 生产与运作管理概述 /119

5.2 生产与运作类型及过程组织 /130

5.3 库存管理与控制 /138

5.4 供应链管理环境下的生产运作 /152

第 6 章　现代企业管理创新和创业　/165

6.1　企业管理创新　/166

6.2　创业　/179

第 7 章　现代企业资源开发与管理　/192

7.1　企业人力资源管理　/193

7.2　企业财务运作管理　/215

7.3　企业设施设备管理　/223

第 8 章　质量管理与控制　/240

8.1　质量管理概述　/240

8.2　生产运作过程的质量管理　/244

8.3　全面质量管理　/249

8.4　质量管理与控制的方法　/254

8.5　质量管理体系与质量认证　/262

第 9 章　企业成本控制与经济分析　/272

9.1　生产成本控制　/273

9.2　生产系统的经济核算　/278

9.3　生产系统的经济活动分析　/281

参考文献　/288

第1章 现代企业设立及企业管理概述

▪ 思政目标 ▪

◎具有为社会做贡献的思想;
◎培养服从管理和管理他人的思想意识。

▪ 知识目标 ▪

◎理解企业管理的含义;
◎明确企业管理的特点及作用;
◎了解企业管理者的工作环境;
◎掌握企业管理的性质、职能、内容及管理者的类型和技能。

▪ 技能目标 ▪

◎能用所学知识对企业管理状况进行分析;
◎能结合企业具体情况提出管理的具体措施;
◎提高对企业管理案例的分析能力。

 引例 培训部负责人辞职

北京某公司王总,工龄有三十多年,在行业内也算是前辈,工作态度非常严谨仔细。他对公司组织的培训工作非常重视,从培训课程内容设置、培训讲师选聘、培训酒店场地签订到培训证书印制、培训现场条幅悬挂、培训期间餐饮订单,等等,事无巨细,从头抓到尾,尽管有专门的培训部。并且他经常亲自蹲点于培训教室现场,中间还不时打断讲师,指正讲授内容;由于公司人员排队签字,不时召唤秘书奔走往返,来培训现场办理公文、处理文件。

一次,王总突然指示培训部下周举办经销商销售顾问培训班和市场经理培训班,完全脱离培训工作实施规划。培训部不得不马上开始确定培训讲师、拟制培训日程表、商谈培训教室、拟订培训通知等。由于某种原因,实际报到人数没有达到理想状态,王总在培训报到现场果断指示将两个班合并为一个班举办,以节省开销。尽管前期已经安排妥当,培训讲师林教授也强调培训对象不同,培训内容侧重点不一样,最关键报到时间也不同,王总置之不理。结果经销商参训学员得知突然变更,怨声载道,全部怪罪培训部。王总竟然也在众人面前大声斥责培训部负责人,为什么培训工作做得一塌糊涂,然后命令公司其他所有部门负责人全部到场蹲点,这下更热闹了,培训工作不光王总亲自指导,各部门负责人也不时指东道西,甚至连总经理秘书也插手指挥。可想而知,一个简单的培训活动最终搞得乱七八糟。培训结束第二天,培训部负责人打了辞职报告。

这一案例表明:类似王总这样的公司管理者在我们周围并不少见,该案例反映出企业管理存在的诸多问题——管理者角色定位不明确、工作计划性不强、企业文化建设不成功、企业管理方法不力,等等。企业管理对于企业的发展起决定性作用,要想企业长足发展,必须加强企业管理。

1.1　企业的设立

1.1.1　企业概述

1. 企业的定义

企业是指从事生产、流通、服务等经济活动,以产品或劳务满足社会需要,并以获取盈利为目的,依法设立,实行自主经营、自负盈亏、独立核算的经济组织。也可以定义为,企业是以营利为目的,运用各种生产要素(如土地、劳动力、资本、技术等),依法从事生产、流通和服务等满足社会需要的经济活动,实行自主经营、自负盈亏、独立核算、自我约束的法人实体和市场竞争主体。这一概念包括几个方面的含义:

(1)企业必须拥有一定的资源。这些资源是企业能够独立从事生产经营活动,为社会提供商品和服务的基本物质条件。资源指的是资本、土地、劳动力、技术和信息等。

(2)企业是独立的经济实体。企业不同于政府部门、事业单位和社会团体,也不是政府的分支机构和附属物,它是以追求经济效益、获取利润为目的,能够独立为社会提供产品和服务的经济实体。

(3)企业是能够自主经营、自负盈亏的完整的经济组织。

(4)企业必须承担相应的社会责任。

(5)企业是一个独立的民事主体,依法享有民事权利并承担相应民事义务,能以自己的名义进行民事活动。

企业一般应具备以下几个条件:正式在政府有关部门注册登记;有专门的名称、固定的场所和组织章程;具有独立的资产,实行独立核算;能独立对外开展经营活动。

2. 企业的产生与发展

企业是随着生产力的发展、社会的进步产生、发展与完善的。企业的演进主要经历了三个阶段。

(1)工场手工业时期:这是指从封建社会的家庭手工业到资本主义初期的工场手工业时

期。16世纪至17世纪,一些西方国家的封建社会制度向资本主义制度转变,资本主义原始积累加快,大规模地剥夺农民的土地,使家庭手工业急剧瓦解,开始向资本主义工场制转变。工场手工业是企业的雏形。

(2) 工厂制时期:18世纪,西方各国相继开展了工业革命,大机器的普遍采用,为工厂制的建立奠定了基础。1771年,英国人理查德·阿克赖特(Richard Arkwright,1732—1792年)在克隆福特创立了第一家棉纱工厂。19世纪三四十年代,工厂制度在英、德等国家普遍建立。工厂制的主要特性是:实行大规模的集中劳动;采用大机器高效率生产;实行雇用工人制度;劳动分工深化,生产走向社会化。

(3) 现代企业时期:19世纪末20世纪初,随着自由资本主义向垄断资本主义过渡,工厂自身发生了复杂而又深刻的变化——不断采用新技术,使生产迅速发展;生产规模不断扩大,竞争加剧,产生了大规模的垄断企业;经营权与所有权分离,形成职业化的管理阶层;普遍建立了科学的管理制度,形成了一系列科学管理理论,从而使企业走向成熟,成为现代企业。

3. 企业的特征

(1) 企业是一种经济组织。企业是一种经济组织,从事经济活动,追求经济效益。

(2) 企业是从事商品生产经营活动的经济组织。企业是商品生产者和经营者,其产品或服务劳动都是以商品形式出现的。

(3) 企业是实行独立核算、自负盈亏的经济组织。企业具有经济上的独立性和营利性。企业在经济上是独立的,有可以独立支配的财产。企业具有营利性,其基本功能主要是创造价值。

(4) 企业是能够独立地享受权利、承担义务的法律主体。企业必须在形成经济实体后进一步取得法人这一法律主体资格,其经济活动和权益才能得到法律的保障。

4. 企业的功能

(1) 企业是市场经济活动的主要参与者,市场经济活动的顺利进行离不开企业的生产和销售活动,离开了企业的生产和销售活动,市场就成了无源之水、无本之木。创造价值是企业经营行为动机的内在要求,企业的生产状况和经济效益直接影响社会经济实力的增长和人民物质生活水平的提高。只有培育大量充满生机与活力的企业,社会才能稳定、和谐而健康地发展。

(2) 企业是社会生产和服务的主要承担者,社会经济活动的主要过程即生产和服务过程,大多是由企业来承担和完成的。许多企业要组织社会生产,通过劳动者,将生产资料(劳动工具等)作用于劳动对象,从而生产出商品,这个过程就是企业组织社会生产的过程,所以企业是社会生产的直接承担者。企业在组织社会生产过程中必然要在社会上购买其他企业的商品,再把本企业的产品销售出去,形成了服务(包括商品流通)的过程。离开了企业的生产和服务活动,社会经济活动就会中断或停止。

(3) 企业可以推动社会经济技术进步。企业为了在竞争中立于不败之地,就需要不断积极采用先进技术,这在客观上必将推动整个社会经济技术的进步。企业的发展对整个社会的经济技术进步有着不可替代的作用。加快企业技术进步,加速科技成果产业化,培育发展创新型企业是企业发展壮大的重要途径。

5. 企业的社会责任

随着经济和社会的进步,企业不仅要对赢利负责,而且要对环境负责,并承担相应的社会责任。企业落实社会责任,实现企业经济责任、社会责任和环境责任的动态平衡,反而会提升企业的竞争力与社会责任感,为企业树立良好的声誉和形象,从而提升公司的品牌形象,获得利益相关者对企业的良好印象,增强投资者信心,更加容易地吸引企业所需要的优秀人才,并且留住人才,等等。

《中华人民共和国公司法》(以下简称《公司法》)第五条规定:"公司从事经营活动,必须遵守法律、行政法规,遵守社会公德、商业道德,诚实守信,接受政府和社会公众的监督,承担社会责任。公司的合法权益受法律保护,不受侵犯。"

首先,企业应该承担并履行好经济责任,为极大丰富人民的物质生活,为国民经济的快速稳定发展发挥自己应有的作用。最直接地说就是营利,尽可能扩大销售,降低成本,正确决策,保证利益相关者的合法权益。

其次,企业在遵纪守法方面做出表率,遵守所有的法律、法规,包括环境保护法、消费者权益保护法和劳动保护法。完成所有的合同义务,带头诚信经营、合法经营,承兑保修允诺。带动企业的雇员、企业所在的社区等共同遵纪守法,共建法治社会。

再次,伦理责任是社会对企业的期望,企业应努力使社会不遭受自己的运营活动、产品及服务的消极影响。加速产业技术升级和产业结构的优化,大力发展绿色企业,增大企业吸纳就业的能力,为环境保护和社会安定尽职尽责。

最后,是企业的慈善责任。现阶段构建和谐社会的一个重要任务是要大力发展社会事业,教育、医疗卫生、社会保障等事业的发展直接关系人民的最直接利益,也直接决定着社会安定与否、和谐与否。企业应充分发挥资本优势,为发展社会事业、为成为一个好的企业公民而对外捐助,支援社区教育,支持健康、人文关怀、文化与艺术、城市建设等项目的发展,帮助社区改善公共环境,自愿为社区工作。

案例分析 1-1　某科技企业在疫情中履行社会责任

某科技公司共投资15亿元设立"战疫基金",投资领域包括物质支持、技术支持、人员关怀、科研医疗等。这是一套救援和保障计划,重点是抗击当前的流行病和防止未来的流行病。项目金额3亿元来自疫情防控基金,用于采购紧缺物资。联合采购335万件口罩、12.51万套防护服和大量防疫物资,如防护手套、护目镜、消毒剂、呼吸机、耳温枪、75%乙醇和检测试剂盒等,正在运往一线发放。来自"战疫开发者公益联盟"资金池的2亿元,用于为抗疫小程序的服务商和开发者提供资金和资源支持,帮助他们为政府部门和医疗机构快速开发抗疫服务小程序。"战疫荣誉基金"为3亿元人民币,用于向为抗击肺炎做出贡献的人员表示敬意和慰问。救助基金2亿元,用于帮助因新型冠状病毒感染而经济困难的患者及其家人。上述项目可根据战疫情况追加5亿元"战疫储备基金",也可用于防疫科研、医疗设备改进、医疗普及等工作。向清华大学教育基金会捐赠了1500万元人民币,其中500万元人民币用于支持新冠肺炎疫苗研发,1 000万元用于支持全球健康药物研发中心制订肺炎治疗计划。

(资料来源:http://www.yjcf360.com/gushifocus/748475.htm,有改动)

分析:案例中该公司所做的一切都是在履行一个企业的社会责任。

1.1.2 企业的设立与登记

企业设立要按照《公司法》《中华人民共和国合伙企业法》《中华人民共和国个人独资企业法》等法律法规以及国家统计局和国家工商行政管理总局(现国家市场监督管理总局)联合发布的《关于划分企业登记注册类型的规定》进行登记。个人独资企业和合伙企业只能领取"企业经营执照",而不能领取"企业法人营业执照"。本教材主要讲公司制企业的设立与登记。其设立程序为:①制定公司章程;②发起人认购首次发行的股份;③发起人缴纳出资;④全部股东缴纳完毕后,应当由法定的验资机构进行验资并出具验资证明;⑤选举董事长和监事会;⑥申请设立登记;⑦领取营业执照并公告。

1. 公司的名称、住所、经营范围及高管信息

注册公司的所有细小的环节都是非常重要的,我们在填写注册信息时一定要注意,如果填写错误,后期更改是非常烦琐的。要重视公司注册时的每个细节,对于不清楚的问题,可以向工商局服务窗口咨询,或者委托服务机构代为办理。

1)公司的名称

公司名称注册有以下规定:应当由行政区划、字号、行业、组织形式依次组成;应当使用符合国家规范的汉字;不得含有另一个企业名称。关于公司名称的法律依据——《企业名称登记管理实施办法》第六条:"企业法人名称中不得含有其他法人的名称,国家工商行政管理总局另有规定的除外。"《企业名称登记管理实施办法》第七条:"企业名称中不得含有另一个企业名称。企业分支机构名称应当冠以其所从属企业的名称。"《企业名称登记管理实施办法》第八条:"企业名称应当使用符合国家规范的汉字,不得使用汉语拼音字母、阿拉伯数字。企业名称需译成外文使用的,由企业依据文字翻译原则自行翻译使用,不需报工商行政管理机关核准登记。"《企业名称登记管理实施办法》第九条:"企业名称应当由行政区划、字号、行业、组织形式依次组成,法律、行政法规和本办法另有规定的除外。"

2)注册地址

公司在成立前应先择定其住所,在申请公司注册登记时,须向登记机关提交住所证明,以证明将要注册的公司对该住所享有使用权。特别提示创业者:在创业初期如果资金紧张,可以选择创业孵化器(集中办公区)地址。如果公司的注册地址是租用的,就一定要取得并留存租房费用发票,诸如股权变更、公司注销等,都需要用到以前的租房发票。公司的地址虽然是可以变动的,但税务变更起来会比较麻烦,尤其是跨城区的,所以在选择注册地址时一定要慎重。

3)经营范围

经营范围是企业可以从事的生产经营与服务项目。企业经营者初次注册公司时,不知道如何确定经营范围时,可以直接参考行业内同类公司。以工程管理公司为例,其经营范围如下：工程项目管理；工程招标代理；合同能源管理；工程造价咨询、评估咨询；经济信息咨询；技术开发、咨询、服务、转让、推广；施工总承包、专业承包、劳务分包；销售机械设备。

4）高管信息

董事、董事长、执行董事：当公司在早期阶段时，没有董事会，只有一名执行董事，执行董事代表董事会。董事会成立后，负责公司经营活动的指挥和管理，并负责向公司股东会或股东大会报告工作。法定代表人：法定代表人的行为在法律上等同于公司的行为，并且只能由董事长/执行董事或经理担任，执行董事/经理对公司的所有行为和结果负责。监事：由于公司股东分散，为了防止董事会、经理滥用职权，在股东大会上选出监事，代表股东大会行使监督职能。监事必须是单独的人选，不能由董事、经理来兼任。

2. 有限责任公司的设立

根据《公司法》的规定，设立有限责任公司，应当具备下列五个条件：

(1) 股东符合法定人数。

设立有限责任公司的法定人数分两种情况：一是通常情况下，法定股东数须是五十人以下；二是特殊情况下，国家授权投资的机构或国家授权的部门可以单独设立国有独资的有限责任公司。

(2) 股东出资达到法定资本最低限额。

法定资本是指公司向公司登记机关登记时，实缴的出资额，即经法定程序确认的资本。在中国，法定资本又称为注册资本，既是公司成为法人的基本特征之一，又是企业承担亏损风险的资本担保，同时也是股东权益划分的标准。

有限责任公司的注册资本为在公司登记机关登记的全体股东认缴的出资额。公司全体股东的首次出资额不得低于注册资本的百分之二十，也不得低于法定的注册资本最低限额，其余部分由股东自公司成立之日起两年内缴足；其中，投资公司可以在五年内缴足。有限责任公司注册资本的最低限额为人民币三万元。法律、行政法规对有限责任公司注册资本的最低限额有较高规定的，从其规定。

股东可以用货币出资，也可以用实物、知识产权、土地使用权等可以用货币估价并可以依法转让的非货币财产作价出资；但是，法律、行政法规规定不得作为出资的财产除外。对作为出资的非货币财产应当评估作价，核实财产，不得高估或者低估作价。法律、行政法规对评估作价有规定的，从其规定。全体股东的货币出资金额不得低于有限责任公司注册资本的百分之三十。

(3) 股东共同制定公司章程。

公司章程是关于公司组织及其活动的基本规章。制定公司章程既是公司内部管理的需要，也是便于外界监督管理和交往的需要。根据《公司法》的规定，公司章程应当载明的事项有：公司名称和住所、公司经营范围、公司注册资本、股东姓名或名称、股东的权利和义务、股东的出资方式和出资额、股东转让出资的条件、公司的机构及其产生办法和职权及议事的规则、公司的法定代表人、公司的解散事项与清算办法、其他事项。

(4)有公司名称,建立符合有限责任公司要求的组织机构。

公司作为独立的企业法人,必须有自己的名称。公司设立名称时还必须符合法律、法规的规定。有限责任公司的组织机构是指股东会、董事会或执行董事、监事会或监事。

(5)有固定的生产经营场所和必要的生产经营条件。

生产经营场所可以是公司的住所,也可以是其他经营地。生产经营条件是指与公司经营范围相适应的条件。它们都是公司从事经营活动的物质基础,是设立公司的起码要求。

3. 合伙企业的设立

根据《中华人民共和国合伙企业法》的规定,设立合伙企业应当具备下列五个条件。

(1)有两个以上的合伙人,并且都是依法承担无限责任者。

合伙企业合伙人至少为两人,这是最低的限额。最高限额未做规定。与有限责任公司的股东不同,合伙企业中的合伙人承担的是无限责任,合伙企业不允许有承担有限责任的合伙人。

(2)有书面合伙协议。

合伙协议是由各合伙人通过协商,共同决定相互间的权利义务,达成的具有法律约束力的协议。合伙协议应当由全体合伙人协商一致,以书面形式订立。合伙协议经全体合伙人签名、盖章后生效。

(3)有各合伙人实际缴付的出资。

合伙人可以用货币、实物、土地使用权、知识产权或其他财产权利出资。经全体合伙人协商一致,合伙人也可以用劳务出资。对劳务出资,其评估办法由全体合伙人协商确定。

(4)有合伙企业名称。

合伙人在成立合伙企业时,必须确定其合伙企业名称。该名称必须符合企业名称管理的有关规定。

(5)有营业场所和从事合伙经营的必要条件。

合伙企业要经常、持续地从事生产经营活动,就必须有一定的营业场所和从事合伙经营的必要条件。所谓必要条件,就是根据合伙企业的合伙目的和经营范围,如果欠缺则无法从事生产经营活动的物质条件。

4. 个人独资企业的设立

(1)投资人为一个自然人,且只能是中国公民。

(2)有合法的企业名称。

个人独资企业名称中不得使用"有限""有限责任"或者"公司"字样,个人独资企业的名称字样为××研究院、××研究所、××中心、××经营部、××社、××部等。

(3)有投资人申报的出资。

投资人可以个人财产出资,也可以家庭共有财产作为个人出资。

设立个人独资企业可以用货币出资,也可以用实物、土地使用权、知识产权或者其他财产权利出资。采取实物、土地使用权、知识产权或者其他财产权利出资的,应将其折算成货币数额。投资人申报的出资额应当与企业的生产经营规模相适应。以家庭共有财产作为个人出资的,投资人应当在设立(变更)登记申请书上予以注明。

(4)有固定的生产经营场所和必要的生产经营条件。

(5)有必要的从业人员。

(6)个人独资企业不需要注册资金。

1.1.3 公司章程

公司章程是指公司所必备的,规定其名称、宗旨、资本、组织机构等对内对外事务的基本法律文件。公司章程作为规范公司的组织和活动的基本规则,在公司存续期间具有重要意义。

1. 公司章程的特征

(1)法定性。法定性主要强调公司章程的法律地位、主要内容及修改程序、效力都由法律强制规定,任何公司都不得违反。公司章程是公司设立的必备条件之一,无论是设立有限责任公司还是设立股份有限公司,都必须由全体股东或发起人订立公司章程,并且必须在公司设立登记时提交公司登记机关进行登记。

(2)真实性。真实性主要强调公司章程记载的内容必须是客观存在的、与实际相符的事实。

(3)自治性。自治性主要体现在:其一,公司章程作为一种行为规范,不是由国家而是由公司依法自行制定的,是公司股东意思表示一致的结果;其二,公司章程是一种法律以外的行为规范,由公司自己来执行,无须国家强制力来保证实施;其三,公司章程作为公司内部规章,其效力仅及于公司和相关当事人,而不具有普遍的约束力。

(4)公开性。公开性主要对股份有限公司而言。公司章程的内容不仅要对投资人公开,还要对包括债权人在内的一般社会公众公开。

2. 公司章程的订立

公司章程的订立通常有两种方式:一是共同订立,是指由全体股东或发起人共同起草、协商制定公司章程,否则公司章程不得生效;二是部分订立,是指由股东或发起人中的部分成员负责起草、制定公司章程,而后再经其他股东或发起人签字同意的制定方式。公司章程必须采取书面形式,经全体股东同意并在章程上签名盖章,公司章程才能生效。

3. 公司章程的内容

公司章程的内容即指公司章程所记载的事项。公司章程的具体内容可因公司种类、公司经营范围、公司经营方式的不同而有所区别,但都可以归为以下三类:

(1)绝对记载事项。公司章程的绝对记载事项,是指法律规定公司章程中必须记载的事项。对于绝对记载事项,公司有义务必须一一记载,没有权利做出自由选择。如果缺少其中任何一项或任何一项记载不合法,将导致整个章程无效。

(2)相对记载事项。公司章程的相对记载事项,是指法律列举规定了某些事项,但这些事项是否记入公司章程,全由章程制定者决定。相对记载事项,非经载明于章程,不生效力。

(3)任意记载事项。公司章程的任意记载事项,是指法律并无明文规定,但公司章程制定者认为需要协商记入公司章程,以便使公司能更好运转且不违反强行法之规定和公序良俗之原则的事项。如公司之存续期限,股东会之表决程序,变更公司之事由,董事、监事、高级管理人员之报酬等。

1.1.4 公司资本

公司资本也称为股本,它在《公司法》中的含义是指由公司章程确定并载明的、全体股东的出资总额。公司资本的具体形态有以下几种:

(1)注册资本,即狭义上的公司资本,是指公司在设立时筹集的、由章程载明的、经公司登记机关登记注册的资本。《公司法》第二十六条规定:"有限责任公司的注册资本为在公司登记机关登记的全体股东认缴的出资额。"第八十条规定:"股份有限公司采取发起设立方式设立的,注册资本为在公司登记机关登记的全体发起人认购的股本总额。""股份有限公司采取募集方式设立的,注册资本为在公司登记机关登记的实收股本总额。"

(2)发行资本,又称认缴资本,是指公司实际上已向股东发行的股本总额。发行资本可能等于注册资本,也可能小于注册资本。实行法定资本制的国家,公司章程所确定的资本应一次全部认足,因此,发行资本一般等于注册资本。但股东在全部认足资本后,可以分期缴纳股款。实行授权资本制的国家,一般不要求注册资本都能得到发行,所以它小于注册资本。

(3)认购资本,是指出资人同意缴付的出资总额。

(4)实缴资本,又称实收资本,是指公司成立时公司实际收到的股东的出资总额。它是公司现实拥有的资本。由于股东认购股份以后,可能一次全部缴清,也可能在一定期限内分期缴纳,故而实缴资本可能等于或小于注册资本。

中国新修订的《公司法》对公司资本采纳了一定程度上的授权资本制,即允许公司成立时股东只实际缴付一定比例的认缴资本,其余认缴的资本在公司成立后的一定期限内缴清即可。所以,公司的注册资本等于公司成立时全体股东的认缴资本总额,但公司成立时的实缴资本可能小于注册资本。

1.2 管理及管理者的能力

1.2.1 管理的含义

管理是在社会活动中,一定的人和组织依据所拥有的权利,通过一系列职能活动,对人力、物力、财力及其他资源进行协调或处理,以达到预期目标的活动过程。

管理是基于人性和人群差异性基础上的民主化、科学化操作,以达到预期目标的活动过程。管理是组织中维持集体协作行为延续发展的有意识的协调行为。管理者在一定的环境条件下,对组织所拥有的资源(人力、物力和财力等各项资源)进行计划、组织、领导、控制和协调,以有效地实现组织目标。广义的管理:应用科学的手段安排组织社会活动,使其有序进行,其对应的英文是 administration 或 regulation。狭义的管理:为保证一个单位全部业务活动而实施的一系列计划、组织、协调、控制和决策的活动,对应的英文是 manage 或 run。

广义的管理中包含着经营,不过因为经营很重要,就单独列出。这样,"管理"和"经营"就被赋予特定的含义。

由于管理概念本身具有多义性,它不仅有广义和狭义的区分,而且还因时代、社会制度和专业的不同,产生不同的解释和理解。随着生产方式社会化程度的提高和人类认识领域的拓展,人们对管理现象的认识和理解的差别还会更为明显。

长期以来,许多中外学者从不同的研究角度出发,对管理一词做了不同的解释,然而,不同学者在研究管理时出发点不同,因此,他们对管理一词所下的定义也就不同。直到目前为止,管理还没有一个统一的定义。特别是 21 世纪以来,各种不同的管理学派,由于理论观点的不同,对管理概念的解释更是众说纷纭。管理学者是这样定义"管理"的。泰罗:确切知道要别人去干什么,并注意他们用最好最经济的方法去干。法约尔:管理是所有的人类组织(不论是家庭、企业或政府)都有的一种活动,这种活动由五项要素组成——计划、组织、指挥、协调和控制,管理就是实行计划、组织、指挥、协调和控制。孔茨:管理就是设计和保持一种良好环境,使人在群体里高效率地完成既定目标。彼得·德鲁克:归根到底,管理是一种实践,其本质不在于"知"而在于"行",其验证不在于逻辑,而在于成果,其唯一权威就是成就。

管理定义可以列举很多,以上几种具有一定的代表性,综合分析各种不同观点,总的来说,它们各有真知灼见,也各有不足之处,但这些定义都着重从管理的现象来描述管理本身。那么,如何对管理这一复杂的概念进行比较全面和一般的概括呢?

让我们对管理活动先做一下剖析。我们知道管理是一种行为,作为行为,首先应当有行为的发出者和承受者,即谁对谁做;其次,还应有行为的目的,为什么做。因此,形成一种管理活动,首先要有管理主体,即说明由谁来进行管理的问题;其次要有管理客体,即说明管理的对象或管理什么的问题;最后要有管理目的,即说明为何而进行管理的问题。

有了以上三个要素,就具备了形成管理活动的基本条件。同时,我们还应想到,任何管理活动都不是孤立的活动,它必须要在一定的组织、环境和条件下进行。

以上分析说明,任何一种管理活动都必须由以下四个基本要素构成,即:管理主体——回答由谁管的问题;管理客体——回答管什么的问题;组织目的——回答为何而管的问题;组织环境或条件——回答在什么情况下管的问题。

既然管理行为本身就是由上述这四个管理要素决定的,构成管理行为的这四个管理要素当然应在管理的定义中首先得到体现。其次,由于要真正进行管理活动,还必须要运用为达到管理目的的管理职能和管理方法,即解决如何进行管理的问题。这一点也应该能够在管理的定义中得到体现。管理的定义应该反映管理活动的一般的、本质的特征,或者说,管理的定义一定要反映管理的本质,即追求效率。

为了对管理进行比较广泛的研究,而不局限于某个侧面,我们采用下面的定义:管理是通过计划、组织、控制、激励和领导等环节来协调人力、物力和财力资源,以期更好地达成组织目标的过程。

根据上述管理要素在实际管理活动中的作用和地位以及它们之间的内在逻辑联系,我们就可从一般意义上来概括管理,即一般地说:组织单元,通过市场经济选择,科学、合理、优化配置经济要素资源,达到组织经营低投入、高产出的目的,这样的经营行为就是管理。

综合各种观点,对管理的比较系统的理解应该是:管理是管理者或管理机构,在一定范围内,通过计划、组织、控制、领导等工作,对组织所拥有的资源(包括人、财、物、时间、信息)进行合理配置和有效使用,以实现组织预定目标的过程。这一定义有四层含义:第一,管理是一个过程;第二,管理的核心是达到目标;第三,管理达到目标的手段是运用组织拥有的各种资源;第四,管理的本质是协调。

1.2.2 管理者的定义和类型

1. 管理者的定义

管理者(managers)是具有能动性、社会性,又追求把握性的人。不具备能动性,就不能对管理对象产生作用和影响;不具备社会性,其活动就没有价值和意义;不追求把握性,其活动就不能算是管理活动。管理者通过别人来完成工作。他们做出决策、分配资源、指导别人的活动从而实现工作目标。管理者是这样的人,他通过协调其他人的活动达到与别人一起或者通过别人实现组织目标的目的。管理者是借力,充分运用他人的聪明才智和有限的资源为整个组织服务,从而实现组织目标。

管理者是指在组织中直接监督和指导他人工作的人,管理者通过其职位和知识,对组织负有贡献的责任,因而能够实质性地影响该组织的经营能力及达成的成果。现代观点强调管理者必须对组织负责,而不仅仅是拥有权力。与管理者相对应的是非管理者。

2. 管理者的类型

管理者可分为基层管理者、中层管理者和高层管理者(见图1-1)。

基层管理者是指那些在组织中直接负责非管理类员工日常活动的人。基层管理者主要职责是直接指挥和监督现场作业人员,保证完成上级下达的各项计划和指令。他们主要关心的是具体任务的完成。基层管理者的称谓主要有:督导,团队主管,教练,轮值班长,系主任,部门协调人,部门组长等。

中层管理者是指位于组织中的基层管理者和

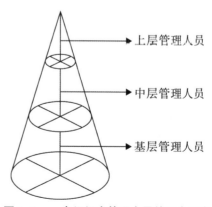

图1-1 一个组织中管理人员的三个层次

高层管理者之间的人,承上启下,主要职责是正确领会高层的指示精神,创造性地结合本部门的工作实际,有效指挥各基层管理者开展工作。注重的是日常管理事务。中层管理者的称谓主要有:部门主管,机构主管,项目经理,业务主管,地区经理,部门经理,门店经理等。

高层管理者是指组织中居于顶层或接近于顶层的人,对组织负全责,主要侧重于沟通组织与外部的联系和决定组织的大政方针。注重良好环境的创造和重大决策的正确性。高层管理者的称谓主要有:总裁,副总裁,行政长官,总经理,首席运营官,首席执行官,董事会主席等。

1.2.3 管理者的技能

不管什么类型的组织中的管理者,也不管他处于哪一管理层次,所有的管理者都需要有一定的管理技能。罗伯特·李·卡茨(Robert L. Katz)列举了管理者所需的三种素质或技能,海因茨·韦里克对此进行了补充。综合来说,管理者需要具备的素质或管理技能主要有以下几点。

1. 技术技能

技术技能是指对某一特殊活动——特别是包含方法、过程、程序或技术的活动——的理解和熟练。它包括专门知识、在专业范围内的分析能力以及灵活地运用该专业的工具和技巧的能力。技术技能主要是涉及"物"(过程或有形的物体)的工作。

2. 人事技能

人事技能是指一个人能够以小组成员的身份有效地工作的行政能力,并能够在他所领导的小组中建立起合作的努力,也即协作精神和团队精神,创造一种良好的氛围,以使员工能够自由地、无所顾忌地表达个人观点。管理者的人事技能是指管理者为完成组织目标应具备的领导、激励和沟通能力。

3. 思想技能

思想技能包含:"把企业看成一个整体的能力,包括识别一个组织中的彼此互相依赖的各种职能,一部分的改变如何能影响所有其他各部分,并进而影响个别企业与工业、社团之间,以及与国家的政治、社会和经济力量这一总体之间的关系。"即能够总揽全局,判断出重要因素并了解这些因素之间关系的能力。

4. 设计技能

设计技能是指以有利于组织利益的种种方式解决问题的能力,特别是高层管理者,不仅要发现问题,还必须像一名优秀的设计师那样具备找出某一问题切实可行的解决办法的能力。如果管理者只能看到问题的存在,并只是"看到问题的人",他们就是不合格的管理者。管理者还必须具备这样一种能力,即能够根据所面临的现状找出行得通的解决方法的能力。

5. 概念技能

概念技能也称构想技能,指"把观念设想出来并加以处理以及将关系抽象化的精神能力"。通俗地说,概念技能是指管理者对复杂事物进行抽象和概念化的能力。具有概念技能的管理者能够准确把握工作单位之间、个人和工作单位之间以及个人之间的相互关系,能够深刻认识组织中任何行动的后果以及正确行使管理者的各种职能。

6. 人际技能

人际技能也叫人际关系技能,是指成功地与别人打交道并与别人沟通的能力,就是处理人与人之间关系的能力。作为一名管理者,必须具备良好的人际技能,这样才能树立组织良好的团队精神。

这些技能对于不同管理层次的管理者的相对重要性是不同的。技术技能、人事技能的重要性依据管理者所处的组织层次从低到高逐渐下降,而思想技能和设计技能则相反。对基层管理者来说,具备技术技能是最为重要的,具备人事技能在同下层的频繁交往中也非常有帮助。当管理者在组织中的组织层次从基层往中层、高层发展时,随着他同下级直接接触的次数和频率的减少,人事技能的重要性也逐渐降低。也就是说,对于中层管理者来说,对技术技能的要求下降,而对思想技能的要求上升,同时具备人事技能仍然很重要。但对于高层管理者而言,思想技能和设计技能特别重要,而对技术技能、人事技能的要求相对来说则很低。当然,这种管理技能和组织层次的联系并不是绝对的,组织规模大小等一些因素对此也会产生一定的影响。高层管理者尤其需要较强的概念技能;中层管理者更多地需要人际技能和概念技能。

知识链接 1-1　管理者应具备的六大能力

1. 沟通能力。为了了解组织内部员工互动的状况,倾听职员心声,一个管理者需要具备良好的沟通能力,其中又以"善于倾听"最为重要。唯有如此,才不至于让下属离心离德,或者不敢提出建设性的提议与需求,而管理者也可借由下属的认同感、理解程度及共鸣,得知自己的沟通技巧是否成功。

2. 协调能力。管理者要能敏锐地觉察部属的情绪,并且建立疏通、宣泄的管道,切勿等到对立加深、矛盾扩大后,才急于着手处理与排解。此外,管理者对于情节严重的冲突,或者可能会扩大对立面的矛盾事件,更要果决地加以排解。即使在状况不明、是非不清的时候,也应即时采取降温、冷却的手段,并且在了解情况后,立刻以妥善、有效的策略化解冲突。只要把握消除矛盾的先发权和主动权,任何形式的对立都能迎刃而解。

3. 规划与统整能力。管理者的规划能力,并非着眼于短期的策略规划,而是长期计划的制订。换言之,卓越的管理者必须深谋远虑、有远见,不能目光如豆,只看得见现在而看不到未来,而且要适时让员工了解公司的远景,才不会让员工迷失方向。特别是进行决策规划时,更要能妥善运用统整能力,有效地利用部属的智慧与既有的资源,避免人力浪费。

4. 决策与执行能力。在民主时代,虽然有许多事情以集体决策为宜,但是管理者仍经常须独立决策,包括分派工作、人力协调、化解员工纷争等,这都往往考验着管理者的决断能力。

5. 培训能力。管理者必然渴望拥有一个实力强大的工作团队,因此,培养优秀人才,也就成为管理者的重要任务。

6. 统驭能力。有句话是这样说的："一个领袖不会去建立一个企业，但是他会建立一个组织来建立企业。"根据这种说法，当一个管理者的先决条件，就是要有能力建立团队，才能进一步建构企业。但无论管理者的角色再怎么复杂多变，赢得员工的信任都是首要的条件。

1.3　企业管理概述

1.3.1　企业管理的含义及特点

1. 企业管理的含义

企业管理是对企业生产经营活动进行计划、组织、指挥、协调和控制等一系列活动的总称，是社会化大生产的客观要求。企业管理是尽可能利用企业的人力、物力、财力、信息等资源，实现多、快、好、省的目标，取得最大的投入产出效率。

企业管理具有极其重要的意义。企业管理可以增强企业的运作效率，提高生产效率；可以让企业有明确的发展方向；可以使每个员工都充分发挥他们的潜能；可以使企业财务清晰、资本结构合理、投融资恰当；可以向顾客提供满意的产品和服务；可以更好地树立企业形象，为社会多做实际贡献。

2. 企业管理的特点

企业管理具有以下几个特点：

企业管理具有决策性。它是以企业作为相对独立的商品生产者和经营者为前提，根据企业外部环境和内部实力制定和编制的，它直接关系到企业的生存与发展。

企业管理具有外向性。它与社会、市场和用户有着密切的联系，其基本目的就是实现企业与外部环境的动态平衡，并获得良好的经济效益和社会效益。

企业管理具有综合性。它的基本内容既包括市场调查、预测、生产、销售，也包括技术、财务和后勤，是指导企业全部生产经营活动的纲领。

企业管理大致包含对标管理、战略管理、营销管理、商战谋略、物资管理、质量管理、成本管理、财务管理、资本运营、人力资源、领导力提升等内容。

领导者是企业的灵魂，而组织则是企业的肌体。组织战略不仅是企业内部团队的塑造和经营，更需要外部横向竞争和纵向产业链支持的组织经营，因为战略是通过组织来实现的。

卓越的组织战略，首先是设定积极的战略与目标，搭建实施战略所需要的、具备实施效力的卓越组织体系，并不断锤炼自身，持续发展，构建高效企业，向积极的目标持续推进。

业务管理更侧重于对组织的各种资源的管理，比如财务、材料、产品等相关的管理。而行为管理则更侧重于对组织成员行为的管理，以此而产生了组织的设计、机制的变革、激励等的管理。

企业的业务管理和行为管理应该是相辅相成的,就像人的两只手一样,要配合起来才能更好地发挥管理的作用。如果其中任何一只手出了问题,都会对管理的整体带来损失,甚至让企业管理停滞不前,受到严重的阻力。

1.3.2 企业管理基础工作

1. 标准化工作

标准化工作包括技术标准、管理标准和工作标准的制定、执行和管理的工作过程。标准化工作要求具有"新(标准新)、全(标准健全)、高(标准水平高)"的特点。

2. 定额工作

定额就是指在一定的生产技术条件下,对于人力、物力、财力的消耗、利用、占用所规定的数量罚限。定额工作要求具有实践性,定额源于实践,是对实践的抽象,不是主观臆造;定额工作要求具有权威性,定额是经过一定的审批程序颁发的;定额工作要求具有概括性,定额是对实践的抽象;定额工作要求具有阶段性,实践在发展,定额也要有阶段地适时进行调整。

3. 计量工作

计量工作的核心是获得数据、评价数据,没有实测的和准确可靠的数据,企业的生产和经营管理就失去了科学依据。

4. 信息工作

信息工作就是指企业生产经营活动所需资料数据的收集、处理、传递、储存等管理工作,现代化企业必须健全数据准确和信息灵敏的信息系统,使企业生产经营过程逐步纳入电子计算机管理轨道。

5. 完善规章制度工作

要建立和健全一套纵横连锁、互相协调的企业内部经济责任制体系。

6. 基础教育工作

大力提高职工的政治、文化和技术素质。

1.3.3 企业管理的方法

企业管理方法是在企业管理活动中为实现管理目标、保证企业管理活动顺利进行所采取的工作方式。管理理论必须通过有效的管理方法才能在管理实践中发挥作用,因此管理方法又是管理理论的自然延伸和具体化、实际化,是管理理论指导管理活动的必要中介和桥梁,是实现企业管理目标的途径和手段。

1. 法律方法

凡是成功的企业,都有着健全的规章制度与行为规范。在现代市场经济条件下,在企业管理活动中广泛采取法律方法显得越来越重要和必要。法律方法主要有公开性、严肃性、规范性、强制性。法律方法对于建立和健全科学的管理制度与管理方法有着十分重要的作用:经济主体合法权益的保证作用;经济与社会发展规划能科学地制定实施的保证作用;经济主体经营管理和民主管理的强化作用;人们合法权益的保护作用;对外经济联系的促进作用。在法律方法在运用中,必须符合客观规律的要求,同时要注重与其他方法的配合,同时注重各种法律方法的综合运用。

2. 行政方法

行政方法是指依靠行政组织的权威,运用命令、规定、指示、制度、标准以及具有约束性的计划等行政手段,按照行政系统和层次,以权威和服从为前提,直接指挥下属工作的管理方法。它的主要内容包括规章制度、行政指令、说服引导。组织的良好运行离不开合理的规章制度。管理者通过制定合理的组织规章制度来表达组织对各部门和员工的要求。通过严格规章制度的执行,有利于形成很好的组织文化,能很好地保证组织的高效运行。管理者以发出指令的方式来约束或引导员工的言行。行政指令具有明显的强制色彩,这种强制又直接以惩罚为外在特征。一个管理者,要善于运用指令方法来规划员工和开展管理活动,保证管理活动的有效进行,保证员工服从自己的权威。强制总是有限度的,而且容易引起下属的逆反心理。

在采用行政方法时,要注重经常采用说服引导。采用沟通的方式贯彻管理者的管理思想,借助沟通获得上下级的共识、上下级的共同情感、上下级协同的工作愿望,提高管理效益。行政方法的运用由于借助了权力,对行政下属来说有较强的约束力,较少遇到下属的抵制,这种特点可能使得上级在使用行政方法时忽视下属的正确意见和合理要求,从而容易助长官僚主义作风,不利于充分调动各方面的积极性,所以,不可单纯依靠行政方法,要在客观规律的基础上,把行政方法和管理的其他方法,特别是经济方法有机地结合起来。

3. 经济方法

经济管理方法是一种运用经济手段调节各方面利益,以物质利益作为激励动力的管理方法。

企业管理的经济方法的特点之一:利益性。经济方法是通过利益机制引导被管理者去追求某种利益,间接影响被管理者行为的一种管理方法。它的运用以确认个人和组织对经济利益有追求为前提,并且只有在涉及经济利益时,才能发挥作用。否则,这种方法就会失灵。

企业管理的经济方法的特点之二:关联性。经济方法的使用范围很广,不但各种经济手段之间的关系错综复杂、影响面宽,而且每一种经济手段的变化都会影响到社会多方面经济关系的连锁反应。有时它不仅会影响当前,而且会涉及长远,产生一些难以预料的后果。

企业管理的经济方法的特点之三:灵活性。经济方法可适用于不同部门、不同地区、不同时间、不同工种等不同的管理活动。针对不同的管理对象,经济方法可以灵活地变通,即使对于同一管理对象,在不同的情况下,也可以采取不同的方式,以适应形势发展。

企业管理的经济方法的特点之四:平等性。经济方法承认被管理的组织和个人在获取自己的经济利益上是平等的。社会按照统一的价值尺度来计算和分配经济成果;各种经济手段的运用对于相同情况的被管理者起同样的效力,不允许有特殊。

企业管理的经济方法的特点之五:间接性。经济方法的间接性主要表现在,它不直接干预和控制管理客体,不直接干预组织和个人应当怎样做和不应当怎样做,而是通过调节经济利益关系来引导管理客体的行为,以达到管理目标的实现。

 基本训练

一、简答题

1. 举例阐述管理的含义。
2. 简述企业的含义及设立程序。
3. 什么叫管理者？组织的管理者有哪些层次？
4. 企业管理基础工作有哪些？
5. 企业管理的方法有哪些？

二、判断题

1. 外部环境对管理过程不产生任何影响。(   )
2. 管理的含义可以从不同的角度研究。(   )
3. 高层管理者不需要概念技能。(   )
4. 管理就是领导。(   )
5. 管理者只拥有权力,没有责任。(   )

三、选择题

1. 管理者密切关注组织内外环境的变化和事态的发展,以便发现机会,并对所发现的机会进行投资以利用这种机会,这属于(   )。

   A. 企业家角色   B. 决策者角色
   C. 信息传播者角色   D. 发言人角色

2. 认为管理是"确切知道要别人去干什么,并注意他们用最好最经济的方法去干"的是(   )。

   A. 法约尔   B. 泰罗   C. 孔茨   D. 彼得·德鲁克

3. 管理实现组织既定目标而对未来的行动进行规划和安排的工作过程的职能是(   )。

   A. 协调   B. 组织   C. 计划   D. 领导

4. 企业的特征有(   )。

   A. 企业是一种经济组织
   B. 企业是从事商品生产经营活动的经济组织
   C. 企业是实行独立核算、自负盈亏的经济组织
   D. 企业是能够独立地享受权利、承担义务的法律主体

5. 管理者成功地与别人打交道并与别人沟通的能力属于( )。
A. 技术技能　　　B. 人际技能　　　C. 概念技能　　　D. 思想技能

综合案例

西安杨森的人性化管理

西安杨森制药有限公司成立于1985年10月。合资中方以陕西省医药工业公司为代表,外方为美国强生公司的成员比利时杨森制药有限公司。总投资1.9亿元人民币,注册资本比例为外方占52%,中方占48%,合资期限50年。

一、严格管理,注重激励

合资企业的工人和中层管理人员是由几家中方合资单位提供的。起初,他们在管理意识上比较涣散,不适应严格的生产要求。有鉴于此,合资企业在管理上严格遵循杨森公司的标准,制定了严格的劳动纪律,使员工逐步适应新的管理模式。

研究发现,在中国员工尤其是较高层次的员工中,价值取向表现为对高报酬和工作成功的双重追求。优厚的待遇是西安杨森吸引和招聘人才的重要手段,而不断丰富的工作意义、增加工作的挑战性和成功的机会则是公司善于使用人才的关键所在。在创建初期,公司主要依靠销售代表的个人能力,四处撒网、孤军奋战,对员工采用的是个人激励。从"人员—职位—组织"匹配原则出发,选用那些具有冒险精神、勇于探索、争强好胜又认同企业哲学、对企业负责的人作为企业的销售代表,主要是医药大学应届毕业生和已有若干年工作经验的医药代表。此时,西安杨森大力宣传以"鹰"为代表形象的企业文化:"鹰是强壮的,鹰是果敢的,鹰是敢于向山巅和天空挑战的,它们总是敢于伸出自己的颈项独立作战。在我们的队伍中,鼓励出头鸟,并且不仅要做出头鸟,还要做搏击长空的雄鹰。作为企业,我们要成为全世界优秀公司中的雄鹰。"

二、注重团队建设

集中学习并讨论"雁的启示":"……当每只雁展翅高飞时,也为后面的队友提供了'向上之风'。由于组成V字队形,可以增加雁群71%的飞行范围。""当某只雁离队时它立即感到孤独飞行的困难和阻力。它会立即飞回队伍,善用前面同伴提供的'向上之风'继续前进。"

三、充满人情味的工作环境

过节,总裁即使在外出差、休假,也不会忘记邮寄贺卡,捎给员工一份祝福。在员工过生日的时候,总会得到公司领导的问候。员工生病休息,部门负责人甚至总裁都会亲自前去看望,或写信问候。员工结婚或生小孩,公司都会把这视为自己家庭的喜事而给予热烈祝贺,公司还曾举办过集体婚礼。公司的有些活动,还邀请员工家属参加,一起分享大家庭的快乐。主办的内部刊物名字就叫《我们的家》,以此作为沟通信息、联络感情、相互关怀的桥梁。

公司的中外方高层领导之间经过几年的磨合,终于形成共识:职工个人待业、就业、退休保险和人身保险由公司承担,由部门专门负责;员工的医疗费用可以全部报销。在住房上,他们借鉴新加坡的做法,并结合中国房改政策,员工每月按工资支出25%,公司相应支出35%,建立职工购房基金。

四、传统教育

1996年,高级管理人员由江西省宁冈县(后并入井冈山市)茅坪镇向井冈山市所在地的茨坪镇挺进,进行30.8公里的"96西安杨森领导健康新长征"活动。他们每走3.08公里,就拿出308元人民币捐献给井冈山地区的人民,除此以外个人也进行了捐赠。公司还向井冈山地区的人民医院赠送了价值10万元的药品。

前任美籍总裁罗健瑞说:"我们重视爱国主义教育,使员工具备吃苦耐劳的精神,使我们企业更有凝聚力。因为很难想象,一个不热爱祖国的人怎能热爱公司?而且我也爱中国!"

问题:

1. 西安杨森的管理实践中用到了哪些管理方法?

2. 失去员工认同的经营理念会成功得到贯彻吗?

3. 你认为在企业管理中应该如何正确运用教育方法?

综合实训

1. 参观本地1~2家企业,要求学生写一份参观报告,报告内容包括企业的经营模式、经营内容、企业性质与类型等情况。

实训目的:要求学生了解企业生产经营状况。

实训要求:仔细观察,认真听讲解,结合所学知识。

2. 查阅管理的知名网站,写出3~4个网址,对某一自己感兴趣的网页栏目的话题写一篇1 000字左右的关于管理的体会。

实训目的:对管理的重要性有进一步认识;掌握一些企业管理的经验。

实训要求:认真思考,结合所学知识,用自己的语言写出自己的体会。

3. 以小组为单位,对某一企业进行调研,了解企业设立的程序以及各层次管理者的管理过程、主要的管理方法。

实训目的:对企业管理的重要性有进一步认识;了解管理状况,有哪些值得借鉴的经验、哪些方面存在不足。

实训要求:认真听讲解,仔细观察,结合所学知识写一份调研报告。

第2章　现代企业组织设计与制度管理

▎思政目标▕

◎具有较强的组织观念；
◎培养下级服从上级、少数服从多数的意识。

▎知识目标▕

◎准确地理解组织、组织结构、管理幅度等概念；
◎领会各种组织结构的特点、优缺点和适用范围；
◎掌握组织结构设计的原则、组织中领导的作用和领导研究理论等内容。

▎技能目标▕

◎把组织设计、组织结构设计基本原理和方法运用于简单的组织设计中；
◎把领导的方法运用于实践之中。

 引例　蚁群效应

蚁群效应是人们从蚂蚁群体的组织和分工中总结出来的灵活的组织建设和运转方式。蚂蚁有严格的组织分工，但它们的分工能够迅速根据环境做出调整。蚁群效应之所以成为"高效"的代名词，正是在于通过组织结构和岗位设置发挥了团队成员的组织能力。

蚂蚁的世界一直为人类学与社会学学者所关注，它们的组织体系和快速灵活的运转能力是人类学习的榜样。蚂蚁有严格的组织分工和由此形成的组织框架，但它们的框架在具体的工作环境中又有很大弹性。比如它们在工作场合的自我组织能力特别强，不需要任何监督就能形成一个良好的团队而有条不紊地完成工作任务；比如蚂蚁发现食物后，如果是两个蚂蚁同时发现的，它们会各走一条路线回到巢穴，边走边释放出特有的气味，先回到巢穴的释放出来的味道更重，这样它们的同伴就能选择最近的路线去搬运食物。可见蚂蚁群体效应集中优势表现在：弹性——能够迅速根据环境变化进行调整；强韧——一个个体的弱势并不影响团队运作的高效；自我组织——无须太多的控制和管理就能自我完成工作。

蚂蚁的工作是分工合作的。一只蚂蚁搬运食物往回走时，碰到了下一只蚂蚁，会把食物交给它，自己再回头，碰到上游的蚂蚁，将食物再继续接下来，然后转给其他下游蚂蚁。蚂蚁在哪个位置换手不确定,唯一不变的是起点和目的地。这种工作链使得它们的工作效率大大提高,使得团队实现高效。

(资料来源:http://baike.haosou.com/doc/325679-345000.html,有改动)

这一案例表明:弹性,能够迅速根据环境变化进行调整;强韧,一个个体的弱势,并不影响整体的高效运作;企业无须太多的自上而下的控制或管理,就能自我完成工作——"蚁群效应"无疑是现代企业在组织发展中所梦寐以求的。而从行业发展的角度来讲,其作用会更加明显。

2.1 现代企业组织概述

2.1.1 组织的含义

从广义上说,组织(organization)是指由诸多要素按照一定方式相互联系起来的系统。从狭义上说,组织就是指人们为实现一定的目标,互相协作结合而成的集体或团体,如党团组织、工会组织、企业、军事组织等。狭义的组织专门指人群而言,运用于社会管理之中。在现代社会生活中,组织是人们按照一定的目的、任务和形式编制起来的社会集团,组织不仅是社会的细胞、社会的基本单元,而且可以说是社会的基础。

我国古代曾经认为组织是用纵横交错的方法织成的织物,希腊文原意是指和谐、协调。

在管理学中,组织有两方面的含义:

1. 强调组织的实体性

作为实体(entity)的组织(organization)是指人们为了一定目标的实现而进行合理的配置和协调,并具有一定边界的社会团体。组织是为了达到某些特定目标,在分工合作的基础上构成的人的集合。作为人的集合不是简单的毫无关联的个人的加总,它是人们为了实现一定的目的,有意识地协同劳动而产生的群体。

2. 强调组织是管理的一项职能

作为涉及活动过程(process)的组织(organizing)是指为了实现组织目标对组织的资源进行有效的配置的过程。

美国著名管理学家罗宾斯给组织下的定义是:组织是有确定目标的、拥有精心设计的结构和有意识协调的活动系统,并且是与外界相联系的一个社会实体。尽管各种解释不同,但基本都指出了组织有如下特征:

(1)组织必须具有目标;
(2)每一个组织都是由人组成的;
(3)任何组织都存在分工与合作以及不同层次的权利和责任制度;

(4)每个组织都有其独特的文化。

2.1.2 企业组织工作

组织工作是指为了有效实现组织目标,建立组织结构,配备人员,并使组织协调运行的一系列活动。从组织工作的含义来看,组织工作是一个过程。科学、合理地设计、建立组织结构,基本上是组织工作的主要内容。具体地说,组织工作包括以下六个步骤:

(1)明确组织目标,对实现组织目标所进行的业务活动进行归类。

组织目标是组织目的或宗旨的具体化,是个人或组织根据自身的需求而提出的在一定时期内经过努力达到的预期成果。为了实现组织目标,就必须把实现目标所需要进行的各项业务活动加以分类组合。

(2)按业务活动类型进行工作设计和部门划分。

在第一个步骤的业务活动分类的基础上,按一定的原理划分管理层级和管理部门,将组织各类活动所必需的职权授予各层次部门的主管人员。

(3)配备人员。

根据组织结构和职位的需要给每个职位配备人员。通过人员配备,使每个人的知识和能力得到公平的评价,而且使每个人的知识和能力不断发展、素质不断提高。

(4)按权责对等的原则授予职权。

按业务工作或活动的需求,对下属授予相应的职权,以帮助其更有效地完成职责,使组织的各个层次、各个部门、每个人都了解自己在实现组织目标中应承担的工作职责和职权。

(5)协调配合。

规定组织结构中的纵向和横向的相互配合关系。不同层次的管理者不仅需要确定其直接下属的业务活动,还需要将其直接下属之间的业务活动连成一体。最终在整个组织中,通过职权关系和信息系统,把各层次、各部门连接成为一个有机的整体。

(6)根据组织内外部条件的变化,适当地调整组织结构。

每一个组织在发展的过程中,难免会面临内外部条件发生变化的时候,组织为了适应这种变化后的条件需求,增强自己的竞争能力,就应该适当地对组织结构进行调整。

知识链接 2-1　木桶原理

木桶原理是由美国管理学家彼得提出的,说的是由多块木板构成的木桶,其价值在于其盛水量的多少,但决定木桶盛水量多少的关键因素不是其最长的板块,而是其最短的板块。这块短板就成了这个木桶盛水量的"限制因素"。若要使此木桶盛水量增加,只有换掉短板或将短板加长才可以。所以这一规律就被总结为"水桶定律",也常称为"短板理论"。由此又延伸出以下推理:一是木桶能盛多少水,取决于木板之间缝隙的疏密程度;二是木桶能盛多少水,取决于木板整体的高度;三是斜着放置的木桶能盛多少水,取决于最长的木板。

这一原理表明：一是任何一个组织，可能面临的一个共同问题，即构成组织的各个部分往往是优劣不齐的，而劣势部分往往决定整个组织的水平；二是由于一个木桶的容水量，取决于最短的那块木板，要使木桶能装更多的水，就要设法改变这块木板的现状，要善于发现系统中的"短木板"，抓住短板，消灭弱项；三是无论是企业，还是个人，都难免犯错误、出现失误，关键是不能讳疾忌医，要把"木桶"中的"短木板"及时抽出来，及时补救，把工作做得更好；四是一个企业要想成为一个结实耐用的木桶，必须全面提升全员的素质，让所有的板子都维持"足够高"的高度，才能充分体现团队精神，完全发挥团队作用；五是由于最长的木板在斜着放的时候盛的水最多，所以必须注重优秀人才的培养和选拔，让优秀人才、拔尖人才、明星员工带动其他员工向着更高的目标迈进。

（资料来源：http://www.oh100.com/a/201205/96083.html，有改动）

2.1.3 企业组织设计

1. 组织设计的含义及步骤

组织设计(organizational design)是以企业组织结构为核心的组织系统的整体设计工作。组织设计是指管理者将组织内各要素进行合理组合，建立和实施一种特定组织结构的过程。组织设计是有效管理的必备手段之一。组织设计的实质是对管理人员的管理劳动进行横向和纵向的分工。

组织设计是一个动态的工作过程，包含了众多的工作内容。科学地进行组织设计，要根据组织设计的内在规律性有步骤地进行，才能取得良好效果。组织设计可能有三种情况：新建的企业需要进行组织结构设计；原有组织结构出现较大的问题或企业的目标发生变化，原有组织结构需要进行重新评价和设计；组织结构需要进行局部的调整和完善。

组织设计是根据企业的目标，分析组织内、外部环境来建立和协调组织的过程。它一般要经过以下步骤：

(1) 确定组织目标。

组织目标是在收集各种信息、资料的基础上，对企业内部、外部环境进行具体分析后确定的目标。

(2) 构建模块。

模块是指能够完成一定功能的一个相对独立的子系统，最早由IBM公司提出。构建模块是指构建组织结构中的各个模块(部门)。比如说，企业组织结构是一辆汽车，那么模块就是轮胎、外壳、方向盘、发动机等。

将模块化思路引入组织设计，有两个方面的考虑：一方面，模块化组织设计可以提高企业组织的敏捷性；另一方面，组织的设计和再设计不一定要面面俱到，而是根据环境的变化选择所需要的模块构建即可。

(3) 整合模块。

组织设计包含组织结构设计、流程设计、职权设计、绩效评估设计和激励设计五大模块，每个模块之间存在很强的关联性，不是孤立存在的。通过结构设计划分了企业部门，在部门内部与部门之间如何有效运转需要流程设计，同时还要进行运营效果评估和激励制度的设计。组织模块整合使它们形成一个有机整体，促进组织的有效运行。

(4) 实现设计方案。

实现设计方案也是执行方案和实现目标的过程。在这个过程中，设计方案也不是固化的，在出现意外因素时，可以根据情况对组织设计方案进行适当的调整，以更好地适应目标实现的需求。

2. 企业组织设计的必要性

传统的组织设计建立在劳动分工的基础上。亚当·斯密认为，分工的起源是由于人的才能具有自然差异，那是起因于人类独有的交换与易货倾向，交换及易货属私利行为，其利益决定于分工，假定个人乐于专业化及提高生产力，经由剩余产品之交换行为，促使个人增加财富，此等过程将扩大社会生产，促进社会繁荣，并达到私利与公益之调和。分工促进劳动生产力的原因有三：第一，劳动者的技巧因专业而日进；第二，由一种工作转到另一种工作，通常要损失不少时间，有了分工，就可以免除这种损失；第三，许多简化劳动和缩减劳动的机械发明，只有在分工的基础上方才可能。

在外部环境相对比较稳定的条件下，为了圆满地完成组织任务，组织设计者只需要把工作任务按其复杂程度和难易程度进行分解，然后委托一定数量的管理者负责具体的管理劳动，并授予一定的权力，就能够保证工作任务的顺利进行。

然而，随着外部环境条件的日趋复杂，单一封闭式的组织设计模式往往会导致组织的僵化和本位主义的盛行，就必须要以系统、动态权变式的观点来理解和重新设计新的组织。在权变思想的指导下，组织才能被设计成一个开放的系统，它不断地与外部环境进行资源和信息的交换，不断地进行组织内部各种关系的调整，只有这样才能保持组织的灵活性和适应性。

组织设计的目的在于发挥整体大于部分之和的优势，使有限的人力资源形成综合效果。在组织设计的过程中，通过创建柔性灵活的组织，动态地反映外在环境变化的要求，并且能够在组织演化成长的过程中，有效积聚新的组织资源要素，同时协调好组织中的各种关系，使员工明确自己在组织中应承担的责任和应有的权利，从而更有效地开展组织活动，最终实现组织的目标。

归纳起来，组织设计的必要性体现在以下几个方面：

第一，按需设岗，可避免人浮于事；

第二，岗位的明确，有助于员工专业技能的开发和利用，并有助于明确每一个员工的任务和职责，以及对员工客观的考核和进行公平的奖惩；

第三，由于每一位员工都归属于一个特定的部门，有助于培养员工对组织的忠诚和员工管理；

第四，由于规定了各部门的职能及相互间的关系，有助于组织内部相互间的协调配合和信息沟通，有助于组织整体的稳定。

3. 企业组织设计的任务和原则

1）企业组织设计的任务

组织设计的任务是设计清晰的组织结构，规划和设计组织中各部门的职能和职权，确定组织中职能职权、参谋职权、直线职权的活动范围并编制职务说明书。

为了达到理想的组织设计的效果，组织设计的任务可以从以下几个方面入手：

一是组织结构。所谓组织结构是指组织的框架体系，是对完成组织目标的人员、工作、技术和信息所做的制度性安排。就像人类由骨骼确定体型一样，组织也是由结构来决定其形状。组织结构可以用复杂性、规范性和集权性三种特性来描述。

二是内容。尽管组织结构日益复杂，类型演化越来越多，但任何一个组织结构都存在三个相互联系的问题，即职权如何划分、部门如何确立、管理层次如何划分。由于组织内外环境的变化影响着这三个相互关联的问题，组织结构的形式始终围绕这三个问题发展变化。因此，要进行组织结构的设计，首先要正确处理这三个问题。

三是成果。组织结构设计的成果表现为组织结构图、职位说明书和组织手册。具体表现为：

组织结构图：也称组织树，用图形表示组织的整体结构、职权关系及主要职能。组织结构图一般描述下列几种组织结构及管理关系方面的信息：权力结构、沟通关系、管理范围及分工情况、角色结构和组织资源流向等。

职位说明书：是说明组织内部的某一特定职位的责任、义务、权利及其工作关系的书面文件，包括职位名称及素质能力要求、工作内容和工作关系等。

组织手册：是职位说明书与组织结构图的综合，用以说明组织内部各部门的职权、职责及每一个职位的主要职能、职责、职权和相互关系。

2）企业组织设计的原则

在组织设计的过程中，其原则都是在长期的管理实践中经验积累的结果，应该为组织设计者所重视。组织设计的原则包含：

(1) 专业化分工原则：专业化分工原则就是指组织设计要求从工作特点和需要出发，因事设职，因职用人。

组织设计必须确保实现组织目标活动的每项内容都能落实到具体的职位和部门，做到"事事有人做"，而不是"人人有事做"。

组织设计也不可以忽视人的因素，忽视人的特点和人的能力。组织设计必须保证有能力的人有机会去做他们真正胜任的工作，同时使工作人员的能力在组织中获得不断提高和发展。"人"与"事"的要求应该得到有机结合。

(2) 统一指挥原则：统一指挥指的是组织中的每个下属应当而且只能向一个上级主管直接

汇报工作,以避免多头领导。

这条重要的原则在组织实践中常遇到来自多方面的破坏,最常见的有两种情况:多(双)头领导现象和越级指挥。

为了防止上述现象的出现,在组织设计中要根据一个下级只能服从一个上级领导的原则,将管理的各个职务形成一条连续的等级链,明确规定链中每个职务之间的责任、权力关系,禁止越级指挥或越权指挥;在组织实践中,在管理的体制上,要实行各级行政首长负责制,减少甚至不设各级行政主管的副职,以防止副职"篡权""越权",从而干扰正职的工作,以保证统一指挥原则的贯彻。

(3)控制幅度原则:所谓管理幅度,亦称管理跨度或管理宽度,就是一个主管人员有效领导的直接下属的数量。任何主管人员能够直接有效地指挥和监督的下属数量总是有限的。管理幅度过大,会造成指导监督不力,使组织陷入失控状态;管理幅度过小,又会造成主管人员配备增多,管理效率降低。

管理层次是一个与管理幅度有关的概念,是组织中职位等级的数目。较大的管理幅度意味着较少的层次,较小的管理幅度意味着较多的层次。按照管理幅度的大小与管理层次的多少,就可以形成两种组织结构:扁平结构和高耸结构。所谓扁平结构,就是管理幅度大而管理层次少的结构,高耸结构与之正好相反。

扁平型组织结构的优点是有利于缩短上下级距离,密切上下级关系,信息纵向流通快,管理费用低,而且由于管理幅度较大,被管理者有较大的自主性、积极性、满足感,同时也有利于更好地选择和培训下层人员;缺点是由于不能严密监督下级,上下级协调较差,管理宽度的加大,也加大了同级间相互沟通的困难。

高耸型组织结构的优点是具有管理严密、分工明确、上下级易于协调的特点。缺点则是由于层次增多,带来的问题也越多。这是因为层次越多,需要从事管理的人员迅速增加,彼此之间的协调工作也急剧增加,互相扯皮的事会层出不穷。管理层次增多之后,在管理层次上所花费的设备和开支、所浪费的精力和时间也自然增加。管理层次的增加,会使上下的意见沟通和交流受阻,最高层主管人员所要求实现的目标、所制定的政策和计划,不是下层不完全了解,就是传达到基层之后变了样。管理层次增多后,上层管理者对下层的控制变得困难,易造成一个单位整体性的破裂;同时由于管理严密,而影响下级人员的主动性和创造性。

因此,一般来说,为了达到有效,应尽可能地减少管理层次。

 案例分析 2-1　汤姆·彼得斯的预言

1992年,沃尔玛超过西尔斯公司成为美国的第一号零售商。

管理大师汤姆·彼得斯早在几年前就预见到这一结果。他说:"西尔斯不会有机会的,一个12层次的公司无法与一个3个层次的公司抗争。"汤姆·彼得斯也许有点夸大其词,但这个结论清楚地反映了当时出现的管理幅度设计扁平化的趋势。

从 1925 年开始，西尔斯公司开始进入百货商店的经营。在 1925 年间，它陆续开设了 300 多家百货商店，1931 年其零售业务营业额首次超过邮购的营业额。在西尔斯公司 100 多年的发展史中，自 20 世纪初期它就一直占据在美国零售业第一的位置上。近年来，市场变化巨大，超级市场、仓储商店、便利店等新型业态发展势头迅猛，百货商店行业态势逐渐衰落。直到 20 世纪 90 年代初，以折扣店起家的沃尔玛公司才超过了西尔斯公司。

每年二月份，美国的零售商都为消费者的春季购物做好准备，各大商店，比如说 J.C.Penney、Target 和沃尔玛等，都在小鼹鼠探春那天，向走进这些商店的人们展示一架一架的游泳衣和一堆一堆的短裤、短衣，而把冬天的衣物推到打折区去了。但是从 2001 年起，在西尔斯全国 871 个分店里，消费者所看到的却还是满眼满架的高领毛衣和厚厚的绒布外套，直到三月中期，那些夏日服装和无袖套头衫才最终运到店里，但品种却是少得可怜。看来西尔斯的春夏日订货不仅仅订得比其他商店晚，而且更奇怪的是订的货也远比其他商店少。

这种订货方法出自西尔斯这样一个零售老将似乎不可思议，但却是事实，这一败笔对它来说是雪上加霜。多年来，西尔斯一直使用不惜血本大幅降价的方法来与同行竞争，尽力缩小自己与沃尔玛和 Target 之间的差距。那么，西尔斯这个美国最古老的零售商怎么反会犯这么低级、这么幼稚的错误呢？西尔斯赶走了太多有丰富零售经验的高层管理人员，这些人拥有丰富的零售经验，他们不仅理解服装市场和生产经销商，最重要的是，他们还深知西尔斯公司本身的特点和弱点。而那些留在公司内的人正是那些在往年预订了太多货品从而留下了一大堆库存的人，而到了第二年，他们为了尽量消化上一年的库存，就压缩当年订货的品种和数量，从而造成了一种恶性循环。甚至是西尔斯高价收购的、一直以精确预测和有效订货而著称的美国最大的服装邮购公司 Lands' End，也未能逃脱与母公司相同的命运，这实在是令人扼腕叹息。

分析：通过西尔斯曾经失败的案例，我们看到当时由于西尔斯的管理层次过多，造成管理监督不严，从而使得一个零售业巨头在管理上出现混乱、决策失误，导致其在当时的销售惨败。

(4) 权责对等原则：在进行组织设计时，既要明确每一部门或职务的职责范围，又要赋予其完成职责所必需的权力，使职权和职责两者保持一致，这是组织有效运行的前提，也是组织设计中必须遵循的基本原则。只有责任，没有职权或权限太小，会使工作者的积极性和主动性受到严重束缚；相反，只有职权而无责任，或者责任程度小于职权，则会导致组织中出现权力滥用和无人负责现象的并存局面。

(5) 柔性经济原则：组织结构应当保持一定的柔性，以减少组织变革所造成的冲击和震荡。组织柔性是指一个组织忍受有限变化而不导致组织出现严重混乱现象的能力。组织柔性包括组织结构柔性和组织过程柔性两个方面。组织柔性就是要求外露的组织结构和内在的联系过程相适应，以达到适应多变环境的目的。结构指组织自身的设计，组织的结构与通过组织的信息是两种不同的资源。结构柔性要能应付突发事件，有吸收环境变化冲击的能力。不同的企业目标、环境的变化要求不同的变革的组织结构来适应完成，如矩阵结构和基于团队的组织比原有的层次结构更能克服专业化分工的不足，更具有柔性。

过程简而言之是利用一种或多种输入来制造有顾客需求价值的输出的一系列活动。因为过程要跨越部门,涉及多个模块,其改变对组织内部的部门产生重要影响。而且组织还包括组织的管理过程,即组织在外部环境运行的过程,代表了一种与外部组织结构的关系。过程柔性要求简化过程,决策下移,减少组织内部的资源消耗。

2.2 企业组织结构设计

组织结构(organization structure),是指一个组织内各构成要素以及它们之间的相互关系,它描述组织的框架体系。组织结构主要涉及组织部门结构、基本的岗位关系、权责关系、业务流程、管理流程及组织内部协调与控制等。组织结构是实现组织宗旨的平台,直接影响着组织行为的效果和效率,从而影响着组织宗旨的实现。通常,一个组织的结构会反映在其组织结构图上。组织结构图是一个组织的一整套基本活动和过程的可视化的描述。

2.2.1 影响组织结构设计的因素

由于各种力量的作用,很多组织出现了比较频繁的组织结构变化。比如:很多大城市的医院以及大多数的学校为了适应新的要求,在过去的二三十年里,其组织结构已经发生了很大的变化;很多工业组织也正在把改变组织结构看成是必须面对的现实。影响组织结构的因素主要有以下几个方面:

1. 环境

环境包括一般环境和特定环境。一般环境是指对组织管理目标产生间接影响的那些经济、社会、文化以及技术等环境条件。特定环境是指对组织管理目标产生直接影响的那些因素,如政府、顾客、竞争对手、供应商等。

环境是不断变化的,环境的复杂性和变动性决定了环境的不确定性。在不确定的环境条件下,管理者缺乏完整的外部环境信息,无法预测未来的变化,因而难以做出正确的判断和决策。当环境由简单的稳定性向复杂的变动性转移时,管理决策过程中的不确定性因素也随之增加。可见,只有与外部环境相适应的组织结构才能成为有效的组织结构。

2. 战略

高层管理人员的战略选择会影响到组织结构的设计。所谓战略,是指决定和影响组织活动性质及其根本方向的总目标,以及实现这一总目标的途径和办法。研究发现,许多经营成功的公司,其组织结构都是随着战略发展的变化而变化的。一般来说,一个企业如果要保持在单一行业内发展,则偏好采用集权组织结构。而那些实施多元化经营的公司,一般采用分权的事业部结构。为了不断适应公司新的战略要求,公司就要适时地变化组织结构,以保持组织的适应性。

3. 技术

任何组织都需要通过技术将投入转换为产品,因而组织结构就要随着技术的变换而变化。对技术进行区分的一个常用标准就是它的常规性程度。所谓常规性技术是指技术活动是自动化、标准化的操作,而非常规的技术是指技术活动内容要根据不同的要求而有不同的变化。一般来说,组织内部的技术越常规化,组织规范化、集权化程度就越高,采用机械组织结构的效率也就越高;组织内部的技术越是非常规化,组织规范化、集权化程度就越低,这时,采用柔性有机式组织结构的效率也就越高。

4. 组织规模

组织规模是影响组织结构的重要因素之一。研究表明,组织规模的扩大,会提高组织的复杂性程度,并连带提高专业和规范化的程度。通常情况下,当组织业务不断扩张、组织员工增加、管理层次增多、组织专业化程度不断提高时,组织的复杂化程度也会不断提高。

5. 人的行为

有证据表明,人可以顺应不同的组织结构,可以在不同的组织结构中高效率地工作并获得较高的满足感,特别是当人们认识到某一具体结构适合完成组织目标时更是如此。然而,由于个人之间的差异,不同的人在不同的组织结构和氛围中的工作效率各不相同。

2.2.2 组织结构设计的程序

组织结构的设计一般包括以下几个步骤:

1. 工作划分与工作专门化

组织结构设计的第一步是将实现组织目标必须进行的活动划分成内在的有机联系的部分,以形成相应的工作岗位。划分活动的基本要点是工作专门化。工作专门化是指组织中把工作任务划分成若干步骤来完成的细化程度,即组织先把工作分成若干步骤,每一步骤安排一个人去完成。因此,每个人只完成所从事的工作的一部分,而不是全部。

2. 工作归类与部门化

一个组织的各项工作可以按照各种原则进行归并,常见的方法有职能部门化、产品部门化、地区部门化、顾客部门化等。

(1)职能部门化。这种方法就是按工作的相同或相似性进行分类。比如企业里把从事相同工作的人进行归并,形成生产部门、销售部门、财务部门、人事部门等。由于职能部门化与工作专业化有密切的关系,因此,按照职能划分部门是许多组织广泛采用的一种方法。

(2)产品部门化。由于不同的产品在生产、技术、市场、销售等方面可能很不相同,就出现了根据不同的产品种类来划分部门的需要。在这种情况下,各产品部门的负责人对某一产品或产品系列在各方面都拥有一定的职权。

(3)地区部门化。对于地区分散的组织来说,按照地区划分部门是一种普遍采用的方法。这种方法是当组织的地理位置分布在不同的地区,各地区的政治、经济、文化等因素影响到组织的经营管理时,把某个地区或区域内的业务工作集中起来,并据此设立相应的管理部门。

(4)顾客部门化。顾客部门化就是根据目标顾客的不同利益需求来划分组织的业务活动。在激烈的市场竞争中,顾客的需求导向越来越明显,表现在不同的顾客在产品品种、质量、价格、服务等方面有不同的需求。

3. 确定组织层次

确定组织层次就是要确定组织中每一个部门的职位等级数。组织层次的多少与某一特定的管理人员可直接管辖下属人员数即管理幅度的大小有直接关系。在一个部门中的员工人数一定的情况下,一个管理人员能直接管理的下属人数越多,那么该部门内的组织层次就越少,所需要的管理人员也越少;反之,一个管理人员能直接管辖的员工人数越少,所需的管理人员就越多,相应的组织层次也越多。管理层次与管理幅度的这种互动关系决定了两种基本的组织结构形态:一种是扁平式的组织结构形态;另一种是锥形组织结构形态。

扁平组织结构的优点是:由于管理层次比较少,信息的沟通和传递速度比较快,因而信息的失真度也比较低;同时,上级主管对下属的控制也不会太呆板,这有利于发挥下属人员的积极性和创造性。其缺点是:过大的管理幅度增加了主管对下属的监督和协调控制难度。

锥形组织结构的优点是:由于管理层次比较多,管理幅度比较小,每一管理层次上的主管都能对下属进行及时的指导控制;层级之间的关系比较紧密,这有利于工作人员的衔接。其缺点是:过多的层次往往会影响信息的传递速度,因而信息的失真度可能会比较大,而这又会增加高层主管与基层之间的协调成本,增加管理工作的复杂性。

4. 实行授权,建立职权关系

职权是指组织内部授予的指导下属活动及行为的决定权,这些决定一旦下达,下属必须服从。授权是组织设计的重要内容,它与组织结构内的职位紧密相连,而与个人特质无关。

任何组织内的各个部门及每个管理层次中,必须设置一系列的职位,而且在每个职位上配置合适的人选,每个人都要具有与职位相称的职务,负有一定的责任、义务,同时具有完成任务、履行职责的权利。

2.2.3 组织结构的体系

组织结构形成一种决定所有各级管理人员职责关系的模式。一个现代化的健全的组织结构一般包括决策子系统、指挥子系统、参谋子系统、执行子系统、监督子系统和反馈子系统。

1. 决策子系统

组织的领导体系和各级决策机构及决策者组成决策子系统。各级决策机构和决策者是组织决策的智囊团,其层次视组织的规模和特点而定。

2. 指挥子系统

指挥子系统是组织活动的指令中心,是以行政首长为首的各级职能单位及其负责人和成员所组成的垂直形态的系统。它的主要任务是实施决策机构的决定,负责指挥组织的活动,保证各项活动顺利而有效地进行。

3. 参谋子系统

参谋子系统是由各级职能或参谋机构及其负责人和成员组成的水平形态的系统。各职能和参谋机构,是行政负责人的参谋和助手,分别负责某一方面的管理业务。

4. 执行子系统、监督子系统和反馈子系统

指挥中心发出指令,这个指令一方面通向执行机构,同时又发向监督机构,让其监督执行的情况。反馈机构通过对信息系统的处理,比较效果与指令的差距后,返回指挥中心,这样,指挥中心便可根据情况发出新的指令。

执行子系统、监督子系统、反馈子系统三者必须互相独立,不能合而为一。

2.2.4 企业组织结构的基本类型

组织结构是为了便于管理、实现组织的宗旨和目标而设置的。每个组织都要分设若干管理层次和管理机构,表明组织内各部分的排列顺序、空间位置、聚散状态、联系方式及各要素之间的相互关系。

组织的部门划分,也称部门化,是指按照一定的方式将相关的(或类似的)工作活动加以细分和组合,形成若干易于管理的组织单位,如部、处、科、室、组或股等,统称为部门。

常见的组织结构有直线制、职能制、直线职能制、事业部制、矩阵制、多维立体型组织结构等。

1. 直线制组织结构

企业的管理工作,均由企业的厂长(或公司经理)直接指挥和管理,不设专门的职能机构,至多有几名助手协助厂长(或经理)工作(见图2-1)。要求企业领导者精明能干,具有多种管理专业知识和生产技能知识。

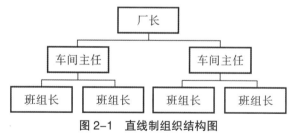

图2-1 直线制组织结构图

优点:管理机构简单,管理费用低;指挥命令系统单纯,命令统一;决策迅速,责任明确,指挥灵活;直接上级和下级关系十分清楚,维护纪律和秩序比较容易。

缺点:一个人的精力有限,管理工作简单粗放;成员之间和组织之间横向联系差;难以找到继任者。

特点:企业各级行政单位从上到下实行垂直领导,下属部门只接受一个上级的命令,各级主管负责人对所属单位的一切问题负责。厂部不另设职能机构,一切管理职能基本上都由行政主管自己负责。

适用:小型企业、个体工商户。

2. 职能制组织结构

职能型组织结构亦称 U 型组织，又称为多线性组织结构。职能制结构起源于 20 世纪初法约尔在其经营的煤矿公司担任总经理时所建立的组织结构形式，故又称"法约尔模型"。它是按职能来组织部门分工，即从企业高层到基层，均把承担相同职能的管理业务及其人员组合在一起，设置相应的管理部门和管理职务(见图 2-2)。随着生产品种的增多、市场多样化的发展，应根据不同的产品种类和市场形态，分别建立各种集生产、销售为一体，自负盈亏的事业部。

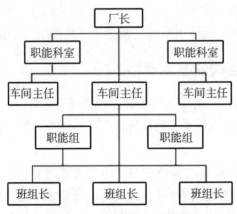

图 2-2　职能制组织结构图

优点：政策、工作程序和职责规范十分明确；垂直型权责结构，能实现很好的工作控制；在已有的专业化生产上容易采取大规模生产；管理权力高度集中，便于最高领导层对整个企业实施严格的控制。

缺点：

(1) 没有一个直接对项目负责的强有力的权力中心或个人。

一个项目确立后，总裁办公室受总裁的委派来做项目计划，然后把工作分派到各个职能部门。项目执行过程中有一个协调员来做一些协调性工作。这种情况下谁对项目负责呢，是总裁吗？显然总裁不会对具体项目负责。是谁呢？没有人能说清楚。说不清楚，实际上就是没有人对项目负责。

(2) 不是以目标为导向的。

各职能部门（如研发部、生产部、市场部）都很重视本部门的专业技术（业务），但没有对完成项目所必需的项目导向的重视，职能部门经理常常倾向于选择对自己部门最有利而不是对项目最有利的决策，因此所做计划常常是出于职能导向而很少考虑正在进行的项目。

(3) 没有客户问题处理中心。

因为不存在客户问题处理中心，因此所有的沟通都必须经过上一管理层。上一管理层充当了客户关系中心，并把复杂问题通过垂直指挥链分配到各个职能部门的管理者。解决问题的方案要获得各有关部门的一致同意很费时间，因而对问题的解决反应迟钝。由于信息必须经过多个管理层的传递，所以也容易失真。

(4) 协调十分困难。

对于需要跨部门协作的项目,组织协调工作很重要,如果项目的技术趋向复杂,这种协调将变得十分困难。职能型组织中虽然也有人做协调工作,但作用有限。做协调工作的人,其身份通常是项目联络员或项目协调员。项目联络员的作用是作为项目成员之间的沟通联络员。项目协调员则有一定的决策权,但也仅限于可以定期组织项目调度会议之类的工作。

适用:最早由泰勒提出,现代企业很少采用,适合于单一类型产品或少数几类产品面临相对稳定的市场环境的企业。

3. 直线职能制组织结构

直线职能制组织结构也叫生产区域制,或直线参谋制。它是在直线制和职能制的基础上,取长补短,吸取这两种形式的优点而建立起来的。目前,我们绝大多数企业都采用这种组织结构形式。这种组织结构形式是把企业管理机构和人员分为两类:一类是直线领导机构和人员,按命令统一原则对各级组织行使指挥权;另一类是职能机构和人员,按专业化原则,从事组织的各项职能管理工作(见图2-3)。直线领导机构和人员在自己的职责范围内有一定的决定权和对所属下级的指挥权,并对自己部门的工作负全部责任。而职能机构和人员,则是直线指挥人员的参谋,不能对直接部门发号施令,只能进行业务指导。

优点:既保证了集中统一指挥,又能发挥各种专家业务管理的作用。

缺点:各职能单位自成体系,不重视信息的横向沟通;若授权职能部门过大,易干扰直线指挥命令系统;职能部门缺乏弹性,对环境变化反应迟钝,会增加管理费用;各部门缺乏全局观念,组织存在职能部门间的职权分割;协调工作难度大,削弱了统一指挥,容易形成多头领导。

适用:中型企业普遍适用。

4. 事业部制组织结构

事业部制组织结构是在直线职能制框架基础上,设置独立核算、自主经营的利润中心,在总公司领导下,统一政策,分散经营(见图2-4)。它是一种分权化体制。

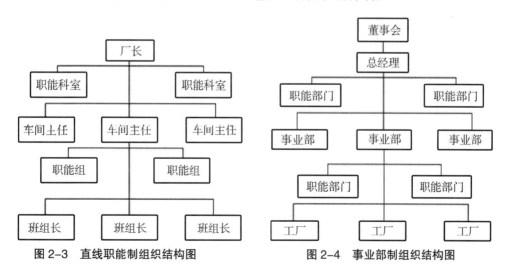

图2-3 直线职能制组织结构图　　图2-4 事业部制组织结构图

优点:提高了管理的灵活性和适应性;有利于最高管理层摆脱日常行政事务,集中精力做好有关企业大政方针的决策;便于组织专业化生产,便于采用流水作业和自动化等先进的生产组织形式,有利于提高生产效率,保证产品质量,降低产品成本。

缺点:增加了管理层次,造成机构重叠、管理人员和管理费用增加;由于各事业部独立经营,各事业部之间人员互换困难,互相支援较差;各事业部经常从本部门出发,容易滋长不顾公司整体利益的本位主义和分散主义倾向。

适用:企业规模大型化、经营多样化、市场竞争激烈;具有较复杂的产品类别或较广泛的地区分布的企业。

5. 矩阵制组织结构

矩阵制组织结构,是由纵横两套管理系统组成的组织结构,一套是纵向的职能领导系统,另一套是为完成某一任务而组成的横向项目系统。也就是既有按职能划分的垂直领导系统,又有按项目划分的横向领导系统的结构(见图2-5)。

优点:有利于加强各职能部门之间的协作和配合,及时沟通情况;具有较强的机动性和高度的适应性;有利于互相启发,集思广益,攻克各种复杂的技术难题。

缺点:放弃了统一指挥的原则,在相当程度上增加了组织的模糊性,容易产生权力斗争;在资源管理方面存在复杂性;稳定性差,由于小组成员是由各职能部门临时抽调的,任务完成以后,这要回到原职能部门工作,容易使小组成员产生临时观点,不安心工作,从而对工作产生一定影响;权责不清,由于每个成员都要接受两个或两个以上的上级领导,潜伏着职权关系的混乱和冲突,造成管理秩序混乱,从而使组织工作过程容易丧失效率性。

适用:以项目为生产主体的,需要对环境变化做出迅速而一致反应的企业,如咨询公司和广告公司。

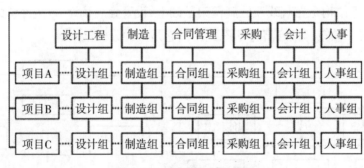

图 2-5 矩阵制组织结构图

6. 多维立体型组织结构

多维立体型组织结构是由美国道-科宁化学工业公司(Dow Corning)于1967年首先建立的。它是矩阵制和事业部制结构形式的综合发展,又称为多维组织。在矩阵制结构(即二维平面)基础上构建产品利润中心、地区利润中心和专业成本中心的三维立体结构(见图2-6);若再加时间维可构成四维立体结构。虽然它的细分结构比较复杂,但每个结构层面仍然是二维制结构,而且多维制结构未改变矩阵制结构的基本特征——多重领导和各部门配合,只是增加了组织系统的多重性。因而,其基础结构形式仍然是矩阵制,或者说它只是矩阵制结构的扩展形式。

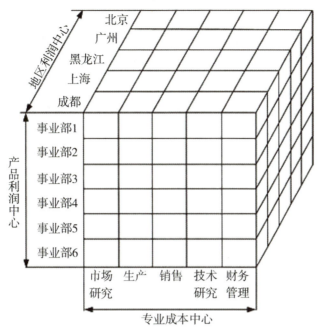

图 2-6　多维立体型组织结构图

在这种组织结构形式下,每一系统都不能单独做出决定,而必须由三方代表,通过共同的协调才能采取行动。因此,多维立体型组织能够促使各部门从组织整体的角度来考虑问题,从而减少了产品、职能和地区各部门之间的矛盾。即使三者间有摩擦,也比较容易统一和协调。这种组织结构形式的最大特点是有利于形成群策群力、信息共享、共同决策的协作关系。这种组织结构形式适用于跨国公司或规模巨大的跨地区公司。

知识链接 2-2　美的集团战略与组织设计整合

美的集团主要产品有家用空调、冰箱、洗衣机、饮水机、电饭煲等家电配件产品。现拥有中国最大最完整的空调产业链、洗衣机产业链、冰箱产业链、微波炉产业链和洗碗机产业链,拥有中国最大最完整的小家电产品群和厨房家电产品群,同时产业拓展至房产、物流及金融领域。在全球设有 60 多个海外分支机构,产品远销 200 多个国家和地区。20 世纪 80 年代平均增长速度为 60%,90 年代平均增长速度为 50%。21 世纪以来,年均增长速度超过 30%。美的在快速发展过程中由于发展战略的变化曾分三个阶段调整了其组织设计。

第一阶段,美的集团初创时期,产品种类较单一,采用直线职能制组织架构,业务发展无需更加细分的其他组织结构;满足当时的生产需求,在一定时期内对美的发展带来一定的推力;改革开放初期,市场竞争并不激烈,企业处于高速发展状态,原有的组织有一定的适用性。

第二阶段,美的规模迅速扩张,走多元化扩张之路,美的发展到包括空调、风扇、电饭煲在内的五大类 1 000 多种产品。美的开始了全面的组织改革,即进入了事业部制组织结构。变革前,这些产品仍然由总部统一销售、统一生产。由于各个产品的特点很不一样,而销售人员同时在区域中负责多项产品,总部各职能部门也是同时对应各个产品,这样在工作上容易造成专业性不够、工作重点不明确、产销脱节等问题。后来通过设计事业部制的组织结构,各个事业部拥有自己的产品和独立的市场,对销研产以及行政、人事等管理负有统一领导的职能,拥有很大的经营自主权,实行独立经营、独立核算。事业部制的建立使美的集团总部脱身于日常琐事管理,将主要精力集中在总体战略决策、控制规模额度和投资额度、各事业部核心管理层任免的人事权以及市场的统一协调工作上。

第三阶段,随着竞争的加剧,美的集团开始进军不相关产业,为此美的又进行了组织结构的深化改造。美的发起了全面推进事业部制公司化及事业部管理下的二级子公司运作模式,美的组织结构进入了一个新的发展阶段。

美的集团组织结构调整的脚步与其发展的脚步相适应。从小型加工作坊到独立生产单一产品,再到多种类发展,其后向多元化转变,再到跨领域跨行业发展,美的集团自身的发展要求其本身制定出有利于自身发展的组织结构和管理模式。

(资料来源:http://www.chinairn.com/news/20120618/832958.html,有改动)

 ## 2.3 企业组织制度

所谓企业组织制度(organization system),广义上可泛指企业的各种规则,包括企业产权制度和在特定产权关系下的具体管理制度。

当一个企业的组织架构建立起来,企业制度也要随之建立。这种相对稳定的组织,就称之为制度化的组织。

2.3.1 企业组织职权、职责和权力

1. 职权

按传统的观点,职权指的是管理职位所固有的发布命令和希望命令得到实施的一种权力。

职权与组织内的一定职位相关,而与担任该职位管理者的个人特性无关,它与任职者没有任何直接的关系。

2. 职权与职责

职责与职权具有对等的重要性。

(1) 职权关系分为：直线职权与参谋职权。

直线职权是指给予一位管理者指挥其下属工作的权力。正是这种上级—下级职权关系从组织内的最高层贯穿到最底层，从而形成所谓的指挥链。有时"直线"一词也用来区分直线管理者与辅助管理人员。这时，"直线"用来强调对组织目标实现具有直接贡献的那些组织职能的管理者。

当组织规模得到扩大并变得更为复杂后，直线管理者会发现他们没有足够的时间、技能或办法使工作得到有效完成。为此，他们配置了参谋职权职能来支持、协助工作，并为他们提供建议。

(2) 应区别两种不同形式的职责：

最终职责——管理者应对他授予执行职责的下属人员的行动最终负责，所以最终的责任永远不能下授。

执行职责——管理者向下授予与所授职权相等的执行责任，不过，职责的另一方面（它的最终要素）应当保留。

 知识链接 2-3　参谋职位

一家医院的院长，当他不能有效地管理医院所需物品的所有采购事宜时，他会设立一个采购部门，作为参谋职权部门来运作。当然，采购部门的领导对其下属的采购人员也拥有直线职权。医院院长也可能发现自己工作负担过重，需要一位助理。要是真的设置了助理职位来协助院长工作，他也就配置了一个参谋职位。

3. 职权与权力

权力，指的是一个人借以影响另一个人的能力。如果说"影响"是权力的表现和权力使用的结果，那么从来源看，权力就是对资源拥有者的一种依赖性。权力本身是一个中性的概念，它可以被利用来达到不良的目的，也可以帮助管理者更好地实现组织的目标。

权力可分为两大类：一类是制度权，即与职位有关的权力，亦称行政性权力。另一类是与领导者个人有关的权力。这种权力是领导者由于自身的某些特殊条件才具有的。如，高尚的品德、丰富的经验、卓越的专业能力、良好的人际关系、特殊的个人经历和背景，以及善于创造一个激励的工作环境，以满足组织成员的需要，等等。这种权力，易于赢得组织成员发自内心的长时期的敬重和服从。

依赖关系是一个人可以对另一个人行使权力的基础。权力与依赖关系的性质和强度由三个因素共同决定：资源的重要性、稀缺性和不可替代性。

职权是制度权，是一种基于掌握职权的人在组织中所居职位的合法权力。职权与职务相伴随，是由一个人在组织中的纵向职位决定的。它是权力的一种。

4. 集权与分权

集权是指决策权在组织系统中较高层次上一定程度的集中；分权是指决策权在组织系统

中较低层次上一定程度的分散。在组织管理中,集权和分权是相对的,绝对的集权或绝对的分权都是不可能的。

过度集权的弊端:不利于合理决策;不利于调动下属的积极性;阻碍信息交流;助长组织中的官僚主义。

分权的作用:分权有利于组织决策的合理化;分权有助于培养组织管理专家。

1) 分权的尺度

衡量分权尺度的标志主要有四个:

(1) 决策的数量:组织中较低管理层次做出决策的数目或频度越大,则分权程度越高。

(2) 决策的范围:组织中较低管理层次决策的范围越广,涉及的职能越多,分权程度越高。

(3) 决策的重要性:组织中较低管理层次做出的决策涉及的费用越多,则分权程度越高。

(4) 决策的审核:上级对组织中较低管理层次做出的决策审核程度越低,这个组织的分权程度越高。如果做出决策后还必须报上级批准,则分权的程度就越低。

2) 影响分权的因素

(1) 决策的代价:决策付出代价的大小,是决定分权程度的主要因素。一般来说,决策失误的代价越大,对经济标准和信誉、士气等无形标准影响较大的决策,越不适宜交给下级人员处理。高层主管常常亲自负责重要的决策,而不轻易授权下属处理。这不仅是因为高层主管的经验丰富,犯错误的机会少,而且因为这类决策责任重大,也不宜授权。

(2) 政策的一致性:如果最高主管希望保持政策的一致性,即在整个组织中采用一个统一的政策,则势必趋向于集权化,因为集权是达到政策一致性的最方便的途径。采用一致性的政策,便于比较各部门的成绩,以保证步调一致。如果最高主管希望政策不一致,即允许各单位根据客观情况制定各自的政策,而势必会放宽对职权的控制。政策适当的差异有利于激发下级单位的创新和竞争,提高效率。

(3) 组织的规模:组织规模扩大后,集权管理不如分权管理有效和经济。组织规模越大,组织的层次和部门会因管理幅度的限制而不断增加。层次增多会使上下沟通的速度减缓,造成信息延误和失真,并意味着今后彼此间的配合工作也会迅速增加。因此,为了加快决策速度、减少失误,使最高主管能够集中精力处理重要决策,也需要向下分权。

(4) 组织的成长:从组织成长的阶段来看,组织通常在成立初期采取和维护高度集权的管理方式。随着组织逐渐成长,规模日益扩大,则由集权的管理方式逐渐转向分权的管理方式。

(5) 管理哲学:管理者的个性和他们的管理哲学不同,对组织的分权程度有很大影响。专制、独裁的管理者不能容忍别人触犯他们小心戒备的权力,往往采取集权式管理;反之,则会倾向于分权。

(6) 人才的数量与素质:人才的数量和素质不高,会限制职权的分散。如果管理人员数量充足、经验丰富、训练有素、管理能力强,则可有较多的分权。

(7) 控制的可能性:分权不可失去有效的控制。最高主管在将决策权下授时,必须同时保持对下属的工作和绩效的控制。许多高层主管之所以不愿意向下分权,就是因为他们对下属的工作和成绩没有把握,担心分权之后下属无法胜任工作而承担连带责任。因此,要有效地实施分权,就必须同时解决如何控制的问题。

(8) 职能领域:组织的分权程度也因职能领域而异,有些职能领域需要更大的分权程度,有些相反。在组织的经营职能中,生产和销售业务的分权程度往往很高,原因很简单,生产和销售业务的主管要比其他人更熟悉生产和销售工作;但财务职能中的某些业务活动需要较高的集权,只有集权,最高层主管才能保持其对整个组织财务的控制。

5. 授权

授权与分权虽然都与职权下授有关,但两者是有区别的。分权一般是组织最高管理层的职责,授权则是各个层次的管理者都应掌握的一门职能。分权是授权的基础,授权以分权为前提。

授权的内容包含以下几个方面:

(1) 分派任务:向被托付人交代任务。

(2) 委任权力:授予被托付人相应的权力,使之有权处置原本无权处理的工作。

(3) 明确责任:授予执行职责,保留最终职责,要求被托付人对托付的工作负全责。负责不仅包括完成指派的任务,也包括向上级汇报任务的执行情况和成果。

授权并不是将职权放弃或让渡,授予的一切职权都可由授权者收回和重新授出。

知识链接 2-4　海尔授权的艺术

张瑞敏喜欢授权管理,习惯只出思路,具体细化则由下面的人去做,也就是只管战略问题,不管战术问题。海尔各部独立运作,集团只管各部一把手。集团先任命一把手,由一把手提名组阁后,集团再任命副职和部委委员。一切配备完毕后,只有资金调配、质量论证、项目投资、技术改造和企业文化这些大事由集团统一规划,其余由各部自管。

授权之后的一个问题就是如何实现监督。海尔认为必要的监督、制约是一种对部下的爱护和关心,因为道德的力量是软弱的,不能把干部的健康成长完全寄托在个人的修炼上。授权本身就带有监督的意味,授权者对于被授权者有指挥和监督权。

海尔明确提出要确立监督机制,特别强调两点:一是各法人代表要自律,必须有非常严格的自我约束;二是还要有控制体系。

在海尔,对干部的考核管理是相当严格的。从集团总部到各部门,从各事业部到各车间,都在最明显处设有干部考评栏,下分表扬栏和批评栏。考评办法规定:表扬和批评都要有具体人名和主要事实、特殊事实,尤其是批评的内容不得空缺,否则对单位主要负责人进行处罚。受到表扬和批评的干部按规定给予加分(加薪)和减分(罚款)。从创业初期以来,海尔始终坚持对中层以上干部实行红、黄牌制度。每月评出绩效最好的挂红牌,最差的挂黄牌,并同工资挂钩。

海尔的干部除要接受各种"硬监督"外,还要接受外界的"软监督"。在海尔,干部犯了错误,没有什么不能批评的,而且是公开批评。《海尔人》的记者最厉害,可以在报上具体地、指名道姓地批评某个人或某种现象,甚至发出警告:某某,只有最后一次机会了!

日常素质教育及软硬兼施的监督环境封堵了海尔干部走向歪路的可能,海尔成为培养干部人才的沃土与其正确处理授权和监督是密不可分的。

(资料来源:http://jpkc.hnu.cn/2007sb-glx/hudakj/home.htm,有改动)

2.3.2 企业文化

1. 企业文化的含义、构成及要素

企业文化是在一定的条件下,企业生产经营和管理活动中所创造的具有该企业特色的精神财富和物质形态。它包括企业愿景、文化观念、价值观念、企业精神、道德规范、行为准则、历史传统、企业制度、文化环境、企业产品等。其中价值观是企业文化的核心。企业文化是企业的灵魂,是推动企业发展的不竭动力。它包含着非常丰富的内容,其核心是企业的精神和价值观。这里的价值观不是泛指企业管理中的各种文化现象,而是企业或企业中的员工在从事经营活动中所秉持的价值观念。企业文化是企业在经营活动中形成的经营理念、经营目的、经营方针、价值观念、经营行为、社会责任、经营形象等的总和,是企业个性化的根本体现,它是企业生存、竞争和发展的灵魂。

企业文化由三个层次构成:

(1) 表面层的物质文化,称为企业的"硬文化",包括厂容、厂貌、机械设备以及产品造型、外观、质量等。

(2) 中间层次的制度文化,包括领导体制、人际关系以及各项规章制度和纪律等。

(3) 核心层的精神文化,称为"企业软文化",包括各种行为规范、价值观念、企业的群体意识、职工素质和优良传统等,是企业文化的核心,被称为企业精神。

特伦斯·E.迪尔、艾伦·A.肯尼迪把企业文化整个理论系统概述为5个要素,即企业环境、价值观、英雄人物、文化仪式和文化网络。企业环境是指企业的性质、企业的经营方向、外部环境、企业的社会形象、与外界的联系等方面。它往往决定企业的行为。价值观是指企业内成员对某个事件或某种行为好与坏、善与恶、正确与错误、是否值得仿效的一致认识。价值观是企业文化的核心,统一的价值观使企业内成员在判断自己行为时具有统一的标准,并以此来决定自己的行为。英雄人物是指企业文化的核心人物或企业文化的人格化,其作用在于作为一种活的样板,给企业中其他员工提供可供学习的榜样,对企业文化的形成和强化起着极为重要的作用。文化仪式是指企业内的各种表彰、奖励活动、聚会以及文娱活动等,它可以把企业中发生的某些事情戏剧化和形象化,来生动地宣传和体现企业的价值观,使人们通过这些生动活泼的活动来领会企业文化的内涵,使企业文化"寓教于乐"。文化网络是指非正式的信息传递渠道,主要是传播文化信息。它是由某种非正式的组织和人群所组成,它所传递出的信息往往能反映出职工的愿望和心态。

企业文化本质,是通过企业制度的严格执行衍生而成,制度上的强制或激励最终促使群体产生某一行为自觉,这一群体的行为自觉便组成了企业文化。企业文化的本质在东堂策《企业文化一字解》中得到深刻印证,其中也详细道出企业文化产生机理。

2. 企业文化的意义

企业领导者把"文化变化人"的功能应用于企业,以解决现代企业管理中的问题,就有了企业文化。企业管理理论和企业文化管理理论都追求效益,但前者为追求效益而把人当作客体,后者为追求效益把文化概念自觉应用于企业,把具有丰富创造性的人作为管理理论的中心。这种指导思想反映到企业管理中去,就有了人们称之为企业文化的种种观念。

(1) 企业文化能激发员工的使命感。不管是什么企业都有它的责任和使命,企业使命感是全体员工工作的目标和方向,是企业不断发展或前进的动力之源。

(2) 企业文化能凝聚员工的归属感。企业文化的作用就是通过企业价值观的提炼和传播,让一群来自不同地方的人共同追求同一个梦想。

(3) 企业文化能加强员工的责任感。企业要通过大量的资料和文件宣传员工责任感的重要性,管理人员要给全体员工灌输责任意识、危机意识和团队意识,要让大家清楚地认识企业是全体员工共同的企业。

(4) 企业文化能赋予员工荣誉感。每个人都要在自己的工作岗位、工作领域,多做贡献、多出成绩、多追求荣誉感。

(5) 企业文化能实现员工的成就感。一个企业的繁荣昌盛关系到每一个公司员工的生存,企业繁荣了,员工就会引以为豪,会更积极努力地进取,荣耀越大,成就感就越强、越明显。

3. 企业文化的特征

(1) 独特性。企业文化具有鲜明的个性和特色,具有相对独立性,每个企业都有其独特的文化淀积,这是由企业的生产经营管理特色、企业传统、企业目标、企业员工素质以及内外环境不同所决定的。

(2) 继承性。企业在一定的时空条件下产生、生存和发展,企业文化是历史的产物。企业文化的继承性体现在三个方面:一是继承优秀的民族文化精华;二是继承企业的文化传统;三是继承外来的企业文化实践和研究成果。

(3) 相融性。企业文化的相融性体现在它与企业环境的协调和适应性方面。企业文化反映了时代精神,它必然要与企业的经济环境、政治环境、文化环境以及社区环境相融合。

(4) 人本性。企业文化是一种以人为本的文化,最本质的内容就是强调人的理想、道德、价值观、行为规范在企业管理中的核心作用,强调在企业管理中要理解人、尊重人、关心人。注重人的全面发展,用愿景鼓舞人,用精神凝聚人,用机制激励人,用环境培育人。

(5) 整体性。企业文化是一个有机的统一整体,人的发展和企业的发展密不可分,引导企业员工把个人奋斗目标融于企业发展的整体目标之中,追求企业的整体优势和整体意志的实现。

(6) 创新性。创新既是时代的呼唤,又是企业文化自身的内在要求。优秀的企业文化往往在继承中创新,随着企业环境和国内外市场的变化而改革发展,引导大家追求卓越、追求成效、追求创新。

4. 企业文化的内容

根据企业文化的定义,其内容是十分广泛的,但其中最主要的应包括如下几点:

1) 经营哲学

经营哲学也称企业哲学,源于社会人文经济心理学的创新运用,是一个企业特有的从事生产经营和管理活动的方法论原则。它是指导企业行为的基础。一个企业在激烈的市场竞争环境中,面临着各种矛盾和多种选择,要求企业有一个科学的方法论来指导,有一套逻辑思维的程序来决定自己的行为,这就是经营哲学。例如,日本松下公司"讲求经济效益,重视生存的意志,事事谋求生存和发展",这就是它的战略决策哲学。

2) 价值观念

所谓价值观念,是人们基于某种功利性或道义性的追求而对人们(个人、组织)本身的存在、行为和行为结果进行评价的基本观点。可以说,人生就是为了价值的追求,价值观念决定着人生追求行为。价值观不是人们在一时一事上的体现,而是在长期实践活动中形成的关于价值的观念体系。企业的价值观,是指企业职工对企业存在的意义、经营目的、经营宗旨的价值评价和为之追求的整体化、个异化的群体意识,是企业全体职工共同的价值准则。只有在共同的价值准则基础上才能产生企业正确的价值目标。有了正确的价值目标才会有奋力追求价值目标的行为,企业才有希望。因此,企业价值观决定着职工行为的取向,关系企业的生死存亡。只顾企业自身经济效益的价值观,就会偏离社会主义方向,不仅会损害国家和人民的利益,还会影响企业的整体形象;只顾眼前利益的价值观,就会急功近利,搞短期行为,使企业失去后劲,导致灭亡。

3) 企业精神

企业精神是指企业基于自身特定的性质、任务、宗旨、时代要求和发展方向,并经过精心培养而形成的企业成员群体的精神风貌。企业精神要通过企业全体职工有意识的实践活动体现出来,因此,它又是企业职工观念意识和进取心理的外化。

企业精神是企业文化的核心,在整个企业文化中占据支配的地位。企业精神以价值观念为基础,以价值目标为动力,对企业经营哲学、管理制度、道德风尚、团体意识和企业形象起着决定性的作用。可以说,企业精神是企业的灵魂。

企业精神通常用一些既富于哲理又简洁明快的语言予以表达,便于职工铭记在心,时刻用于激励自己;也便于对外宣传,容易在人们脑海里形成印象,从而在社会上形成个性鲜明的企业形象。如:王府井百货大楼的"一团火"精神,就是用大楼人的光和热去照亮、温暖每一颗心,其实质就是奉献服务;西单商场的"求实、奋进"精神,体现了以求实为核心的价值观念和真诚守信、开拓奋进的经营作风。

4) 企业道德

企业道德是指调整该企业与其他企业之间、企业与顾客之间、企业内部职工之间关系的行为规范的总和。它是从伦理关系的角度,以善与恶、公与私、荣与辱、诚实与虚伪等道德范畴为标准来评价和规范企业。

企业道德与法律规范和制度规范不同,不具有那样的强制性和约束力,但具有积极的示范效应和强烈的感染力,当被人们认可和接受后具有自我约束的力量。因此,它具有更广泛的适应性,是约束企业和职工行为的重要手段。中国老字号同仁堂药店之所以三百多年长盛不衰,在于它把中华民族优秀的传统美德融于企业的生产经营过程之中,形成了具有行业特色的职业道德,即"济世养生、精益求精、童叟无欺、一视同仁"。

5) 团体意识

团体即组织,团体意识是指组织成员的集体观念。团体意识是企业内部凝聚力形成的重要心理因素。企业团体意识的形成使企业的每个职工把自己的工作和行为都看成是实现企业目标的一个组成部分,使他们对自己作为企业的成员而感到自豪,对企业的成就产生荣誉感,从而把企业看成是自己利益的共同体和归属。因此,他们就会为实现企业的目标而努力奋斗,自觉地克服与实现企业目标不一致的行为。

6) 企业形象

企业形象是企业通过外部特征和经营实力表现出来的,被消费者和公众所认同的企业总体印象。由外部特征表现出来的企业的形象称表层形象,如招牌、门面、徽标、广告、商标、服饰、营业环境等,这些都给人以直观的感觉,容易形成印象;通过经营实力表现出来的形象称深层形象,它是企业内部要素的集中体现,如人员素质、生产经营能力、管理水平、资本实力、产品质量等。表层形象是以深层形象为基础,没有深层形象这个基础,表层形象就是虚假的,也不能长久地保持。流通企业由于主要是经营商品和提供服务,与顾客接触较多,所以表层形象显得格外重要,但这绝不是说深层形象可以放在次要的位置。北京西单商场以"诚实待人、诚心感人、诚信送人、诚恳让人"来树立全心全意为顾客服务的企业形象,而这种服务是建立在优美的购物环境、可靠的商品质量、实实在在的价格基础上的,即以强大的物质基础和经营实力作为优质服务的保证,达到表层形象和深层形象的结合,赢得了广大顾客的信任。

企业形象还包括企业形象的视觉识别系统,比如 VI 系统,是企业对外宣传的视觉标识,是社会对这个企业的视觉认知的导入渠道之一,也是标志着该企业是否进入现代化管理的标志内容。

7) 企业制度

企业制度是在生产经营实践活动中所形成的,对人的行为带有强制性,并能保障一定权利的各种规定。从企业文化的层次结构看,企业制度属中间层次,它是精神文化的表现形式,是物质文化实现的保证。企业制度作为职工行为规范的模式,使个人的活动得以合理进行,内外人际关系得以协调,员工的共同利益受到保护,从而使企业有序地组织起来,为实现企业目标而努力。

5. 企业文化结构和企业使命

企业文化结构是指企业文化系统内各要素之间的时空顺序、主次地位与结合方式,企业文化结构就是企业文化的构成、形式、层次、内容、类型等的比例关系和位置关系。它表明各个要素如何连接,形成企业文化的整体模式,即企业物质文化、企业行为文化、企业制度文化、企业精神文化形态。

所谓企业使命是指企业在社会经济发展中所应担当的角色和责任,是指企业的根本性质和存在的理由,说明企业的经营领域、经营思想,为企业目标的确立与战略的制定提供依据。企业使命要说明企业在全社会经济领域中所经营的活动范围和层次,具体表述企业在社会经济活动中的身份或角色。它包括的内容为企业的经营哲学、企业的宗旨和企业的形象。

6. 企业文化功能

1) 导向

所谓导向功能就是通过企业文化对企业的领导者和职工起引导作用。企业文化的导向功能主要体现在以下两个方面。

一是经营哲学和价值观念的指导。经营哲学决定了企业经营的思维方式和处理问题的法则,这些方式和法则指导经营者进行正确的决策,指导员工采用科学的方法从事生产经营活动。企业共同的价值观念规定了企业的价值取向,使员工对事物的评判形成共识,有着共同的价值目标,企业的领导和员工为着他们所认定的价值目标去行动。美国学者托马斯·彼得斯和罗伯特·沃特曼在《追求卓越》一书中指出:"我们研究的所有优秀公司都很清楚它们的主张是什么,并认真建立和形成了公司的价值准则。事实上,一个公司缺乏明确的价值准则或价值观念不正确,我们则怀疑它是否有可能获得经营上的成功。"

二是企业目标的指引。企业目标代表着企业发展的方向,没有正确的目标就等于迷失了方向。卓越的企业文化会从实际出发,以科学的态度去制立企业的发展目标,这种目标一定具有可行性和科学性。企业员工就是在这一目标的指导下从事生产经营活动。

企业价值目标图如图 2-7 所示。

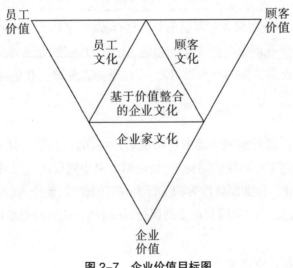

图 2-7　企业价值目标图

2) 约束

企业文化的约束功能主要是通过完善管理制度和道德规范来实现。

管理制度的约束:企业制度是企业文化的内容之一。企业制度是企业内部的法规,企业的领导者和企业职工必须遵守和执行,从而形成约束力。

道德规范的约束:道德规范是从伦理关系的角度来约束企业领导者和职工的行为。如果人们违背了道德规范的要求,就会受到舆论的谴责,心理上会感到内疚。如同仁堂药店"济世养生、精益求精、童叟无欺、一视同仁"的道德规范约束着全体员工必须严格按工艺规程操作,严格质量管理,严格执行纪律。

3) 凝聚

企业文化以人为本,尊重人的感情,从而在企业中造成了一种团结友爱、相互信任的和睦气氛,强化了团体意识,使企业职工之间形成强大的凝聚力和向心力。共同的价值观念形成了共同的目标和理想,职工把企业看成是一个命运共同体,把本职工作看成是实现共同目标的重要组成部分,整个企业步调一致,形成统一的整体。

4) 激励

共同的价值观念使每个职工都感到自己存在和行为的价值,自我价值的实现是人的最高精神需求的一种满足,这种满足必将形成强大的激励。在以人为本的企业文化氛围中,领导与职工、职工与职工之间互相关心、互相支持。特别是领导对职工的关心,职工会感到受人尊重,自然会振奋精神、努力工作,从而形成幸福企业。另外,企业精神和企业形象对企业职工有着极大的鼓舞作用,特别是企业文化建设取得成功,在社会上产生影响时,企业职工会产生强烈的荣誉感和自豪感,他们会加倍努力,用自己的实际行动去维护企业的荣誉和形象。

5) 调适

调适就是调整和适应。企业各部门之间、职工之间,由于各种原因难免会产生一些矛盾,解决这些矛盾需要各自进行自我调节;企业与环境、与顾客、与企业、与国家、与社会之间都会存在不协调、不适应之处,这也需要进行调整和适应。企业哲学和企业道德规范使经营者和普通员工能科学地处理这些矛盾,自觉地约束自己。卓越完美的企业形象就是进行这些调节的结果。调适功能实际也是企业能动作用的一种表现。

6) 辐射

企业文化关系到企业的公众形象、公众态度、公众舆论和品牌美誉度。企业文化不仅在企业内部发挥作用,对企业员工产生影响,它也能通过传播媒体、公共关系活动等各种渠道对社会产生影响,向社会辐射。企业文化的传播对树立企业在公众中的形象有很大帮助,优秀的企业文化对社会文化的发展有很大的影响。

7. 企业文化的类型

企业文化分为四种类型:

(1) 硬汉型文化。这种文化鼓励内部竞争和创新,鼓励冒险,具有竞争性较强、产品更新快的特点。

(2) 努力工作、尽情享受型文化。这种文化把工作与娱乐并重,鼓励职工完成风险较小的工作,具有竞争性不强、产品比较稳定的特点。

(3) 攻坚型文化。它具有在周密分析基础上孤注一掷的特点,一般投资大、见效慢。

(4) 过程型文化。这种文化着眼于如何做,基本没有工作的反馈,职工难以衡量他们所做的工作,按部就班就可以完成任务。

知识链接 2-5　两种价值取向的比较

两种价值取向的比较如表 2-1 所示。

表 2-1　两种价值取向的比较

	民族文化型	市场文化型
个人与组织的关系	1. 亲情关系; 2. 互有长期承诺; 3. 对相互利害关系依赖紧密; 4. 对公司的认同感; 5. 等级制的结构关系	1. 合同关系; 2. 相互短期承诺; 3. 对个人利益的依赖,功利主义; 4. 按组织成员与组织的交换条件形成相互关系
组织成员之间的关系	1. 以具有公司成员身份而自豪; 2. 具有相互依存的意识; 3. 广泛的同事关系网; 4. 一致性压力较大; 5. 强调集体而非个体的首创性	1. 对同事保持独立性; 2. 有限的相互交往; 3. 有限的一致性压力; 4. 强调个体的首创性
对公司文化的适应性	1. 长期的适应性过程; 2. 上级人员均为辅导、教育、榜样角色; 3. 金字塔式组织	1. 社会化程度低; 2. 上下级关系疏远,但工作中却是磋商者和资源分配者; 3. 扁平型组织

8. 企业文化的塑造及建设

1) 企业文化的塑造

企业文化中的理念和习惯可以在各处生根发芽,它可以产生于一个有影响力的个人、工作集体、部门或分支机构;它可以产生于组织等级的低层或高层。很多公司文化的组成因素与一名奠基者或其他早期领导者相联系,他们将这些因素清楚地表达为一种公司哲学或一套组织必须遵守的原则或公司政策形式;有时文化的组成因素发源于公司的远景展望、战略目的和战略的核心内容。随着时间的流逝,这些文化的基础开始生根,渗入公司的经营中,被公司的领导和职工分享,然后当新员工被鼓励信奉它们时得到延续。

塑造优秀的企业文化首先应该让全体员工理解何谓企业文化,为什么要进行企业文化建设。理解企业文化需要注意以下几个方面:

第一,文化总是相对于一定时间段而言的。我们所指的企业文化通常是现阶段的文化,而不是指企业过去的历史文化,也不是指将来企业可能形成的新文化。

第二,只有达成共识的要素才能称为文化。企业新提出的东西,如果没有达成共识,就不能称之为文化,只能说是将来有可能成为文化的文化种子。企业文化代表企业共同的价值判断和价值取向,即多数员工的共识。当然,共识通常是相对而言的。在现实生活中,通常很难想象一个企业所有员工都只有一种思想、一个判断。由于人的素质参差不齐,人的追求呈现多元化,人的观念更是复杂多样,因此,企业文化通常只能是相对的共识,即多数人的共识。

第三,文化总是相对于一定范围而言的。我们所指的企业文化通常是企业员工所普遍认同的部分。如果只是企业领导层认同,那么它只能称为领导文化;如果只是企业中某个部门中的员工普遍认同,那么它只能称为该部门的文化。依据认同的范围不同,企业中的文化通常可以分为领导文化、中层管理者文化、基层管理者文化,或部门文化、分公司文化、子公司文化、企业文化等。

第四,文化必定具有内在性。企业所倡导的理念和行为方式一旦达成普遍的共识,成为企业的文化,则这些理念和行为方式必将得到广大员工的自觉遵循。

2) 企业文化的建设

企业文化建设的重要原则:文化管理要与企业战略管理相结合;企业文化要面向未来并体现行业特点和企业个性;发挥企业领导群体的核心作用;文化管理与形象管理相互促进;文化体系的建立要反映全体员工的共同愿望;共识原则。

第一阶段,不自觉(无意识)的文化创造。

企业在创立和发展过程中逐渐形成一套行之有效、组织内部广泛认可的组织运营的理念或者思想。这一阶段的基本特点就是具有鲜活的个性特征,零散的而非系统的,在组织内部可能是"未经正式发布的或声明的规则"。在这一个过程中,企业关注的是发展进程中那些难忘的、重大的事件或者案例背后所体现出的文化气质或者精神价值。这些事件或者案例的背后往往是组织面临的巨大的利益冲突和矛盾,这种冲突和矛盾下的企业选择正是企业价值观的具体体现。

第二阶段,自觉的文化提炼与总结。

企业经过一段时间的发展,在取得一定的市场进步或者成功的时候,就需要及时地总结和提炼企业市场成功的核心要素有哪些。这些成功要素是组织在一定时期内成功的工具和方法,具有可参考或者复制的一般性意义。更加重要的是,企业往往在取得市场成功的同时,吸引了更大范围、更多数量的成员加盟,各种管理理念与工作方法交汇冲突,企业如果缺乏价值共识,往往会发生内部离散效应。这一阶段对企业而言最重要的就是亟待自觉地进行一次文化的梳理与总结,通过集体的系统思考进行价值观的发掘与讨论,并在共同的使命和愿景的引领下确定价值共识。

第三阶段,文化落地执行与冲突管理。

日益庞大的组织规模和多元化的员工结构,为文化的传播和价值理念的共享提出了新的挑战,前期总结和提炼的价值理念体系如何得到更大范围内组织成员的认同就成了这一阶段最为重要的事情。文化落地与传播的手段和工具不计其数,从实践来看,企业在文化落地阶段应该遵循"从易到难、由内而外、循序渐进"的原则开展文化落地建设。

第四阶段,文化的再造与重塑。

文化建设对企业而言是一个没有终极答案的建设过程。关乎企业生存与发展的核心命题对企业的领导者而言是一个需要不断思考、不断总结、不断否定与肯定的过程,任何一个阶段性的总结和提炼并不代表着企业的经营者掌握了全部真相或绝对真理。因此,一个健康的组织一定有一个"活的"文化体系与之相伴相生,这个活的文化体系并不具备自动进化的智能,需要企业持续不断地进行系统思考,并根据组织内外的环境与组织发展的需要进行文化的更新、进化甚至是再造。至于文化更新的频率,有一个合适的时间。

文化建设进程是企业主动进行的一次从实践到理论,进而由理论指导实践的过程,文化落地阶段正是理论(总结提炼的文化思想体系)指导实践的过程。只有牢牢把握价值观管理这个核心,企业文化的建设才不会出现大的偏差或者失误。

一、简答题

1. 什么是组织设计?
2. 组织结构的影响因素主要有哪些?
3. 试比较分析组织结构基本类型的特点及其适应性。
4. 如何理解组织职权、职责和权力之间的关系?
5. 如何理解领导者与管理者的关系?
6. 简述企业文化的含义及构成。

二、判断题

1. 当外部环境处于剧烈变化状态时,企业可以通过建立一些临时性的部门、通畅的信息传递、分权程度的提高,发挥员工的潜力,减少外部环境对企业造成的不利影响。(   )

2. 组织结构的具体模式有许多种,但其中最主要的是直线制和事业部制。(   )

3. 职能制组织结构是"经营管理理论之父"法约尔首先提出来的。(   )

4. 管理层次的增加必将导致管理人员数量的急剧增加、管理成本大幅度上升,所以应尽量减少管理层次。(   )

5. 大批量生产的企业生产专业化程度较高,产品品种少,主要进行标准化生产,对职工技术要求相对较低,适于采用分权式组织形式。(   )

6. 究竟采取扁平型或是高层型组织结构,主要取决于组织规模的大小和组织领导者的有效管理幅度等因素。因为在管理幅度不变时,组织规模与管理层次成正比。规模大,层次多,则呈高层型结构;反之则呈扁平型结构。(   )

7. 影响组织集权与分权程度的因素很多。从组织成长的不同方式来看,如果组织是靠其内部积累由小到大逐级发展起来的,则分权程度较高。(   )

8. 组织作为人的集合,就是简单的个人的加总。(   )

9. 电影院的观众是拥有特定的共同目标的群体,所以,他们是一个组织。(   )

10. 企业组织中,一些有共同情感和共同兴趣爱好的人组成的小团体被称作协作组织。(   )

三、选择题

1. 下列最适合采用矩阵式组织结构的组织类型是(   )。
   A. 纺织厂   B. 医院
   C. 电视剧制作中心   D. 学校

2. 矩阵式组织的主要缺点是(   )。
   A. 分权不充分   B. 多头领导
   C. 对项目经理要求高   D. 组织稳定性差

3. 企业的组织结构必须与其战略相匹配,企业战略对组织结构设计的影响是(   )。
   A. 战略不同,要求开展的业务活动也会不同,从而会影响部门设置
   B. 不同的战略有不同的重点,会影响各部门与职务的相对重要性及相互关系
   C. AB 都对
   D. AB 都不对

4. 一家产品单一的跨国公司在世界许多地区拥有客户和分支机构,该公司的组织结构应考虑按什么因素来划分部门?(   )
   A. 职能   B. 产品
   C. 地区   D. 矩阵结构

5. 某企业的员工在工作中经常接到来自上边的两个有时甚至是相互冲突的命令,以下哪种说法指出了导致这种现象的本质原因?(   )
   A. 该公司在组织设计上采取了职能结构
   B. 该公司在组织运作中出现了越权指挥的问题
   C. 该公司的组织层次设计过多
   D. 该公司组织运行中有意或无意地违背了统一指挥的原则

6. 企业中管理干部的管理幅度,是指他(   )。
   A. 直接管理的下属数量
   B. 所管理的部门数量
   C. 所管理的全部下属数量
   D. B 和 C

7. 某公司随着经营范围的扩大,其由总经理直辖的营销队伍人员也从 3 人增加到 100 人。最近,公司发现营销队伍似乎有点松散,对公司的一些做法也有异议,但又找不到确切的原因。从管理的角度看,你认为出现这种情况的主要原因最大可能在于(   )。
   A. 营销人员太多,产生了鱼龙混杂的情况
   B. 总经理投入的管理时间不够,致使营销人员产生了看法
   C. 总经理的管理幅度太宽,以致无法对营销队伍进行有效的管理
   D. 营销队伍的管理层次太多,使得总经理无法与营销人员有效沟通

8. 以下各种说法中,你认为哪一种最能说明企业组织所采取的是分权程度越来越高的做法?(   )

A. 更多的管理人员能对下属提出的建议行使否决权

B. 下属提出更多的建议并有更大的比例被付诸实施

C. 较低层次的管理人员愿意提出更多、更重要的改进建议

D. 采取了更多的措施减轻高层主要领导的工作负担

9. 很多企业都是由小到大逐步发展起来的,一般在开始时采用的组织结构往往是直线制。随着业务的扩大以及人员队伍的增加,高层管理者不得不通过授权的方式委托一批有实力的专业人员进行职能化管理。但是,直线职能制组织形式也存在一些固有的缺陷。下列说法不是直线职能制组织形式的缺陷的是(   )。

A. 成员的工作位置不固定,容易产生临时观念

B. 各职能单位自成体系,往往不重视工作中的横向信息沟通

C. 组织弹性不足,对环境变化的反应比较迟钝

D. 不利于培养综合型管理人才

10. 某公司有员工64人,假设管理幅度为8人,该公司的管理人员应为多少人?管理层次是多少?(   )

A. 10人;4层　　　　　B. 9人;3层　　　　　C. 9人;4层　　　　　D. 8人;3层

综合案例

"因事设人"还是应该"因人设事?"

H市宇宙冰箱厂近几年来有了很大的发展,该厂厂长周冰是个思路敏捷、有战略眼光的人,早在前几年"冰箱热"的风潮中,他已预见到今后几年中冰箱热会渐渐降温,变畅销为滞销,于是命该厂新产品开发部着手研制新产品,以保证企业能够长盛不衰。果然,不久冰箱市场急转直下,各大商场冰箱都存在着不同程度的积压。好在宇宙厂早已有所准备,立即将新研制生产出的小型冰柜投入市场,这种冰柜物美价廉且很实用,一问世便立即受到广大消费者的欢迎,宇宙厂不仅保住了原有的市场,而且又开拓了一些新市场。但是,近几个月来,该厂产品销售出现了一些问题,用户接二连三地退货,要求赔偿,影响了该厂产品的声誉。究其原因,原来问题主要出在生产上,主管生产的副厂长李英是半年前从H市二轻局调来的。她今年42岁,是个工作勤恳、兢兢业业的女同志,工作认真负责,口才好,有一定的社交能力,但对冰箱生产技术不太了解,组织生产能力欠缺,该厂生产常因所需零部件供应不上而停产,加之质量检验没有严格把关,尤其是外协件的质量常常不能保证,故产品接连出现问题,影响了宇宙厂的销售收入,原来较好的产品形象也有一定程度的破坏,这种状况如不及时改变,该厂几年来的努力也许会付诸东流。周厂长为此很伤脑筋,有心要把李英撤换下去,但又为难,不撤换吧,厂里的生产又抓不上去,长此以往,企业很可能会出现亏损局面。周厂长想来想去不知如何是好,于是就去找该厂的咨询顾问某大学王教授商量,王教授听罢周厂长的诉说,思忖一阵,对周厂长说:"你何不如此如此呢……"周厂长听完,喜上眉梢,连声说:"好

办法,好办法。"于是便按王教授的意图回去组织实施。果然,不出两个月,宇宙厂又恢复了生机。王教授到底如何给周厂长出谋划策的呢?原来他建议该厂再设一生产指挥部,把李英升为副指挥长,另任命懂生产、有能力的赵翔为生产指挥长主管生产,而让李英负责抓零部件、外协件的生产和供应,这样既使企业的生产指挥的强化得到了保证,又充分利用了李、赵两位同志的特长,调动了二人的积极性,解决了一个两难的难题。

小刘是该厂新分来的大学生,他看到厂里近来一系列的变化,很是不解,于是就去问周厂长:"厂长,咱们厂已经有了生产科和技术科,为什么还要设置一个生产指挥部呢?这不是机构重复设置吗?我在学校里学过有关组织设置方面的知识,从理论上讲组织设置应该是因事设人,咱们厂怎么是因人设事?这是违背组织设置原则的呀!"周厂长听完小刘一连串的提问,拍拍他的肩膀笑着说:"小伙子,这你就不懂了,理论是理论,实践中并不见得都有效。"小刘听了,仍不明白,难道是书上讲错了吗?

问题:
1. 在企业中如何设置组织机构?到底应该"因事设人"还是应该"因人设事"?
2. 你认为王教授的建议是否合适?
3. 你认为应该如何看待小刘的提问?
4. 如果你是厂长,你将如何处理这个难题?

综合实训

本训练项目采取游戏的方式。此游戏非常类似儿时的翻绳游戏,所不同的是想要过关必须要靠组织的群策群力,依靠每个组员的分工合作,而且你的思维方式越广,你面前的道路也就越顺利。

实训内容:

(1)将全班学生分成若干个小组,每组10~12人,让每组成员手拉手围成一个圆圈,记住自己左右手各相握的人。

(2)在节奏感较强的背景音乐声中,大家放开手,随意走动,音乐一停,脚步即停。找到原来左右手相握的人分别握住。

(3)小组中所有参与者的手都彼此相握,形成了一个错综复杂的"手链"。在节奏舒展的背景音乐中,主持人要求大家在手不松开的情况下,无论用什么方法,将交错的"手链"解成一个大圆圈。

(4)第一轮由于每圈人数不多,很快就完成了任务。第二轮把两个小组的成员合并,形成一个大圈,按第一轮的操作重复进行一次。

(5)第三轮将第二轮中两个圈的成员合并成一个特大的圈,也就是全班成员围成一个大大的圆圈,按第一轮的操作重复进行一次。

(6)全班交流,分享感受。

实训要求:

(1)根据人数要有足够的空间,而且要有清晰的背景音乐烘托气氛,产生动静分明的效果。

(2) 强调记住自己左手、右手相握者,不要搞错。

(3) 当出现"手链"非常复杂,有人想放弃时,教师要暗示、鼓励,一定可以解开"手链"。解"手链"过程中,可以采用各种方法,如跨、钻、套、转等,就是不能放开。

实训方式:全体参加者两手相握后,开始想办法达到一个目的——最终恢复成单圈手拉手(相邻两人左右手相牵)。

教师安排10人"手链"、20人"手链"、40人"手链"的目的,就是想通过增强难度,促进组织成员间的探索与合作,从而感受成功的快乐。

实训场所:由教师根据实际情况选择教室或操场或其他空间。

第3章 现代企业经营环境与战略管理

◆ **思政目标** ◆

◎具有战略眼光；
◎遇事站得高看得远。

◆ **知识目标** ◆

◎了解企业经营环境及企业战略类型；
◎明确影响企业战略的环境因素；
◎熟知几种基本的战略管理思想；
◎掌握企业战略设计、规划、实施的要点。

◆ **技能目标** ◆

◎能针对不同类型的企业合理选择战略模式；
◎能对不同类型的企业做相应的战略规划设计。

 引例　走自己的路——海烟物流的战略

上海烟草公司最初自己配送烟草，拥有一定数量的车辆和管理营运人员，但运营成本很高。而上海烟草又掌握着大量的终端客户，这些客户同时需要配送饮料、酒类和副食等物品，如何降低运营成本，利用已有资源，成为上海烟草物流面临的问题。

上海烟草公司战略性地整合了上海烟草糖酒行业内数千家经营酒、食品、百货等各类物品的网络资源，汇集数千种规格商品，实行统一管理、统一经营、统一配送，实现资源最优化管理。于是，上海海烟物流发展有限公司物流中心(以下简称海烟物流)以"国内一流，国际先进"为目标建设而成。物流中心引进国际先进水平的物流设备，辅以 GIS、GPS、WMS、ERP 的高度集成，实现了信息处理及时、配送流程优化、存取拣选自动化、物流管理智能化，从而在物流流程的各个节点上达到无缝衔接。

海烟物流针对不同客户提供个性化的物流服务。如接受加急订单，承接加急配送服务；按货主指定批号或生产日期出货；帮助货主召回商品等。物流配送承诺市内 24 小时送达，江浙其他地区 36 小时送达；实行多客户、多品种配送服务，对多种业态如大卖场、超市、便利店，可实现同时配送;针对不同地区不同客户要求,专门设计配送办法。在卷烟经营上,海烟拥有包括全市29家连锁超市、卖场、便利店业务,共计4 000多家门店。

(资料来源:钱智.物流管理经典案例剖析——物流师培训辅导教材[M].北京:中国经济出版社,2007)

这一案例表明:企业战略的选择是企业成败的关键。上海烟草结合自身实际情况,利用已有的基础和掌握的资源,选择了资源整合、扩大规模的战略,将自身的物流体系转变成不仅为自身服务,也成为专业的第三方物流公司,从原来的成本中心转变为利润中心。

3.1 企业经营环境分析

3.1.1 企业经营环境概述

1. 企业经营环境的含义和内容

企业经营环境是指影响管理系统生存和发展的一切要素的总和,它包括外部环境和内部环境两个方面。管理的外部环境是存在于管理系统之外,并对管理系统的建立、存在和发展产生影响的外界客观情况和条件。管理的内部环境则是存在于管理系统之内的、作为管理系统存在和发展的客观条件的总和。

任何企业都是在一定环境中从事活动的;任何管理也都要在一定的环境中进行,这个环境就是管理环境。管理环境的特点制约和影响管理活动的内容和进行。管理环境的变化要求管理的内容、手段、方式、方法等随之调整,以利用机会,趋利避害,更好地实施管理。尤其对于行政管理来说,管理环境的影响作用更是不可忽视。这是由行政环境的特点所决定的。

管理环境分为外部环境和内部环境,外部环境一般有政治环境、社会文化环境、经济环境、技术环境和自然环境。内部环境有人力资源环境、物力资源环境、财力资源环境以及内部文化环境。

外部环境是组织之外的客观存在的各种影响因素的总和。它是不以组织的意志为转移的,是组织的管理必须面对的重要影响因素。

对非政府组织来说,政治环境包括一个国家的政治制度,社会制度,执政党的性质,政府的方针、政策、法规法令等。文化环境包括一个国家或地区的居民文化水平、宗教信仰、风俗习惯、道德观念、价值观念等。经济环境是影响组织,特别是企业的重要环境因素,它包括宏观和微观两个方面。宏观经济环境主要指一个国家的人口数量及其增长趋势,国民收入、国民生产总值等。通过这些指标能够反映国民经济发展水平和发展速度。微观经济环境主要指消费者的收入水平、消费偏好、储蓄情况、就业程度等因素。科技环境反映了组织物质条件的科技水平。科技环境除了直接相关的技术手段外,还包括国家对科技开发的投资和支持重点,技术发展动态和研究开发费用,技术转移和技术商品化速度,专利及其保护情况等。自然环境,包括地理位置、气候条件及资源状况。地理位置是制约组织活动的一个重要因素。

不同的组织有一般的共同环境,同时也要在一定的特殊领域内活动。一般环境对不同类型的组织均产生某种程度的影响,而与具体领域有关的特殊环境则直接、具体地影响着组织的活动。如企业需要面对的特殊环境包括现有竞争对手、潜在竞争对手、替代品生产情况及用户和供应商的情况。

外部环境与管理相互作用,一定条件下甚至对管理有决定作用。外部环境制约管理活动的方向和内容。无论什么样的管理目的,管理活动都必须从客观实际出发。脱离现实环境的管理是不可能成功的。"靠山吃山,靠水吃水"一定程度上反映了外部环境对管理活动的决定作用。同时,外部环境影响管理的决策和方法。当然,管理对外部环境具有能动的反作用。

内部环境是指组织内部的各种影响因素的总和。它是随组织产生而产生的,在一定条件下内部环境是可以控制和调节的。人力资源对于任何组织都始终是最关键和最重要的因素。人力资源的划分根据不同组织、不同标准有不同的类型。比如企业人力资源根据他们所从事的工作性质的不同,可分为生产工人、技术工人和管理人员三类。物力资源是指内部物质环境的构成内容,即在组织活动过程中需要运用的物质条件的拥有数量和利用程度。财力资源是一种能够获取和改善组织其他资源的资源,是反映组织活动条件的一项综合因素。财力资源指的是组织的资金拥有情况、构成情况、筹措渠道、利用情况。财力资源的状况决定组织业务的拓展和组织活动的进行等。文化环境是指组织的文化体系,包括组织的精神信仰、生存理念、规章制度、道德要求、行为规范等。

内部环境随着组织的诞生而产生,对组织的管理活动产生影响。内部环境决定了管理活动可选择的方式方法,而且在很大程度上影响到组织管理的成功与失败。

2. 企业组织与环境

任何组织都存在于一定的环境之中,环境不仅是组织系统建立的客观基础,而且是它生存和发展的必要条件。组织具有不断地与外界环境进行物质、能量、信息交换的性质和功能,组织和环境进行的物质的交换不断地改变组织,从而影响到管理行为的改变。环境本身并不会直接影响管理行为,而是通过对组织的影响来影响管理行为,环境对管理行为的影响是间接性的。 环境间接影响管理行为,具体地说,表现为以下几个方面:

(1)环境是组织系统生存和发展的必要条件。

环境因素对组织的生存和发展至关重要。有利的环境条件能够促进组织结构的完善和功能的充分发挥,能够促进管理效率的提高,从而促进整个组织系统的发展,加速管理目标的实现;不利的环境条件则会阻碍管理活动的运行,延缓管理过程,甚至使管理活动完全中止。环境为组织的存在和发展提供了机会与可能,同时,环境的变化也会给组织带来威胁。在某些时候,环境因素的突然变化会导致组织发生重大变化,甚至质的变化。从一定意义上说,组织系统对环境变化的适应能力如何,关系到该系统的生存、稳定和发展,关系到组织目标能否实现。只有对环境有及时的认识、理解、反应能力和较强适应能力的组织,才能取得长远的发展,才能取得成功。管理者要获得成功和胜利,要实现预期的组织目标,就不能不重视对环境的研究。

(2) 环境制约组织系统的内容。

一个组织系统的性质和特点、结构和功能是由组织目的决定的,但是,环境的影响也是不可忽视的,甚至有的时候环境对组织系统的性质和特点、结构和功能起着决定性的作用。环境是人们活动的必要条件,人的一切活动都不能脱离这个条件,人们在组织中从事任何活动,要想取得成功,就必须因地制宜。也就是说,建立什么样的组织结构,从事什么样的管理活动,实现什么样的组织目标,都必须从客观实际情况出发,以现实条件为依据。在市场经济条件下,企业组织结构的设计则必须考虑市场经济的客观要求,以适应面向市场的需要。

(3) 环境对管理过程具有巨大的影响作用。

管理者在建立一个组织时,除了需要重视组织的结构和组织的整体功能外,对环境因素也必须做充分的估计和考虑。

3.1.2 企业经营环境分析

1. 企业外部环境分析

企业外部环境又分为宏观环境和微观环境两个层次。宏观环境因素包括政治环境、经济环境、技术环境、社会文化环境。这些因素对企业及其微观环境的影响力较大,一般都是通过微观环境对企业间接产生影响的。微观环境因素,包括市场需求、竞争环境、资源环境等,涉及行业性质、竞争者状况、消费者、供应商、中间商及其他社会利益集团等多种因素,这些因素会直接影响企业的生产经营活动。

(1) 宏观环境分析。

宏观环境一般包括四类因素,即政治、经济、技术、社会文化,简称 PEST(political, economic, social, technological),如图 3-1 所示。另外还有自然环境,即一个企业所在地区或市场的地理、气候、资源分布、生态环境等因素。由于自然环境各因素的变化速度较慢,企业较易应对,因而不作为重点研究对象。

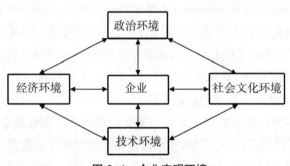

图 3-1 企业宏观环境

政治环境:是指那些影响和制约企业的政治要素和法律系统,以及其运行状态。具体包括国家政治制度、政治军事形势、方针政策、法律法令法规及执法体系等因素。在稳定的政治环境中,企业能够通过公平竞争获取正当权益,得以生存和发展。国家的政策法规对企业生产经营活动具有控制、调节作用,相同的政策法规给不同的企业可能会带来不同的机会或制约。

经济环境:是指构成企业生存和发展的社会经济状况及国家的经济政策。具体包括社会经济制度、经济结构、宏观经济政策、经济发展水平以及未来的经济走势等。其中,重点分析的内容有宏观经济形势、行业经济环境、市场及其竞争状况。衡量经济环境的指标有:国民生产总值、国民收入、就业水平、物价水平、消费支出分配规模、国际收支状况,以及利率、通货供应量、政府支出、汇率等国家财政货币政策。

技术环境:是指与本企业有关的科学技术现有水平、发展趋势和发展速度,以及国家科技体制、科技政策等。如科技研究的领域、科技成果的门类分布及先进程度、科技研究与开发的实力等。在知识经济兴起和科技迅速发展的情况下,技术环境对企业的影响可能是创造性的,也可能是破坏性的,企业必须预见这些新技术带来的变化,采取相应的措施予以应对。

社会文化环境:是指企业所处地区的社会结构、风俗习惯、宗教信仰、价值观念、行为规范、生活方式、文化水平、人口规模与地理分布等因素的形成与变动。社会文化环境对企业的生产经营有着潜移默化的影响,如文化水平会影响人们的需求层次;风俗习惯和宗教信仰可能抵制或禁止企业某些活动的进行;人口规模与地理分布会影响产品的社会需求与消费等。

(2)微观环境分析。

微观环境是企业生存与发展的具体环境。与宏观环境相比,微观环境因素更能够直接地给一个企业提供更为有用的信息,同时也更容易被企业所识别。主要包括市场需求、竞争和资源以及直接有关的政策、法律、法令等方面,如图3-2所示。

市场需求:在商品经济条件下,环境向企业提出的需求主要表现为市场需求。市场需求包括现实需求和潜在需求。现实需求是指顾客有支付能力的需求,潜在需求是指处于潜伏状态的、由于某些原因不能马上实现的需求。现实需求决定企业目前的市场销量,而潜在需求则决定企业未来的市场。

竞争环境:包括竞争规模、竞争对手实力与数目、竞争激烈化程度等。具体竞争包括同行竞争、替代产品行业竞争、购买者竞争、供应者竞争等。

资源环境:资源是指企业从事生产经营活动应投入的所有资源,包括人、财、物、技术、信息等。资源环境包括各种资源的开发利用状况、资源的供应状况、资源的发展变化情况等。

另外,来自政府和社团的直接有关的政策、法律、法令、要求等,也对行业及企业有直接约束和影响。

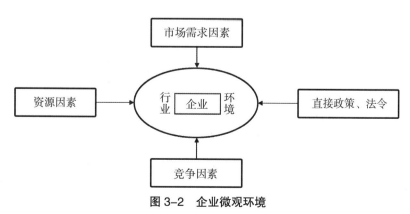

图3-2 企业微观环境

(3) 行业分析。

企业是在一定行业中进行生产经营活动的,研究企业外部环境必须掌握行业特点。行业分析主要包括行业概貌分析和行业竞争结构分析等方面。

行业概貌分析主要掌握该行业所处的发展阶段、行业在社会经济中的地位、行业的产品和技术特征等。

行业竞争结构分析主要掌握该行业的竞争态势。任何企业在本行业中,都要面临以下五个方面的竞争压力:潜在进入者、替代品生产者、购买者、供应者、现有竞争者,如图 3-3 所示。

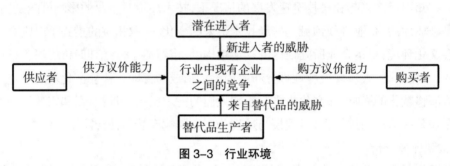

图 3-3 行业环境

潜在进入者的威胁:潜在竞争者进入后,将通过与现有企业瓜分原有市场、激发新一轮竞争,对现有企业形成巨大的威胁。这种进入威胁主要取决于行业的吸引力和进入障碍的大小。行业发展快、利润高,进入障碍小,潜在竞争的威胁就大。进入障碍包括:规模经济,即新进入者规模不经济则难以进入;产品差异优势,新进入者与原企业争夺用户,必须花费较大代价去树立企业形象和产品信誉,一旦失败,将丧失全部投资;现有企业对关键资源的控制,一般表现为对资金、专利技术、原材料供应、分销渠道等关键资源的积累与控制,对新进入者形成障碍;现有企业的反击程度等。

替代品的威胁:替代品是指与本行业产品具有相同或相似功能的其他产品。如洗衣粉可以部分代替肥皂。替代品产生威胁的根本原因往往是它在某些方面具有超过原产品的优势,如价格低、质量高、性能好、功能新等。若替代品的盈利能力强,对现有产品的压力就大,会使本行业的企业在竞争中处于不利地位。

购买者的压力:购买者对本行业的竞争压力表现为购买要求提高,如要求低价、高质、优服务等;还表现为购买者利用现有企业之间的竞争对生产厂家施加压力。影响购买者议价的基本因素有:顾客的购买批量、对产品的依赖程度、改变厂家时的成本高低以及掌握信息的多少等。

供应方的压力:企业从事生产经营所需各种资源一般都要从供应者处获得,供应者一般都要从价格、质量、服务等方面入手,以谋取更多的盈利,从而给企业带来压力。

行业内现有企业之间的竞争:这是通常意义下的竞争,主要竞争方式为价格竞争、广告战、新产品引进等。这种竞争的激烈程度取决于多种因素,如竞争者的多少及其力量的对比,行业发展的快慢,利润率的高低,行业生产能力与需求的对比,行业进入或退出障碍的大小等。当行业发展缓慢、竞争者多、产品同质性高、生产能力过剩、行业进入障碍低而退出障碍高时,竞争就会比较激烈。

2. 企业内部环境分析

企业内部环境是指企业内部的物质、文化环境的总和,包括企业资源、企业能力、企业文化等因素,也称企业内部条件。即组织内部的一种共享价值体系,包括企业的指导思想、经营理念和工作作风。

企业内部环境包括企业的物质环境和文化环境。它反映了企业所拥有的客观物质条件和工作状况以及企业的综合能力,是企业系统运转的内部基础。因此,企业内部环境分析也可称为企业内部条件分析,其目的在于掌握企业实力现状,找出影响企业生产经营的关键因素,辨别企业的优势和劣势,以便寻找外部发展机会,确定企业战略。如果说外部环境给企业提供了可以利用的机会的话,那么内部条件则是抓住和利用这种机会的关键。只有在内外环境都适宜的情况下,企业才能健康发展。

企业内部环境是有利于保证企业正常运行并实现企业利润目标的内部条件与内部氛围的总和,它由企业家精神、企业物质基础、企业组织结构、企业文化构成,四者相互联系、相互影响、相互作用,形成一个有机整体。其中,企业家精神是内部环境生发器,物质基础和组织结构构成企业内部硬环境,企业文化是企业内部软环境。企业内部环境的形成是一个从低级到高级、从简单到复杂的演化过程。企业内部环境管理的目标就是为提高企业竞争力、实现企业利润目标营造一个有利的内部条件与内部氛围。

企业资源分析:企业的任何活动都需要借助一定的资源来进行,企业资源的拥有和利用情况决定其活动的效率和规模。企业资源包括人、财、物、技术、信息等,可分为有形资源和无形资源两大类。

企业内部环境或条件分析目的在于掌握企业历史和目前的状况,明确企业所具有的优势和劣势。它有助于企业制定有针对性的战略,有效地利用自身资源,发挥企业的优势;同时避免企业的劣势,或采取积极的态度改进企业劣势。扬长避短,更有助于百战不殆。

企业内部环境分析的内容包括很多方面,如组织结构、企业文化、资源条件、价值链、核心能力分析、SWOT分析等。按企业的成长过程,企业内部环境分析又分为企业成长阶段分析、企业历史分析和企业现状分析等。

企业文化分析:企业文化分析主要是分析企业文化的现状、特点以及它对企业活动的影响。企业文化是企业战略制定与成功实施的重要条件和手段,它与企业内部物质条件共同组成了企业的内部约束力量,是企业环境分析的重要内容。

企业能力分析:企业能力是指企业有效地利用资源的能力。拥有资源不一定能有效运用,因而企业有效地利用资源的能力就成为企业内部条件分析的重要因素。

企业成长阶段分析:就是分析企业处于成长阶段模型的哪一个阶段,然后有针对性地制定企业发展战略,对症下药。

企业历史分析:包括企业过去的经营战略和目标、组织结构、过去五年财务状况、过去几年的人力资源战略以及人力资源状况,包括人员的数量及质量等。

企业现状分析：包括企业现行的经营战略和目标、企业文化、企业各项规章制度、人力资源状况、财务状况、企业研发能力、设备状况、产品的市场竞争地位、市场营销能力等。

企业内部环境分析的方法多种多样，包括企业资源竞争价值分析、比较分析、企业经营能力分析、企业经营条件分析、企业内部管理分析、企业内部要素确认、企业能力分析、企业潜力挖掘、企业素质分析、企业业绩分析、企业资源分析、企业自我评价表、企业价格成本分析、企业竞争地位分析、企业面临战略问题分析、企业目前战略运行效果分析、核心竞争力分析、获得成本优势的途径、利益相关者分析、内部要素矩阵及柔性分析、企业生命周期矩阵分析、企业特异能力分析、SWOT 分析、价值链构造与分析、企业活力分析以及企业内外综合分析。

对企业内部因素分析的结果，用企业内部因素评价表这一战略分析工具进行反映，从而对企业在管理、市场营销、财务、生产、研究与开发等各方面的长处与短处加以概括和评价，为制定有效的企业战略提供必要的信息基础。

案例分析 3-1　远祥鞋厂有限公司迁址

远祥鞋厂有限公司高层管理者宣布将其位于沿海某市的生产车间迁往内地某农村小镇接官镇。前者是一个人口比较密集的工业化城市，而后者则是一个被农村包围的小城镇。远祥鞋厂有限公司的主要产品是中低档旅游鞋。近年来，公司经营不是很景气，生产成本不断上升，利润连年持续下降。人工成本、原材料成本和水电费用增长显著，尽管销售收入也有所增加，但公司还是经历了自创办以来的第一次亏损。

公司管理决策层在最初考虑迁址时，从地域的角度对一些选址进行了仔细的考察，主要考虑的因素是交通设施的便利程度，当地政府的税收政策，劳动力资源状况，当地人们的态度，新厂址建设费用和财务方面所能得到的支持。经过综合考察对比，远祥鞋厂有限公司的高层管理者对农村小镇接官镇发展当地经济所持的积极态度和给予的热情支持留下了深刻的印象，并对当地的生产环境极其满意。

公司高层管理者最终确定工厂迁址的计划并宣布了这一决策。公司将当地一栋闲置的、集体所有制时的建筑物作为其新厂址，经过翻新、装修便投入了使用，并且通过当地劳动市场管理部门开始招聘新员工。与此同时，公司也开始了出租或出售其位于沿海某市的不动产。吸引公司迁往内地农村小镇接官镇的主要因素有：附近农村劳动力资源丰富；劳动力成本相对较低，且不需提供住宿；交通便利，该小镇位于 318 国道旁；水资源丰富，当地用水很多是自给自足；当地用电可享受优惠；当地政府积极支持，给予很多优惠政策。

经过一年多的运营，实践证明公司这一迁址决策是合适的。

分析：任何一个组织在进行选址决策时，都会面临各种各样的，包括地理上的、政治上的、社会上的等因素的影响。而作为企业的决策者，在进行选址决策时，他的理念和能力在于能够综合分析各种环境因素可能给企业带来的利与弊，扬长避短，最终做出选址决策，为企业的发展创造条件。

3.2 企业战略管理

3.2.1 企业战略的含义

企业战略是指企业按照长期经营管理中确立的企业发展目标,根据企业的外部环境和内部条件制定出的企业实现经营目标所需要遵循的方针和政策,做出的资源分配决策,提出的实现目标的经营途径和手段。概括来讲,是企业为实现长期经营目标、适应经营环境变化而制定的一种具有长期性、指导性的经营策略。

案例分析 3-2　中百超市走进居民区

中百超市的总体发展目标是建立便民超市,方便社区居民。根据这一发展战略,中百超市几乎遍及武汉所有的社区,成为武汉市网点数量最多的社区型连锁超市,社区覆盖面达 70% 以上。由于便民超市这一业态目前尚没有外资进入,而内资进入者规模远不及中百,因此形成了中百的独特优势。

(资料来源:武汉中百总经理张锦松:有作为才会有地位[EB/OL]. 2017-03-02. http://finance.sina.com.cn/leadership/crz/20050302/16541397408.shtml. 有删减)

请问:中百超市的居民区选址决策说明了什么问题?

分析提示:中百超市的总体发展目标是为社区居民服务,因此它的网点布局主要选择社区,伴随着这样一种理念,它在武汉市社区的覆盖率达 70% 以上。从这里我们可以看出,一个公司或企业的选址决策离不开其总体发展战略。

3.2.2 战略管理层次

战略管理(strategic management)一词最早由美国学者安索夫(H.I. Ansoff)于 1976 年在其所著的《从战略计划走向战略管理》一书中提出。安索夫认为企业战略管理是指将企业日常业务决策同长期计划决策相结合而形成的一系列经营管理业务。

企业经营战略是一个分层次的逻辑结构,它至少可分为三个层次——公司层总体战略、事业(经营)单位层战略、职能单位层战略,它们分别与从事多元化经营的公司组织机构相对应,见图 3-4。

公司层战略又称总体战略,主要回答公司的使命与方针、总体目标、战略态势、事业组合与地位等问题。

事业单位层战略属支持战略,即在公司层战略指导下,为保证完成公司的总体战略目标而制定的本事业单位的战略计划,主要回答为完成公司总体目标,本事业部门应该采取什么样的行动的问题。

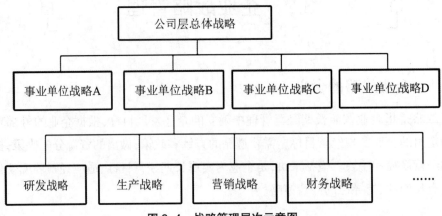

图 3-4　战略管理层次示意图

职能单位层战略是各职能部门为支撑事业单位层战略而制定的本职能部门的战略计划，主要回答为支持和配合事业单位层战略，本部门应该采取什么行动的问题。

3.2.3　战略管理过程

战略管理的基本过程是一个科学严谨的逻辑过程，该过程主要包括三个关键部分：

(1)战略分析：了解组织所处的环境和地位，特别是外部环境，见图 3-5。

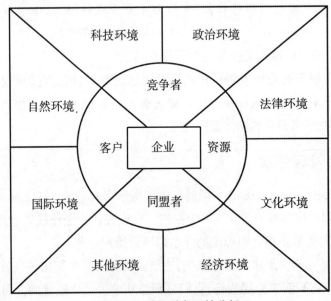

图 3-5　企业外部环境分析

(2)战略选择：对可行战略进行评价和选择。

(3)战略实施：采取一定的步骤、措施，发挥战略的指导作用，实现预期的战略目标。

另外，战略管理的三个部分可具体化为以下步骤：确定企业的使命与目标—分析环境—发现机会与威胁—分析企业资源—识别优势劣势—重新评价企业的使命与目标—选择制定战略—实施战略—评价结果。

知识链接 3-1　SWOT 分析法

SWOT 分析法又称为态势分析法，它是由旧金山大学的管理学教授于 20 世纪 80 年代初提出来的。SWOT 四个英文字母分别代表：优势(strength)、劣势(weakness)、机会(opportunity)、威胁(threat)。SWOT 分析法常常被用于制定集团发展战略和分析竞争对手情况，在战略分析中，它是最常用的方法之一。进行 SWOT 分析时，主要有以下几个方面的内容：

优势，是组织机构的内部因素，具体包括：有利的竞争态势；充足的财政来源；良好的企业形象；技术力量；规模经济；产品质量；市场份额；成本优势；广告攻势等。

劣势，也是组织机构的内部因素，具体包括：设备老化；管理混乱；缺少关键技术；研究开发落后；资金短缺；经营不善；产品积压；竞争力差等。

机会，是组织机构的外部因素，具体包括：新产品；新市场；新需求；外国市场壁垒解除；竞争对手失误等。

威胁，也是组织机构的外部因素，具体包括：新的竞争对手；替代产品增多；市场紧缩；行业政策变化；经济衰退；客户偏好改变；突发事件等。

 ## 3.3　企业战略实践

3.3.1　企业战略的规划

美国的威廉·高柏斯劳(William Copacino)设计了一个规划流程，给我们很大启发，企业系统中每一个环节都要进行规划，且要与整个规划过程中的其他组织部分相互协调，见图 3-6。

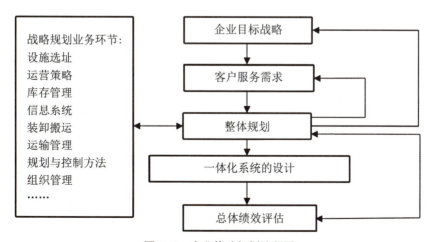

图 3-6　企业战略规划流程图

规划要点包括：分析企业发展条件和制约因素，提出发展路线；确定规划目标；确定服务系统的规模结构、职能分工与空间布局；确定重点发展的关键中心；确定流通渠道策略；确定服务策略；确定信息系统的规划；综合技术论证，提出规划实施的步骤、措施和方法建议。

3.3.2 企业战略实施

战略实施是一个自上而下的动态管理过程。所谓"自上而下"主要是指战略目标在公司高层达成一致后，再向中下层传达，并在各项工作中得以分解、落实。所谓"动态"主要是指战略实施的过程中，常常需要在"分析—决策—执行—反馈—再分析—再决策—再执行"的不断循环中达成战略目标。

企业战略一旦确定，为实现企业的战略目标就必须进行有效的实施。企业战略实施必须按照既定的战略实施方案循序推进、逐步落实，具体包括：经营战略实施行动的制定、企业组织架构及资源配置等实施准备；建立战略实施的内部管理支持系统，发挥战略实施的领导作用等战略实施推进；建立战略实施的评审系统与监控系统；对战略实施进行评审与控制。

战略的设计与实施是一个完整的过程，应按战略规划的内容和步骤进行。通常可供采用的战略推进方式有：

(1) 逻辑渐进式推进：按战略的主导逻辑推进，在实施的过程中可能对战略某些部分做必要的修正。

(2) 技术跃跳式推进：采用先进的核心技术，以核心技术作指导。在战略组织实施中，能直接在一个较高水平上进行。

(3) 分步迂回推进：主要是按战略实施的难易程度，由易到难地进行。

(4) 全面综合推进：涉及各个方面，按照既定战略内容要求全面展开，同时推进。

根据我国企业战略活动的水平与现状，一般采用前三种方法作为推进企业战略的主要途径。

案例分析 3-3　浦运战略的成功实施

上海浦东汽车运输总公司（以下简称浦运）的战略规划实施过程中，快步易捷公司全程参与了浦运的企业变革。双方的合作集中在三个方面：一是企业战略规划，包括市场战略、内部运作体系战略；二是开发应用一套可适应多种业务模式和多种调度模式的一体化运输管理系统；三是战略实施。

要保证物流系统达到预期目标，实施步骤是关键。第一阶段，快步易捷在对浦运实际运作情况和业务流程进行分析的基础上，提出了详尽的企业变革计划。在变革计划实施过程中，快步易捷的物流顾问团队直接参与了浦运营销中心的建立，领导和完成了 SOP 和 KPI 体系的设计。

第二阶段，快步易捷为浦运设计了未来业务模式的核心目标，目标之一就是：建立起一个支持浦运业务快速发展、适应多种业务类型和运作方式的一体化运输管理系统。快步易捷在对系统进行全面设计和开发过程中，融合了国际先进管理理念和深厚的本土行业经验，以及跨系统、跨平台

的集成方案,协助浦运建立起基于客户业务模式的、跨部门的、动态实时配置的流程管理平台,从而最终做到:

1. 成为在全国范围内提供多种增值服务、处于领导者地位的资产型专业运输公司;

2. 通过运输管理系统,将托运单调度作业流程统一化、规范化和高效化,实现最优的客户服务和最大的资源利用;

3. 使所有运作成本透明化,帮助浦运进行成本控制的集中管理。

经过一段时间的上线运作,上海浦运基本做到了从收到订单开始到货物准时、安全抵达客户手中为止的运作过程的全程可视性,达到了战略预期的效果。

分析:上海浦运通过准确的战略定位,科学规划,稳步实施,通过一体化信息平台的接入,再加上良好的管理制度,轻松地实现了企业间服务流程电子化连接、集成和整合,实现了最大化的资源利用。

3.3.3 企业战略优化

对于大多数的企业来说,战略优化是其降低供应链运营总成本的最显著的商机所在。但是,企业战略优化过程不仅要投入大量的资源,而且是一个需要付出巨大努力、克服困难和精心管理的过程。

企业实现战略优化升级要遵循几项基本的原则:第一,应该考虑自己所掌握的资源(各类资产和技术专长)及其特点;第二,应该考虑公司在发展与重组过程中的优势与存在的危机;第三,应充分考虑公司的内外部环境;第四,公司如何制定独特的战略?对公司作为一个整体如何创造价值的远见,指导着公司战略的制定;第五,公司战略是由各自相互独立的各个部分组成的系统;第六,公司战略必须顺应并利用公司以外的各种机遇;第七,各个子公司的收益必须高于成本,公司的大部分优势必须依赖业务部门提高业绩来实现。战略升级必须作为决策层的首要任务,责成专门机构或部门负责落实。

 知识链接 3-2　物流企业战略优化的 10 项基本原则

通过物流决策和运营过程的优化,企业可以获得降低物流成本 10%~40% 的商业机会。这种成本的节约必然转化为企业投资回报率的提高。这些原则可以借鉴到企业战略优化的过程中。

(1) 目标(objectives):设定的物流战略目标必须是定量的和可测评的。

(2) 模型(models):物流决策模型必须忠实地反映实际的物流过程。

(3) 数据(data):物流数据必须准确、及时和全面。

(4) 集成(integration):物流系统集成必须全面支持数据的自动传递。

(5) 表述(delivery):物流战略实施方案必须以一种便于执行、管理和控制的形式来表述。

(6) 算法(algorithms):算法必须灵活地利用独特的问题结构。

(7) 计算(computing):计算平台必须具有足够的容量,在可接受的时间段内给出优化方案。

(8) 人员(people):负责物流战略设计、实施和优化的人员必须具备支持建模、数据收集和优化方案所需的领导和技术专长。

(9)过程(process):物流商务过程必须支持优化并具有持续的改进能力。

(10)回报(ROI):投资回报必须是可以证实的,必须考虑技术、人员和操作的总成本。

(资料来源:中华物流论坛,有改动)

 基本训练

一、简答题

1. 简述企业战略的要点。
2. 可供企业选择的基本战略模式主要有哪些?
3. 企业战略的一般目标是什么?
4. 企业战略的构成要素有哪些?
5. 分析几种不同类型企业的战略特点。
6. 简述企业战略规划的一般过程。

二、判断题

1. 企业间竞争加剧,更加突出了企业战略的重要性。(　　)
2. 差异化战略就是企业向客户提供的服务具有一致性。(　　)
3. 企业把战略转化为实际操作的过程就是战略计划。(　　)

三、选择题

1. 战略的一般目标是成本最低、投资最少、(　　)。
   A. 库存最低　　　B. 流通最快　　　C. 结构最优　　　D. 服务优化
2. 企业战略的基本要素应包括(　　)。
   A. 经营范围　　　B. 成长方向　　　C. 竞争优势　　　D. 协同作用
3. 宏观环境一般包括(　　)。
   A. 政治环境　　　　　　　　　　　B. 经济环境
   C. 文化环境　　　　　　　　　　　D. 企业内部环境

 综合案例

中国航空物流企业的战略选择

20世纪的航空公司一定想不到中国当前在航空物流方面的广阔前景。然而,这一产业却实实在在地发展起来了。波音公司《中国市场预测》报告指出,中国航空运输市场将以每年7.6%的速度增长,成为仅次于美国的世界第二大民用航空市场。如此光明的市场前景,自然会留给人无限的遐想空间。

这当然是中国高速增长的经济所创造的又一个奇迹。随着中国成为世界制造中心的趋势渐趋明显,已经有越来越多的鲜活产品(如水果、鲜花、海鲜等)、精密机械产品(如医疗器械)、电子产品(如计算机)、商务文件、通信产品(如手机)需要通过飞机来进行运送。在越来越讲求速度的趋势下,书籍、药品、软件、玩具等都将逐渐成为航空物流的服务行业。

这样的发展趋势当然能够给人以足够的信心,但也引来了为数众多的逐利者。重组后组建的四大航空集团都不约而同地加大了货运业务的投入,组建专业的航空货运公司,将航空货运作为新的经济增长点。随着跨国企业大批进入中国,它们的航空物流外包商也随之跟进,并积极拓展中国市场。与此同时,航空货运已成为国内资本投资的热点。今天的中国航空物流市场,已经逐渐呈现出群雄逐鹿、硝烟四起的局面。谁才能够成为最后的胜者?在国外航空巨头的竞争压力之下,中国的航空企业应该如何寻找自身的发展机遇?

一、航空物流企业SWOT分析

平心而论,相对于已有多年成熟运作经验的外国公司来说,国内的航空业仍然显得准备不足。和美利坚航空公司、汉莎航空公司、英国航空公司等国际航空公司相比,国内的航空公司无论是在货物运价、航油成本还是运力水平等方面,都处于相对劣势。但是,如果我们从更广阔的视野出发,航空物流企业仍然可以利用自己的相对优势,取得市场竞争中的有利地位。

如果运用著名的战略分析工具SWOT分析法,我国航空物流业的现状如下:

竞争优势(S)与市场机会(O):庞大的航线和销售网络;较强的综合运输服务能力;良好的国内客户资源;政府部门的政策支持;我国国民经济持续、健康、稳定的增长使市场需求稳定增长;在电子商务日益普及的今天,航空物流市场的技术壁垒在下降;国内企业对航空物流的需求越来越强烈。

竞争劣势(W)与潜在威胁(T):缺少现代专业货运及工业加工型机场;管理手段和管理方法与世界发达国家相比还存在着很大差距;信息技术还比较落后;从业人员的业务素质水平普遍不是很高;缺乏良好的发展航空物流的运营环境;外资企业已在国内展开全国性的业务布点;其他运输方式的替代性威胁;民间资本大量进入航空物流市场,容易造成暂时性的无序竞争。

如上所述,在中国市场上,国内的航空物流企业同时具备网络、客户和政府资源等方面的独特竞争优势,这一点是国外的航空公司所无法比拟的。航空物流业不同于其他的行业,它的充分发展需要相关的产业如公路运输业、快递业、机场等的积极支持。在这方面,国内的航空公司无疑具有相当的优势。根据SWOT分析结果,可以采取以下四种类型的战略:

1.SO战略,即加强市场开拓能力,利用优势实行多式联运。

2.ST战略,即利用优势创建核心竞争力,了解竞争对手市场、技术、发展规划等情况,以规避威胁。

3.WO战略,即稳定目前业务,加强企业管理机制改革,健全内部经营制度,加快设备更新与设施改造,建立物流配送中心,改善物流市场服务结构,调整物流网络分布结构,建立信息系统,提高物流服务质量,增加增值服务,创建核心竞争力。

4.WT战略,即稳定现有市场份额,健全企业经营机制,不断提高企业管理水平。

二、航空物流业的成功要素分析

航空物流既不是传统意义上的航空货运,也不是一般人简单理解的传统航空货运服务的延伸,它是信息时代的新兴行业,其运营模式也不是"飞机+卡车"的简单加法,而是以信息技术为基础,以客户需求为中心,结合生产企业的供应链管理,配合生产厂商设计出以"一站式""门到门"

服务为特征的一体化物流解决方案,为客户企业提供原料和产品的供应、生产、运输、仓储、销售等环节结合成有机整体的优质高效的个性化综合物流服务。

从我国航空物流业的发展现状来看,大部分企业仍然停留在运输合同和分销阶段。我们认为,借助于信息技术的发展,我国航空企业要越过物流外包,直接走向供应链管理集团也是很有可能的。成功的关键在于抓住一些成功的关键要素。如果将航空物流业务细分为航空货运和航空快递两大类,根据著名物流管理专家宋杨先生的观点,航空物流业的成功关键要素有如下几种:

航空货运企业的关键成功要素:地面运输能力(二级城市的快运的货运网络,在其余城市代理的规模,以及能否提供城际货运);客户关系(是否建立全国性的货代网络,有无对客户进行分级管理,是否能培养客户的忠诚度);提供增值服务的能力(仓储、包装、装配等供应链管理的能力);信息技术(货运管理能力、CRM系统、知识管理系统);航线覆盖面(增加全货机,利用已有腹舱,利用其他国内外的航空公司的航线)。

航空快递企业的关键成功要素:多种模式的运输能力(提供航线齐全的全货机和腹舱,公路运输的能力);流程效率(全货机航线、分拣中心、全天候24小时运作);品牌(品牌宣传、统一的服务模式、统一的价格策略);IT系统(统一规划的信息系统,具有标准化、可靠性、兼容性和可扩展性);服务质量(完善的绩效考核及质量监控体系、质量管理认证);地面运输网络(建立同城网络,建立若干城市的市内投递站)。

能否抓住这些关键的成功要素,是国内航空企业能否取得市场竞争优势的关键所在。

问题:结合以上案例材料分析,你认为我国的航空物流企业可以采取什么样的业务发展模式?

综合实训

1.虚拟企业的战略规划设计。

实训目的:

(1)使学生熟悉企业的基本类型与相应的业务范围;

(2)结合不同类型的企业选择不同的发展模式;

(3)站在企业发展的战略高度思考企业的战略实践;

(4)训练学生的战略管理思想与实践能力,为今后自主创业或从事企业高端管理打好基础。

实训内容:

(1)几个同学一起,以兴趣小组的形式虚拟注册一家典型的企业,并给该企业合理配置各种资源(虚拟);

(2)运用SWOT法分析该企业所处的环境与地位、机遇与挑战;

(3)模拟董事会讨论企业的发展战略问题;

(4)拟订几套企业的战略规划设计方案,并举行论证会,选出最优方案;

(5)制订具体的战略实施方案,分工合作,落实责任,按计划有步骤地开展实施工作;

(6)请相关负责人陈述战略实施进展情况,并提出下一步的改进措施与设想。

实训要求：

(1) 4～5 人一组，确定组长一人，负责协调统筹工作；

(2) 请不同战略规划方案设计者做 3～5 分钟的方案陈述；

(3) 召开 2～3 次虚拟董事会；

(4) 撰写实践报告。

注意事项：

(1) 兴趣小组先开会讨论，明确实训目标与任务；

(2) 最后阶段可邀请专业教师做点评指导。

2. 一家大型钢铁国有企业的物流运输部门经股份制改造成立新的物流运输企业，请为该企业选择战略发展模式。

实训目的：通过对不同类型的企业的特点和环境的分析，明确企业的战略目标，并选择适合该企业业务发展的战略模式。

实训要求：可通过网上资料收集，了解钢铁行业企业的主要职能和经营范围，然后有针对性地提出可供企业选择的企业战略模式。

3. 通过企业实地考察或网上调研了解一家典型的企业的战略规划、实施的全过程，并进行分析，撰写调研报告。

实训目的：分析该企业战略规划的背景、实施方案以及实施效果，并提出自己的改进建议。

实训要求：制订调研计划，分阶段、按步骤展开调研工作，重点关注企业战略规划、实施的实际进展，找出问题所在，思考优化方案，提出合理化建议。

第 4 章　企业经营决策和计划管理

- 思政目标 -

◎在人生道路上做出正确的决策。

- 知识目标 -

◎了解企业的目标管理，经营决策的类型、方法与内容；
◎明确企业 KPI 考核内容、企业目标制定的方法；
◎熟知企业经营决策的方法。

- 技能目标 -

◎分析企业的决策问题，灵活运用决策方法进行经营决策。

 引例　青岛啤酒的系统目标和决策

青岛啤酒集团提出了以"新鲜度管理"为目标的管理系统思路，开始建立新的管理系统。当时青岛啤酒的年产量不过三十多万吨，但是库存就高达十分之一。这么高的库存，引发了以下几个问题：占用了相当大的流动资金，资金运作的效率低；需要有相当数量的仓库来储存这么多的库存，当时的仓库面积有7万多平方米；库存数量大，库存分散，部分啤酒储存期过长，新鲜度下降甚至变质。

青岛啤酒集团并没有把压缩库存作为系统的直接目标，而是把"新鲜度管理"作为系统的直接目标："让青岛人民喝上当周酒，让全国人民喝上当月酒。"基于此，青岛啤酒集团实施了以提高供应链运行效率为目标的管理改革，建立了集团与各销售点物流、信息流和资金流全部由计算机网络管理的快速信息通道和智能化配送系统。

青岛啤酒集团在确定了合理的目标之后，做出了一系列决策：成立了仓储调度中心，重新规划全国的分销系统和仓储活动，实行统一管理和控制；进行市场区域分布、流通时间等全面的调整和平衡，成立独立法人资格的有限公司，以保证按规定的要求、最短时间、最少环节和最经济的运行方式将产品送至目的地。实现了全国的订货，产品从生产厂直接运往港、站；省内的订货，从生产厂直接运到客户仓库。

这一案例表明："新鲜度管理"企业系统目标的提出，不但达到了降低库存、降低流动资金占用、降低损耗的目的，而且能面向消费者的实际需求，在实现消费者满意新鲜度目标的同时，达到了解决库存问题的目的。因此,在制定企业目标时,要考虑系统的方方面面,综合分析企业系统存在的主要问题,以保证目标的合理性。同时,企业为了实现目标,必须做出正确的决策。

4.1 企业目标管理

 情境导入 4-1　北斗公司的目标管理

北斗公司刘总经理在一次职业培训中学习到很多目标管理的内容。他对于这种理论逻辑上的简单清晰及其预期的收益印象非常深刻。因此,他决定在公司内部实施这种管理方法。首先,他需要为公司的各部门制定工作目标。刘总认为:由于各部门的目标决定了整个公司的业绩,因此应该由他本人为各部门确定较高目标。确定了目标之后,他就把目标下发给各个部门的负责人,要求他们如期完成,并口头说明在计划完成后要按照目标的要求进行考核和奖惩。但是他没有想到的是,中层经理在收到任务书的第二天,就集体"上书"表示无法接受这些目标,致使目标管理方案无法顺利实施。刘总感到很困惑。

请问:根据目标管理的基本思想和目标管理实施的过程,分析刘总的做法存在哪些问题,他应该如何更好地实施目标管理。

分析提示:该公司实施的并非目标管理。总经理对目标管理仅是道听途说,并没有真正领会目标管理的基本原理和实质内容。

目标管理是指组织的最高领导层根据组织面临的形势和社会需要制定出一定时期内组织经营活动所需达到的总目标,然后层层落实,要求下属各部门主管人员以至于每个职工根据上级制定的目标,分别制定目标和保证措施,形成一个目标体系,并把目标的完成情况作为各部门或个人考核的依据。

自"管理大师"德鲁克在《管理的实践》中提出目标管理的概念后,目标管理在不断的完善中得到了长足的发展,现已成为企业管理的重要组成部分。由于这种管理制度在美国应用得非常广泛,而且特别适用于对主管人员的管理,所以被称为"管理中的管理"。目标管理已经在全世界为数众多的公司中得到了成功的应用。我国引进先进的管理理论与经验,其中重要的一项内容就是目标管理。

4.1.1　使命和目标

1. 使命(mission)

1)使命的内涵

企业使命是区别于一个企业与其他类似企业的持久的目的陈述。企业使命确定了企业经营的产品种类和市场范围,阐明了企业的基本性质和存在理由,说明其宗旨、经营哲学、信念、原则等。使命揭示了企业自身的长期发展愿景,为企业战略目标的制定提供依据。例如:松下公司的使命是作为工业组织的一个成员,努力改善和提高人们的社会生活水平,要使家用电器像"自来水"那样廉价和充足。苹果公司的使命是致力于为全球140多个国家的学生、教育工作者、设计人员、科学家、工程师、商务人士和其他消费者提供最先进的个人计算机产品和支持。

企业使命是企业对自身生存发展的"目的"的定位,即它对社会的职责及其所扮演的"个性"角色。这种定位是企业全体员工的共识,是企业区别于其他企业而存在的原因或目的,也是企业胜利走向未来的精神法宝。

2)使命定位的三要素

(1)生存目的定位。

就像伟大的管理学家彼得·德鲁克所说:"每一位伟大的企业创始人都各有一套有关本企业的明确观念和理论,从而引导其行动和决策。必须回答:我们的企业是什么?它应该是什么?"例如,盛道包装集团的使命是把一流的产品献给用户,把永不满足留给自己,用信心、高技术和竞争力造福于社会,成为中国杰出、全球知名的包装商。品质至上、奉献美好使我们拥有未来!

(2)经营哲学定位。

经营哲学是企业战略的意志和经营"真谛",是企业持久、显著的发展动因。经营哲学是对企业经营活动本质性认识的高度概括,是包括企业的核心价值观、行为准则及企业共同的信仰等在内的管理哲学。它超越了产品或市场的生命周期、技术突破、管理时尚和个人领袖,是组织"遗传密码"的一部分,也是"规范准则"。例如,华为公司:"爱祖国、爱人民、爱事业和爱生活是我们凝聚力的源泉。责任意识、创新精神、敬业精神与团结合作精神是我们企业文化的精髓。实事求是是我们行为的准则。"

(3)企业形象定位。

一个企业不必刻意追求一个伟大的理念,而要切合自身实际,确立一套能凝聚和激励员工的理念,并贯穿渗透下去,形成全体员工的共识,使它成为能在竞争中取胜的"利器"。例如,哥伦比亚电影公司旨在"提供娱乐活动",而不是"经营电影业"。

 知识链接4-1 制定战略首先要确定企业使命

做战略规划时首先要确定企业的使命。最好请企业文化方面的专家帮助,提炼出特别好的口号作为企业的使命。确定干什么就是确定企业的使命。具体的战略可以随时调整,但企业的使命或目标是不变的。

确定企业使命的原则:

● 以顾客的需要为导向,确定企业的使命。

●卖服务比卖产品更重要！"麦当劳"的产品应该说是很简单的,所谓"汉堡包"就是面包切成片,夹上生菜和果酱什么的。但是"麦当劳"风靡全球,全世界各个角落都有连锁店。"麦当劳"卖的是服务,而不是产品。

●顾客永远是企业的老板。顾客买企业的产品,相当于给企业发工资——这是全新的观念。

(资料来源:http://www.ceconlinebbs.com/FORUM_POST_900001_900003_862641_0.HTM,有改动)

2. 目标(objective)

任何一个组织要有效地运用有限的资源,首先必须明确其目标。没有明确的目标,整个组织的活动就会杂乱无章,更无从评价管理的效率和效果。因此,目标对组织而言非常重要。

1) 目标的含义

目标是体现某种目的要求的具有数量或质量特征的具体化形式。目标是组织及其成员所有行为的出发点与归宿,在组织管理中处于十分重要的地位。完整的目标概念应包括以下含义:

(1) 目标既要有目标项目,又要有达到标准。如降低成本是目标项目,降低5%则是需达到的标准。只有项目而无标准的目标在管理上是毫无价值的。

(2) 目标是质与量的统一。完整的目标,既有质的规定性,又有量的界限。

(3) 目标是有时间维度的。目标的实现一定要有明确的完成时限。

2) 目标的特点

(1) 目标的差异性。

目标的差异性主要体现在不同性质的组织目标有所不同,例如,服务型组织与有形产品生产组织,企业与事业组织,由于它们的组织宗旨不同,因此,其组织目标也不同,企业更加注重盈利,事业单位则不以盈利为主要目标。即使是相同性质的组织,由于自身资源和外部环境不相同,其组织目标也可能会有不同,如同一行业中的不同企业追求的目标就不完全相同。

(2) 目标的层次性。

管理组织是分等级、分层次的,因而管理的目标也是分等级、分层次的,目标的层次性与组织的层次性密切相关。一个组织的总目标确定之后,就要围绕着总目标依次确定下级各个分目标、子目标,从而形成一个有层次的目标管理体系。

(3) 目标的多元性。

不同的组织会有不同的目标,在同一个组织内部,不同的部门也会有不同的性质的多个目标。彼得·德鲁克提出,凡是成功的企业都会在市场、生产力、发明创造、物质和金融资源、人力资源、利润、管理人员的行为、工人的表现和社会责任方面有自己的一定目标,如表4-1所示。

表 4-1 组织的多元目标

组织所面对的公众	基本目标	目标体现
股东	红利	利润
员工	待遇	人均收入
消费者	功能、质量	销售量、质量、品牌
竞争者	市场、资源	占有率、核心能力
供应商	货款收回	信誉
社区	环境、贡献	捐赠、环保
政府	税收、守法	税款
新闻机构	公开、形象	企业形象

同一组织,有不同性质的多个目标,组织目标的多元性,是组织为了适应内外部环境而导致的必然结果。

(4) 目标的时间性。

目标的时间性包括两层含义:一是指要在规定的时间内完成组织目标,所以目标应有完成的时间限制;二是指组织目标应随着时间的变化做相应的调整,特别是当环境发生较大的变化后,原先制定的目标也应有所变化,体现出目标的弹性,而非目标一旦确定,就一成不变。

(5) 目标的可考核性。

组织完成业绩的好坏是通过目标的实现来衡量的,因而目标是能够考核的。目标考核的途径是将目标量化,但不是所有的目标都适宜定量考核,主管人员在组织中的地位越高,定性目标就可能越多。总之,目标必须具体,便于考核,否则就失去了存在的意义。

 案例分析 4-1　同路殊归

一个管理学家做过一个试验:组织 3 组人,每组有 10 个人——5 个青年人、3 个小孩、2 个老年人,每组分别步行到 20 公里以外的 3 个村子。

第一组的人不知道村庄的名字,对村庄也没有一个概念,也不知道路程走多远,只告诉他们跟着向导走就好了。10 个人刚走了两三公里就有人叫苦,尤其是 3 个孩子。走了一半的时候 5 个青年人也愤怒了,老年人都不走了,他们都开始抱怨,开始指责导游,问导游何时能到,导游不知道,后来大家都不走了。后来在导游的央求下大家走走停停,而且非常痛苦地走到了目的地。

第二组的人知道村庄的名字和路程,但路边没有里程碑,他们不知道自己走了多远,他们只能凭时间估计行走的距离。在走了一半路的时候大家都感觉走了很远了,信心也有所降低,这个时候大家都很想知道到底走了多远,还有多远。这个时候一个很有经验的人说,已经走了一半了,大家加把劲,于是大家又一起向前行。当走了四分之三后,大家又疲惫不堪,感觉路似乎还很长,当一个人说"快到了",大家又打起精神走到了终点。

第三组的人知道村庄的名字,还有村庄的图片,知道要去的村庄是非常美丽的,有很多新鲜的水果和可口的食物,大家对要去的村庄都非常向往。他们也知道到村庄的距离,而且在路上每一公里都有一个里程碑。大家为了更快地到达目的地,进行了组合:3个青年人帮助3个小孩,2个青年人帮助2个老人。人们边走边看里程碑,而且走的速度不快也不慢,把体力平均地分配。而且每走一公里大家都进行庆祝,庆祝完成了一个目标。在行走的途中,青年人会把孩子背起来,孩子会唱歌给大家听,老年人也会讲故事来减少路途的劳累。而且大家都知道已经走了多少路程,还剩下多少路程,大家都开心快乐地到达村庄。

(资料来源:http://blog.sina.com.cn/s/blog_3d9016580102v71a.html,有改动)

分析:目标是人们预期活动的方向和要达到的结果。拥有明确的目标将帮助人们高效地达到目标。因此,目标对于个人以及组织都是非常重要的。

3) 目标制定的原则和方法

组织目标是一个多元递阶的复合系统。目标的制定是一项极为重要的工作,应遵循正确的原则,有可靠的依据,按照科学的程序进行。

(1) 目标制定的原则。

明确性原则:目标的内容必须清楚明确,不能含糊不清。每一个组织成员都能理解设定的目标。

先进合理原则:目标标准的水平必须先进,同时又必须经过努力可以达到,这样能充分调动组织成员的积极性和创造性。

可行性原则:设立的目标,不但标准是可以达到的,而且目标的数目也不宜过多,并充分考虑主客观条件的限制,具有很强的可操作性。

定量化原则:该原则表示目标的各种指标或标准要尽可能定量化,便于测量。对于一些不好直接量化的,尽可能采用一些方法技术转化为量化指标。

最优化原则:设定的目标要有利于组织资源的最优化配置。组织所拥有的资源是稀缺的、有限的,因此,组织在设定目标时要注意将有限的资源做最有效的配置,充分体现效益最佳原则。

(2) 目标制定的依据。

组织可从本组织的宗旨出发,结合组织内外部环境的变化以及组织所拥有的资源制定目标,也可依据前一阶段未实现的目标或标准的问题点以及出现的新问题确定目标,或者根据市场竞争的需要、与国内外先进水平比较的差距、上级部门提出的要求以及社会形势的变化制定目标。

(3) 目标制定的步骤。

制定目标分为以下五步:

第一步,进行内外部环境与条件分析。全面收集、调查、整理外部环境与内部条件的资料,从而对组织的内外环境的现状、发展趋势以及对组织的影响程度做出客观的分析和判断,以此作为确定目标的依据。一般地,组织面临的外部环境包括国家政治体制、经济政策和法规、经济发展水平、人均消费能力等,通过对过去若干年来的发展情况和未来可能的变化趋势的分析,明确组织未来发展过程中可以利用的外部资源条件及可能面临的机会与威胁,亦即明确组织可以做什么。而组织的内部条件分析包括组织自身所拥有的物质资源、资金状况、技术条件、人员素质和管理水平等,通过对这些条件的综合分析,明确组织自身的实力,即组织自身的优劣势,也即明确组织能够做什么。

第二步,明确组织自身的愿景和价值观。即明确管理者的价值观、人生观,组织成员的追求以及组织群体的价值观。也就是要了解组织成员愿意做什么,愿意做到什么程度,这是进行目标设定的人的意识形态的体现。

第三步,提出总体目标方案。通过外部环境给予我们的"可以做什么",内部条件提供的"能够做什么",以及组织成员潜意识的"愿意做什么"来进行组织目标的设定,将三者选择集合起来,取三者兼而有之的综合范围作为拟订的目标方案。

第四步,评估各种可行方案并确定一个满意方案。按照科学决策的过程进行多方案选择,并确定一个最满意方案作为最终目标的抉择。评估时主要从以下几方面考虑:

①限制因素分析:分析哪些因素会影响目标的实现,影响程度有多大,尤其是本组织与竞争对手之间的比较,看能否找到本组织的竞争优势。

②综合效益分析:综合分析每个方案带来的效益,注意分析的效益应是多方面的,除了经济效益外,还要分析社会效益,要使组织的价值最大化。

③潜在问题分析:对实施每一目标方案时可能会发生的问题、困难和障碍,进行预测性分析,看组织是否有能力去解决这些可能遇到的困难。

第五步,分解总目标,使其具体化。组织的总体目标确定后,还应将其分解、细化,层层落实,形成一个完整的目标体系。总体目标的具体化体现在两个方面:一是要根据总目标制定出相应的战略目标与战术目标,即首先要明确为了实现总体目标,我们必须要做些什么,然后再进一步确定该怎么去做;二是将总体目标分解为部门目标与岗位目标,确定组织中各部门、部门中各成员应当做什么以及相应的权力和承担的责任,做到目标落实到人。

4.1.2 目标管理

1. 目标管理的含义

美国管理大师彼得·德鲁克(Peter F. Drucker)于1954年在其名著《管理实践》中最先提出了"目标管理"(management by objective, MBO)的概念,其后他又提出"目标管理和自我控制"的主张。德鲁克认为:先有目标才能确定工作,所以"企业的使命和任务,必须转化为目标"。如果一个领域没有目标,这个领域的工作必然被忽视。

目标管理是一种程序或方法,它强调对工作的关心与对人的关心的结合,它首先由组织中上下级管理人员与员工一起,根据组织的使命确定一定时期内组织的总体目标,再层层落实,制定各自的分目标,并以此形成组织中所有成员的责任和分目标以及其职责范围,最终用这些目标作为组织进行管理、评估和奖惩的依据。

目标管理是企业根据所处的环境,为了实现自身的任务与目的,从全局出发,在一定时期内,为企业组织各层"从上至下"制定切实可行的目标,并且让他们必须在规定时间内完成的一种管理方法。与传统的目标设定方法不同,目标管理的具体绩效目标由下级与上司共同决定。目标转化过程既是"自上而下"的,又是"自下而上"的,最终结果是一个目标的层级结构,如图 4-1 所示。在此结构中,某一层的目标与下一层的目标连接在一起,而且对每一位员工,MBO 都提供了具体的个人绩效目标。另外,这里的目标不是用来控制下级,而是用来激励下级。

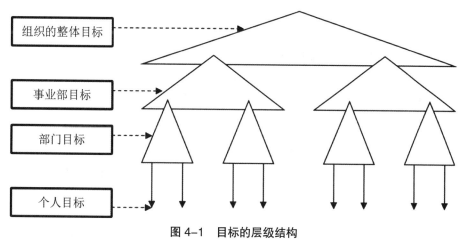

图 4-1 目标的层级结构

2. 目标管理的步骤

目标管理包括四个要素:确定目标、参与决策、明确期限和绩效反馈。

目标管理强调的是雇员实现与上司共同制定的目标,这会成为对个人努力的一种激励。

目标管理的主要步骤如下:

(1)制定组织的全局目标和战略;

(2)在事业部与职能部门之间分解目标;

(3)部门管理者与其下属单位的管理者共同设定他们的具体目标;

(4)单位管理者与该单位的全体成员共同设定每个人的具体目标;

(5)在管理者与雇员之间就如何实现目标的具体行动计划达成协议;

(6)实施行动计划;

(7)定期检查实现目标的进展情况,并提供反馈;

(8)目标的成功实现得到基于绩效的奖励的强化。

3. 目标管理的特点

目标管理指导思想上是以 Y 理论为基础的,即认为在目标明确的条件下,人们能够对自己负责。具体方法上是泰勒科学管理的进一步发展。它与传统管理方式相比有鲜明的特点,可概括为:

员工参与管理:目标管理是员工参与管理的一种形式,由上下级共同商定,依次确定各种目标。

以自我管理为中心:目标管理的基本精神是以自我管理为中心。目标的实施,由目标责任者自我进行,通过自身监督与衡量,不断修正自己的行为,以达到目标的实现。

强调自我评价:目标管理强调自我对工作中的成绩、不足、错误进行对照总结,经常自检自查,不断提高效益。

重视成果:目标管理将评价重点放在工作成效上,按员工的实际贡献大小如实地评价一个人,使评价更具有建设性。

目标管理的优点:

目标管理对组织内易于度量和分解的目标会带来良好的绩效;

目标管理有助于改进组织结构的职责分工;

目标管理启发了自觉,调动了职工的主动性、积极性、创造性;

目标管理促进了意见交流和相互了解,改善了人际关系。

目标管理的缺点:

在实际操作中,目标管理也存在许多明显的缺点,主要表现在:

目标难以制定。组织内的许多目标难以定量化、具体化,例如,许多团队工作在技术上不可分解;组织环境的可变因素越来越多,变化越来越快,组织的内部活动日益复杂,使组织活动的不确定性越来越大。

目标管理的哲学假设不一定都存在。Y理论对于人类的动机做了过分乐观的假设,实际中的人是有"机会主义本性"的,尤其在监督不力的情况下。

目标商定可能增加管理成本。目标商定要上下沟通、统一思想是很费时间的;每个单位、个人都关注自身目标的完成,很可能忽略了相互协作和组织目标的实现。

鉴于上述分析,在实际中推行目标管理时,除了掌握具体的方法以外,还要特别注意把握工作的性质,分析其分解和量化的可能;提高员工的职业道德水平,培养合作精神,建立健全各项规章制度,注意改进领导作风和工作方法,使目标管理的推行建立在一定的思想基础和科学管理基础上。

小思考 4-1

目标管理适用于什么情况?

答:目标管理的关键是目标、人员。在目标比较确定、具体化程度高时,目标管理的效果好;如果员工的素质较高,比较符合Y理论的假设,目标管理效果也好。

案例分析 4-2　布朗小姐的目标管理

布朗是销售公司的总经理,她与邮购处经理里卡多刚结束一场目标管理式的讨论。"那么,里卡多,你同意这些项目了?""是的,它们看上去很适合我。""那太好了,"总经理说:"6个月后我再见到你时,想看看你到底干得有多漂亮。"在6个月里,里卡多在一个目标上遇到了麻烦,这个目标是要求在邮寄成本上削减5%,他本打算利用大宗整批邮寄以达标,把1 000多份目录册寄到指定的地区,可是销售部迟迟交不出客户的名单来,邮签贴不齐,怕误事,只得追加邮费来零寄。6个月后,布朗见到里卡多时,一起来讨论他的工作表现,她说自己实在弄不懂里卡多怎么会在邮寄成本上无法达标。"如果你那时候来找我,我可以向销售部施加压力,让他们给你那些邮签资料,这立即就能办到!"她说。里卡多回答:"我想这6个月里得靠我自己,在那种情况下,我已经尽了最大努力。"

(资料来源:http://zhidao.baidu.com/question/78550813.html?qbl=relate_question_2,有改动)

分析:他们在实施这套目标管理时,存在如下问题,一是目标的制定未做进一步的分解,二是目标实施中的困难未能及时沟通解决。

改进方法:一是对每一项目标都要进一步分解,编制出塔形的子目标,用以支持总目标的实现。由于邮寄成本的构成不光是邮购处的事,也包括了其他部门,那么其他部门也应按邮寄成本子目标进行管理,这样才能最终实现总目标。二是实施中的问题不沟通,原计划无法实施,目标将不能实现,这时需要进行横向和纵向沟通,通过多方认证,找出问题,制定纠正预防措施,扫清目标的实施障碍。

4. 企业目标管理

企业目标管理是指围绕实现企业的服务目标和成本目标而开展的一系列管理活动,是企业为充分调动全体员工的积极性和创造性,运用管理学中的激励理论和系统工程原理来实现企业目标的一种管理方法。

企业系统有很多的要素,系统要素的层次也很多,每个层次系统及其要素都有各自的目标。对于复杂的系统来说,目标优化管理是一件很难的事情。企业系统的基本功能要素包括采购、生产、营销等。当这些功能要素独立存在时,各自的目标存在着互相冲突。例如:企业物流成本目标、运输成本目标和储存成本目标之间就存在着明显的冲突,如表4-2所示。系统内其他功能要素之间也存在着类似的冲突,例如包装与运输存在着目标矛盾。包装的目标是保护商品在运输过程中免于损坏,同时要降低包装成本。因此,在包装材料的强度、内装容量的大小等方面就会考虑以能够确保商品安全为第一目标;但这常常会导致"过度包装",结果不仅增加了商品包装的成本,同时由于包装过大、过重,增加了无效运输的比重。

表4-2 物流、运输与储存成本目标之间的冲突

运输成本目标	储存成本目标	物流成本目标
运输最经济 运费最低	储存量最低 储存费用最低	物流总成本最低 运输、储存的成本不一定最低

企业实行目标管理是十分必要的。企业是为其他企业提供服务的,都必须按客户的要求进行。企业进行目标管理的过程就是开展目标管理活动的步骤和工作内容,是一个围绕制定目标和实现目标进行管理活动的系统过程。

小思考 4-2

企业的目标冲突主要表现在哪些方面？

答：企业的目标冲突主要表现为两种形式：一是系统的功能要素之间的冲突，如运输、储存、装卸搬运、流通加工、配送和增值服务等之间往往都存在着冲突；二是系统的服务目标和成本目标之间的冲突。一般来说，要降低成本就会影响服务水平的提高，反过来，如果要提高服务水平就会增加成本，如图 4-2 所示。

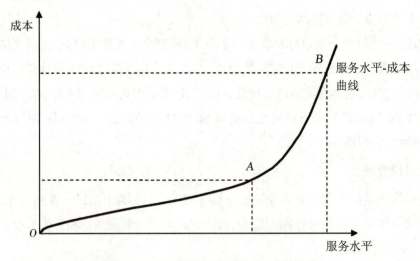

图 4-2　企业服务水平与成本之间的关系

5. 企业的 KPI 考核内容

企业要提高客户服务质量，最有效的方式是建立科学可行的 KPI 绩效考评指标，建立企业服务质量指标体系。企业考核的难点在于确定服务目标。服务目标不能太多，少数几个目标应该能够反映企业服务水平。

例如：马丁·克里斯多夫教授将物流服务指标分成交易前、交易中和交易后三个方面。基于此，何明珂教授构建了物流服务 KPI 指标，如表 4-3 所示。

表 4-3　物流服务业绩衡量指标

交易阶段	交易前	交易中	交易后
具体指标	库存可供率 送货日期报告 查询答复期	订单完成率 准时送货率 退单期 交货延迟率 产品替代率	首次报修修复率 客户投诉率 退货率/索赔率 发票差错率

鲍尔索克斯等人从企业职能角度对企业绩效加以评估，具体的 KPI 指标包括成本管理、客户服务、质量、生产率和资产管理等五个方面，如表 4-4 所示。

表4-4 基于职能的绩效评估

成本管理	客户服务	质量	生产率	资产管理
总成本、单位产品成本	完成比率	损坏频率	运送产品数量	库存周转
成本占销售额百分比	缺货率	订单准确性	产品数量	库存水平
运入/运出运费率	运输误差	运输准确性	订单数量	供应天数
行政管理	准时交货	票据准确性	与历史水平比较	陈旧库存
仓库订单处理	延迟交货	信息可用性	目标程序计划	净资产回报
直接劳动	周转时间	信息准确性	生产力指数	投资回报率
实际与预算比较	交货一致性	信息索求次数	设备停工期	库存分类
成本趋势分析	询价反应时间	客户退货数量	订单输入生产率	经济价值增值
直接产品利益率	反应准确性		仓库劳动生产率	
客户部分利益率	完成订单		运输劳动生产率	
库存持有成本	客户投诉			
退回商品成本	销售人员投诉			
损坏/延迟交货成本	整体可靠性			
无效服务成本	整体满意度			

罗杰·山德森从供应链的角度设计了服务KPI指标,如表4-5所示。

表4-5 供应链业绩衡量指标

	衡量频率	客户服务	资产管理	运作效率
主要业绩指标	按年或按月	客户服务水平	原材料库存 产成品库存 当地送货车辆利用率	
计划与控制	按月或按周	订单完成率 预测准确率	库存损失 运输车辆利用率 仓库利用率 装卸搬运设备利用率	仓库劳动生产率 送货人员劳动生产率 客户服务生产率
团队业绩	按月或按周	完成的订单送货率	送货车队劳动生产率	拣货人员劳动生产率

4.1.3 企业目标及其制定

1. 企业目标制定的要求

为了更好地发挥目标管理的作用,企业在制定企业目标时要做好以下几点:

(1)明确目标。目标应当简明扼要,仅仅说希望降低企业成本、改善企业服务或提高质量是不恰当的,这些期望必须转换成定量的目标,以便于度量和评价。例如:明确的目标应该是这样的——降低企业成本7%。

(2)参与决策。用参与的方式决定目标,上级和下级共同参与企业目标的选择,对如何实现目标达成一致意见。

(3)规定期限。每一个企业目标的完成都有一个简单明确的时间期限,如3个月、6个月或1年。

(4)反馈绩效。目标管理寻求不断地将实现目标的进展情况反馈给个人,以便他们能够调整自己的行动。这种不断的反馈还包含不定期举行正式的评估会议。在会上,上下级共同回顾和检查进展情况。

2. 企业成本目标的制定方法

企业成本目标是指企业在其生产经营活动开始前,根据预定的目标所预先制定的提供服务所需各种耗费的标准,是成本责任单位和成本责任人为之努力的方向与目标。成本目标可以通过以下方法来制定:

(1)倒扣测算法。倒扣测算法是通过市场调查确定的顾客或服务对象可接受的目标售价,扣除企业预期达到的目标利润而倒算出成本目标的方法。

$$成本目标 = 目标售价 - 目标利润$$

案例分析 4-3

某企业制定的目标售价为 2200 元,目标利润为 500 元,确定其成本目标。

分析:根据成本目标 = 目标售价 - 目标利润,则其成本目标为:(2 200–500)元 =1 700 元。

(2)比价测算法。将新服务与基本服务进行对比。相同的作业,按基本服务成本目标来测定;不同的作业,按预计的各项费用标准加以估价测定。

案例分析 4-4

A 企业接到一项新业务,新业务服务内容以及基本服务成本目标如表 4-6 所示,试计算新业务服务成本目标。

表 4-6　服务内容及成本目标

作业	新业务服务内容	基本服务成本目标
运输	500 公里	0.6 元 / 公里
储存	200 件,1 个月	5 元 /(月·件)
包装	200 件	2 元 / 件
流通加工	200 件	3 元 / 件
替客户收费	300 元	—

分析:由于运输、储存、包装和流通加工属于 A 企业的基本服务,故这些作业的成本目标直接按基本服务成本目标算,而替客户收费不在基本服务成本目标之列,所以要另外确定其成本目标。假设其成本目标为 300 元,则新业务服务成本目标为:(500×0.6+1×5×200+200×2+200×3+300)元 =2 600 元。

(3)本量利分析法。本量利分析法指在利润目标、固定成本目标和作业量目标既定的前提下,对单位变动成本目标进行运算的方式。

利润＝单位售价 × 作业量－单位变动成本 × 作业量－固定成本

 案例分析 4-5

某铁路中心的周转量目标为 100 万吨，铁路中心提供服务的单位产品目标费用为 5 元／吨，铁路中心固定成本为 100 万元，目标利润为 200 万元，求单位产品物流服务目标成本。

分析：单位产品物流服务变动成本目标为：5 元 −(200+100) ÷ 100 元 =2 元。

单位产品物流服务成本目标为：2 元 +100 ÷ 100 元 =3 元。

3. 服务目标的制定方法

相对企业成本目标而言，服务目标比较模糊。对于企业而言，首先要确定企业的总体服务目标，然后将总体服务目标分解到部门，最后将部门服务目标分解到个人。企业不同层次的服务目标不一样，从高层到低层，企业服务目标会越来越具体，越来越详细。

企业的总体服务目标通常可以通过标杆法来制定。以竞争对象为基准，与有着相同市场的企业在服务和工作流程等方面的绩效与实践进行比较，制定合适的服务目标。从一些公司的实践中，可以总结出标杆管理的基本步骤如下：

(1)由企业的主要领导负责组建标杆管理团队。

(2)确立标杆管理的目标和准则。根据自身业务能力和企业发展状况，选择合适的企业作为标杆管理的目标，并通过系统的现场参观和访谈，仔细研究本企业的实践和进步情况，然后对结果进行分析并提出一系列改进建议，并付诸实施。

(3)收集与分析数据。这项工作比较烦琐，需要开发一套研究策略。其中包括：其一，实地考察，搜集标杆数据；其二，处理、加工标杆数据并进行分析；其三，与企业同组数据进行比较，进一步确立企业应该改进的地方。必要时还需要借助外部咨询和外部专门数据库。通过比较找出差距，确定标杆管理指标。分析流程，自我剖析，找出企业自身业务流程中的缺陷。

(4)实施和系统学习。实施阶段通常是标杆管理过程中最困难的。在这个阶段，经理要充分调动各部门人员积极参与，克服畏惧变革的心理障碍，谨慎地、巧妙地将参与和竞争文化相结合。同时，企业必须随时准备与其他企业相比较，向优胜者学习。学习的对象一定要与自己的服务方式有关，应在公司内制定明确的考核标准，真正评估、吸收和运用这些知识，达到学习的目的。

(5)评价与提高。实施标杆管理是一个长期渐进的过程。在每一轮学习完成时，都需要重新检查和审视标杆管理的目标，以不断提升实施效果。

4.1.4　企业目标管理的实施原则

目标管理是企业管理模式中比较流行、比较实用的管理方式之一。它的最大特征就是方向明确，非常有利于把整个团队的思想、行动统一到同一个目标、同一个理想上来，是企业提高工作效率、实现快速发展的有效手段之一。它必须遵循以下四个基本原则：

（1）目标制定必须科学合理。科学合理的目标是目标管理的前提和基础，脱离了实际的工作目标，轻则影响工作进程和成效，重则使目标管理失去实际意义，影响企业发展大局。目标的制定一般应该注意以下几个方面：难易适中、时间紧凑、大小统一、方向一致。

（2）督促检查必须贯穿始终。企业必须随时跟踪每一个目标的进展，发现问题及时协商、及时处理、及时采取正确的补救措施，确保目标运行方向正确、进展顺利。

（3）目标控制必须严肃认真。管理者，在督促检查的过程当中，必须对运行目标严格控制，既要保证服务目标的顺利实现，又要把成本控制在合理的范围内。

（4）考核评估必须执行到位。必须严格按照目标管理方案，逐项进行考核并得出结论。对目标完成度高、成效显著的团队或个人予以奖励，对绩效差、影响整体工作的团队或个人按章处罚。

小思考 4-3

我国企业应如何提高目标管理在管理中的作用？

答：与国外大型企业相比，我国企业在管理能力和严格程度上都有明显差距。要提高目标管理的作用，我国企业应做好以下几方面的工作：设定有效的工作目标；构建快速准确的绩效反馈系统；提高管理人员的素质；使用有效的激励手段与方法等。

案例分析 4-6　DELL 的"零库存"目标

DELL 供应链高度集成，上游和下游联系紧密，成为捆绑的联合体，其最关键的地方在于整个供应链物流的控制。IT 行业有它的特殊性，电脑配件放在仓库里一个月，价格就要下降 1 到 2 个百分点。由此，DELL 设立了"零库存"库存控制目标，并创立了在业界号称"零库存高周转"的直销营运方式。在直销模式下，要真正按顾客需求定制生产，这需要在极短的时间内完成，速度和精度是考验戴尔的两大难题。戴尔的做法是，利用信息技术全面管理供应链过程，通过明确具体的目标管理来控制供应链运作。供应链过程控制经过优化后，戴尔供应链每 20 秒钟汇集一次订单。而戴尔的供应商仅需要 90 分钟的时间用来准备所需要的原材料并将它们运送到戴尔的工厂，戴尔再花 30 分钟时间卸载货物，并严格按照制造订单的要求将原材料放到组装线上。由于戴尔仅需要准备手头订单所需要的原材料，因此工厂的库存时间仅有 7 个小时。这一切取决于戴尔的雄厚技术基础——装配线由计算机控制，条形码技术使工厂可以跟踪每一个部件和产品。在戴尔内部，信息流通过自己开发的信息系统，和企业的运营过程及资金流同步，信息极为通畅。精密的直接结果是用户的体验，正如一位戴尔员工所说："我们跟用户说的不是'机器可能周二或者周三到你们那里'，我们说的是'周二上午 9 点到'。"

分析：DELL 为了实现"零库存"目标，采取了合适的直销经营方法。在目标管理过程中，将总体目标分解到供应链物流的每个过程中，对每个服务过程都设立了明确具体的目标，这和目标管理的要求是一致的。

4.2 企业的经营决策管理

4.2.1 企业经营决策的概念、类型与过程

1. 企业经营决策的概念

经营决策就是企业等经济组织决定企业的生产经营目标和达到生产经营目标的战略和策略,即决定做什么和如何去做的过程。企业的经营决策是指企业在组织商品流通和提供服务的过程中,对企业活动的重大问题,例如经营方向、经营目标、经营范围,以及对销售、运输、存储、价格、服务等经营要素的合理组织所做出的系列决策。企业经营决策应具有以下基本特征:

(1)有明确的目标。企业管理者应明确为什么要进行决策,决策最终要达到的目标是什么。

(2)有若干个可供选择的可行性方案。可行性方案是指能够解决经营决策问题和实现经营决策目标,在现有条件下能够得以实施的方案。企业决策时必须要提出多个可行性方案,以便于管理者对方案进行比较和选择,只有一个方案而无从比较和选择的决策不是科学的决策。

(3)经营决策是一个发现问题、分析问题和解决问题的过程。在服务过程中,通常会出现各种各样的问题,例如运输时间太长、储存产品变质等,经营决策者要认真分析运营过程中出现的问题,提出有效解决问题的方案,以改善服务。

(4)经营决策是一项有组织的集体活动。企业运作需要企业各个部门的有机配合,因此经营决策问题涉及企业的各个部门,具有信息量大、涉及面广、变化快的特点,这就增加了决策的复杂性和艰巨性,因此,经营决策需要各个部门人员的共同参与,以提高决策的效用。

企业经营决策的一般过程如图 4-3 所示。

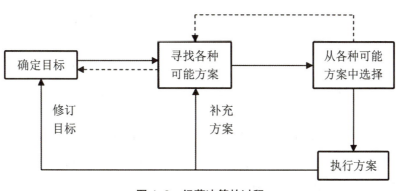

图 4-3 经营决策的过程

小思考 4-4

你怎样理解决策只是"上级管理者"的事？为什么？

答：决策是各级管理人员的首要工作，但是决策不仅仅是"上级管理者"的事，上至国家领导人，下到基层的班组长，都要做出决策，只是决策的重要程度和影响的范围不同而已。不同管理层次上的决策，其影响不同。同时，决策还要注重各种专家的横向联系、员工的纵向参与，形成合力的人才结构，共同完成决策。因此，如何做出更好、更合理、更有效的决策是每一个管理者都必须做好的工作，改进管理决策、提高决策水平，应当成为各级主管人员经常注意的重要问题之一。

2. 企业经营决策的类型

根据决策所要解决问题的实质，可将决策分为不同的类型。决策者应了解决策属于什么类型，才能做到有的放矢，寻找适合该类型的决策方法。

1）按决策的重要性程度分类

（1）战略决策（strategic decision）。战略决策主要是所有决策中最重要的，是涉及组织大政方针、战略目标等重大事项所进行的决策活动，是有关组织全局性的、长期性的、关系到组织生存和发展的根本性决策。一般来说，由于战略性决策所要解决的问题牵涉的范围较广，内容较复杂，思维较抽象，可借鉴的资料不多，需要管理者有高度的敏感力、抽象思维的能力、创新能力和丰富的管理经验，因而对管理者的素质要求非常高，因而，这类决策一般由高层管理者做出。

案例分析 4-7　跨位战略获"蓝海"

十月妈咪改变传统女装的保守、无个性形象，参照最前沿的时装设计秀场，将两者用"跨位"的方式组织、拼合，形成"时装型的孕妇服饰"定位，色彩上加入红、黄、绿等亮丽色彩，突破以往只注重功能，不注重符号的特点，将中高收入人群从孕妇市场中切割出来，形成自己的"奶油市场"。这种"孕妇时装"概念的流行，让原来的一个客户单件销售，变成了多件销售。在传播上，充分利用新媒体营销，除传统地铁广告外，更多利用 APP 营销、Flash 歌曲、微博，自办刊物《十月妈咪驾到》，9 个月就卖了 4 万本。在渠道上，十月妈咪覆盖了加盟商、淘宝商城和直营店，线上线下一起互动，2011 年电子渠道的销售额就达到 7 000 万元。

（资料来源：http://www.chinahrd.net/article/2012/11-16/84829-1.html，有改动）

分析：十月妈咪正确的战略决策，将传统孕妇装市场扩充成一片蓝海，快速精准抓住目标消费者，牢牢占据品类冠军。

（2）战术决策（tactical decision）。战术决策属于执行战略决策过程中的具体决策，旨在实现组织内部各环节活动的高度协调和资源的合理使用，以提高经济效益和管理效能，如企业的生产计划、销售计划、更新设备的选择、新产品的定价、流动资金筹措等方面的决策。管理决策并不直接决定企业组织的命运，但决策行为的质量将在很大程度上影响组织目标的实现程度和组织效率的高低。一般,战术决策涉及的问题更具体、更局部化,多数问题的解决方案可以定量化且有参考资料,因此,这类决策一般由中层管理者做出。

(3)业务决策(business decision)。业务决策是涉及组织中的一般管理和工作的具体决策活动,直接影响日常工作效率。主要决策内容包括日常工作任务的分配和检查、工作日程(生产进度)的监督和管理、岗位责任制的制定和执行、企业的库存控制、材料采购等方面的决策。一般来说,业务决策要解决的问题非常明确且带有较强的程序化特点,属于常见问题,决策者通常也非常清楚决策要达到的目标是什么,可以利用的资源有哪些,实现的途径有多少,实施的结果是什么。因此,这类决策一般由基层管理者做出。

企业战略决策、战术决策及业务决策的不同点如表4-7所示。战略决策面对的是企业高层在未来较长一段时期内(一般1年到5年)的活动,它旨在调整企业的活动方向和内容。战术决策需要解决的是企业组织的某个或某些具体部门在某段时期内(一般半年到1年)的行动方案,它调整在既定方向和内容下的活动方式。业务决策是企业各个职能部门在短期内的作业决策,它旨在提出企业战术决策的具体实施方案。

表4-7 战略、战术与业务决策的特点

	战略决策	战术决策	业务决策
时期	长	中	短
层次	高层	中层	基层
复杂性	复杂	比较复杂	比较简单
主要内容	经营方向	运作方案	作业方案

2)按决策的重复性程度分类

(1)程序化决策(programmed decision)。程序化决策指按原来规定的程序、处理方法和标准进行的决策,又称重复性决策、例行性决策、常规性决策。如订货决策、库存决策等。企业中大量的决策都是程序化决策,而且,不同的管理层面对的程序化决策数量不同,如图4-4所示。

图4-4 不同管理层所面对的决策情况

(2)非程序化决策(non programmed decision)。非程序化决策指对不经常发生的业务工作和管理工作的决策,即没有决策规范可以遵循的决策,完全依靠决策者的能力和判断来解决,又称一次性决策、非例行化决策、非常规决策。如新产品开发决策、重大的人事变动、组织结构调整等。

3)按决策的可控性程度分类

(1)确定型决策(decision making under certainty)。确定型决策指的是每种备选方案中只有一种确定的、可预见的结果的决策,即决策事件未来的自然状态明确,只要比较各方案的结果即能选出最优方案。这类方案一般用净现值、投资回报率、投资回收期等定量化计算方法来进行比较。

案例分析 4-8

武汉腾达科技有限公司,为了增加产量而制订了三种设计方案:一是扩大现有工厂,二是再新建一个工厂,三是把增产部分的产品转包给别的厂生产。应采用哪种方案,要看未来一段时期内市场对该产品的需求量如何,这就是自然状态。假设这三种方案实行后在未来5年内给企业带来的损益情况如表4-8所示:

表4-8 方案评价(五年内损益)

单位:万元

方案	对产品的需求(自然状态)		
	高	中	低
扩大	60	30	-30
新建	80	40	-40
转包	40	20	-3

分析:当决策者肯定未来五年内对产品的需求是高或中,他就会采用新建方案,因为这可以带来最大的效益,即80万元或40万元。而当他肯定需求将是低,就会采用转包方案,因为亏损额最小,只有3万元。

(2)风险型决策(decision making under risk)。风险型决策指决策者在对未来可能发生的情况无法做出肯定判断的情况下,通过预测各种情况的发生,根据不同概率来进行决策的方法。即决策事件未来的自然状态虽不能预先肯定,但可以测出这种状态出现的概率的决策。风险型决策具有一定的风险性。例如,某人打算炒股,但是无法预先知道炒股的结果是获利还是亏损,但是能根据历史资料和对未来股票动向的估计估算出赚钱、亏损、不盈不亏这三种结果可能出现的概率,再计算出每种状态下的期望值,根据三种情况下期望值的结果进行分析选择,确定是否值得投资股票。

(3)不确定性决策(decision making under uncertainty)。不确定性决策指决策者在缺乏信息的情况下,能预知出现两种以上的自然状态,但不能肯定将来会出现哪一种状态,也无法估计各种状态出现的概率,在不知道概率的情况下进行决策,风险很大。所以,管理者决策的方法通常依靠的是决策者的经验和胆识。

4)按决策的主体的数量分类

(1)个体决策(individual decision)。个体决策是指决策由一个人独立做出。

(2)群体决策(group decision)。群体决策是指由多人甚至可以是组织内部的所有成员共同参与做出的决策。

群体决策和个体决策相比,各有其优缺点:相比个体决策,群体决策通常质量更高,因为它具有更全面的信息和更多的备选方案。"三个臭皮匠胜过一个诸葛亮"正是验证了群体决策的优势。以群体方式做出决策,增强了员工对决策方案的认同度、接受度和执行度。但是群体决策的效果受到群体大小、成员从众现象等因素的影响,通常费时间、成本高、效率低,责任也不清晰。

5) 按决策的层次分类

(1) 高层决策(high level decision making)。高层决策是由企业的最高领导人所做出的决策。高层决策解决的是企业全局、关乎企业命运的决策。

(2) 中层决策(middle level decision making)。中层决策是由企业的中层管理人员所做的决策,如企业的管理决策和业务决策等。

(3) 基层决策(grass roots decision making)。基层决策是由基层管理人员所做的决策,主要解决的是作业任务的安排等问题。

一般来说,组织的最高领导,所做出的决策倾向于战略型、非常规、非程序化的决策;组织的基层管理人员所做出的决策倾向于战术型、常规性、程序化的决策。

高层决策、中层决策和基层决策的比较如表4-9所示。

表 4-9 高层决策、中层决策和基层决策的比较

决策种类	高层决策	中层决策	基层决策
决策问题	战略性的多	执行性的多	业务性的多
决策的复杂程度	很复杂	复杂	比较复杂
风险程度	风险大	风险较大	风险较小
决策结果的确定程度	不完全确定	确定	很确定

6) 按决策的时态分类

(1) 静态决策(static decision)。静态决策是指一次性决策,即对所处理的问题一次性敲定处理方法,如公司决定购买一批商品等。

(2) 动态决策(dynamic decision)。动态决策是指对所要处理的问题进行多期决策,如公司分三期进行投资项目的决策等。

7) 按决策目标的层次性分类

从决策目标的层次性来看,可分为单目标决策与多目标决策。

单目标决策是指只就企业的某个问题的决策,而多目标决策是指决策中包含两个或两个以上的问题的决策。例如:企业对系统进行库存、运输集成优化时,就要考虑库存目标和运输目标两个基本目标;而单独进行运输或库存优化时,就只需考虑其中一个目标。前者属于多目标决策,后者属于单目标决策。

案例分析 4-9　王华的决策分析过程

王华是一位五年还得不到晋升的基层管理人员。最近,另一个比他晚几年进入该公司的基层管理人员却得到了提拔。这件事使他很不安,他开始搜集该公司有关晋升政策的信息。他发现这个组织中管理人员晋升的平均时间为三年,既然自己五年还未能晋升,这表明确实存在问题。进一步搜集信息,归纳出自己得不到晋升的可能原因有:人际关系没搞好,群众对自己意见较多;直接上司对自己没好感;自己工作做得太好,以至于顶头上司不愿失去这样一位得力助手;这家公司中已没有适合提拔他去担任的职位了。

参照所掌握的情况,他最后确认,同顶头上司的关系没搞好是问题的原因所在。可以肯定,这位上司一定提出过反对他晋升的意见。

怎么办?他提出了解决问题的各种备选方案:

辞职,到其他地方谋职;

在找到另一工作前继续留在该公司;

同顶头上司及上层管理人员好好讨论一下自己的问题;

告知顶头上司和上层管理人员,如近期仍得不到晋升,他就辞职。

对各方案进行分析后,王华排除了第四个方案,因为进行这种威胁可能会使公司更倾向于解雇他;现在找工作也比较困难,万一在其他地方找不到工作,就会陷入很为难的境地。因此,王华决定采用与上司交换意见的方式。

为此,王华进行了一番计划,确定了谈话的时间、方式等,并据此与领导进行了交谈。

经谈话,王华得知,他原来并没有找到问题的原因,事实上他根本不能指望在这里得到重用。根据反馈,王华制订了一个权变计划:着手在其他地方找工作,在没有找到工作前仍留在原单位继续工作。

分析:每个人不论在何种组织内或组织内部的哪个领域,都在制定决策。人们在制定决策的时候,要遵循一定的程序和步骤。

3. 企业决策过程(decision process)

一般将决策程序分为以下8个基本步骤(见图4-5)。整个过程开始于识别决策问题和确定决策标准,以及为每个决策标准分配权重,然后进入开发、分析、选择备选方案,接下来是实施备选方案以及最终评估决策的结果。这个决策过程既适合于个体决策,也适用于群体决策。

步骤1:识别决策问题(problem)。

决策者必须知道哪里需要行动,因此决策过程的第一步是识别决策问题。管理者通常密切关注与其责任

图 4-5　决策过程示意图

范围有关的各种信息,包括外部信息、报告和组织内部的信息。实际状况和所期望状况的偏差提醒管理者识别决策问题。因为受个人过去经验、外在环境和组织结构复杂性的限制,识别问题对于管理者来说不是一件简单的事情。因此,管理者必须特别注意尽可能精确地识别问题。识别问题的精确程度有赖于信息的精确程度,所以管理者要尽力收集获取精确的、可信赖的信息。

小思考4-5

管理者怎样才能正确地识别问题呢?

答:首先确定是否存在问题,这一问题是否需要解决,确定问题出在何处,明确真正的问题及其可能的原因。

步骤2:确认决策标准(principles)。

当管理者确定了需要关注的问题后,要想解决问题,管理者就必须确认决策标准(decision criteria),尽可能列出决策所涉及的有利或不利的考虑因素。如采购问题的决策考虑的因素有价格(成本)、品质、交货时间、交货持续性、售后服务、互惠条件、累计折扣等。不同的决策问题,将会考虑不同的决策标准,决策者必须根据特定的问题,考虑衡量标准,以免遗漏。

步骤3:为决策标准分配权重(weight)。

在第二步确认的决策标准,并非都是同等重要的,所以决策制定者必须为每一项标准分配权重,以决定它们的优先次序。决策者在分配权重的时候可以给予最重要的标准10分的权重,然后参照这一权重为其他标准分配权重,从而重要性只相当于权重为10分的标准的一半的指标,其权重为5。决策者也可以采用100或1 000或者任何其他的数字作为最高的权重,依据的是采用决策者的个人判断来排列指标的优先次序。

步骤4:开发备选方案(plan)。

根据企业的情况,决策制定者应尽可能地列出可供选择的决策方案,这些决策方案要能够解决决策所面临的问题,无须对这一步所列出的方案进行评估。提出的可行方案应尽可能详细,方案的数量越多、质量越好,选择的余地就越大。

步骤5:分析(analyse)备选方案。

决策者确认备选方案后,必须认真分析、评价每一种方案,即对每一种方案的评价与决策标准进行比较,以判断每一种方案的优缺点。另外,要注意每种方案之间的可比性和差异性,还要从正反两方面进行比较,考虑方案带来的不良影响和潜在的问题,以权衡利弊得失,得出正确的判断。

步骤6:选择(select)备选方案。

在进行详尽的方案分析和比较后,应选取一个最佳的方案加以实施。决策者的经验、价值观、对待风险的态度和审时度势的能力往往决定了备选方案的选择。

步骤7:实施(implement)备选方案。

一旦做出最终决策,就要付诸实施。实施备选方案前应将决策传达给有关的人员和部门,并要求他们承诺做好执行工作。如果执行决策的员工参与了决策的制定过程,那么他们能更热情、更好地支持决策的执行以及取得优良的成果。

步骤8:评估(evaluate)决策结果。

评估决策必须是全方位的,并要在方案实施过程中不断地进行追踪。如果在方案实施过程中发现重大差异,应及时采取措施加以调整,以保证决策的效果;若是方案本身有问题,应会同有关部门和人员修改方案。

反馈是评价决策效果的一个重要环节,通过反馈可对原方案不断地再审查和再改进。实施一个时段后,需要对方案运行及预测的结果做出评价,目的是检查方案是否达到了预先确定的目标或是否解决了问题,随时发现偏差的程度并查明原因,并及时加以纠正。

小思考 4-6

按以上步骤做出的决策是否就是正确的决策呢?

答:按科学的程序进行决策并不能保证决策结果是正确的,但是决策失误一般都是因为没有按照这一过程进行决策。决策的正确与否在很大程度上取决于决策时所依据的信息量的大小。

4.2.2 企业经营决策的方法

案例分析 4-10 奇妙的决策

有一年,大雪纷飞,电线上积满冰雪,大跨度的电线常被积雪压断,严重影响通信和电力。过去,许多人试图解决这一问题,但都未能如愿以偿。后来,电讯公司经理尝试应用"头脑风暴法"来解决这一难题。他召开了一个座谈会,要求参加会议的不同专业的技术人员必须遵守以下四项原则:

第一,自由思考。尽可能解放思想,无拘无束地思考问题并畅所欲言,不必顾虑自己的想法或说法是否"离经叛道"或"荒唐可笑"。

第二,延迟评判。即要求与会者在会上不要对他人的设想评头论足,不要发表"这主意好极了""这种想法太离谱了"之类的"捧杀"或"扼杀"句。

第三,以量求质。即鼓励与会者尽可能多而广地提出设想,以大量的设想来保证高质量设想的存在。

第四,结合改善。即鼓励与会者积极进行智力互补,在增加自己提出的设想的同时,注意思考如何把两个或更多的设想结合成另一个更完善的设想。

按照这种会议规则,大家七嘴八舌地议论开来。有人提出设计一种专用的电线清雪机;有人想到用电热来化解冰雪;也有人建议用振荡技术来清除积雪;还有人提出能否带上几把大扫帚,乘坐直升机去扫电线上的积雪。有一工程师在百思不得其解时,听到用飞机扫雪的想法后,大脑突然受到冲击,一种简单可行且高效率的清雪方法冒了出来。他想,每当大雪过后,依靠直升机高速旋转的螺旋桨即可将电线上的积雪迅速扇落。他马上提出"用直升机扇雪"的新设想,顿时又引起其他与会者的联想,有关用飞机除雪的主意一下子又多了七八条。不到一小时,与会的10名技术人员共提出90多条新设想。

会后,公司组织专家对设想进行分类论证。最后经过现场试验,发现用直升机扇雪真奏效,一个久悬未决的难题,终于在"头脑风暴"的集会中得到了巧妙的解决。

(资料来源:www.gotoread.com/s/e/?vo=3698&p=19,有改动)

分析:这是一个关于"头脑风暴法"的定性决策方法。

企业经营决策的科学性必须以科学的经营决策方法作为保证。科学的经营决策方法一般分为定性决策方法和定量决策方法。

1. 定性决策方法

定性决策方法(qualitative decision),也称主观决策方法,指在决策过程中充分发挥专家集体的智慧、能力和经验,在系统调查研究分析的基础上,根据掌握的情况和资料,进行决策的方法。定性决策方法主要有头脑风暴法、认知冲突法、德尔菲法、名义小组技术、淘汰法、环比法、哥顿法和方案前提分析法。

1) 头脑风暴法

头脑风暴法(brain-storming),又称畅谈会法。其创始人为美国创造学家奥斯本(A.F.Osborn),它是一种邀请专家、内行,针对组织内某一个问题或某一个议题,让大家开动脑筋,畅所欲言地发表个人意见,充分发挥个人和集体的创造性,经过互相启发,产生连锁反应,集思广益,而后进行决策的方法。会议一般邀请5~12人,时间在一个小时左右。主持者介绍背景,提出总议题;然后,与会者畅所欲言,形成思想和热情的风暴;最后,形成创意、决策意向或方案。

头脑风暴法的实施要遵循如下四项原则:

(1) 对别人的建议不做任何评价,将互相讨论限制在最低限度内,但可以补充和完善已有的建议;

(2) 建议越多越好,参与者应独立思考,放开思路,不要过多地考虑自己建议的质量,想到什么就说出来;

(3) 倡议参与者多角度分析,鼓励提各种不同方案,想法越新颖、越奇异越好;

(4) 激励参与者相互启发、联想、综合与完善。

头脑风暴法对预测有很高的价值。其缺点和弊端为受心理因素影响较大,易屈服于权威或大多数人的意见,而忽视少数派的意见。

2) 认知冲突法

认知冲突法和头脑风暴法的规则正好相反,它要求与会者针对他人提出的见解、方案,直接提出相反的意见或进行否定,并鼓励争论,以求在不同意见与方案的冲突、争论中辨明是非,发现各种方案的缺陷,逐步趋于一致。这种方法主要用于对已有方案的深入分析、评价与选择。

3) 德尔菲法(Delphi method)

德尔菲法是由美国著名的兰德公司首创并用于预测和决策的方法,其又名专家意见法或专家函询调查法。它是依据系统的程序,采用匿名发表意见的方式,即团队成员之间不得互相讨论,不发生横向联系,只能与调查人员发生关系,反复地填写问卷,以集结问卷填写人的共识及搜集各方意见,可用来构造团队沟通流程、应对复杂任务难题的管理技术。经过几轮征询后,使专家小组的预测意见趋于集中,最后做出决策。

因此,德尔菲法本质上是一种利用函询形式进行的集体匿名思想交流过程。它有三个明显区别于其他专家预测方法的特点,即匿名性、多次反馈、小组的统计回答。

运用德尔菲法的关键在于：第一,选择好专家；第二,决定适当的专家人数,一般10～50人较好；第三,拟定好意见征询表。

德尔菲法是一种向专家进行调查研究的集体判断方法。它以匿名方式通过几轮函询征求专家们的意见,组织决策小组对每一轮的意见都进行汇总整理,将本轮所有专家的意见整理后作为参考资料反馈给每一个专家,供他们分析判断,提出新的意见。如此反复,专家们的意见渐趋一致,最后做出最终结论。这种决策方法的大体过程如图4-6所示。

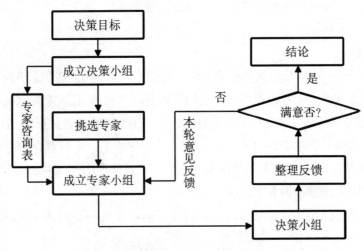

图4-6　德尔菲法决策过程

4) 名义小组技术

在对组织的管理问题进行决策时,如果员工对问题的形式不完全了解且意见分歧严重时,可以采用名义小组技术。具体做法是：成立决策小组,小组只是名义上的,小组的成员互不通气,也不在一起讨论、协商,管理者先召集一些核心人员,把要解决的问题的关键内容告诉他们,并请他们独立思考,激发小组中每个人的创造力和想象力,要求他们每个人把自己的备选方案和意见写下来。然后小组开会,让他们逐个陈述自己的方案和意见。在此基础上,由小组成员对提出的全部备选方案进行投票,赞成人数最多的方案即为所要的方案,但企业决策者最后仍有权决定是接受还是拒绝这一方案。

5) 淘汰法

淘汰法即根据一定的标准和条件,把全部备选方案筛选一遍,把达不到要求的方案淘汰掉,以达到缩小选择范围的目的。淘汰的方法有：

(1) 规定最低满意度,达不到满意度的方案予以淘汰;

(2) 规定约束条件;

(3) 根据目标主次筛选方案。

6) 环比法

在所有的备选方案中进行两两比较,优者得 1 分,劣者得 0 分,最终以各方案得分多少为标准选择方案。

7) 哥顿法

哥顿法,又称提喻法,主要针对研究决定一些较为敏感的问题,或为了不限制大家的思路,在会上不讨论决策问题本身,而用类比的方法提出类似的问题,或把决策问题分解为几个局部小问题,主持会议者不讲明讨论的主题,而是围绕主题提出一些相关问题,以启示专家发表见解。最后,把好的见解集中起来形成决策。

8) 方案前提分析法

有些决策的问题,如何进行决策主要取决于其方案的前提假设条件。方案是否正确,关键看它的前提假设是否成立。采用这种方法时,组织者让与会者只分析讨论方案的前提能否成立,据此判定决策方案。

2. 定量决策方法

定量决策方法(quantitative decision)常用于数量化决策,应用数学模型和公式来解决一些决策问题,即运用数学工具建立反映各种因素及其关系的数学模型,并通过对这种数学模型的计算和求解,选择最佳的决策方案。定量决策方法能帮助决策者提高决策的正确性和可靠性。

定量决策方法一般分为确定型决策、风险型决策和不确定型决策。

1) 确定型决策方法

确定型决策方法,即只存在一种确定的自然状态,决策者可依据科学的方法做出决策。确定型决策方法很多,这里主要介绍线性规划法和盈亏平衡分析法。

(1) 线性规划法。

线性规划法是在线性等式或不等式的约束条件下,求解线性目标函数的最大值或最小值的方法。

运用线性规划法建立数学模型的步骤是:首先,确定影响目标的变量;其次,列出目标函数方程;再次,找出实现目标的约束条件;最后,找出使目标函数达到最优的可行解,即为该线性规划的最优解。

 案例分析 4-11

某企业生产两种产品,A 产品每台利润 100 元,B 产品每台利润 180 元,有关生产资料如表 4-10 所示,试求企业利润最大时两种产品的产量。

表 4-10　A、B 产品的生产耗费

资源名称	单位产品消耗总额		可利用资源
	A 产品	B 产品	
原材料 /kg	120	80	2 400
设备 / 台时	900	300	13 500
劳动力 / 工时	200	400	5 000

分析：

确定影响目标的变量：企业利润最大时两种产品的产量。设：X_1 为 A 产品的生产数量；X_2 为 B 产品的生产数量。

列出目标函数方程：

$$\text{Max}\,[P(X_i)] = 100 X_1 + 180 X_2$$

找出实现目标的约束条件：

$$120 X_1 + 80 X_2 \le 2\,400$$
$$900 X_1 + 300 X_2 \le 13\,500$$
$$200 X_1 + 400 X_2 \le 5\,000$$
$$X_1 \ge 0,\ X_2 \ge 0$$

找出使目标函数达到最优的可行解，即为该线性规划的最优解。

分别以 X_1、X_2 为横纵坐标，将约束方程绘制于坐标系中，由于有三个约束方程，因此，有三条直线。三条直线共同构成的区域为可行解的区域。目标函数的最大值一定在由约束方程构成的可行解区域的凸点上。

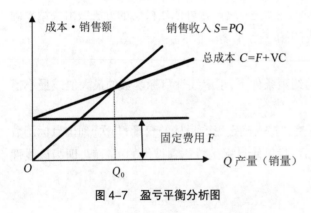

图 4-7　盈亏平衡分析图

通过计算得到三个凸点 $A(0,12.5)$、$B(13,6)$、$C(15,0)$，则满足使目标函数值最大的点为 B 点，即当生产 A 产品 13 台、B 产品 6 台时企业获得的利润最大，为 2 380 元。

(2) 盈亏平衡分析法。

盈亏平衡分析法是研究生产一种产品达到不盈不亏的产量，即确定盈亏平衡点，了解企业生产产品的最低限度。盈亏平衡点一般用实物产量来表示。

如图 4-7 所示，设产量等于销量（即产销率为 100%）。

其中：Q——产量（销量）；

C——总成本，分为固定成本 F 和可变成本 VC；

F——固定成本，与产销量无关，为常数；

VC——变动成本，它随产量的变化而变化（$VC = VQ$）；

V——单位产品变动成本(为常数)；

P——产品销售单价；

S——销售收入；

R——利润。

$$R = S - C = PQ - (F + VQ)$$

令 $R=0$，得：

$$Q_0 = \frac{F}{P-V}$$

为盈亏平衡点(保本点)产销量。

销售额减去变动总成本后的余额，补偿了固定成本后剩余的部分即为利润。这个余额为边际贡献。因此，边际贡献是对固定成本和利润的贡献。当总的边际贡献与固定成本相当时，恰好盈亏平衡。

企业盈亏相抵时的业务量即为保本业务量。

 案例分析 4-12

深圳某运输公司的单位运价为 200 元/千吨公里，单位变动成本为 150 元/千吨公里，每月固定成本为 20 万元。

求：①该运输公司实现盈亏平衡的运输量应为多少？

②如果该运输公司 10 月份运输目标利润为 30 万元，至少应完成多少运输量？

分析：

$$Q_0 = \frac{C}{P-V} = \frac{20 \times 10^4}{200-150} \text{千吨公里} = 4\,000 \text{ 千吨公里}$$

即该运输公司每月完成 4 000 千吨公里运输量时，正好处于盈亏平衡点上。

$$Q^* = \frac{F+R}{P-V} = \frac{20 \times 10^4 + 30 \times 10^4}{200-150} \text{千吨公里} = 10\,000 \text{ 千吨公里}$$

即该运输公司每月完成 10 000 千吨公里运输量时，可获得利润 30 万元。

2) 风险型决策

风险型决策中，决策者对未来可能出现何种自然状态不能确定，但其出现的概率可以大致估算出来。风险型决策常用的方法是决策树分析法。

(1) 决策树分析法的含义。

决策树分析法是指借助树形分析图，根据各种自然状态出现的概率及方案预期损益，计算与比较各方案的期望值，从而抉择最优方案的方法。

决策树分析法有很多优点：第一，可以明确地比较各种方案的优劣；第二，可以一目了然地了解某一方案有关的状态；第三，可以表明每个方案实现目标的概率；第四，可以计算出每一方案预期的收益和损失；第五，可以用于某个问题的多级决策分析。

(2)决策树分析法的基本步骤。

从左向右画出决策树图形。首先从左端决策节点(用"□"表示)出发,按备选方案引出相应的方案枝(用"——"表示),每条方案枝上注明所代表的方案;然后,每条方案枝到达一个方案节点(用"○"表示),再由各方案节点引出各个状态枝(也称作概率枝,用"——"表示),并在每个状态枝上注明状态内容及其概率;最后,在状态枝末端(用"△"表示)注明不同状态下的损益值(见图 4-8)。决策树完成后,再在下面注明时间长度。

计算各种方案的期望值。这包括:计算各概率枝的期望值,将方案在各自然状态下的收益值分别乘以各自然状态出现的概率;把各概率枝的期望值相加,并将数字记在相应的自然状态节点上。

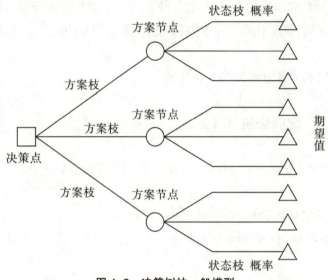

图 4-8　决策树的一般模型

选择最佳方案。将各个方案的期望值标在各个方案节点上;然后,比较各方案的期望值,从中选出期望值最大的作为最佳方案,并把最佳方案的期望值写到决策节点方框中,同时"剪去"(用"//"表示)其他方案枝。

从图 4-8 可知,决策树由决策节点、方案节点、方案枝、状态枝和状态末端等五个要素组成。决策节点用来表示决策的结果;方案节点用来表示各种方案,上面的数字表示该方案的期望值;方案枝是由决策节点引出的若干枝条,每一枝条代表一种方案;每个状态枝代表一种自然状态;状态末端用来表示不同状态下的期望值。

案例分析 4-13

某企业计划未来 10 年生产某种产品,需要确定产品批量。根据预测估计,这种产品的市场状况的概率是:畅销为 0.3;一般为 0.5;滞销为 0.2。现提出大、中、小 3 种批量的生产方案,求取得最大经济效益的方案。有关数据如表 4-11 所示。

第4章 企业经营决策和计划管理

表 4-11 各方案损益值表

单位：万元

方案	投资成本（使用10年）	产品不同销路情况下每年的利润		
		畅销（概率0.3）	一般（概率0.5）	滞销（概率0.2）
大批量生产	600	300	150	-50
中批量生产	400	200	120	0
小批量生产	300	100	100	80

分析：根据题意，可以绘制如图4-9所示的决策树。

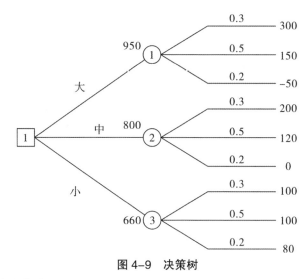

图 4-9 决策树

节点1的期望收益值为：

$$[（300×0.3+150×0.5-50×0.2）×10-600]万元 = 950万元$$

节点2的期望收益值为：

$$[（200×0.3+120×0.5+0×0.2）×10-400]万元 = 800万元$$

节点3的期望收益值为：

$$[（100×0.3+100×0.5+80×0.2）×10-300]万元 = 660万元$$

可见，大批量生产期望值最大(950万元)，故选中该方案。

3）不确定型决策方法

不确定型决策是在对未来自然状态完全不能确定的情况下进行的。由于决策主要靠决策者的经验、智慧和风格，便产生不同的评选标准，因而形成了多种具体的决策方法。

不确定型决策方法主要有乐观法、悲观法、平均法和后悔值法。

（1）乐观法：也称为大中取大法。管理者既然决定要开展某活动，就要对未来充满信心，认为未来会出现最好的自然状态。所以，在进行决策时，从每一个方案中选择一个最大值，在这些最大值中再选择最大值，然后把这个最大值对应的方案作为决策的依据。

（2）悲观法：也称为小中取大法。决策者是从保守的角度考虑做出决策，即在未来可能会出现的最差的自然状态下做出决策。因此，决策时从每个方案中选择一个最小的收益值，然后再从这些最小的收益值中选取最大值,把这个最大值对应的方案作为最佳方案。

(3)平均法:它是指管理者在做决策时,假定各种自然状态在未来出现的概率是相等的,在假定的概率保证下进行决策。计算每一个方案的期望值,比较选择期望值最大的方案作为最佳方案。

(4)后悔值法:也称为最小最大后悔法。决策者在选择方案并组织实施时,如果遇到的自然状态表明采用另外的方案会取得更好的收益,企业就会遭到机会损失,决策者将为此而感到后悔。采用后悔值法就是力求使后悔值尽量小。决策时先计算出各方案在各种自然状态下的后悔值,它是用方案在某种自然状态下的收益值与该自然状态下的最大收益值相比较的差,然后找出每一种方案的最大后悔值,并据此对不同方案进行比较,选择最大后悔值中最小的方案作为实施方案。

案例分析 4-14

某公司计划生产一种产品,该产品在市场上的需求量有 4 种可能:需求量较高、需求量一般、需求量较低、需求量很低。对每种情况出现的概率均无法预测。现有 3 种方案:A 方案是自己动手,改造原有设备;B 方案是全部购进新设备;C 方案是购进关键设备,其余自己制造。该产品计划生产 5 年,3 种方案在各种自然状态下 5 年内的预期损益情况如表 4-12 所示。

表 4-12 各个方案在各种自然状态下 5 年内的预期损益表

单位:万元

	需求量较高	需求量一般	需求量较低	需求量很低
A 方案	70	50	30	20
B 方案	100	80	20	−20
C 方案	85	60	25	5

分析:

①乐观法。在需求量较高的状态下,A 方案的预期损益是 70 万元,B 方案的预期损益是 100 万元,C 方案的预期损益是 85 万元,所以选 B 方案。

②悲观法。在需求量很低的状态下,A 方案的预期损益是 20 万元,B 方案的预期损益是 −20 万元,C 方案的预期损益是 5 万元,所以选 A 方案。

③平均法。需求量较高、需求量一般、需求量较低和需求量很低 4 种状态出现的概率均为四分之一,在此概率保证下计算 A、B、C 三个方案的期望值。

A 方案的期望值 =(70+50+30+20)/4 万元 =42.5 万元
B 方案的期望值 =(100+80+20−20)/4 万元 =45 万元
C 方案的期望值 =(85+60+25+5)/4 万元 =43.75 万元

所以选 B 方案。

④后悔值法。计算 A、B、C 三个方案在需求量较高、需求量一般、需求量较低和需求量很低 4 种状态下的后悔值,然后确定 3 个方案的最大后悔值,比较后取最小值。3 种方案在各种

自然状态下的后悔值如表 4-13 所示。

表 4-13　各个方案在各种自然状态下后悔值表

	需求量较高	需求量一般	需求量较低	需求量很低	最大后悔值
A 方案	30	30	0	0	30
B 方案	0	0	10	40	40
C 方案	15	20	5	15	20

所以选 C 方案。

小思考 4-7

定性和定量决策方法在企业决策中适用于哪些场合？

答：一般而言，定性决策方法用于战略决策，而定量决策方法用于战术决策和作业决策。对比较复杂的战术和作业决策问题，可以采用定性和定量相结合的混合决策方法。一般运用头脑风暴等方法确定几种较好的备选方案，然后再运用定量决策方法从这几种备选方案中选择最优的方案。

4.2.3　组织中的群体与团队决策

情境导入 4-2　新产品的最佳设计方案

小张是一家大型企业的产品设计部经理，人虽然不算聪明机灵，但富有民主与进取精神，而且愿意听取手下人的意见。在开始下个季度生产之前，需要对一个新产品进行重新设计，于是他要求下属三个团体的领导提交新的设计方案，并要求他们召集团体成员，讨论得出最佳设计方案。但是，小张并不想自作主张从团体方案中挑选自己认为最佳的方案，因为他还不是一个真正够格的方案设计者，而且小张希望百家争鸣、广泛交流。所以小张通知他们，在各自方案拟订以后，每个团体要将其方案交给其他两个团体传阅，在每个团体都有机会了解其他两个方案以后，三个团体的代表聚会协商，挑选出他们看中的最佳方案。小张让每个团体成员都能了解情况，每个团体检阅三种设计方案，这样就可以：①得到一个满意方案；②三个团体增进了相互之间的了解，并能相互沟通、达成协议。

（资料来源：http://www.gongxuanwang.com/view.asp?12106.html，有改动）

群体决策对组织的经营管理起着非常重要的作用，群体决策既对组织有积极作用，也对组织有消极作用。

1）群体决策的定义

群体决策是指由多人甚至可以是组织内部的所有成员共同参与做出的决策。

2）群体决策的特点

决策责任分散：群体决策使得参与决策者责任分散，风险共担，即使决策失败也不会由一个人单独承担。但由于群体决策权责往往不够分明,所以不如个体决策谨慎,具有更大的冒险性。

群体气氛:群体成员的关系越融洽,认识越一致,则决策时就缺乏冲突的力量,越可能发生群体转移。

领导的作用:群体决策往往受到领导的影响,而这些人的冒险性或保守性会影响到群体转移倾向。

文化价值观的影响:群体成员所具有的社会文化背景和信奉的价值观会被反映在群体决策中,例如,美国社会崇尚冒险,敬慕敢于冒险而成功的人士,所以其群体决策更富于冒险性。

3)群体决策的利弊

(1)群体决策的优势。

群体决策有利于集中不同领域专家、成员的智慧、经验和背景,利用更多的知识优势,借助于更多的信息,形成更多的可行性方案,应付日益复杂的决策问题。

群体决策容易得到普遍的认同,有助于决策的顺利实施。

群体决策有利于使人们勇于承担风险。据有关学者研究表明,在群体决策的情况下,许多人都比个人决策时更敢于承担更大的风险。

(2)群体决策的劣势。

速度、效率可能低下:群体决策鼓励各个领域的专家、员工的积极参与,力争以民主的方式拟订出最满意的行动方案。在这个过程中,如果处理不当,就可能陷入盲目讨论的误区之中,既浪费了时间,又降低了速度和决策效率。

有可能为个人或子群体所左右:群体决策之所以具有科学性,原因之一是群体决策成员在决策中处于同等的地位,可以充分地发表个人见解。但在实际决策中,这种状态并不容易达到,很可能出现以个人或子群体为主发表意见、进行决策的情况。

很可能更关心个人目标:在实践中,不同部门的管理者可能会从不同角度对不同问题进行定义,管理者个人更倾向于对与其各自部门相关的问题非常敏感。如果处理不当,很可能发生决策目标偏离组织目标而偏向个人目标的情况。

4)群体决策与个人决策的比较

群体决策与个人决策的比较如表 4-14 所示。

表 4-14　群体决策与个人决策的比较

类型	优点	缺点	适用范围
个体决策	效率高 责任明确	质量低 接受性差	简单、次要、无需广泛接受的决策
群体决策	质量高 接受性强	效率低 责任不明确 屈从压力	复杂、重要、需广泛接受的决策

5)影响群体决策的因素

(1)年龄:韦伯的一项研究显示,年龄影响决策,一般来讲,年龄低的组使用群体决策效果好;随着年龄的增长,群体决策与优秀选择的差距加大。

(2) 人群规模:通常认为 5~11 人能得到比较正确的结论;2~5 人能得到相对一致的意见;人数再多可能双方的意见差距就会显现出来。

(3) 程序:决策过程中采取什么样的程序会影响决策的效果。

(4) 人际关系:团队成员彼此间过去是否存在成见、偏见,或相互干扰的人际因素,也会影响到群体决策的效果。

知识链接 4-2　群体决策的八大技巧

(1) 让更多人参与进来;
(2) 容人,容可容之人;
(3) 珍视每一个不同的观点;
(4) 避免霍布森法则;
(5) 运用 SWOT 分析法;
(6) 要做风险评估;
(7) 排除决策干扰;
(8) 避免危机决策。

(资料来源:http://blog.ceconlinebbs.com/BLOG_ARTICLE_106662.HTM)

 ## 4.3　企业的经营计划管理

4.3.1　计划制订的过程和方法

企业活动的任务始于计划,其实质是对企业活动要达到的目标及途径进行事先规定。虽然计划的类型和表现形式各种各样,但科学地制订计划所遵循的步骤却具有普遍性。完整的计划制订的工作程序如图 4-10 所示。

1. 制订计划的程序

编制计划一般经过以下几个步骤:

1) 识别机会

分析环境是在实际的计划工作开始之前就着手进行,是对将来可能出现的机会加以估计,并在清楚全面了解这些机会的基础上,进行初步的探讨。严格地讲,估量机会不是计划工作的一个组成部分,但却是计划工作的真正起点,在估量机会的基础上,确定可行性目标。内外部环境为确定可行性目标提供了依据。

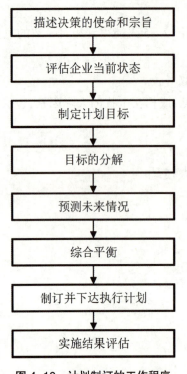

图 4-10　计划制订的工作程序

2）确定目标

编制计划的过程一定要有目标,目标是组织行动的出发点和归宿,因此计划工作的第一步就是在明确计划的前提条件的基础上为整个组织确定计划工作的目标,然后再为组织各下属部门选定目标。组织整体目标具有支配组织内所有计划的性质。通常,计划目标有以下四类:

①贡献目标。贡献目标即对社会贡献的大小,其可用产品品种、质量、数量、上缴税金和利润等表示。

②市场目标。企业生产经营活动有无活力,就要看它占有市场的深度和广度,即市场面和市场占有份额的大小。企业的市场目标应是通过扩大市场范围和提高市场占有率,增加销售额。

③发展目标。企业为了对社会做出更大贡献,为企业和职工谋求更多的利益,必须不断发展自己。通过企业改造和更新设备,扩大再生产,也可以通过联合的办法来壮大自己。

④利益目标。利益目标是企业生产经营活动的内在动力,不仅关系到企业职工利益,而且也关系到企业自身发展。因此,企业应争取扩大经济利益,增加赢利,提高赢利水平。

 知识链接 4-3　企业的唯一目的是赚钱？

最新的调查结果显示:90%的人认为利润仍是第一位的;80%的 CEO 参加各种公益活动;MBA 学生对 CEO 的社会意识差些;公众的社会意识非常强。不同国家对"企业的唯一目的是赚钱"的认同度:美国 40%,奥地利 35%,加拿大 34%,英国 33%,意大利 28%,德国 24%,法国 16%,新加坡 11%,日本 8%。

3）确定计划前提

计划的第二步是确定计划的前提,即计划是以什么样的预期环境为前提,为此必须对环境进行正确的预测。但计划执行时将要面对的环境是非常复杂的,影响因素很多,对于组织而言,有些因素是可控的,有些是不可控的,因此想要对它的每个细节进行预测是不现实的,也是不经济的。我们只能就对计划有重大影响的关键项目做出预测。例如,一般组织的经营计划常做出以下几方面的预测:经济形势预测、政府政策预测、销售预测、资源预测、技术预测等。

4）拟订可行性方案

拟订可行的行动计划要求拟订尽可能多的可行性方案,可供选择的行动方案数量越多,被选计划的相对满意程度就越高,行动就越有效。因此,在可行的行动方案拟订阶段,要发扬民主,广泛发动群众,充分利用组织内外的专家,通过他们献计献策,产生尽可能多的行动方案。企业应拟订各种实现计划目标的方案,以便寻求实现目标的最佳方案。拟订各种可行的方案,一方面要依赖过去的经验,已经成功的或失败的经验对于拟订可行的计划方案都有借鉴作用;另一方面,也是更重要的方面,就是依赖于创新。因为企业内外部情况的迅速发展变化,使昨天的方案不一定适应今天的要求,所以,计划方案还必须创新。

5) 评估方案

在找出各种备选方案并考察它们各自的优缺点后,计划工作的第四步就是按目标来权衡各种因素,并以此对各个备选方案进行评价。在方案比较时,应充分考虑以下几点:一是特别注意发现每一个方案的制约因素或隐患。所谓制约因素就是指那些妨碍目标实现的因素。对其认识越深刻,选择方案的效率越高。二是对方案的预测结果和原有目标进行比较,既要考虑有形的数量因素,也要考虑许多无法用数量表示的无形因素,如企业形象和人际关系。三是要用总体的效益观点来衡量,要以全局为出发点和归宿来衡量其效益。

6) 选择最优方案

在对计划方案进行评价后,计划工作的第五步是选定最优方案,这是做出决策的实质性的一步。选择通常是在经验、实验和研究分析(借助于教学模型)的基础上进行的。在选择最佳方案时应考虑这样两个方面:一是应选出可行性、满意性和可能性三结合的方案;二是应选出投入产出比尽可能最佳的方案。此外,由于环境的复杂和多变,管理者在选择方案时应多选出一个或两个备选方案,以此增强计划的弹性。

7) 制订派生计划

虽然选定了方案,但计划仍不是完整的,还必须制订派生计划,即为了支持主计划实现而由各个职能部门和下属单位制订的计划。比如,一家公司年初制订了"当年销售额比上年增长15%"的销售计划,这一计划发出了许多信号,如生产计划、促销计划等。再如当一家公司决定开拓一项新的业务时,这个决策是要制订很多派生计划的信号,如雇佣和培训各种人员的计划、筹集资金的计划、广告计划等。

8) 用预算使计划数字化

在做出决策和确定计划后,计划工作的最后一步就是把计划转变成预算,使计划数字化。编制预算,一方面是为了使计划的指标体系更加明确,另一方面是使企业更易于对计划执行进行控制。定性的计划,往往在可比性、可控性和进行奖惩方面比较困难,而定量的计划则具有硬性的约束。

2. 制订计划的方法

计划工作是对未来一段时期即将进行的工作的规划,是一种预测工作,很难准确地预测未来组织可能面临的各种影响因素的变化。因此,计划的制订需要掌握科学合理的方法。

1) 甘特图法

甘特图的定义:甘特图(Gantt chart)又称为横道图、条状图(bar chart),以提出者亨利·L. 甘特先生的名字命名。

甘特图即以图示的方式通过活动列表和时间刻度形象地表示出任何特定项目的活动顺序与持续时间。基本是一个线条图,横轴表示时间,纵轴表示活动(项目),线条表示在整个期间计划和实际的活动完成情况(见图 4-11)。它直观地表明任务计划在什么时候进行,以及实际进展与计划要求的对比。管理者由此可便利地弄清一项任务(项目)还剩下哪些工作要做,并可评估工作进度。

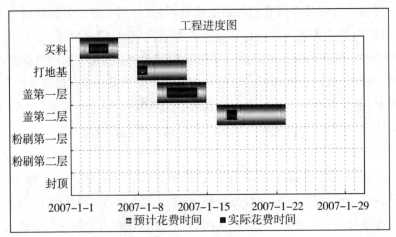

图 4-11 甘特图示例

甘特图的优缺点:

①优点:图形化概要,通用技术,易于理解;中小型项目一般不超过 30 项活动;有专业软件支持,无须担心复杂计算和分析。

②缺点:甘特图事实上仅仅部分地反映了项目管理的三重约束(时间、成本和范围),因为它主要关注进程管理(时间);软件的不足,尽管能够通过项目管理软件描绘出项目活动的内在关系,但是如果关系过多,纷繁芜杂的线图必将增加甘特图的阅读难度。

2) 滚动计划法

滚动计划法的定义:滚动计划法是一种定期修订未来计划的方法。滚动计划法是按照"近细远粗"的原则制订一定时期内的计划,然后按照计划的执行情况和环境变化,调整和修订未来的计划,并逐期向前移动,把短期计划和中期计划结合起来的一种计划方法。它不同于静态分析那样,等一项计划全部执行完了之后再重新编制下一时期的计划,而是一种动态编制计划的方法。

滚动计划法的流程:滚动计划法在计划编制过程中,尤其是编制长期计划时,为了能准确地预测影响计划执行的各种因素,可以采取近细远粗的办法,近期计划订得较细、较具体,远期计划订得较粗、较概略。在一个计划期终了时,根据上期计划执行的结果和产生条件、市场需求的变化,对原订计划进行必要的调整和修订,并将计划期顺序向前推进一期,如此不断滚动、不断延伸。

例如,某企业在 2000 年底制定了 2001—2005 年的五年计划,如采用滚动计划法,到 2001 年底,根据当年计划完成的实际情况和客观条件的变化,对原订的五年计划进行必要的调整,在此基础上再编制2002—2006年的五年计划,其后依此类推(见图4-12)。

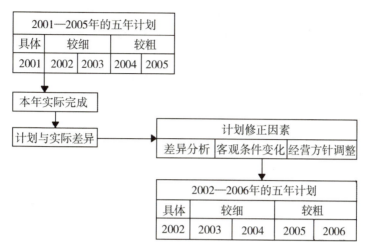

图4-12 五年计划的制订

滚动计划法,既可用于编制长期计划,也可用于编制年度、季度生产计划和月度生产作业计划。不同计划的滚动期不一样,一般长期计划按年滚动;年度计划按季滚动;月度计划按旬滚动,等等。

滚动计划法的优点:

①滚动计划法能使计划更加切合实际,它可以克服计划期内的不确定性因素的影响。

②滚动计划法能使长期计划、中期计划和短期计划相互衔接。

③滚动计划法大大增加了计划的弹性,这对环境剧烈变化的时代来说,尤为重要,它可以提高组织的应变能力。

案例分析4-15　滚动计划让S公司插上成功的翅膀

每逢岁末年初,各企业的领导者都会暂时放下手中的其他工作,与自己的核心团队一同踏踏实实地坐下来,专门花些时间制订来年的工作计划,以求为下一年插上希望和成功的翅膀,让企业各项事业在当年业绩的基础上更上一层楼。但外部环境千变万化,内部条件变数难料,怎样"高明"的计划才能让企业来年12个月的"漫长"计划科学合理、高效务实,所有的工作都能按部就班、一帆风顺呢?

S公司是中国东部地区一家知名企业,原有的计划管理水平低下,粗放管理特征显著,计划管理与公司实际运营情况长期脱节。为实现企业计划制订与计划执行的良性互动,在管理咨询公司顾问的参与下,S公司逐步开始推行全面滚动计划管理。

首先,S公司以全面协同量化指标为基础,将各年度计划分解为4个独立的、相对完整的季度计划,并将其与年度计划紧密衔接。在企业计划偏离和调整工作中,S公司充分运用了动态管理的方法。

所谓动态管理,就是S公司年度计划执行过程中要对计划本身进行3次定期调整:第一季度的计划执行完毕后,就立即对该季度的计划执行情况与原计划进行比较分析,同时研究、判断企业内外环境的变化情况,根据统一得出的结论对后3个季度计划和全年计划进行相应调整;第二季度的计划执行完毕后,使用同样的方法对后两个季度的计划和全年计划进行相应调整;第三季度的计划执行完毕后,仍然采取同样方法对最后一个季度的计划和全年计划进行调整。

S公司各季度计划的制订是根据近细远粗、依次滚动的原则开展的。这就是说,每年年初都要制订一套繁简不一的四季度计划:第一季度的计划率先做到完全量化,计划的执行者只要拿到计划文本就可以一一遵照执行,毫无困难或异议;第二季度的计划要至少做到50%的内容实现量化;第三季度的计划也要至少使20%的内容实现量化;第四季度的计划只要做到定性即可。同时,在计划的具体执行过程中对各季度计划进行定期滚动管理——第一季度的计划执行完毕后,将第二季度的计划滚动到原第一季度计划的位置,按原第一季度计划的标准细化到完全量化的水平;第三季度的计划则滚动到原第二季度计划的位置并细化到至少量化50%内容的水平,依次类推。第二季度或第三季度计划执行完毕时,按照相同原则将后续季度计划向前滚动一个阶段并予以相应细化。本年度4个季度计划全部都执行完毕后,下年度计划的周期即时开始,如此周而复始、循环往复。

其次,S公司以全面协同量化指标为基础建立了三年期的跨年度计划管理模式,并将其与年度计划紧密对接。

跨年度计划的执行和季度滚动计划的思路一致。S公司每年都要对计划本身进行一次定期调整,第一年度的计划执行完毕后,就立即对该年度的计划执行情况与原计划进行比较分析,同时研究、判断企业内外环境的变化情况,根据统一得出的结论对后两年的计划和整个跨年度计划进行相应调整;当第二年的计划执行完毕后,使用同样的方法对后两年的计划和整个跨年度计划进行相应调整,依次类推。

(资料来源:http://baike.baidu.com/view/1359753.htm,有改动)

分析:S公司立足于企业长期、稳定、健康发展,将季度计划—年度计划—跨年度计划环环相扣、前后呼应,形成了独具特色的企业计划管理体系,极大地促进了企业计划制订和计划执行相辅相成的功效,明显提升了企业计划管理、分析预测和管理咨询的水平,为企业整体效益的提高奠定了坚实的基础。

3) 网络计划技术法

网络计划技术法的定义:网络计划技术法于20世纪50年代产生于美国,最初运用于国防导弹工程,后被广泛运用于组织管理活动中。它也称为统筹法。它是以网络图反映、表达计划安排,据以选择最优工作方案,组织协调和控制生产(项目)的进度(时间)和费用(成本),使其达到预定目标,获得更佳经济效益的一种优化决策方法。

网络计划技术法包括以网络为基础制订计划的各种方法,如关键路线法(CPM)、计划评审技术(PERT)、组合网络法(CNT)等,其基本原理是把一项工作或项目分解成各种作业,然后根据作业的先后顺序进行排列,通过网络的形式对整个工作进行统筹规划与控制,从而用较少的资源和最短的工期完成规定的工作任务。

应用网络计划方法可以解决的问题包括:完成项目需要多长时间;每项活动应该计划在什么时间开始,什么时间结束;哪些活动最可能造成项目延误;项目主管应把工作重点放在哪些项目上;如何权衡时间与成本等。

网络计划技术法的优点:网络计划技术法把数学方法和图示法结合起来,简单明了,直观性强,可以形象地反映工程全貌;利用网络计划技术法能把各项工序之间的逻辑关系表达清楚,有利于项目管理者分清主次、缓急,抓住主要矛盾;可利用非关键路线上的工作潜力,加速关键作业进程,因而可缩短工期,降低工程成本;可估算各项作业所需时间和资源。

网络计划技术法的工作步骤:

确定目标,进行计划的准备工作。在确定计划对象(如某项工程或任务)后,应提出具体目标,如工期、费用以及其他资源,并考虑结合其他管理制度,如组织流水生产、全面质量管理、设备管理、岗位责任制、奖励制度等。

分解计划任务,列出全部工作或工序明细表。计划任务的分解应随对象而异。对厂部领导来说,重要的是纵观全局,掌握关键,分析矛盾,做出决策,因而可以分解得粗一些。对于业务部门和基层生产单位来说,需据以组织和指挥生产,解决具体问题,因此应该分得细一些。

确定各项作业的定额时间、先后顺序和相互关系。对每一项作业应做必要的分析,主要是:该项作业开始前,有哪些作业必须先期完成;哪些作业可以与该项作业平行交叉;该项作业完成,有哪些后续作业接着开始。

绘制网络图。绘制方法有两种:顺推法,即从网络图的始点事项开始为每一项作业确定其直接的后续作业,直到网络图终点事项为止;逆推法,即从网络图的终点事项开始,直到网络图的始点事项为止。

计算网络时间。一般先计算事项时间,有了事项时间,也就易于计算作业时间了。工序时间是指完成某一项工作或某一道工序所需要的时间。工序时间的估计可采用单一时间估计法和三种时间估计法。单一时间估计法:每项作业仅确定一个具体的时间值,以完成作业可能性最大的时间为准,不考虑偶然性因素的影响。适用于:有同类作业的时间参考资料,不可控因素较少的情况。三种时间估计法:最乐观时间(a),最有利的条件下顺利完成一项作业所需的时间;最可能时间(m),正常情况下完成一项作业所需的时间;最悲观时间(b),最不利的条件下完成一项作业所需的时间。

工序所需时间的期望值(平均时间)和方差的公式如下:

平均时间:

$$t = \frac{a + 4m + b}{6}$$

方差:

$$\delta^2 = \left(\frac{b - a}{6}\right)^2$$

确定关键路线。计算完成任务的最早期限,即总工期。

进行综合平衡,选择最优方案,编制计划文件。在进行综合平衡时,注意三点:要保证在规定期限内完成任务;保证生产的连续性、协调性与均衡性,尽快形成新的生产能力,迅速发挥投资效果,坚持质量第一,确保安全生产;讲究经济效益,降低生产成本。综合平衡后,即可绘制正式网络图,编制工程计划和工程预算等。

网络计划的贯彻执行。总结评比,调整、改进和提高。

网络图的绘制:由若干节点和箭线组成的网络图,用于表示工程项目的作业构成及其相互关系,由活动、事项和路线三部分组成。

活动(作业、工序):是指一项作业或一道工序。活动通常是用一条箭线"→"表示,箭杆上方标明活动名称,下方标明该项活动所需时间,箭头表示该项活动的开始,箭尾表示该项活动的结束,从箭尾到箭头则表示该项活动的作业时间。

事项(节点、网点、时点):是指一项活动的开始或结束那一瞬间,它不消耗资源和时间,一般用圆圈表示。在网络图中有始点事项、中间事项和终点事项之分。

路线:是指从网络图的始点事项开始,顺着箭线方向连续不断地到达网络图的终点事项为止的一条通道。在一个网络图中均有多条路线,其中作业时间之和最长的那一条路线称为关键路线,关键路线可能有两条以上,但至少有一条。关键路线可用粗实线或双线表示。

例如,在图4-13所示的网络图中,活动和事项可以很明显地看出来。要注意的是活动把活动名称和时间标在一起,这是一种简化的方法,也是可以的。路线有两条——①→②→⑤和①→③→④→⑤,其中①→③→④→⑤的总时间为13,是最长的,为关键路线。

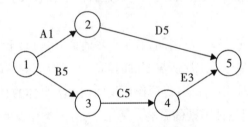

图4-13 某项目的网络图

根据活动清单中规定的活动之间的关系,将活动代号栏中所有的活动逐项画在网络图上,绘制网络图时应该从左至右进行。首先,从活动代号栏中找出没有紧前活动的活动,它(们)是要进行的第一项活动。用起始节点表示第一项活动,画在最左边。然后找出起始活动的紧后活动,用箭头将起始活动和其紧后活动连起来。接着,再找出当前活动的紧后活动,并用箭头将它们连起来。依此类推,直到所有作业都在网络图上表示出来,如表4-15和图4-14所示。

表4-15 某企业系统布置设计的活动清单

活动代号	活动描述	紧前活动	活动所需时间
A	系统总体分析	—	1
B	当量的计算与物料分类	A	3
C	各部门之间的相互关系分析	A	2
D	绘制作业相互关系图	B,C	1

续表

活动代号	活动描述	紧前活动	活动所需时间
E	必要面积的计算	D	1
F	可用面积的计算	D	0.5
G	绘制面积相互关系图	E,F	1
H	确定系统修正条件	G	0.5
I	确定系统实际制约因素	G	0.5
J	确定系统布置设计方案	H,I	3
K	评价系统布置设计方案	J	3

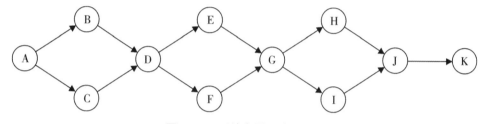

图 4-14 系统布置设计网络图

值得注意的是,在节点型网络图中,只有唯一的起始节点和唯一的终止节点。如果有多个起始节点,必须增加一个"虚"的起始活动,所有的起始活动是该虚活动的紧后活动。同样地,如果有多个终止活动,则必然增加一个"虚"的结束活动,所有结束活动都是该虚活动的紧前活动。

4) 标杆学习

标杆学习(benchmarking)的内涵:标杆学习是一种寻求质量改进的标准工具。其基本思想是分析各个领域中领先者的方法,然后模仿他们的做法来改进自己的质量。

日本企业在 20 世纪 70 年代初,曾周游列国考察学习,然后集中模仿各国的优点,改进自己的产品与生产过程,使本国的生产效率大大超过了被模仿的国家。1979 年,美国的施乐公司率先在美国企业界推行了标杆学习,后来得到了广泛的普及。

标杆学习的步骤:
①管理当局成立一个标杆学习计划团队。
②团队从内部收集作业数据,从外部收集其他组织的数据。
③通过分析数据,找出绩效的差距并确定是什么原因造成这些差距。
④制订和实施行动计划,最终达到或超过其他组织的标准。

4.3.2 企业经营计划的种类和内容

计划过程是决策的组织落实过程。决策是计划的前提,计划是决策的逻辑延续。经营计划是在经营决策基础上,根据经营目标对企业的生产经营活动和所需要的各项资源,从时间和空间上进行具体统筹安排所形成的计划体系。企业经营计划是按照经营决策所确定的方案,对企业生产经营活动及其所需各种资源,从时间上和空间上做出统筹安排。

1. 企业计划的类型

按照不同的标准,可将企业计划分为不同的类型,如表 4-16 所示。

表 4-16　企业计划的类型

分类标准	类型
计划期限	长期计划、年度计划和短期计划
计划所涉及的活动范围	战略计划、战术计划和作业计划
活动的职能	运输计划、库存计划、包装计划、流通加工计划、装卸搬运计划、配送计划

(1)按计划期的长短分类,把企业计划分为长期计划、年度计划和短期计划。

长期计划通常也称为规划或战略计划,计划期一般为 3~5 年,有时更长。长期计划的内容主要是选择、改变或调整企业的经营服务领域,确定企业的发展方向和目标,确定实现目标的最佳途径和方法。长期经营计划具有明确的方向性和指导性,具有统率全局的作用。

年度计划的计划期一般为一年,它是依据长期计划制订出来的,是长期计划的细化,是保证长期计划得以实现的重要手段。由于年度计划以自然年为计划期,时间不太长,而且在一个自然年内,内外部条件的变化有较强的规律性,因而计划的内容相对比较具体。它是企业组织商品流通活动的主要计划。

短期计划也称作业计划或进度计划,一般以季度、月、旬为计划周期。短期计划是依据年度计划对商品流转活动制订的,它的主要内容是具体的进、销、运、存的工作计划,是年度计划实现的保证。

(2)按计划所涉及的活动范围分,可分为战略计划、战术计划和作业计划。

战略计划是由高层管理者制订的,对企业的全部活动所做的战略安排。它通常具有长远性、计划期限较长等特点。

战术计划是依据战略计划而制订的,同时它也是战略计划得以实现的保证。它是由企业的中层管理者制订的,一般是阶段性的计划,用于指导企业各部门的共同行动,以完成具体的任务。

作业计划是基层管理者制订的细节计划,是企业各部门或更小生产单位的具体行动计划,如某车队的具体送货计划、流通加工部门的加工计划等。

2. 企业计划的内容

一般来说,企业计划应由计划目标、任务、方针措施、实施者、实施步骤和预算等要素构成。计划目标是企业通过该计划的实施所期望获得的总体效果或解决的问题。它通常由一系列具体指标构成。企业计划要明确规定计划的具体执行者,他可以是一个部门如运输部,也可以是一个人如运输经理。计划步骤说明了各项活动之间的关系,并确定了每项活动的开始时间和结束时间。预算用来明确企业计划实施所需要的各种耗费。

从企业经营的角度而言,企业计划的内容主要包括商品流转计划、财务计划、劳动工资计划、基本建设计划和职工培训计划等 5 个方面。

(1)商品流转计划。商品流转计划是企业的基本计划,是企业对计划期内商品流通规模的具体规定。它主要包括商品销售计划、购进计划和库存计划等。

商品销售计划是以市场需求为依据编制的。销售计划指标包括销售量、销售额、销售结构、市场定位、市场占有率等。

商品购进计划是以商品销售计划为依据编制的,是商品销售计划的资源保证。商品购进计划指标包括购进数量和金额、购进品种、购进时间、供货厂商等。

商品库存计划是为衔接商品销售和购进而制订的计划,是由商品销售规律、库存政策与运输条件等所决定的。库存计划指标主要有库存量、库存金额、库存结构和库存控制策略等。

(2)财务计划。财务计划包括流动资金计划、商品流通费用计划和利润计划等三部分,它是企业资金运动和经济效益的综合性计划的反映。财务计划的编制要以商品流转计划为依据,它要明确规定商品流转顺利进行所需的资金来源、商品流转所必须支出的费用、企业完成商品流转计划形成的盈利及分配政策。

财务计划的指标主要通过企业的现金计划、预期损益表和预期资产负债表等表示出来。因此,财务计划的编制主要是计算现金流量,确定借款数额和借款时间,编制预期损益表和预期资产负债表。

(3)劳动工资计划。劳动工资计划是对完成企业计划所需劳动力和劳动报酬数额的规定。同时,它还要确定在保证服务质量的前提下不断提高劳动生产率的策略。劳动工资计划的主要指标有职工人数、人员结构、工资总额和劳动效率等。

(4)基本建设计划。基本建设计划是企业为了扩大经营规模或提高经营效率,在固定资产投资项目方面的建设计划。如扩大中心的覆盖范围、提高自动化程度、改善信息交流手段等。基本建设计划的编制要以企业发展目标和商品流转计划为依据,同时要充分考虑企业自身的投资能力和投资效果。基本建设计划的指标主要有:建设项目、建设规模、投资额和投资效果等。

(5)职工培训计划。它是企业为提高职工素质而进行智力投资的计划。其计划指标的内容主要包括培训方式、培训内容、培训人数和培训时间等。

 知识链接 4-4　企业计划书

企业计划书一般由计划导入、计划概要、计划背景、计划意图、计划方针、计划构想、计划设计和附录等 8 个部分组成。企业在制订计划书时,要根据企业的实际情况、所制订计划的类型和目标来设计计划书的具体内容。一般地,企业计划书的构成及其内容如表 4-17 所示。

表 4–17 企业计划书的构成

构成	内容	说明
计划导入	封面	企业计划书的脸面，应充满魅力
	前言	阐述企业计划实施的必要性和作用
	目录	反映企业计划书的总体结构
计划概要	计划概要	简述计划书的总体思路和内容
计划背景	现状分析	重点分析企业的实际状况，充分说明企业计划的实施对当前状况的改善
计划意图	目标设定	确定企业计划的目的、目标和意义
计划方针	总体计划	从总体上明确计划的方向、原则，规定计划的内容
计划构想	实施策略	明确计划实施的具体策略，提高计划的效果
	实施计划	细化实施策略，将实现目标的方法具体化
计划设计	计划资源	确定实施计划所需的资源、实施的总体效果
附录	参考资料	与计划相关的补充资料

4.3.3 企业经营计划的控制

控制是监视企业各项活动以保证它们按计划进行并纠正各种重要偏差的过程。控制过程可以划分为三个步骤：衡量实际绩效；比较实际绩效与标准；采取管理行动来纠正偏差或不适当的标准，如图 4–15 所示。

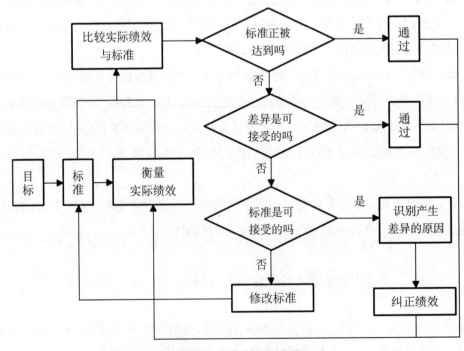

图 4–15 计划控制过程图

基本训练

一、简答题

1. 企业 KPI 考核内容有哪些?
2. 企业的目标有哪些?
3. 如何制定企业目标?
4. 企业经营决策的方法有哪些?
5. 企业经营计划有哪些种类?
6. 如何编制企业的经营计划?

二、判断题

1. 目标管理方法中的目标主要用于激励下级努力工作。(　　)
2. 企业的目标主要分为服务目标和成本目标两大类。(　　)
3. 企业对决策问题的未来情况拥有完整的信息、没有不确定因素时的决策是风险型决策。(　　)
4. 根据计划所涉及的活动范围,可将物流计划分为运输计划、仓储计划、装卸计划和配送计划等。(　　)
5. 在不确定型决策中,采用乐观原则时的决策结果最优。(　　)

三、选择题

1. 下面属于定量决策方法的是(　　)。
   A. 头脑风暴法　　　　　B. 德尔菲法　　　　　C. 盈亏平衡法
2. 企业的运输车队为了完成一项运输任务而进行的运输路线优化决策是(　　)。
   A. 战略决策　　　　　　B. 战术决策　　　　　C. 业务决策
3. 企业的基本计划是(　　)。
   A. 职工培训计划　　　　B. 商品流转计划　　　C. 财务计划
4. 关键路线法估计活动的时间采用的方法是(　　)。
   A. 单点时间估计法　　　B. 两点时间估计法　　C. 三点时间估计法
5. 对企业而言,下列属于多目标决策的是(　　)。
   A. 库存决策　　　　　　B. 网络优化决策　　　C. 运输决策

 综合案例

物流百强企业北京东方信捷责任有限公司的企业管理

全国物流百强企业北京东方信捷责任有限公司能逆风飞扬,在激烈的市场竞争中独占鳌头,探究其成功的奥秘,除了在硬件资源方面有着得天独厚的优势外,企业利用先进的 IT 工具实现精益管理,在生产过程中不断追求合理性、高效性,才是企业成功最重要的法宝。

北京东方信捷物流责任有限公司,系北京市供销社下属的专业第三方物流公司,是一家专门从事仓储、配送等物流增值服务的现代化企业。2001年由原北京市供销社所属五个专业化的仓储企业组建而成。目前下属六家分公司,一个配送中心,拥有库房22万平方米,自有大中小型货车60余部。

虽然东方信捷公司成立时间不长,但是所属分公司都有二十年物流服务经验,在北京物流市场中占据重要地位。东方信捷专业的仓储服务、配送服务以及第三方物流能够满足不同行业客户的多方需求,已与海尔、春兰、格力、松下、三菱、乐金、汉高等多个国内及国际大客户有着多年合作关系,加上不断增多的中小客户,东方信捷已经积累了丰富的客户资源。尤其是下属的分公司大部分集中在北京市经济最为活跃的CBD的周边地区,毗邻四环路、五环路、京津塘高速路、机场高速路等城市主干道,以及北京东部的铁路干线,交通非常便利,配送车队可以很快抵达北京市城区各个角落。立足京津,辐射华北,是东方信捷公司的战略发展方向。但是要获取更高的利润,就只有按照现代化供应链管理思想,将自己建设成为货主企业的"物流中心"。

东方信捷在国内众多的物流信息化服务商当中,选择了北京富士通公司的富华恒通物流管理系统,富华恒通参考富士通集团的多年物流解决方案的经验,吸收了国际先进的物流管理经验和技术,又结合了中国的地域和商业特点。系统包括物流信息管理系统、物流中心仓储管理系统、运输配送管理系统等三大部分,以及订单管理、客户关系管理、物量统计分析、运营绩效统计分析、关键业绩指标分析、进货管理、出货货位管理、库内管理、流通加工、盘点、退货管理、车辆档案管理、车队调度、收发车管理等众多子系统。

现代化物流中心不只是单纯的物的集结与分散,更是对各种信息的集结和扩散。只有信息化才能使物流中心成为一个经济的综合服务中心。物流信息化的目的并不是精减一些人员,节约一些费用,而是要形成一个效率高、质量好的物流系统,利用物流管理系统的KPI(关键业绩指标)分析机能,对企业经营状况、运营成本、效益评价、顾客分析等进行决策分析。利用信息系统强大的数据处理能力,在物流管理中选取、分析和发现新的机会,增加对企业内部资源的挖潜和对外部资源的利用,从而降低成本,提高生产效率,增强企业竞争优势。

问题:该公司在企业管理方面有哪些经验?

综合实训

1. 参观1~2家企业,要求学生写一份参观报告,报告内容由企业目标管理的方法、企业绩效评价的指标体系构成。

实训目的:要求学生了解企业目标管理的过程,重点分析企业绩效评价指标包含哪些内容,应该如何改进。

实训要求:结合运用所学知识,认真分析企业管理过程。

2. 查阅国内外知名企业的网站和相关资料,分析国内外企业的决策方法和计划制订的方法。

实训目的:了解企业常用的决策方法,分析不同计划制订的方法。比较企业在决策和计划方面有什么异同点。

实训要求:根据本章所讲的决策方法和计划制订的方法,认真思考企业如何更好地做决策、定计划。

3. 企业经营决策与计划。

实训目的：

(1) 通过本项目实训，使学生了解企业经营决策的内容。

(2) 运用本章所讲的方法对企业的实际问题进行决策。

(3) 熟悉企业计划制订的方法。

实训要求：

(1) 在企业期间遵守各项规章制度，注意劳动安全。

(2) 企业工作繁忙，实习时不得妨碍工作人员工作。

(3) 要虚心好学，多向工作人员请教。

实训内容：

(1) 在大、中和小型企业实习。

(2) 学习不同类型企业的决策方式。

(3) 学习企业如何制订计划，如何保证计划的顺利实施。

具体安排：

(1) 深入企业的各个部门实习，了解各部门的日常决策问题。

(2) 认真分析企业针对不同问题所采用的决策方法。

(3) 从整体上分析企业计划制订的过程与方法。

(4) 结合企业计划执行情况，分析如何能够更好地保证计划顺利实施。

(5) 撰写实践报告和实训报告幻灯片。五到六人为一组，相互讨论。

(6) 最后开设课堂讨论课，各个小组展示自己的实践成果，相互交流实训经验。

第 5 章 现代企业生产与运作管理

思政目标
◎明确"制造强国""质量强国"战略的重要性，增强使命担当意识。

知识目标
◎理解生产与运作活动的含义以及生产与运作管理的概念；
◎掌握生产与运作管理的职能范围和内容；
◎了解生产与运作战略的含义、生产运作总体战略。

技能目标
◎能对组织结构简单的企业进行模拟生产与运作；
◎企业生产运作系统演练（ERP 沙盘）。

 引例　新型家电引领消费升级

在新兴数字技术加速发展的背景下，家电及消费电子厂商正全面打通客厅、厨房、卧室、卫浴等生活场景，并通过人工智能赋能，为用户提供具备主动智能且不断升级的智慧家居体验。在家电家居一体化趋势下，产品与家居环境的适配程度日益受到家电业重视。各冰箱品牌在新品开发中，不光以新的科技成果满足智能、健康生活需要，还在美学与实用性结合上大做文章。嵌入式家电渐成新时尚。新亮相的容声无边界系列冰箱，通过底置散热系统，冰箱两侧与橱柜无须留出缝隙，能够实现完全嵌入橱柜的效果。

在产业端，中国家电及消费电子博览会历来是行业未来发展的风向标，在 2023 年度展会举办的高峰论坛上，业内人士围绕数字智能深度融合、推动行业高质量发展等议题展开深入研讨。国际化发展是中国家电巨头迈向世界一流水平的必由之路。智能技术的发展，构成了家电产业产品创新、场景发现、模式重构的新基座。彩电企业加速转型升级，拥抱新兴"屏世界"。

这一案例表明：全球范围大市场的形成与发展，加剧了企业之间在国内外市场上的激烈竞争，迫使企业必须从时间、质量、成本和服务上不断增强自己的竞争力，以求得生存与发展。这就要求企业在生产运作管理上寻求新的理论和技术。近年来出现的一些适应新竞争形势的新型生产方式，改变了传统的生产模式。企业要在激烈的竞争中生存和发展，必须不断研究和使用新型生产、服务方式,加强生产与运作管理。

生产与运作管理作为一门实践性极强的管理学科,不仅包括传统的物质产品制造活动的管理,而且包括非制造性的服务活动的管理。它是伴随着近代产业革命的发展而产生的,其目的就是研究如何将生产要素组织成为现实的生产力,以有效地创造出优质的产品和服务。

5.1 生产与运作管理概述

5.1.1 生产与运作管理概念

生产是人类最基本、最重要的一项活动。作为企业的生产,则是指制造产品或提供劳务的活动,而生产运作管理就是对企业日常生产活动的计划、组织和控制,它是和产品制造密切相关的各项管理工作的总称。生产与运作活动是指"投入—变换—产出"的过程,即投入一定的资源,经过一系列多种形式的变换,使其价值增值,最后以某种形式产出供给社会的过程,也可以说,是一个社会组织通过获取和利用各种资源向社会提供有用产品的过程。其中投入包括人力、设备、物料、信息、技术、能源、土地等劳动资源要素。产出包括两大类:有形产品和无形产品。中间的变换过程,也就是劳动过程、价值增值过程,即运作过程。生产与运作活动过程如图 5-1 所示。

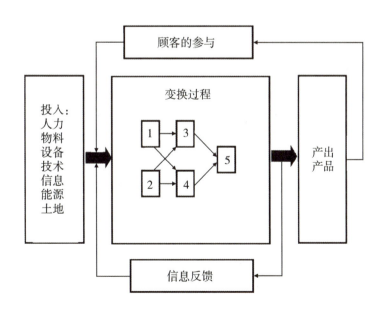

图 5-1 生产与运作活动过程

几种典型的社会组织的输入、变换和输出如表 5-1 所示。

生产与运作管理(production and operation management)是指对企业生产系统的设计、运行与改进的过程。人们最初对生产变换过程的研究主要限于有形产品变换过程的研究,即对生产制造过程的研究。从研究方法上来说,也没有把它看作上述的"投入—变换—产出"的过程来研究,而主要是研究有形产品生产制造过程的组织、计划与控制,所以当时西方管理学界称该学科为"生产管理学(production management)"。

表 5-1　几种典型的社会组织的输入、变换和输出

社会组织	主要输入	变换的内容	主要输出	利用的资源
工厂	原材料	加工制造	产品	工具、设备、工人
运输公司	产地的物资	位移	销地的物资	运输工具、工人
修理站	损坏的机器	修理	修复的机器	修理工具、修理员
医院	病人	诊断与治疗	恢复健康的人	医疗器械、医生、护士
大学	高中毕业生	教学	高级专门人才	教室、教材、教师
咨询站	情况、问题	咨询	建议、方案	咨询员、信息
饭店	饥饿的顾客	提供餐饮和服务	满意的顾客	厨师、服务员、食物

随着经济发展、技术进步以及社会工业化、信息化的发展,人们除了对各种有形产品的需求之外,对有形产品之后的相关服务的需求也逐渐提高。随着社会分工的出现,原来附属于生产过程的一些业务、服务过程相继分离并独立出来,形成后来的流通、零售、金融、房地产等服务行业,使社会第三产业比重越来越大。因此,对提供无形产品的运作过程进行管理和研究的必要性应运而生。人们开始把有形产品的生产过程和无形产品即服务的提供过程都看作一种"投入—变换—产出"的过程。这种变换过程的产出结果无论是有形的还是无形的,都具有下述特征:能够满足人的某种需要,即具有一定的使用价值;需要投入一定的资源,经过一定的变换过程才能够实现;在变换过程中总要投入一定的劳动,实现价值增值。人们开始把对无形产品产出过程的管理研究也纳入生产管理的范畴中去。或者说,生产管理的研究范围从制造业扩大到了非制造业。这样就扩大了生产管理的概念,即"投入—产出"的概念,在西方管理学界被称为"operation",即运作。无论是有形产品的生产过程,还是无形产品的提供过程,被统称为运作过程。但从管理的角度来说,这两种变换过程实际上是有许多不同点的。

将"生产管理"转变为"生产与运作管理",意味着生产管理领域的扩展,从传统的对物质产品制造活动的管理,发展到包括非制造性的服务活动在内的所有业务的管理。从内容上,除了充实服务系统的管理外,把侧重点转向企业高中层的管理活动,强调了生产战略、产品开发、新工艺技术与自动化的应用、生产能力发展规划等长期决策问题,增加了 TQM、MRP、JIT 等新概念。

5.1.2　生产与运作管理的发展过程

1911 年以前的生产管理的探索和研究,当时机械时钟的重大发明使人类的活动精确地协调一致起来,零件标准化的价值逐渐得到普遍的认识。英国经济学家亚当·斯密(Adam Smith)于 1776 年在其《国民财富的性质和原因的研究》一书中系统地论述了劳动分工的三个经济优

点：重复单项作业可使技能或熟练程度得到提高；减少由于工作变换而损失的劳动时间；作业专门化会促使人们发明机器和工具。这为后来发展的现代工作简化、过程分析和时间研究等打下了基础。这可以说是生产与运作管理理论的起始。

自从泰勒的科学管理诞生以来，人们对企业管理的研究逐步由经验走向科学化。泰勒于1911年在其《科学管理原理》中将管理与劳动区分开来，把凭经验办事的传统管理提升到科学管理的高度，认为一切管理问题都应当而且可以用科学的方法研究和解决。随后，福特汽车公司的创始人亨利·福特运用泰勒的科学管理原理，在汽车移动装配线上进行大规模的流水线生产，使一辆T型车的生产时间由十多个小时降低到一个多小时。美国的通用汽车、美国钢铁、标准石油、IBM、杜邦等也比较早采用大规模生产方式，也大多在这一时期成为工业巨头。

20世纪70年代至今，美国和西欧的计算机推出了许多优秀的管理软件包，如COPICS、MRP等，柔性制造系统在工厂得到了应用，无人工厂开始出现，成组技术解决了多品种、小批量生产所带来的问题。对生产管理的理论的研究拓展到服务业的管理领域，生产与运作管理从理论上和应用上取得了突出的进展。由于信息技术的发展、经济全球化的趋势以及世界范围内的市场竞争环境，企业更加关心生产的组织方式。出现在生产运作管理体系中的新理论与方法包括生产准时制(JIT)、全面质量管理(TQM)、工厂自动化(factory automation)、精细生产(lean production)、供应链管理(supply chain management)、电子化企业(electronic enterprise)，等等。

表5-2列出了生产运作管理发展中的主要应用方法和其创始(提倡)人。

表5-2 生产运作方法应用简史

时间	应用方法	创始（提倡）人
1776年	劳动分工	亚当·斯密
1790年	零件互换性（标准化）	埃尔·惠特尼
1832年	分工与分配制度	巴贝奇
1911年	科学管理原理	泰勒
1911年	动作研究	吉尔布雷斯夫妇等
1913年	流水装配线	福特
1914年	活动进度图	甘特
1915年	库存优化模型	F.W.哈尼斯
1930年	工作动机研究（霍桑实验）	梅奥
1935年	统计质量控制	道奇、休哈特等
1940年	网络计划技术	运作研究小组
1947年	线性规划	但泽
20世纪50年代	运筹学的进一步发展	美、西欧
20世纪70年代	项目管理、MRP	怀特（MRP）
20世纪80年代	同步制造战略	格劳亚特（以）
20世纪90年代至今	企业再造	哈默、钱匹
	因特网、万维网	微软、网景、美国
	供应链管理	美国、德国

5.1.3　生产与运作管理的新特征

随着生产与运作环境的变化,生产与运作管理的内容本身也在不断地发生变化,特别是信息技术突飞猛进的发展和普及,更为生产与运作管理增添了新的有力手段,也使生产与运作管理学科的研究进入了一个新的阶段,使其内容更加丰富,体系更加完整。

现代生产与运作管理的涵盖范围已不局限于生产过程的计划、组织与控制,而是包括生产与运作战略的制定、生产与运作系统设计及运行管理等多个层次的内容,把生产与运作战略、新产品开发、产品设计、采购供应、生产制造、产品配送直至售后服务视为一个完整的"价值链",对其进行综合管理,进而将整个供应链上的多个企业当成一个联盟,以共同对抗其他供应链。

信息技术已成为生产与运作系统控制和生产与运作管理的重要手段,随之而来的一系列管理组织结构和管理方法上的变革已成为生产与运作管理学的重要研究内容。

随着科技进步和人们生活水平的提高,用户的价值观念变化很快,从量的消费逐步提高到质的消费,要求产品具有个性和特色,消费者的需求向多样化方向发展,产品生命周期缩短。客户开始采取多品种、小批量、多批次的订货方式。生产方式的这种转变使得生产与运作管理面临着多品种、小批量生产与降低成本之间相悖的新挑战,要求从生产系统的"硬件"(柔性生产设备)和"软件"(计划与控制系统、工作组织方式和人的技能多样化)两个方面去探讨新的方法。

随着全球化供应链运作模式的快速发展,企业间的竞争变为供应链之间的竞争,强调企业的核心竞争力和供应链的整体竞争力。"全球生产与运作"成为现代企业的一个重要课题,全球生产与运作管理也成为生产与运作管理学中的一个新热点。

总而言之,在技术进步日新月异、市场需求日趋多变的今天,企业的生产经营环境发生了很大的变化,相应地给企业的生产与运作管理也带来了许多新课题。这要求我们从管理观念、组织结构、系统设计、方法手段以及人员管理等多方面探讨和研究这些新问题。

5.1.4　生产与运作新模式介绍

1. 准时生产的管理方式

准时生产方式是起源于日本丰田汽车公司的一种生产管理方法。它的基本思想可用现在已广为流传的一句话来概括,即"只在需要的时候,按需要的量生产所需的产品",这也就是 just in time(JIT)一词所要表达的本来含义。这种生产方式的核心是追求一种无库存的或使库存达到最小的生产系统。为此而开发了包括"看板"在内的一系列具体方法,并逐渐形成了一套独具特色的生产经营体系。准时生产方式在最初引起人们的注意时曾被称为"丰田生产方式",后来随着这种生产方式被人们越来越广泛地认识研究和应用,特别是引起西方国家的广泛注意以后,人们开始把它称为 JIT 生产方式。

JIT 生产方式将"获取最大利润"作为企业经营的最终目标,将"降低成本"作为基本目标。在福特时代,降低成本主要是依靠单一品种的规模生产来实现的,但是在多品种、中小批量生产的情况下,这一方法是行不通的。因此,JIT生产方式力图通过"彻底消除浪费"来达到这一目标。所谓浪费,在JIT生产方式的起源地丰田汽车公司,被定义为"致使成本增加的生产诸因素",也就是说,不会带来任何附加价值的诸因素。任何活动对于产出没有直接的效益便被视为浪费。这其中,最主要的有生产过剩(即库存)所引起的浪费。搬运的动作、机器准备、存货、不良品的重新加工等都被看作浪费;同时,在JIT的生产方式下,浪费的产生通常被认为是由不良的管理所造成的。比如,大量原物料的存在可能便是由于供应商管理不良所造成的。因此,为了排除这些浪费,就相应地产生了适量生产、弹性配置作业人数以及保证质量这样三个子目标。JIT生产方式的基本手段也可以概括为生产流程化、生产均衡化和资源配置合理化。

2. 敏捷制造

1991年,美国国会要求美国国防部拟定一个发展制造技术的长期规划,要能同时体现工业界和国防部的共同利益,于是国防部委托里海大学的亚科卡研究所编写。里海大学分析了400多篇优秀论文,提出了"敏捷制造"(简称AM)的概念。敏捷制造强调信息的快速收集与处理,强调运作的方案性与速度以获得竞争优势。其指导思想是"灵活性"。其优势在于通过提高灵活性,增强企业的应变能力和竞争能力。敏捷制造的目的可概括为:"将柔性生产技术,有技术、有知识的劳动力与能够促进企业内部和企业之间合作的灵活管理(三要素)集成在一起,通过所建立的共同基础结构,对迅速改变的市场需求和市场时机做出快速响应。"从这一目标中可以看出,敏捷制造实际上主要包括三个要素:生产技术、管理和人力资源。企业实现敏捷制造可以增强其应变能力和竞争力。

3. 计算机集成制造系统

计算机集成制造系统(computer integrated manufacturing system, CIMS),是计算机应用技术在工业生产领域的主要分支技术之一。它的概念是由美国的J.Harrington于1973年首次提出的,但是直到20世纪80年代才得到人们的认可。对于CIMS的认识,一般包括以下两个基本要点:企业生产经营的各个环节,如市场分析预测、产品设计、加工制造、经营管理、产品销售等一切的生产经营活动,是一个不可分割的整体;企业整个生产经营过程从本质上看,是一个数据的采集、传递、加工处理的过程,而形成的最终产品也可看成是数据的物质表现形式。因此,对CIMS通俗的解释可以是:"用计算机通过信息集成实现现代化的生产制造,以求得企业的总体效益。"整个CIMS的研究开发,即系统的目标、结构、组成、约束、优化和实现等方面,体现了系统的总体性和系统的一致性。

一个制造型企业采用CIMS,概括地讲是提高了企业整体效率。具体而言,体现在以下方面:在工程设计自动化方面,可提高产品的研制和生产能力,便于开发技术含量高和结构复杂的产品,保证产品设计质量,缩短产品设计与工艺设计的周期,从而加速产品的更新换代,满足顾客需求,从而占领市场。在制造自动化或柔性制造方面,加强了产品制造的质量和柔性,提高了设备利用率,缩短了产品制造周期,增强了生产能力,加强了产品供货能力。在经营管理方面,使企业的经营决策和生产管理趋于科学化。使企业能够在市场竞争中,快速、准确地报价,赢得时间。在实际生产中,解决"瓶颈"问题,减少在制品;同时,降低库存资金的占用。

案例分析 5-1　　CIMS 成功应用

在我国,成都飞机工业公司自 1989 年开始开展 CIMS 工程,经过 10 年的发展完善,使得企业在产品制造能力和公司管理水平方面上了一个新台阶,从而赢得了国外航空产品转包生产的订单,经济效益十分明显。10 年来,企业仅在网络和数据库方面累计投资就超过 2 000 万元,但是企业 CIMS 工程总设计师钱应璋女士认为当初的投资在今天得到了回报。企业目前很好地实现了信息共享和集成,并且利用开放系统避免建设信息孤岛,省去了大量的重复性劳动。但是,对于系统的建设完善,钱应璋女士认为 CIMS 工程要分为一期、二期、三期,不断进行,要不断地推动系统走向实用化,逐步获得效益。

(资料来源:http://so.163.com/search.php,有改动)

分析:这是一个典型的采用 CIMS 而提高了经济效益的实例,开展 CIMS 工程不能急功近利,CIMS 工程的发展完善得有一个长期过程。

4. 大批量定制生产

大批量定制生产(mass customization,MC)是一种集企业、客户、供应商、员工和环境于一体,在系统思想指导下,用整体优化的观点,充分利用企业已有的各种资源,在标准技术、现代设计方法、信息技术和先进制造技术的支持下,根据客户的个性化需求,以大批量生产的低成本、高质量和效率提供定制产品和服务的生产方式。MC 的基本思路:基于产品族零部件和产品结构的相似性、通用性,利用标准化、模块化等方法降低产品的内部多样性;增加顾客可感知的外部多样性,通过产品和过程重组将产品定制生产转化或部分转化为零部件的批量生产,从而迅速向顾客提供低成本、高质量的定制产品。

案例分析 5-2　　某公司的大批量定制生产

当某公司的竞争对手通过不断改善加强了竞争力时,该公司采用了大批量定制生产方式,使它在竞争中处于领先地位。仅仅用了 18 个月,该公司就开发了一个几乎达到全自动的制造系统。利用这个系统,各地的销售代表用笔记本电脑与顾客签订订单后的一个半小时之内,它就能制造出 2 900 万种不同组合的寻呼机的任何一种机型。该公司可以做到星期五带着与客户商定的设计方案离开,星期一早晨就带来了可使用的寻呼机。该公司从电子产品的大批量生产方式转向精细生产方式,采用了很多提高产品质量和寿命的措施,使废品率降到百万分之三点四。

分析:该案例说明了企业要在竞争中取胜,必须不断改进生产系统,大批量定制生产就是很好的生产方式,可以迅速向顾客提供低成本、高质量的定制产品。

5. 虚拟制造

虚拟制造(virtual manufacturing, VM)技术是制造技术与仿真技术相结合的产物。基于虚拟现实技术的虚拟制造技术是在一个统一模型之下对设计和制造等过程进行集成,它将与产品制造相关的各种过程和技术集成在三维的、动态的仿真真实过程的实体数字模型之上,其目的是在产品设计阶段,借助建模与仿真技术及时、并行地模拟出产品未来制造过程乃至产品全生命周期的各种活动对产品设计的影响,预测、检测、评价产品性能和产品的可制造性等。从而更加有效地、经济地、柔性地组织生产,提高决策与控制水平,有力地减少由于前期设计给后期制造带来的回溯更改,达到产品的开发周期和成本最小化、产品设计质量的最优化、生产效率的最大化。虚拟制造技术的研究内容是极为广泛的,除了虚拟现实技术涉及的共同性技术外,虚拟制造领域本身的主要研究内容有:虚拟制造的理论体系;设计信息和生产过程的三维可视化;虚拟制造系统的开放式体系结构;虚拟产品的装配仿真;虚拟环境中及虚拟制造过程中的人机协同作业等。

一般来说,虚拟制造的研究都与特定的应用环境和对象相联系,由于应用的不同要求而存在不同的侧重点,因此出现了三个流派,即以设计为中心的虚拟制造、以生产为中心的虚拟制造和以控制为中心的虚拟制造。

6. 清洁与节能生产

清洁与节能生产(cleaner production)在不同的发展阶段或者不同的国家有不同的叫法,例如"废物减量化""无废工艺""污染预防"等。但其基本内涵是一致的,即对产品和产品的生产过程采取预防污染的策略来减少污染物的产生。环境保护是指人类为解决现实的或潜在的环境问题,协调人类与环境的关系,保障经济社会的持续发展而采取的各种行动的总称。其方法和手段有工程技术的、行政管理的,也有法律的、经济的、宣传教育的等。

节能是指加强用能管理,采用技术上可行、经济上合理以及环境和社会可以承受的措施,减少从能源生产到消费各个环节中的损失和浪费,更加有效、合理地利用能源。其中,技术上可行是指在现有技术基础上可以实现;经济上合理就是要有一个合适的投入产出比;环境可以接受是指节能还要减少对环境的污染,其指标要达到环保要求;社会可以接受是指不影响正常的生产与生活水平的提高;有效就是要降低能源的损失与浪费。节能是我国可持续发展的一项长远发展战略,是我国的基本国策。广义地讲,节能是指除狭义节能内容之外的节能方法,如节约原材料消耗,提高产品质量、劳动生产率,减少人力消耗,提高能源利用效率等。

狭义地讲,节能是指节约煤炭、石油、电力、天然气等能源。从节约石化能源的角度来讲,节能和降低碳排放是息息相关的。

7. "互联网+"

"互联网+"代表着一种新的经济形态,它指的是依托互联网信息技术实现互联网与传统产业的联合,以优化生产要素、更新业务体系、重构商业模式等途径来完成经济转型和升级。"互联网+"计划的目的在于充分发挥互联网的优势,将互联网与传统产业深入融合,以产业升级提升经济生产力,最后实现社会财富的增加。"互联网+"概念的中心词是互联网,它是"互联网+"计划的出发点。"互联网+"计划具体可分为两个层次的内容来表述。一方面,可以将"互联网+"概念中的文字"互联网"与符号"+"分开理解。符号"+"意为加号,即代表着添加与联合。这表明了"互联网+"计划的应用范围为互联网与其他传统产业,它是针对不同产业间发展的一项新计划,应用手段则是通过互联网与传统产业进行联合和深入融合的方式进行。另一方面,"互联网+"作为一个整体概念,其深层意义是通过传统产业的互联网化完成产业升级。互联网通过将开放、平等、互动等网络特性在传统产业运用,通过大数据的分析与整合,试图厘清供求关系,通过改造传统产业的生产方式、产业结构等内容,来增强经济发展动力,提升效益,从而促进国民经济健康有序发展。

8. 智能制造

智能制造(intelligent manufacturing, IM)是一种由智能机器和人类专家共同组成的人机一体化智能系统,它在制造过程中能进行智能活动,诸如分析、推理、判断、构思和决策等。通过人与智能机器的合作共事,去扩大、延伸和部分地取代人类专家在制造过程中的脑力劳动。它把制造自动化的概念更新,扩展到柔性化、智能化和高度集成化。智能制造源于人工智能的研究。人工智能就是用人工方法在计算机上实现的智能。

随着产品性能的完善化及其结构的复杂化、精细化,以及功能的多样化,产品所包含的设计信息和工艺信息量猛增,生产线和生产设备内部的信息流量随之增加,制造过程和管理工作的信息量也必然剧增,因而促使制造技术发展的热点与前沿,转向了提高制造系统对爆炸性增长的制造信息处理的能力、效率及规模上。先进的制造设备离开了信息的输入就无法运转,柔性制造系统(FMS)一旦被切断信息来源就会立刻停止工作。专家认为,制造系统正在由原先的能量驱动型转变为信息驱动型,这就要求制造系统不但要具备柔性,而且要表现出智能,否则是难以处理如此大量而复杂的信息工作量的。其次,瞬息万变的市场需求和竞争激烈的复杂环境,也要求制造系统表现出更高的灵活、敏捷和智能。因此,智能制造越来越受到高度重视。 纵览全球,虽然总体而言智能制造尚处于概念和实验阶段,但各国政府均将此列入国家发展计划,大力推动实施。1992年,美国执行新技术政策,大力支持被总统称之的关键重大技术,包括信息技术和新的制造工艺,智能制造技术自在其中,美国政府希望借助此举改造传统工业并启动新产业。

9. "工业 4.0"

"工业 4.0"研究项目由德国联邦教研部与联邦经济技术部联手资助,在德国工程院、弗劳恩霍夫协会、西门子公司等德国学术界和产业界的建议和推动下形成,并已上升为国家级战略。德国联邦政府投入达2亿欧元。"工业 4.0"概念包含了由集中式控制向分散式增强型控制的基本模式转变,目标是建立一个高度灵活的个性化和数字化的产品与服务的生产模式。

在这种模式中,传统的行业界限将消失,并会产生各种新的活动领域和合作形式。创造新价值的过程正在发生改变,产业链分工将被重组。

5.1.5 生产与运作管理的职能范围和内容

1. 生产与运作管理的目标与任务

生产与运作管理的目标是通过构造一个高效率、适应能力强的生产运营系统,为企业生产有竞争力的产品,可用一句话来概括:"在顾客需要的时候,以适宜的价格,向顾客提供具有适当质量的产品和服务。"生产与运作活动是一个价值增值的过程,是一个社会组织向社会提供有用产品的过程,要想实现价值增值,要想向社会提供"有用"的产品,其必要条件是,生产运作过程提供的产品,无论有形还是无形,必须有一定的使用价值。产品使用价值的支配条件主要是产品质量和产品提供的适时性。产品质量包括产品的使用功能(functional quality)、操作性能(quality of operability)、社会性能(quality of sociability)等内涵,这是生产价值实现的首要因素。产品提供的适时性是指在顾客需要的时候提供给顾客的产品的时间价值,如果超过了必要的时期,就会失去价值,在服务业中尤其如此。这二者就构成了生产价值实现的必不可少的两大"功效"要素。而产品的成本,以产品价格的形式最后决定了产品是否能被顾客所接受或承受,只有当回答是肯定的时候,生产价值的实现才能最终完成。由此可见,作为产品使用价值的支配条件的质量和适时性,再加上成本,这三个方面就构成了生产运作价值的实现条件,这些条件决定了企业生产运作管理的目标必然或只能是:"在顾客需要的时候,以适宜的价格,向顾客提供具有适当质量的产品和服务。"

生产与运作管理的两大任务是生产运作活动的计划、组织与控制以及生产运作系统的设计、改造与升级,其示意图如图 5-2 所示。生产运作管理的基本任务是:保证和提高产品质量,这涉及产品的设计质量、制造质量和服务质量,取决于产品设计过程、制造过程、辅助过程、售后服务过程的工作质量情况,即质量管理问题;降低产品成本,使产品的价格既为消费者接受,又为企业带来一定的利润,这涉及企业资源的合理配置与利用,涉及生产运作系统的效率,也涉及企业资金的运用和管理等问题;保证交货期,这涉及企业如何将各种生产要素在需要的时候组织起来,如何对产品生产进度进行有效控制等问题。

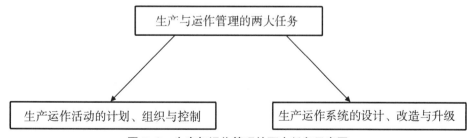

图 5-2 生产与运作管理的两大任务示意图

2. 生产与运作管理的职能范围和内容

生产运作管理的职能范围可从企业生产运作活动过程的角度来看,就有形产品的生产来说,生产活动的主要内容是有形产品的制造过程,即从原材料投入、工艺加工直至产品完成的过程。生产活动的中心是制造部分,即狭义的生产。所以,传统的生产管理学的中心内容,主要是关于生产的日程管理、在制品管理等。但是,为了进行生产,生产之前的一系列技术准备活动是必不可少的。在当今技术进步日新月异、市场需求日趋多变的环境下,产品更新换代的速度正变得越来越快,这种趋势一方面使企业必须更经常地投入更大力量和更多的注意力进行新产品的研究与开发;另一方面,由于技术进步和新产品对生产系统功能的要求,企业不断面临生产系统的选择、设计与调整。在产品生产完成后,产品价值的实现还要依赖于售后服务和对市场的关注。对于提供无形产品的非制造业企业来说,其运作过程的核心是业务活动或服务活动。在当今市场需求日益多变、技术进步,尤其是信息技术飞速发展的形势下,企业同样面临着不断推出新产品、提供多样化服务的课题,从而也面临着不断调整其运作系统和服务提供方式的课题。例如,一个保险公司,需要不断地推出新险种;一个大学,需要不断地开设新课程并改进其教学方式;一个银行,需要利用信息技术不断改变服务方式并推出新服务,等等。因此,无论是制造业企业还是非制造业企业,其生产运作管理的职能都在扩大。

生产运作管理的职能是从生产系统设计和运行管理两方面着手,从人员(people)、工厂(plants)、物料(parts)、生产流程(processes)、生产计划与控制(planning and control)五个方面对生产要素进行优化配置,使生产系统的增值最大化。

生产运作系统的设计包括产品或服务的选择和设计、生产运作设施的定点选择、生产运作设施布置、服务交付系统设计和工作设计。生产运作系统的设计一般在设施建造阶段进行。但是,在生产运作系统的生命周期内,不可避免地要对生产运作系统进行更新,包括扩建新设施、增加新设备;或者由于产品和服务的变化,需要对生产运作设施进行调整和重新布置。在这种情况下,都会遇到生产运作系统设计的问题。生产运作系统的设计对其运行有先天性的影响。如果产品和服务选择不当,将导致方向性错误,一切人力、物力、财力都将付之东流。厂址和服务设施的位置选择不当将铸成大错。在何处建造生产运作设施对生产经营活动的效果影响很大,尤其是服务业。同时,位置和设施的布置往往决定了产品和服务的成本,决定了产品和服务在价格上的竞争力,甚至决定了一个组织的兴衰。

生产运作系统的运行管理,主要是在现行的生产运作系统中,适应市场的变化,按用户的需求,生产用户满意的产品和提供满意的服务。生产运作系统的设计主要涉及生产计划、组织和控制。

总的来说,在生产运作管理的职能范围内,其决策内容可分为三个层次:

生产运作战略决策:决定产出什么,如何组合各种不同的产出品种,为此需要投入什么;如何优化配置所需要投入的资源要素,如何设计生产组织方式,如何确立竞争优势,等等。

生产运作系统设计决策:生产运作战略决定以后,为了实施战略,首先需要有一个得力的实施手段或工具,即生产运作系统,所以接下来的问题即是系统设计问题,它包括生产运作技术的选择、生产能力规划、系统设施规划和设施布置、工艺设计和工作设计等问题。

生产运作系统运行决策:即生产运作系统的日常运行决策问题,包括不同层次的生产运作计划、作业调度、质量控制、后勤管理等。

生产与运作管理的基本内容如图 5-3 所示。

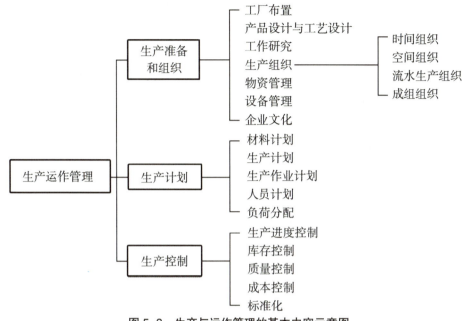

图 5-3　生产与运作管理的基本内容示意图

案例分析 5-3　我的改革故事

我受聘于深圳市合洪实业有限公司,担任公司管理部经理,负责公司管理改善工作。当时,最亟待改善管理的是其下属工厂——合洪电线电缆厂。当时下属工厂的情况是:组织架构严重不合理,两个生产部门分别独立运作,造成人员、资源的重复和浪费;没有一套合理的生产运作程序;中高层干部素质低下,公司各方面管理无章法可依;生产订单50%无法按客户要求的时间出货;出货的产品每年有10%因质量不合格被退回。工厂几乎面临倒闭。作为公司管理部经理,我受命于危难之际,被公司派往工厂,以解决工厂面临的困境。在对工厂情况进行了一番调查了解之后,我开始着手改革。 第一步,我从大家都关心、工厂目前最亟待解决的问题——"确立合理的生产及物料管理程序"入手,拟出一套合理的管理程序,在充分沟通、反复讨论之后确定下来,很容易被通过执行。第二步,我考虑着手更换不称职的中层干部。取得了上层支持,通过人才市场公开招聘了一批素质较高的干部。新干部上任后,立即实行规范的管理办法,使工厂管理大为改善,按时出货率从50%提高到90%。第三步,拟出《合洪工厂总体改革企划方案》,提出了改革工厂整体组织架构,建立合理的各部门运作机制,明确各部门职责等。将企划方案提交总经理和工厂副总,由总经理召集工厂中高层干部召开会议进行讨论,最后,大家取得一致共识,然后开始实施。第四步,在取得工厂全体干部支持的前提下推行计件工资,使生产效率提高了35%。 第五步,推行实施 ISO 9000,使工厂管理全面走向正规化。第六步,在公司管理步入正轨,现任工厂副总经理不再胜任日渐正规化的管理工作的情况下,我提出招聘新副总经理,获总经理同意后付诸实施。新副总上任半年后,按时出货率由90%上升为99.5%,产量提高30%。改革推行一年半后,工厂由原先的一个管理混乱的企业变成了一个具有相当管理水平的企业,达到了一般正规化外资企业的水平。其间,我扮演了一个总策划师的角色,使改革很成功,让我一辈子都为之自豪。

(资料来源:陈蕾,罗安丹,宋克勤,等. 生产运作管理教程习题集[M]. 上海:上海财经大学出版社,2003)

分析:本案例中的"我"改革成功正是由于厘清了生产与运作管理的职能,从生产与运作管理的内容着手,针对其公司存在的问题,一步步改革,最终成功。该案例说明了生产运作系统运行决策的重要性,即生产运作系统的日常运行决策问题:生产运作计划,物料管理,人事制度,组织架构,管理作业调度,质量控制等。

5.2 生产与运作类型及过程组织

5.2.1 生产与运作类型

由于企业种类繁多,我们不可能把每种运作类型的细节一一指出,总的来说,可以将运作分为服务企业的运作和制造企业的运作。然而,很难对服务业和制造业进行绝对的区别,而且也不是非常必要。为了让客户满意,所有的企业都会想到为顾客提供一些服务。制造公司可能会提供维修、客户培训及与它们的产品有关的其他服务。

服务型生产的企业向用户提供以劳务为主的服务功能,这种输出特性决定了服务过程与制造过程的差异,也形成了服务型生产企业自己的特点。服务业主要以提供服务为主,虽然与产品有一些直接接触,但更多的是从事接触产品之外的工作,并且与顾客打交道是其与制造业的最主要区别。各种服务业之间也存在着很多的不同,例如提供产品的服务型企业(如快餐店)更接近于制造业的批量制造,而不提供产品的服务型企业(如理发店)则接近于制造业的个别定制。服务满足的是消费者的个性化的需求,相比较而言,商品满足的则是消费者的标准化的需求。服务业运作的特殊性表现在如下几个方面:

生产者和消费者的共同参与。因为服务是个性化的,所以服务必然要求生产者和消费者的共同参与,服务的结果使得生产者和消费者的状态发生了改变:生产者获得了收入而消费者得到了效用。与服务相比,商品可以由生产方单独提供。

服务的效用需要"事后检验"。这是服务业的一个重要特征,其根源来自服务的个性化和过程化。这种"事后检验"性有两方面的含义:其一,同标准化的商品相比,消费者在服务尚未发生前是难以准确地评估出某项服务的价值和效用的;其二,服务的质量难以标准化,消费者很难在事后针对服务的质量进行"讨价还价"(相比较而言,商品的质量事后是较易鉴别的)。正是这一性质使得在事前制订合同以及事后进行诉讼的交易成本非常高,因而服务一经发生,消费者往往只能接受。

服务范畴的外延或者说服务集合的边界是动态的,技术进步可以使得某些个性化服务的生产变得更加标准化和批量化,由此原本属于服务集合的某些元素在技术进步的作用下可能会逐渐演化为一种商品。比如信息技术的发展使得银行等金融机构可以将其部分业务"标准化",从而具有部分制造业的生产特征——我们所熟知的ATM机便是如此。另外,这种变化还鲜明地表现在零售(自动售货机)以及教育(网络教学)等传统的服务业领域。

服务往往是无法储存的。制造型企业的生产管理的一个主要手段是生产库存,产品通过库存调节来适应需求的波动。由于服务的消费往往与生产同时发生,服务无法存储。如理发店的服务是完全不能储存的。

制造业和服务业生产与运作的区别如表5-3所示。

表5-3 制造业和服务业生产与运作的区别

制造业生产与运作	服务业生产与运作
产品是有形的、耐久的	产品是无形的、不耐久的
生产与消费分离	生产与消费同步
产出可储存	产出不可储存
顾客与生产系统接触少	顾客与生产系统接触频繁
质量相对容易度量	质量难以度量
辐射范围小	辐射范围广
绩效难以测量	绩效容易测量

5.2.2 生产类型

产品和服务千差万别,产量大小相差悬殊,工艺过程又十分复杂,如何按照其基本特征,将其分类,把握各种生产类型的特点和规律,是进行生产运作管理的基本前提。

1. 按生产方法分类

按生产方法划分有四种生产类型,分别是合成型、分解型、调制型和提取型,每一类型都有自己的基本生产过程形式。合成型的基本生产过程特点是把不同的成分(零件)合成或装配成一种产品,是一种具有加工装配性质的生产,如机电产品制造厂。分解型的基本生产过程特点正好相反,它把单一的生产原料经过加工处理后分解成多种产品,如石油化工厂、煤化工厂。调制型的特点是通过改变加工对象的形状或性能而制成产品,如钢铁厂、橡胶制品厂。提取型的特点是从自然界中直接提取产品,如煤矿、油田企业。基本生产过程不同,生产运作管理的具体方法差别很大,其中最复杂的是合成型生产企业,结构复杂的产品可以由上万个零件组成。生产这样的产品,需要大量的加工设备和具有各种技能的生产人员,需要一个庞大的后勤保障系统,生产过程的组织结构变得非常复杂。

2. 按产品的专业化程度分类

按照生产过程的稳定性、重复性程度进行分析,通常把各类生产分为大量生产、成批生产和单件小批生产三种基本生产类型。

所谓大量生产类型,是指生产的品种很少,每一种产品的产量很大(或单位产品劳动量和年产量的乘积很大),生产能稳定地不断重复进行。一般,这类产品在一定时期内有相对稳定的社会需求,而且需求量很大,如各种标准件、各类标准元器件、家电产品、小轿车等。因为生产稳定数量大,工作的专业化程度高,可以采用高效专用设备,按对象专业化原则,采用流水生产线的生产组织方式。

单件小批生产类型的特点是产品对象基本上为一次性需求的专用产品,一般不重复生产。作为单件小批生产类型的典型代表,有重型机器产品、远洋船舶、试制阶段的新产品等。单件小批量生产类型的特点正好与大量生产相反,产品多为一次性需求的专用产品,很少重复生产,生产的品种繁多。由于生产对象经常在变,工作的专业化程度低,所以必须选用通用设备,采用工艺专业化原则机群式布置的生产组织方式。

成批生产类型的特点介于以上两者之间,它的生产对象是通用产品,生产具有重复性,产品品种较多,每种产品的产量不大,形成多品种周期性地轮番生产的特点。

在现实社会中,严格意义上的单件生产、不重复制造的企业十分少见,即使是航天航空工业、远洋巨轮制造,这些行业的产品也有标准型号,仅仅是重复生产的周期比较长,如半年、一年等,所以也有把后两种生产类型通称为周期性生产类型。其实大量生产类型也是重复性生产,也有周期,只不过周期很短,短至几分钟,甚至几十秒,因此把它看成连续性生产更合理一些。

值得提醒的是:随着科学技术进步,人们生活条件的不断改善,消费者的价值观念变化很快,消费需求多样化,从而引起产品的寿命周期相应缩短。为了适应市场需求,企业越来越多地采用多品种、小批量的生产方式。

知识链接 5-1　服务型生产的生产类型

对于服务型生产,也可以划分成与制造型生产类似的生产类型。医生看病,可以看作是单件小批生产,因为每个病人的病情不同,处理方法也不同;而学生体检,每个学生体检的内容都一致,可以看作是大量大批生产。

知识链接 5-2

制造业和服务业不同生产类型划分举例,见表 5-4。

表 5-4　制造业和服务业不同生产类型划分举例

生产类型	制造业	服务业
单件小批	模具、电站锅炉、大型船舶等	特快专递、出租车服务、包机服务等
大量大批	汽车、轴承、紧固件	公共交通、快餐服务、普通邮件
流程式生产	化工、炼油、面粉、造纸	

5.2.3　生产过程组织

1. 生产过程及构成

生产过程是指从投料开始,经过一系列的加工,直至成品生产出来的全部过程。其中包括劳动过程和自然过程。劳动过程是指人利用劳动工具,作用于劳动对象,按照预定的方法和步骤,改变几何形状和性质,使其成为产品的过程。自然过程是指在自然力的作用下,改变其物理和化学状况的过程。影响生产过程的构成的因素:企业产品的特点;企业的规模;企业生产采用的设备和工艺方法;企业对外协作关系等。

生产过程的构成按各部分分担不同的任务来划分,分为四部分:

生产技术准备工作——指产品在投入生产前所进行的各种生产技术准备工作。

基本生产过程——指对构成产品实体的劳动对象直接进行工艺加工的过程。

辅助生产过程——指为保证基本生产过程的正常进行而从事的各种辅助性生产活动的过程。如为基本生产提供动力、工具和维修工作等。

生产服务过程——指为保证生产活动顺利进行而提供的各种服务工作。如供应工作、运输工作、技术检验工作等。

这里有必要介绍一下工艺阶段和工序:工艺阶段是指按照使用的生产手段的不同加工性质的差别而划分的局部生产过程。若干相互联系的工艺阶段组成基本生产过程和辅助生产过程。工序是指一个工人或一组工人在同一工作上对同一劳动对象进行加工的生产环节。它是组成生产过程的最小单元。若干个工序组成工艺阶段。按照工序的性质,可把工序分为基本工序和辅助工序:基本工序是指直接使劳动对象发生物理或化学变化的工序;辅助工序是指为基本工序的生产活动创造条件的工序。

综上,生产过程的构成,就是指生产过程的各个部分(生产技术准备过程、基本生产过程、辅助生产过程、生产服务过程,生产过程的各个工艺阶段、基本工序和辅助工序)之间的组成情况和相互联系。

 知识链接 5-3　服装生产厂家生产过程的构成

对于服装生产厂家而言,其生产技术准备过程包括服装产品的设计、工艺准备、标准化工作、定额工作、劳动组织调整、设备布置和人员培训等;基本生产过程如服装生产中的裁剪、缝制、整烫;服装生产设备的维修属于辅助生产过程;服装企业中的面料、辅助材料和生产设备、器具等的保管、供应等工作属于服装生产服务过程。服装生产企业的裁剪、缝制、整烫是其基本生产过程的三个工艺阶段。

2. 生产过程组织

生产过程组织是指对生产过程中劳动者、劳动手段、劳动对象以及生产过程的各个阶段、环节和工序的合理组织与安排。包括生产过程的空间组织和生产过程的时间组织。其目的是在空间上、时间上衔接平衡、紧密配合,形成一个有机协调的产品生产系统,保证产品在制造时行程最短、时间最省、耗费最小,并按计划规定的产品品种、质量、数量、交货期生产产品,满足市场需要,获得最大的经济效益。

1)生产过程组织的基本要求

生产过程组织必须满足以下基本要求。

连续性。企业产品生产过程的各个阶段、各个环节、各个工序应相互衔接,连续进行,不间断或少间断。

比例性,又叫协调性。表现为企业的各种生产过程之间、各生产阶段之间和各工作地之间,在设备生产能力、劳动力配备和物料、动力、工具等供应上,应保持合理的比例关系,使之平衡协调地按比例生产。

均衡性,又叫节奏性。企业从材料投入生产到最后成品完工的过程中,应避免时紧时松、前松后紧等现象,保证企业生产负荷均衡、有节奏地进行。

平行性。企业生产过程的各个组成部分、各个生产阶段和各个工序实行平行作业,使产品的各个零、部件的生产能在不同的空间同时进行。

适应性。企业生产过程能根据市场多变、品种变换的需要,灵活地改变生产组织形式,增强适应能力,能及时满足变化了的市场需要。即朝着多品种、小批量、能够灵活转向、应急应变性强的方向发展。

2)生产过程的空间组织

生产过程的空间组织就是指企业的各个生产单位的组成、相互联系及其在空间上的分布情况。目的是使生产活动能高效地顺利进行。这里主要从生产单位(如车间)布置角度加以说明。

(1)工艺专业化形式。工艺专业化形式又称工艺原则,就是按照生产工艺的特点来设置生产单位。在工艺专业化的生产单位内,集中着同种类型的生产设备和同工种的工人,每一个生产单位只完成同种工艺方法的加工或同种功能。即加工对象是多样的,但工艺方法是同类的。每一生产单位只完成产品生产过程中的部分工艺阶段和部分工序的加工任务,产品的制造完成需要数个生产单位的协同努力。如机械制造业中的铸造车间、机加工车间、热处理车间及车间中的车工段、铣工段等,都是工艺专业化生产单位。

工艺专业化形式的优点是:可以充分利用设备;适应产品品种的要求,适应分工的要求;便于工艺管理和提高技术水平；利于加强专业管理和进行专业技术指导；个别设备出现故障或进行维修，对整个产品的生产制造影响小。它的缺点是：加工路线长；经过许多车间，增加交接等待时间；车间之间的相互联系比较复杂，使计划管理和在制品管理工作更加复杂。

工艺专业化形式适用于企业生产品种多、变化大、产品制造工艺不确定的单件小批生产类型。一般表现为按订货要求组织生产，特别适用于新产品的开发试制。

(2) 对象专业化形式。对象专业化形式又称对象原则，是指各基本车间独立完成产品、零件、部件的全部或大部分工艺过程，工艺过程是封闭的。在对象专业化生产单位（如汽车制造厂中的发动机车间、底盘车间，机床厂中的齿轮车间等）里，集中了不同类型的机器设备、不同工种的工人，对同类产品进行不同的工艺加工，能完成一种或几种产品（零件、部件）的全部或部分的工艺过程，而不用跨越其他的生产单位。

对象专业化形式有两类主要形式：成品或部件为对象的专业化形式和同类零件为对象的专业化形式。其优点是：加工路线短；为采用先进的生产过程组织形式（流水线、自动化）创造条件；大大减少车间之间的联系，有利于在制品管理。它的缺点是：对产品变动的应变能力差；设备利用率低；工人之间的技术交流比较困难，因此工人技术水平的提高受到一定限制。

对象专业化形式适用于企业的专业方向已定，产品品种稳定、工艺稳定的大量大批生产，如家电、汽车、石油化工产品生产等。

在实际生产中，上述两种专业化形式往往是结合起来应用的。根据它们所占比重的不同，专业化形式又可分为：在对象专业化形式基础上，局部采用工艺专业化形式；在工艺专业化形式基础上，局部采用对象专业化形式。

 知识链接 5-4　机械制造企业车间布置

现实中的机械制造企业中，有的铸造车间内按工艺专业化原则设置了熔化工部、浇注工部、清理工部、配砂工部等，而造型部分又按对象专业化原则建立了床身造型工段、箱体造型工段和杂件造型工段等。又如，按对象专业化原则建立的齿轮车间内，又按工艺专业化原则设置了粗车组、精车组、滚齿机组、插齿机组和磨齿机组等。

3）生产过程的时间组织

合理组织生产过程，不仅要求生产单位在空间上密切配合，而且要求劳动对象和机器设备在时间上紧密衔接，以实现有节奏的连续生产，达到提高劳动生产效率和设备利用率、减少资金占用、缩短生产周期的目的。生产过程的时间组织指研究产品生产过程的各生产单位之间和各工序之间在时间上衔接和结合的方式。企业生产过程时间组织包括的内容很多，涉及的范围比较广，它同生产进度的安排、生产作业计划、生产调度等都有密切联系。生产过程在时间上的衔接程度，主要表现在劳动对象在生产过程中的移动方式。劳动对象的移动方式，与一次投入生产的劳动对象数量有关。以加工零件为例，当一次生产的零件只有一个时，零件只能顺序地经过各道工序。如果当一次投产的零件有两个或两个以上时,工序间就有不同的三种移动方式,就是顺序移动、平行移动、平行顺序移动,不同移动方式下的零件加工周期也不同。

(1)顺序移动方式。

顺序移动方式是指一批产品(或零件)在上道工序全部加工完毕后才能整批地转入下道工序加工,其特点是:一道工序在加工,其他工序在等待。若将各工序间的运输、等待加工等停歇时间忽略不计,则该批零件的加工周期的计算如图 5-4 所示。

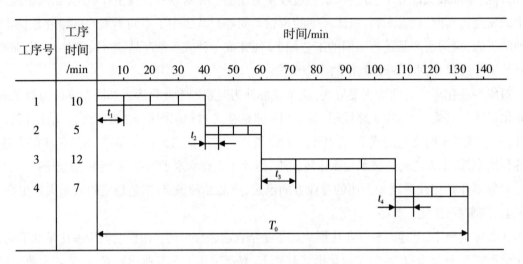

图 5-4 顺序移动方式示意图

一批零件在顺序移动方式下的加工周期,按下列公式计算:

$$T_0 = nt_1 + nt_2 + \cdots + nt_m = \sum_{i=1}^{m} nt_i = n\sum_{i=1}^{m} t_i$$

式中:T_0——零件批在顺序移动方式下的加工周期;

n——零件批量;

t_i——零件在第 i 道工序的单件工时;

m——工序数目。

(2)平行移动方式。

平行移动方式是指每件产品(或零件)或每个运输批量在一道工序加工完毕后,立即转入下道工序进行加工,形成各个零件在各道工序上平行地进行加工,如图 5-5 所示。在平行移动方式下,其加工周期的计算公式为:

$$T_p = t_1 + t_2 + \cdots + nt_L + \cdots + t_m$$
$$= t_1 + t_2 + \cdots + t_L + \cdots + t_m + (n-1)t_L$$
$$= \sum_{i=1}^{m} t_i + (n-1)t_L$$

式中:t_L——最长的单件工序时间。

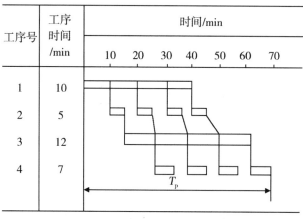

图 5-5 平行移动方式示意图

在平行移动方式下，零件的加工周期最短。但由于前后工序时间不等，当后道工序时间小于前道工序时间时，后道工序在每个零件加工完毕之后，都会发生设备和工人的停歇。为了充分利用人力和设备，使各工序连续作业，必须使零件在各工序的单件时间相等或成整数倍。

(3) 平行顺序移动方式。

平行顺序移动方式是指保持一批产品(或零件)一道工序上连续加工，在相邻工序间加工时间尽量做到平行。此方式介于顺序移动方式与平行移动方式之间，如图 5-6 所示。

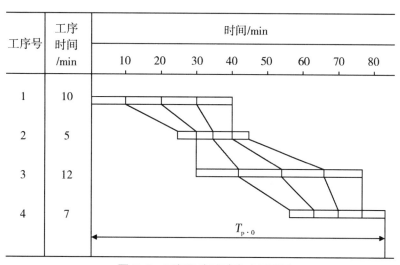

图 5-6 平行顺序移动方式示意图

平行顺序移动方式的特点是，当一批制件在前道工序尚未全部加工完毕，就将已加工的部分制件转到下道工序进行加工，并使下道工序能连续地、全部地加工完该批制件。为了达到这一要求，要按下面的规则运送零件：当前道工序的单件时间小于或等于后道工序的单件时间时，加工完的每一个零件应立即转入后道工序去加工，即按平行移动方式转移，如图 5-6 中第二道工序与第三道工序的情况所示。当前道工序的单件时间大于后道工序的单件时间时，只有当前道工序上完工的零件数量足以保证后道工序连续加工时，才开始将完工的零件转入后道工序加工。这样既可以避免后道工序发生作业时断时续的现象，又可以集中利用设备。如

图 5-6 中第一道工序与第二道工序及第三道工序与第四道工序的情况所示。

平行顺序移动方式下的加工周期,可用顺序移动方式下的加工周期减去各重合部分的时间求得。平行顺序移动方式下的零件加工周期可用下式计算:

$$T_{p\cdot o} = n\sum_{i=1}^{m} t_i - (n-1)\sum_{j=1}^{m-1} t_{ij}$$

式中:$T_{p\cdot o}$——平行顺序移动方式下的零件批加工周期;

t_{ij}——每相邻两工序中较短工序的单件时间。

上述公式又可以转换为下列公式:

$$T_{p\cdot o} = \sum_{i=1}^{m} t_i + (n-1)\left(\sum t_{lk} - \sum t_{ij}\right)$$

式中:t_{lk}——同前后工序相比都是较长工序的单件时间;

t_{ij}——同前后工序相比都是较短工序的单件时间。

5.3 库存管理与控制

案例分析 5-4　某集团的库存管理

某集团曾一度因为零部件库的管理不先进,导致库存资金占用比较大。该集团物流首先选择零部件作为突破点,建立了现代化的立体库,开发了库存管理软件,使其达到最先进水平。之后发现车间、分货方和经销商的管理水平跟不上,对生产运作产生了影响,于是又向他们推荐先进的作业方法。用立体库带动机械化搬运和标准化包装,采用标准的托盘和塑料周转箱,都符合国际标准。由于该集团生产的零部件种类繁多,所以就用标准的容器将其规范化,便于机械化搬运和管理。把检验集中起来,尽量分散到分供方和第三方仓库去检验。这样减少了大量的库存,目前只有3天的库存量,库存资金也大大减少。

分析:库存管理对企业非常重要,不良的库存管理会使资金占用大,影响生产与运作。企业应重视库存管理,在库存管理上要不断创新,采用适合本企业的科学、合理的库存管理模式和方法。本节将讨论如何管理企业的库存。

5.3.1　库存的类型及作用

1. 什么是库存

库存是制造业和服务业都经常遇到的问题,库存管理是生产运作管理的一个主要内容。究竟什么是库存?库存的作用是什么?什么是库存控制系统?对库存管理有什么要求?库存问题有哪些基本模型？这些模型又如何应用？这些都是本节将要回答的问题。

在制造企业中，为了保证生产的正常进行，必须在各个生产阶段之间设置必要的物资储备，这些物资就是库存。它一般包括储备的原材料、辅助材料、燃料以及备用设备、零件、工具等，存放着等待加工的在制品、半成品，等待销售的成品。在服务业中的等待销售的商品、用于服务的耗用品等都是库存。

2. 库存的类型

按其功能分，库存可以分为以下五种类型：

(1) 经常性库存，指企业为满足日常生产的需要而持有的库存，这种库存随着生产的进行，不断减少，当库存降到一定水平时，就要进行订货来补充库存。

(2) 季节性库存，指为了满足特定季节的特殊需求（如夏季对空调的需求）而建立的库存。对于季节性强的商品，商店必须在高需求季节到来之前准备充足的存货以满足需要。

(3) 投机性库存，指为了避免因物价上涨造成损失或为了从商品价格上涨中获利而建立的库存。

(4) 促销库存，指为了应对企业的促销活动，产生销售量增加而建立的库存。

(5) 安全库存，指为了防止由于不确定因素（如大量突发性订货、交货期突然延长等）影响订货需求而准备的缓冲库存。它是在补充订货期间所维持的过量库存。安全库存能够减小订货提前期内的缺货风险。

按库存是否需要多次补充可分为：

(1) 单周期库存，指消耗完毕后，不需要重新补充的库存，即那些发生在比较短的时间内的物料需求。比如新年到来对挂历的需求、中秋节对月饼的需求。

(2) 多周期库存，指每次库存消耗后需重新购买、补充的库存。大多数库存属于这种类型。

3. 库存的基本功能

几乎所有的公司都要保持一定的库存，库存的功能有很多，主要有以下几个。

(1) 防止供应中断、交货误期。企业在向供应商订购原材料时，有许多原因都会导致原材料交货延误，常见的有：发运时间的变化，供应商原材料紧张短缺而导致订单积压，供应商工厂或运输公司发生意外的工人罢工、订单丢失，以及材料误送或送达的原料有缺陷，等等。保持适当的原材料库存，可确保生产正常运行。

(2) 费用分摊。原材料或在制品的库存，可利用批量采购分摊费用。采购过程中，进行大批量采购，可以使单位物品分摊订货、运输等费用，批量采购能使总的采购费用降低。

在生产过程中，在制品采取批量加工，每件物品可以分摊生产中的调整准备等费用，降低总的生产费用。

(3) 防止生产中断。生产过程中，维持一定的在制品库存，可以防止生产中断。比如，当某道工序的加工设备发生故障时，如果工序间有在制品库存，后续工序就不会停工中断。

(4) 便于顾客订货，适应产品需求的增加。有适当的成品储备，顾客可以很快采购到所需物品，缩短顾客订货提前期，提高了服务水平。另外可以保证企业在市场需求突然增大时，具有一定的应变能力,以免丧失商机。

可见,维持适当数量的物资储备,对调节供需,保证生产经营活动正常而有效地进行,并获得良好的经济效益,都是完全必要的。

但过量的库存也会给企业带来很多不利的影响,主要有以下几点:

(1) 库存会占用企业的流动资金、场地。

(2) 保管成本会增加。保管成本又称储存成本,即物资在仓库内存放期间发生的各种费用。它包括存储费(仓库管理费用、搬运费用、管理人员工资等),物资存放过程中发生变质、损坏、丢失、陈旧、报废等的损失费用,保险金、税金,以及占用资金的利息支出、机会成本等。

(3) 库存会掩盖企业生产经营中存在的问题。例如,设备故障造成停机,工作质量低造成废品或返修,计划不周造成生产脱节,生产脱节造成工期延误等,都可以动用各种库存,使企业中的问题被掩盖。表面上看,生产仍在平稳进行,实际上整个生产系统可能已是千疮百孔。

所以,日本企业提出"向零库存进军"的口号。压缩库存是各企业普遍需要重视的问题。一个将库存水平降到最低点的生产系统,无疑是一个高效率的系统,但它同时又是一个非常"脆弱"的系统。系统中任何一个环节出了问题,都可能造成系统整个停顿。因此,在一定的生产技术和经营管理水平下,还需要有库存,更需要加强库存管理,使库存数量始终保持在经济合理的水平上。

现代企业的库存管理,是对企业内部的原材料、辅助材料、外购件、在制品和产成品等物料进行管理,目的是在保证均衡生产和满足顾客需求的前提下,尽可能降低库存。

5.3.2 库存管理的含义及任务

1. 库存管理的含义

库存管理(inventory management)是指根据外界对库存的要求、企业订购的特点,预测、计划和执行一种补充库存的行为,并对这种行为进行控制,重点在于确定如何订货,订购多少,何时订货。库存管理又称库存控制,即对生产、经营过程的各种物品、产成品进行管理和控制,使其储备保持在经济合理的水平上。库存水平和库存周转速度的高低会直接影响物流成本的高低。库存量过少,会影响到生产经营,还可能失去市场机会;库存量过多,不仅会占压大量资金,增加商品保管费用支出,而且还会加大市场风险。因此,企业必须采用科学的方法管理和控制库存。

2. 库存管理的任务

从系统的角度分析,一个最简单的库存系统至少由补货环节、仓储环节、市场环节所组成。库存是为了满足未来需求而暂时闲置的有价值的资源,因而库存管理的首要任务应该是在不断降低库存成本的基础上保证生产的正常进行。库存系统中的一些因素会直接影响各项成本,其中有两个重要的因素,一是货物补充的时机,二是货物补充的批量。库存管理应该特别考虑下述两个问题:第一,根据销售计划,按计划生产的商品在市场上流通时,要考虑在什么地方,存放多少;第二,从服务水平和经济效益出发来确定库存量以及如何保证补充的问题。

5.3.3 库存管理基本指标和概念

1. 库存成本

成本的降低是优化物流系统的一个关键所在,在库存控制中,没有对库存成本的精确评估就很难实现库存控制的目标。企业如何控制库存的总成本呢?这需要对库存成本进行分析。总的来看,库存的成本包括以下几项。

(1) 采购成本,指采购物资过程中发生的各种费用,包括办理订购手续、物资运输与装卸、验收入库等费用,以及采购人员的差旅费等。总的采购成本随采购次数的增加而增加,随采购批量的增加而减少。

(2) 保管成本,保管成本随库存储备的数量与时间的增加而增加。

(3) 购置成本,指购置物资所花费的成本。许多企业为了增加销售,当买方购买的物资数量较多时,采用差别定价策略,以较低的价格卖给顾客,即为用户提供批量折扣。对于大批订货给予折扣优惠是极为普遍的做法,买方可以通过增加每次订货的批量,获得较低的总的购置成本。

当供应商对大批量采购的物资给予优惠价格,则要考虑此项成本。如果物资的购置成本不受批量大小的影响,可不考虑这项成本。

(4) 缺货成本,指由于不能满足用户需求而产生的成本。它主要来自两方面的费用:一是由于赶工处理这些误期任务而追加的生产与采购费用;二是由于丧失用户而对企业的销售与信誉所造成的损失,也包括误期的赔偿费用损失。显然,缺货成本随缺货量的增加而增加。

如何在给定的顾客服务水平下,使总的库存成本最低,就需要正确的库存决策。应该什么时候进行订购或生产?订购量或生产量应该为多少?应采用什么类型的库存控制系统来维护预期的库存决策?比如一个企业要确定订购量或生产量,就需要考虑在不同批量下的上述几项成本的变化关系,从而找到能使库存总成本最低的最适当的批量。库存控制系统正是通过控制订货点和订货量来满足外界需求并使总库存费用最低。

知识链接 5-5 库存费用的错误估计

库存的机会成本又该如何评价呢?在学术界,这个课题已经被详尽地讨论过;但是在实践中,依然没有一个可行的行业标准。即使在同一个公司的内部,变化的因素依然存在。大多数人都知道这些变化的因素包括资本和仓库的机会成本。一般来说,容易被忽略的库存成本部分包括:①过时成本,是由短暂的产品生命周期导致的;②改进成本,是为了适应工艺变化而发生的对现存库存的改进费用。一家电脑打印机零部件生产商发现以上因素会使库存的维持成本率从每年的24%上升到40%。

2. 库存周转率

库存周转率越大,说明企业在投入的资金和库存量不变的情况下每年赚取的利润就越

多,资金利用率越高,所以企业需要"快速出手、迅速周转"。计算公式如下:

年库存周转率 = 该期间的出库总金额 ÷ 该期间的平均库存金额
= (该期间出库总金额 × 2) ÷ (期初库存额 + 期末库存额)

提高库存周转率对于加快资金周转、提高资金利用率和变现能力有积极作用。提高库存周转率可以通过合理确定进货批量、削减滞销存货、控制耗用金额高的物品和及时清理过剩物品等措施来实现。但是,库存周转率并不是越高越好。由于库存成本与订货成本、采购成本、缺货成本和相关的风险成本之间有一定的效益背反现象,因此,库存周转率过高,会造成发生缺货的机会增加以及由于采购次数增加导致采购费用上升等问题。

3. 安全库存

许多企业都会考虑保持一定数量的安全库存,即缓冲库存,以应对需求或提前期方面的不确定性。但是困难在于确定什么时候需要保持多少安全库存。安全库存太多意味着多余的库存,而安全库存不足则意味着缺货或失销。对于安全库存量,可以根据顾客需求量变化、提前期固定,提前期变化、顾客需求量固定或者两者同时变化三种情况分别计算。

(1) 需求量变化,提前期固定。在这种情况下,安全库存量的计算公式为:

$$s = z\sigma_d\sqrt{L}$$

式中: σ_d——提前期内的需求量的标准差;

L——提前期的时间;

Z—— 一定客户服务水平下需求量变化的安全系数,它可以根据预定的服务水平,由正态分布表 5-5 查出。

表 5-5 客户服务水平与安全系数对应关系的常用数据

服务水平	0.999 8	0.99	0.98	0.95	0.90	0.80	0.70
安全系数	3.5	2.33	2.05	1.65	1.29	0.84	0.53

(2) 需求量固定,提前期变化。当提前期内的客户需求情况固定不变,而提前期的长短随机变化时,安全库存量的计算公式如下:

$$s = zd\sigma_L$$

式中: z—— 一定客户服务水平下需求量变化的安全系数;

d——提前期内的日需求量;

σ_L——提前期的标准差。

(3) 需求量和提前期都随机变化。多数情况下需求量和提前期都是随机变化的,如果可以假设需求量和提前期是相互独立的,那么安全库存量的计算公式如下:

$$s = z\sqrt{\sigma_d^2\overline{L} + \overline{d}^2\sigma_L^2}$$

式中: z、σ_d、σ_L 的含义同上;

$\overline{L}$——平均提前期;

$\bar{d}$—— 平均日需求量。

5.3.4 零库存管理

零库存管理概念(zero inventory management/zero-stock management)，它并不是指以仓库储存形式的某种或某些物品的储存数量真正为零，而是通过实施特定的库存控制策略，实现库存量的最小化，即不保存经常性库存。它是在物资有充分社会储备保证的前提下，所采取的一种特殊供给方式。

实现零库存管理的目的是减少社会劳动占用量(主要表现为减少资金占用量)和提高物流运动的经济效益。如果把零库存仅仅看成是仓库中存储物的数量减少或数量变化趋势而忽视其他物质要素的变化，那么，上述的目的则很难实现。因为在库存结构、库存布局不尽合理的状况下，即使某些企业的库存货物数量趋于零或等于零，不存在库存货物，但是，从全社会来看，由于仓储设施重复存在，用于设置仓库和维护仓库的资金占用量并没有减少。因此，从物流运动合理化的角度来研究，零库存管理应当包含以下两层意义：一是库存货物的数量趋于零或等于零；二是库存设施、设备的数量及库存劳动耗费同时趋于零或等于零。后一层意义上的零库存，实际上是社会库存结构的合理调整和库存集中化的表现。

零库存管理方式不仅在日本、美国广泛应用，其应用足迹也遍布欧洲、大洋洲等世界各地。虽然零库存在美国、日本和欧洲等许多国家已经被普遍推广，但它充满了诱惑也充满了风险，零库存能否真正实现取决于各方面的具体条件和情况，包括供应商、技术、产品、客户和企业自身决策层的支持。因此，建议企业做好以下工作：

(1) 转变员工观念，树立全员对减少库存的认识。企业在推行零库存管理前，应对全体员工广泛宣传教育，对于不同专业的员工进行针对性宣传。做到人人了解推行零库存管理的意义，形成推行零库存管理的良好氛围。

(2) 合理选择供应商，与供应商建立合作伙伴关系。由于零库存要求供应商在需要的时间提供高质量的原材料，因此对于原料库存、供应商的距离远近及运输方式的选择是关键因素。同时注重与供应商建立长期的合作伙伴关系，分享信息，共同协作解决问题，保证对订货的及时供应。

(3) 建立由销售定生产的观念。销售部门要致力于拓展销售市场，并保证销售渠道的稳定，而生产部门要有灵活的应变能力，以弹性的生产方式全力配合销售部门的工作，使企业能较均衡地进行生产，这对减少存货是有利的。

(4) 严格奖惩制度。在零库存管理系统中，企业生产经营各环节、各生产工序的相互依存性空前增强。企业内部整个作业环节中的任何一个环节出现差错，都会使整条作业链出现紊乱甚至瘫痪。因而应严格奖惩制度，来保障生产经营活动顺序顺利进行。

零库存实现的方式有许多，目前企业实行的"零库存"管理有：无库存储备；委托营业仓库存储和保管货物；协作分包方式；采用适时适量生产方式；按订单生产方式；实行合理配送方式。

案例分析 5-5　奥康的零库存管理

以前,奥康在外地加工生产的鞋子必须通过托运部统一托运到温州总部,经质检合格后方可分销到各个省级公司,再由省级公司向各个专店和销售网点进行销售。没有通过质检的鞋子需要重新打回生产厂家,修改合格以后再托运到温州总部。这样一来,既浪费人力、物力,又浪费了大量的时间,加上鞋子是季节性较强的产品,错过上市最佳时机,很可能导致这一季的鞋子积压。

经过不断探索与实践,奥康运用将别人的工厂变成自己仓库的方法来解决这一问题。在外地生产加工的鞋子,只需总部派出质检人员前往生产厂家进行质量检验,质量合格后生产厂家就可直接从当地向各营销点发货。这样,既节省大量人力、物力、财力,又可以大量减少库存甚至保持零库存。

分析:根据企业的现实情况,实时采用零库存管理,可以取得比较好的效果,特别是可以降低库存成本。

5.3.5　库存控制

常用的库存控制的方法有三种:一是定量控制法,对库存量进行连续观测,看是否达到重新订货点来进行控制;二是定期控制法,通过固定的时间周期检查库存量,达到控制库存的目的;三是 ABC 分类法,这类方法是以库存资金价值为基础进行分类,并按不同的类别进行库存控制。

1. 定量控制法

 案例分析 5-6

某超市销售矿泉水,每当矿泉水剩下 2 箱时就发出订货,每次订货量是 20 箱,订货 5 小时内能到店内。

分析:这一案例中的控制库存方法就是定量控制法。每当矿泉水剩下 2 箱时就发出订货,所以订货点 R 为 2 箱。每次订货量 Q 为 20 箱,订货提前期 L 为 5 小时。

1)定量控制法的原理

定量控制法也称为连续检查控制法或订货点法。它是连续不断地检查库存余量的变化,当库存余量下降到订货点 R 时,便提出订购,且订购量是固定的。经过一段订货时间 L,货物到达后补充库存。定量控制法的库存变化如图 5-7 所示。

上图中 R 点为补充库存的重新订货点,每次订货量为 Q,订货提前期为 L。

这种库存控制的特点是:

(1)每次的订货批量通常是固定的,批量大小的确定主要考虑库存总成本最低的原则;

(2)每两次订货的时间间隔通常是变化的,其大小主要取决于需求的变化情况,需求大则时间间隔短,需求小则时间间隔长;

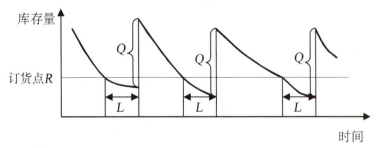

图 5-7 定量控制法的库存变化图

(3) 订货提前期基本不变,订货提前期是由供应商的生产与运输能力等外界因素决定的,与物资的需求没有直接的联系,故通常被认为是一个常数。

这种方法主要通过建立一些存储模型,以求解决库存降到什么水平订购,订购量应该多大,才能使总费用最低这两大问题。

2) 订货量的确定

(1) 经济订货批量。

 案例分析 5-7

某制造企业全年耗用某项物资的需求量为 100 000 件,假定每年有 250 个工作日,该物资的单价为 1 元,每次采购费用 25 元,订货提前期为 10 天,年保管费用率为 12.5%。该物资订购后一次性到货,企业生产均匀消耗,且不允许缺货。那么该物资经济订购批量、订货点和最小库存费用分别是多少呢?

分析:该物资订购过程如下。假定时间为 0 时,仓库内尚有物资为 Q 单位,随着生产过程的进行,物资被均匀耗用,由于不允许缺货,所以当库存降至 R 水平时提出订购,订购量为 Q,从订购日 t_1 起,物资须经过 L 天时间才能到达企业。假定在 L 天库存物资恰好用完,同时,所订购的 Q 单位物资恰好到达企业,上述订购过程可用图 5-8 来描述。

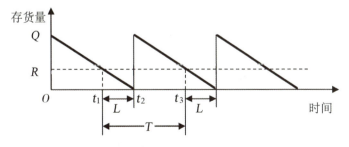

图 5-8 不允许缺货条件下的存储模型

图 5-8 中:

R——订购点,当仓库内存储水平降至 R,提出订购;

L——订货间隔(天),从开始提出订购到物资入库所经历的时间;

Q——订购量,是一个固定值;

T——订货周期(天),相邻两次订货的时间间隔。

上述的订购过程中,发生了如下三种费用:库存总费用 C_t = 采购费用 C_o + 保管费用 C_h + 购置成本 C_g(缺货费用 C_q=0)。所以有:

$$C_t = \frac{D}{Q}A_o + \frac{Q}{2}Pi + P \times D \qquad ①$$

式①中:$\frac{D}{Q}$ 是全年订货次数,$\frac{D}{Q}A_o$ 是全年订货费用;$\frac{Q}{2}$ 为平均库存量,$\frac{Q}{2}Pi$ 为全年的保管费用。为使 C_t 最小,求 C_t 的一阶导数并令其为零,可解出经济订购批量 Q^*。

由

$$\frac{dC_t}{dQ} = 0 \Rightarrow -\frac{D}{Q^2}A_o + \frac{1}{2}Pi = 0$$

得到

$$Q^* = \sqrt{\frac{2DA_o}{Pi}} \qquad ②$$

将经济定购批量公式②代入式①,求得最小库存费用 C_t^*:

$$C_t^* = \sqrt{2DA_oPi} + P \times D \qquad ③$$

订货点 R 计算公式为:

$$R = \text{平均日需求量 } B \times L$$

由此可计算得到案例中该物资订货点的库存储备量 R 为:

$$R = B \times L = (100\,000/250) \times 10 \text{ 件} = 4\,000 \text{ 件}$$

案例中,经济订购批量 Q^* 和最小库存费用 C_t^* 为:

$$Q^* = \sqrt{\frac{2DA_o}{Pi}} = \sqrt{\frac{2 \times 100\,000 \times 25}{1 \times 12.5\%}} \text{ 件} = 6\,325 \text{ 件}$$

$$C_t^* = \sqrt{2DA_oPi} + P \times D = \left(\sqrt{2 \times 100\,000 \times 25 \times 1 \times 0.125} + 1 \times 100\,000\right) \text{元} = 100\,790 \text{ 元}$$

总的来说,经济订货批量模型适用于有如下假设条件的情况:外部对库存系统的需求率已知,需求率均匀且为常量;一次订货量无最大最小限制;采购、运输均无价格折扣;订货提前期已知,且为常量;订货费与订货批量无关;维持库存费与库存量成正比;不允许缺货;补充率为无限大,全部订货一次交付;采用定量控制法管理库存。

在这些前提下,可根据已知的年需求量、订货提前期、物资的单价、每次采购费用、年保管费用率等求得经济订购批量、订货点和最小库存费用。

(2)季节性产品订购量的确定。

对于报纸、新鲜食品、圣诞节礼物或季节性时装等产品,它们的销售时间性非常强,一旦过时,没卖出去的产品就大大失去价值。如:一天没卖掉的烤面包往往会降价出售,剩余的海鲜可能会被扔掉,过期杂志廉价出售给旧书店。处置剩余商品甚至还可能需要额外费用。所以考虑这类产品的库存时,一方面要避免缺货而持有较高的库存,另一方面防止持有库存量大于需求量时,部分产品未能及时销售而造成损失。

计算这类产品的库存量,决策者必须优化缺货成本(销售损失)与产品过剩损失的关系,以达到期望销售利润最大。下面用一个例子说明这类问题的解法。

 案例分析 5-8

按过去的记录,新年期间对某商店挂历的需求分布率如表 5-6 所示。

表 5-6 某商店挂历的需求分布率

需求 d/份	0	10	20	30	40	50
概率 $p(d)$	0.05	0.15	0.20	0.25	0.20	0.15

已知,每份挂历的进价为 $C=50$ 元,售价 $P=80$ 元。若在 1 个月内卖不出去,则每份只能卖 30 元。该商店该进多少挂历为好?

分析:要使该商店的期望利润最大,就要比较不同订货量下的期望利润,取期望利润最大的订货量作为最佳订货量。

设订货量为 Q 时的期望利润为 $E_p(Q)$,实际需求 d。设 1 个月内卖出去每份挂历盈利 C_u,则 $C_u=(80-50)$ 元 $=30$ 元。1 个月内卖不出去每份挂历亏损 C_o,则 $C_o=(30-50)$ 元 $=-20$ 元。

则当订货量 $Q \leq$ 实际需求 d 时,不会出现卖不出去的情况,利润为 C_uQ。

当订货量 $Q >$ 实际需求 d 时,有卖不出去的挂历,会存在一部分挂历亏损,此时利润为 $C_ud+C_o(Q-d)$。

期望利润的计算公式为:

$$E_p(Q) = \sum_{Q>d}\left[C_ud+C_o(Q-d)\right]p(d) + \sum_{Q\leq d}C_uQp(d)$$

计算过程如表 5-7 所示。

表 5-7 不同订货量下的期望利润计算过程

订货量 Q	实际需求 d						期望利润 $E_p(Q)$
	0	10	20	30	40	50	
	$p(d)$						
	0.05	0.15	0.20	0.25	0.20	0.15	
0	0	0	0	0	0	0	0
10	−200	300	300	300	300	300	275
20	−400	100	600	600	600	600	475
30	−600	−100	400	900	900	900	575
40	−800	−300	200	700	1200	1200	550
50	−1000	−500	0	500	1000	1500	425

当订货量 $Q=20$ 时，$E_p(20) = [(20-0)\times(30-50)\times 0.05 + (20-10)\times(30-50)\times 0.15 + 10\times(80-50)\times 0.15 + 20\times(80-50)\times(0.2+0.25+0.2+0.15)]$ 元 $= 475$ 元。

当 Q 取其他值时，以此类推。结果见表 5-7。

由表 5-7 可以得出，当订货量为 30 份时，期望利润最高，为 575 元，所以该商店挂历最佳订货量为 30 份。

2. 定期控制法

案例分析 5-9

某超市销售矿泉水，每星期（如每个星期天早上 8 点）检查一次矿泉水的剩余箱数，检查以后就发出订货请求。如果预计下周销售量较好，可能一次订货 50 箱；如果预计销售不好，可能订货 10 箱。每次的订货需一天才能到店面。

分析：本案例就使用的定期控制法。每星期订货 1 次，所以订货间隔周期 T 为 1 周，它是固定的。每次订货量 Q 是不固定的，订货提前期 L 为 1 天。

定期控制法也称周期检查控制法或订货间隔期法。

1）定期控制法的特点

它是一种定期盘点库存的控制方法，它的特点是：

（1）每两次订货的时间间隔是固定的，以固定的间隔周期 T 提出订货。

（2）每次订货批量是不确定的。管理人员按规定时间检查库存量，并对未来一段时间内的需求情况做出预测，若当前库存量较少，预计的需求量将增加时，则可以增加订货批量，反之则可以减少订货批量，并据此确定的订货量发出订单。

（3）订货提前期基本不变。

定期控制法的库存变化如图 5-9 所示。

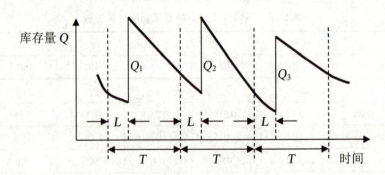

图 5-9　定期控制法的库存变化图

上图中 T 为订货间隔周期，每次订货量分别为 Q_1、Q_2、Q_3，订货提前期为 L。

这种控制方式当物资出库后不需要对库存品种数量进行实地清点，可以省去许多库存检查工作，在规定订货的时候检查库存，简化了工作；缺点是在两次订货之间没有库存记账，则有可能在此期间出现缺货的现象。如果某时期需求量突然增大,也有可能发生缺货,所以一般适用于重要性较低的物资。

2)订货间隔期和每次的订购量的确定

这种控制方式主要面对的关键问题是:确定订货间隔期和每次的订购量。

一般来说,其订货间隔周期 T 由存储物资性质而定。对存储费用高、缺货损失大的物资,T 可以定得短一点。反之可定得长一点。

每次订购量可由下式确定:

订购量 = 平均日需求量 × 订货间隔周期 + 保险储备量 − 现有库存量 − 已订货未交量

保险储备量 = 保险储备天数 × 平均日需求量

保险储备天数可由以往统计资料中平均误期天数来定。

3. 定量控制法和定期控制法的比较

运用定量控制法必须连续监控剩余库存量。它要求每次从库存里取出货物或者往库存里增添货物时,必须刷新记录以确认是否已达到再订购点。而定期控制法,库存盘点只在规定的盘点期发生。

影响选择这两种系统的其他因素是:

(1)定期控制法平均库存较大,因为要预防在盘点期发生缺货情况;定量控制法没有盘点期。

(2)因为平均库存量较低,所以定量控制法有利于贵重或重要物资的库存。因为该模型对库存的监控更加密切,这样可以对潜在的缺货更快地做出反应。

(3)由于每一次补充库存或货物出库都要进行记录,维持定量控制法需要的时间更长。

两者的差别比较如表 5-8 所示。

表 5-8 定量控制法和定期控制法的比较

项目	定量控制法	定期控制法
订货量	固定的 Q	变化的 Q
何时订购	根据固定的订货点 R	根据固定的订货周期 T
库存记录及更新	与每次出库对应	与定期的库存盘点对应
库存水平	低(不设置安全库存)	高(设置安全库存)
适用产品	重要、价值高的 A 类	B 类、C 类

4.ABC 分类管理法

由于一般企业的库存物资种类很多,对全部物资进行管理是一项复杂而繁重的工作。管理者精力有限,因此,应该使用重点管理的原则,将管理重点放在重要的物资上。ABC 分类管理法便是物资重点管理法。

ABC 分类管理法把企业繁多的物资品种,按其重要程度、消耗数量、价值大小、资金占用等情况进行分类排队。把品种数量占库存物资总品种数的 20% 左右,而其资金占库存物资总资金量的 70% 左右的一类物资定为 A 类物资。把品种数量占库存物资总品种数的 50% 以上,而资金占总资金量的 10% 以下的一类物资定为 C 类物资。其余的物资都是 B 类。ABC 分类法示意图如图 5-10 所示。

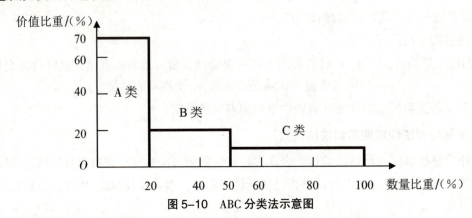

图 5-10 ABC 分类法示意图

下面通过一个例子来说明如何利用上述原理来划分企业的库存物资。

知识链接 5-6

一个仓库有库存物资 10 个品种,它们的年均资金占用量如表 5-9 所示,其 ABC 分类如下。

表 5-9 各库存物资资金占用量

物资编号	年均资金占用量 / 元	占用资金比例 / (%)
2	45 000	42.06
12	30 000	28.04
6	10 000	9.35
15	8 000	7.48
7	6 000	5.61
3	5 000	4.67
8	2 000	1.87
5	500	0.47
16	400	0.37
19	100	0.09
总计	107 000	100.00

根据资金占用比例,得到分类结果,如表 5-10 所示。

表 5-10 分类结果

物资类型	物资编号	年均资金占用量/元	占用资金比例/(%)
A	2，12	75 000	70.10
B	6，15，7	24 000	22.42
C	3，8，5，16，19	8 000	7.48
总计		107 000	100.00

A 类物资是一些品种不多但耗用金额很大的物资，也可以包括一些虽然耗用金额不太大，但对企业来说是关键性的物资。主要是原材料，例如在纺织企业中就是原棉、化纤、原毛、丝麻等；在机械制造企业中就是金属材料与非金属材料；在电机制造企业中除金属材料外，还包括绝缘材料。这类物资的耗用与生产过程有直接的、密切的联系。

B 类物资是品种较多，耗用金额不太大的一些物资。B 类物资大多是一些主要材料、建筑材料、大型的辅助材料、辅助器材与设备等。

C 类物资是一些耗用量不大，耗用金额小，但品种很多的物资，这类物资性能复杂，规格繁多，用途不一。如工具、包装材料、备用材料、润滑剂、办公用具和零星辅助材料等。

ABC 分类意味着 A 类库存需实行重点管理，花费在保管 A 类库存物资上的资金大大多于花费在 C 类的库存物资上，严格控制 A 类库存储备量、订货量、订货时间，现场控制也应更严格，应该把它们存放在更安全的地方，并且为了保证它们的记录的准确性，应对它们频繁地进行检查控制。对 A 类物资的预测应比其他类别的物资的预测更为仔细精心。

B 类物资可以适当控制，并可适度地减少 B 类物资的库存。

C 类物资可以放宽控制，增加订货量，以加大两次订货的时间间隔，减少订货次数。

在控制方式的选择方面，A 类物资适宜采用连续检查控制方式，C 类物资较多地应用周期检查控制方式。ABC 三类货物在管理上的区别如表 5-11 所示。

表 5-11 ABC 三类货物在管理上的区别

项目	A 类货物	B 类货物	C 类货物
控制程度	严格	一般	简单
库存量计算	按模型计算	一般计算	简单或不计算
进出记录	详细	一般	简单
检查次数	多	一般	少
安全库存量	低	较大	大

需要注意的是，因为 ABC 分类法主要是以库存资金数量为基础进行分类的，没有反映库存品种对利润的贡献、供货的紧迫性等方面的指标。在某些情况下，因 C 类物资库存造成的缺货也可能是十分致命的。因此，在应用 ABC 分类法时应给予充分注意。

5.4 供应链管理环境下的生产运作

5.4.1 供应链管理环境下的生产控制系统

供应链是一个跨越多厂家、多部门的网络化组织,一个有效的供应链企业生产计划系统必须保证企业能快速响应市场需求。

1. 供应链管理环境下的生产过程管理的特点

(1)决策信息来源——多源信息。

(2)决策模式——决策群体性、分布性。

(3)信息反馈机制——递阶、链式反馈与并行、网络反馈。

(4)计划运行环境——不确定性、动态性。

2. 供应链管理环境下的运作管理要求

(1)需求信息和服务需求应该是以最小的变形传递给上游并共享。

供应链管理系统应通过计划时区的平衡需求、供应、约束,同时看到发生的供应链问题。由于实时、双方向的重计划能力,计划员应有能力执行各种模拟以满足优化计划,这些模拟提供实时响应。如我的安全库存水平应是多少?这是最低成本计划吗?我使用的资源已经优化了吗?这个计划满足我的客户服务水平了吗?我已经最大化利润了吗?我可以承诺什么?

在供应链里的每一个阶段,把最终用户的需求(实际)传递回去,因此一旦实际需求产生变化,所有地点都知道,并实时产生适当的行动。

(2)同步化供需是关于服务和成本的一个重要目标。

有几个因素影响这种匹配:①大批量;②生产上维持高效率,而不是满足客户需求;③如果缺少同步,将使得库存水平高且变化频繁。

(3)可靠、灵活的运作是同步化的关键。可靠、灵活的运作应该主要集中于生产、物流管理、库存控制、分销。销售与市场的角色是揭示需求。

(4)与供应商集成。

大部分经营引起的生产失败,除了内部的不稳定性,就是供应的不稳定性。企业应鼓励供应商去寻求减少供应链总成本的方法,与供应商共享利益。

(5)对供应链的能力必须进行战略性的管理。

企业必须直接控制关键能力来减弱从需求到供应的过程中所产生的震动,为此,要考虑库存位置、运输的路径。一旦产品需求发生变化,可以并发考虑所有供应链约束。当每一次改变出现时,就要同时检查能力约束、原料约束、需求约束。这就保证了供应链计划在任何时候都有效,就能实时优化供应地点、分销地、运输路线,避免由于库存超储给工厂的供应带来过大的震动。

为此，要通过企业信息化建设逐步实现对供应链的优化管理。

优化供应链的所有活动，如图 5-11 所示。

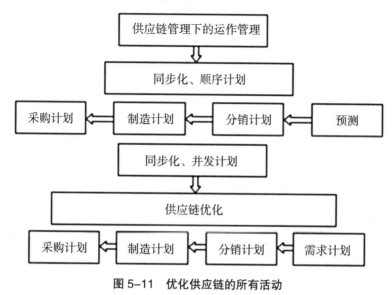

图 5-11　优化供应链的所有活动

5.4.2　供应链管理环境下的生产计划

1. 企业内部三个信息流的闭环

企业独立运行生产计划系统时，一般有三个信息流的闭环，而且都在企业内部。

(1) 主生产计划—粗能力平衡—主生产计划。

(2) 投入产出计划—能力需求分析（细能力平衡）—投入产出计划。

(3) 投入产出计划—车间作业计划—生产进度状态—投入产出计划。

2. 供应链管理下生产计划的信息流

(1) 主生产计划—供应链企业（粗能力平衡）—主生产计划。

(2) 主生产计划—外包工程计划—外包工程进度—主生产计划。

(3) 外包工程计划—主生产计划—供应链企业生产能力平衡—外包工程计划。

(4) 投入产出计划—供应链企业能力需求分析（细能力平衡）—投入产出计划。

(5) 投入产出计划—上游企业生产进度分析—投入产出计划。

(6) 投入产出计划—车间作业计划—生产进度状态—投入产出计划。

3. 供应链管理环境下的生产控制特点

(1) 生产进度控制。生产进度控制的目的在于依据生产作业计划，检查零部件的投入和产出数量、产出时间和配套性，保证产品能准时装配出厂。供应链管理环境下的进度控制与传统生产模式的进度控制不同，因为许多产品是协作生产的和转包的业务，和传统的企业内部的进度控制相比，其控制的难度更大，必须建立一种有效的跟踪机制进行生产进度信息的跟踪和反馈，如图 5-12 所示。

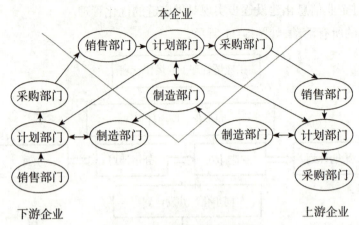

图 5-12　跟踪机制运行环境

(2) 供应链的生产节奏控制。供应链的同步化计划需要解决供应链企业之间的生产同步化问题，只有供应链各企业之间以及企业内部各部门之间保持步调一致，供应链的同步化才能实现。供应链形成的准时生产系统，要求上游企业准时为下游企业提供必需的零部件。

(3) 提前期管理。基于时间的竞争是 20 世纪 90 年代起一种新的竞争策略，具体到企业的运作层，主要体现为提前期的管理，这是实现 QR(quick response，即"快速反应")、ECR(efficient consumer response，即"有效客户反应")策略的重要内容。供应链管理环境下的生产控制中，提前期管理是实现快速响应用户需求的有效途径。缩小提前期，提高交货期的准时性是保证供应链获得柔性和敏捷性的关键。

(4) 库存控制和在制品管理。库存在应付需求不确定性方面有积极的作用，但是库存又是一种资源浪费。在供应链管理模式下，通过实施多级、多点、多方管理库存的策略，对提高供应链管理环境下的库存管理水平、降低制造成本有着重要意义。这种库存管理模式涉及的部门不仅仅是企业内部。基于 JIT(just in time，即"准时生产")的供应与采购、供应商管理库存、联合库存管理等是供应链库存管理的新方法，对降低库存有重要作用。

案例分析 5-10　GE 照明产品分部

以前，GE 照明产品分部采购代理每天浏览领料请求并处理报价。要准备零部件的工程图纸，还要准备报价表，这样发给供应商的信件才算准备好了。简单地申请一次报价就要花几天时间，一个部门一个星期只能通过 100～150 次这样的申请。GE 照明产品分部的采购过程要花 22 天。

后来，GE 创建了一个流水线式的采购系统，该系统把公司 55 个机器零部件供应商集成在一起，开始使用贸易伙伴网络(TPN)。分布在世界各地的原材料采购部门可以把各种采购信息放入该网络，原材料供应商马上就可以从网上看到这些领料请求，然后用 TPN 给出初步报价。

GE 的领料部门使用一个 IBM 大型机订单系统，每天一次，领料请求被抽取出来送入一个批处理过程，自动和存储在光盘机中的相对应的工程图纸相匹配。与大型机相接的系统和图纸光盘机把申请的零部件的代码与 TIFF 格式的工程图相结合，自动装载，并自动把该领料请求通过格式转换后输入网络。零部件供应商看到这个领料请求后,利用其浏览器在 TPN 上输入所能提供的报价单。

用上 TPN 后,GE 的几个分公司的采购周期缩短了一半,降低了 30% 的采购过程费用,而且由于联机报价降低成本,原材料供应商也降低了原材料价格。

5.4.3 供应链管理环境下的采购管理与库存管理

案例分析 5-11　某公司的物资采购

某公司的相关部门决定实行部分外协件的 JIT 采购,第一个被选为批量采购试点的外协件为汽车座椅。这是因为座椅供应商产品质量稳定,服务也较好。双方通过协商谈判,开始了 JIT 采购的运作。通过实施座椅采购,降低了座椅的平均库存水平,减少了库存资金占用。在此基础上,该公司开始逐步扩大了 JIT 采购物资的范围,取得了明显的经济效益。

分析:该公司的物资采购打破了传统的采购模式,运用供应链管理的思想,建立起互惠互利的采购模式。在对此案例进行分析时,应重点考虑采购物资的质量、交货期等要素。

1. 供应链环境下的采购管理

在供应链管理模式下,采购工作要做到 5 个恰当,即"5R":

恰当的数量——实现采购的经济批量,既不积压又不会造成短缺。

恰当的时间——实现及时化采购管理,既不提前,避免给库存带来压力;也不滞后,避免给生产带来压力。

恰当的地点——实现最佳的物流效率,尽可能地节约采购成本。

恰当的价格——达到采购价格的合理性,价格过高则造成浪费,价格过低可能质量难以保证。

恰当的来源——力争实现供需双方间的合作与协调,达到双赢的效果。

为了实现上述 5 个恰当,供应链管理下的采购模式必须在传统采购模式的基础上做出扬弃式的调整和改变,主要表现为以下几个方面的特点:

(1) 从库存驱动采购转变为订单驱动采购。

在传统的采购模式中,采购的目的很简单,就是为了补充库存,防止生产停顿,即为库存而采购,可以说传统的采购是由库存驱动的。在供应链管理模式下,采购活动是以订单驱动的。制造部门的订单驱动采购部门的订单,采购部门的订单再驱动供应商,如图 5-13 所示。

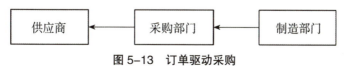

图 5-13　订单驱动采购

(2) 从采购管理转变为外部资源管理。

所谓在供应链管理中应用的外部资源管理,是指把供应商的生产制造过程看成采购企业的一个延伸部分,采购企业可以"直接"参与供应商的生产和制造流程,从而确保采购商品的质量的一种做法。应当注意的是,外部资源管理并不是采购方单方面努力就能够实现的,还需要供应商的配合与支持。

(3) 从买卖关系转变为战略伙伴关系。

在传统的采购模式中,供应商与需求方之间是一种简单的买卖关系,无法解决涉及全局性和战略性的供应链问题,而基于战略伙伴关系的采购方式为解决这些问题创造了条件。这些全局性和战略性的问题主要有:

一是库存问题。在供应链管理模式下,供应与需求双方可以共享库存数据,采购决策过程变得透明,减少了需求信息的失真现象。

二是风险问题。供需双方通过战略性合作关系,可以降低由于不可预测的需求变化带来的风险,比如运输过程的风险、信用的风险和产品质量的风险等。

三是合作伙伴关系问题。通过合作伙伴关系,双方可以为制订战略性的采购供应计划共同协商,不必为日常琐事消耗时间与精力。

四是降低采购成本问题。由于避免了许多不必要的手续和谈判过程,信息的共享避免了因信息不对称决策可能造成的损失。

五是准时采购问题。战略协作伙伴关系消除了供应过程的组织障碍,为实现准时化采购创造了条件。

(4) 采购业务外包管理。

现代企业经营所需物品越来越多,采购途径和体系也越来越复杂,使得企业采购成本越来越高。为了克服这个困难,越来越多的企业将采购活动外包,外包给承包商或第三方公司。

(5) 电子商务采购兴起。

在传统采购环境下,供应商多头竞争,采购方主要进行价格方面的比较,然后选择价格最低者。在供应链管理模式下,电子商务采购已普遍得到运用。采购方将相关信息发布在采购系统上,利用电子银行结算,并借助现代物流系统来完成物资的采购。电子商务采购的主要特点体现在以下三方面:

其一,市场竞争更宽松。供应商除报价外,还投报其他附加条件(如对交易的售后服务的要求和承诺),报价最低者不一定是胜者。

其二,供应商有更多竞争空间。打包贸易时,采购方只需统一开出打包价和各种商品的购买数量,供应商可在各种商品单价中进行多种组合,根据自己的优势进行网上竞价。

其三,采购方可节省时间,提高效率,降低成本。多种商品打包采购时,只需一次性启动网上市场。

(6) 采购方式多元化。

在供应链管理环境下,采购已经呈现出全球化采购与本地化采购相结合的特点。特别对一些大型企业而言,在采购方面,通常会比较各个国家的区位优势,然后进行综合判断,制定采购策略。

2. 供应链管理环境下的库存控制

1) 供应链管理下库存控制的目标

①库存成本最低;②库存保证程度最高;③不允许缺货;④限定资金;⑤快捷。

为了实现最佳库存控制目标,需要协调和整合各个部门的活动。高的顾客满意度和低的库存投资在过去曾经被认为是一对不可能同时实现的目标。现在,通过供应链管理下创新的物流管理技术,同时伴随改进企业内部管理,企业已完全能够实现此目标。

案例分析 5-12　雅戈尔的移动仓库

20世纪末,雅戈尔总裁李如成访问了美国最大的服装销售企业JC Penney,该企业只有4个仓储地,通过电脑网络的监控调拨,真正实现了无仓库管理。看到这些,李如成仿佛找到了雅戈尔的希望,因为雅戈尔每年积压的产品使得企业损失在亿元以上,如何将损失减少到最小,一直是李如成苦恼的问题。

"市场经济必然导致库存,因为你不知道市场到底需要多少,你不知道你周围的竞争对手到底生产多少。"雅戈尔从与供应链相关的环节入手,重新梳理了企业的销售、财务、供应、储运、生产厂商、分公司、专卖店等环节,力图构造一个以市场为中心的订货、生产模式。显然,这样一瓶"新酒"用过去的老酒瓶已经装不下了。

从根本上解决库存问题,需要的是经营模式上的彻底转变。雅戈尔要做的是将传统的以生产为中心,转向以销售为中心。学习DELL的直销模式,学习德国服装业的同行,他们将2/3的库存转移到高速公路的运输线上。

"过程才是形成自己核心竞争力的关键。"雅戈尔在信息化进程中,有一块做得最好,那就是雅戈尔的量身定制:在营业厅把顾客身体尺寸数据通过网络传输到生产地,生产地根据这些数据资料马上就可以定制加工。

在雅戈尔宁波总部办公室的电脑上,就能清楚跟踪每一件衬衫、每一套西服的生产销售情况,也可以清楚地看到每家卖场的具体销售情况,配送部门则可以根据电脑的监控来控制发货。

分析:我们不得不敬佩雅戈尔"库存转移到高速公路的运输线上"的做法。从与供应链相关的环节入手,重新梳理了企业的销售、财务、供应、储运、生产厂商、分公司、专卖店等环节,力图构造一个以市场为中心的订货、生产模式。

2) 供应链管理环境下的库存管理策略

(1) 供应商管理库存(vendor managed inventory, VMI)。

这种库存管理策略打破了传统的各自为政的库存管理模式,体现了供应链的集成化管理思想,适应市场变化的要求,是一种新的有代表性的库存管理思想。

① VMI的思想。VMI系统突破传统的条块分割的库存管理模式,以系统的、集成的管理思想进行库存管理,使供应链系统能够获得同步化的运作。VMI的思想主要有以下几方面的内容。一是强调合作性。在实施该策略时,相互信任与信息透明是很重要的,供应商和用户(零

售商)都要有较好的合作精神,才能够保持较好的合作。二是强调双赢互惠性。VMI 不是关于成本如何分配或谁来支付的问题,而是关于减少成本的问题。通过该策略使双方的成本都减少。三是强调目标一致。双方都明白各自的责任,观念上达成一致的目标,并且体现在框架协议中。如库存放在哪里,什么时候支付,是否需要管理费,要花费多少等问题都要约定。四是连续改进,使供需双方能共享利益和消除浪费。VMI 的主要思想是供应商在用户允许下设立库存,确定库存水平和补给策略,拥有库存控制权。

② VMI 实施方法。首先,供应商和分销商(批发商)一起确定供应商的订单业务处理过程所需要的信息和库存控制参数;然后,建立一种订单的处理标准模式,如 EDI 标准报文;最后,把订货、交货和票据处理各个业务功能集成在供应商一边。其实施步骤如下:

第一步,建立顾客情报信息系统。通过建立顾客的信息库,供应商能够掌握需求变化的有关情况,把由批发商(分销商)进行的需求预测与分析功能集成到供应商的系统中。

第二步,建立销售网络管理系统。供应商要很好地管理库存,必须建立起完善的销售网络管理系统,保证自己的产品需求信息和物流畅通。为此,必须做到:保证自己产品条码的可读性和唯一性;解决产品分类、编码的标准化问题;解决商品存储、运输过程中的识别问题。

第三步,建立供应商和分销商(批发商)的合作框架协议。供应商和分销商(批发商)一起通过协商,确定处理订单的业务流程以及控制库存的有关参数(如再订货点、最低库存水平等)、库存信息的传递方式等。

第四步,组织机构的变革。过去一般由会计经理处理与用户有关的事情,引入 VMI 策略后,订货部门产生了一个新的职能——负责用户库存的控制、库存补给和服务水平。

一般来说,在以下情况下适合实施 VMI 策略:分销商(批发商)没有 IT 系统或基础设施来有效管理它们的库存;供应商实力雄厚并且比分销商(批发商)市场信息量大;供应商有较高的直接存储交货水平,因而能够有效规划运输。

(2) 联合库存管理(jointly managed inventory,JMI)。

联合库存管理则是一种风险分担的库存管理模式。联合库存管理的思想可从分销中心的联合库存功能说起。地区分销中心体现了一种简单的联合库存管理思想。传统的分销模式是分销商根据市场需求直接向工厂订货,比如汽车分销商(或批发商),根据用户对车型、款式、颜色、价格等的不同需求,向汽车制造厂订的货,需要经过较长时间才能到达。因为顾客不想等待这么久的时间,所以各个分销商(或批发商)不得不进行库存备货,这样大量的库存使分销商(或批发商)难以承受,以至于破产。据估计,在美国,通用汽车公司销售 500 万辆轿车和卡车,平均价格是 18 500 美元,分销商(或批发商)维持 60 天的库存,而库存费是车价值的 22%,一年总的库存费用达到 3.4 亿美元。而采用地区分销中心的模式,就大大减缓了库存浪费的现象。从分销中心的功能可以得到启发,对现有的供应链库存管理模式进行新的拓展和重构,便提出了联合库存管理新模式——基于协调中心的联合库存管理系统。

联合库存管理是解决供应链系统中由于各节点企业的相互独立库存运作模式导致的需

求放大现象,提高供应链的同步化程度的一种有效方法。联合库存管理和供应商管理用户库存不同,它强调双方同时参与,共同制订库存计划,使供应链过程中的每个库存管理者(供应商、制造商、分销商)都从相互之间的协调性考虑,使供应链相邻的两个节点之间的库存管理者对需求的预期保持一致,从而消除了需求变异放大现象。任何相邻节点需求的确定都是供需双方协调的结果,库存管理不再是各自为政的独立的运作过程,而是供需连接的纽带和协调中心。

联合库存管理的优点有:为实现供应链的同步化运作提供了条件和保证;减少了供应链需求扭曲现象,降低了库存的不确定性,提高了供应链的稳定性;库存作为供需双方的信息交流和协调的纽带,可以暴露供应链管理中的缺陷,为改进供应链管理水平提供依据;为实现零库存管理、准时采购以及精细供应链管理创造了条件;进一步体现了供应链管理的资源共享和风险分担的原则;联合库存管理系统把供应链系统管理进一步集成为上游和下游两个协调管理中心,从而部分消除了由于供应链环节之间的不确定性和需求信息扭曲现象导致的供应链的库存波动,通过协调管理中心,供需双方共享需求信息,因而起到了提高供应链的运作稳定性作用。

联合库存管理的实施策略:①建立供需协调管理机制。为了发挥联合库存管理的作用,供需双方应从合作的精神出发,建立供需协调管理机制,明确各自的目标和责任,建立合作沟通的渠道,为供应链的联合库存管理提供有效的机制。②发挥两种资源计划系统的作用。为了发挥联合库存管理的作用,在供应链库存管理中应充分利用目前比较成熟的两种资源管理系统——制造资源计划(MRP)系统和配销需求计划(DRP)系统。原材料库存协调管理中心采用MRP系统,而在产品联合库存协调管理中心则应采用DRP系统。③建立快速响应(QR)系统。快速响应系统的目的在于减少供应链中从原材料到用户过程的时间和库存,最大限度地提高供应链的运作效率。④发挥第三方物流(TPL)系统的作用。第三方物流系统也叫物流服务提供者(LSP),它为用户提供各种服务,如产品运输、订单选择、库存管理等。把库存管理的部分功能交给第三方物流系统管理,可以使企业更加集中精力于自己的核心业务,第三方物流系统起到了联系供应商和用户的桥梁作用,为企业带来诸多好处。如减少成本,使企业集中于核心业务,获得更多的市场信息,改进服务质量,获得一流的物流咨询,快速进入国际市场。面向协调中心的第三方物流系统使供应与需求双方都取消了各自独立的库存,提高了供应链的敏捷性和协调性,并且能够大大改善供应链的用户服务水平和运作效率。

 基本训练

一、简答题

1. 生产与运作的含义是什么?怎样理解生产与运作管理的概念?
2. 简述生产运作管理的发展历史。

3. 生产与运作战略的含义和基本内容是怎样的？

4. 制造性生产和服务性运作有哪些区别？

5. 大量生产、成批生产和单件生产各有何特点？

6. 车间布置有哪些形式？各有何优缺点？

二、判断题

1. 对象专业化形式适用于企业的专业方向已定，产品品种稳定、工艺稳定的大量大批生产，如家电、汽车、石油化工产品生产等。（   ）

2. 以平行移动方式组织生产，生产周期最长。（   ）

3. 大量生产类型，是指生产的品种很多，每一种产品的产量很大（或单位产品劳动量和年产量的乘积很大），生产能稳定地不断重复进行。（   ）

4. JIT 生产方式将"降低成本"作为企业基本目标。（   ）

5. 生产运作过程提供的产品，无论有形还是无形，必须有一定的使用价值。（   ）

6. 只有制造企业存在库存，服务业没有库存。（   ）

7. 安全库存是指为了防止由于不确定因素（如大量突发性订货、交货期突然延长等）影响订货需求准备的缓冲库存。（   ）

8. 定量控制法必须连续监控剩余库存量，维持定量控制法需要的时间更长。（   ）

9. ABC 分类意味着 A 类库存需实行重点管理，A 类物资是一些品种不多但耗用金额很大的物资。（   ）

10. 允许缺货情况下的固定订货量系统的需求以及物资供应均可以准确地提前预计。（   ）

三、选择题

1. 按照生产工艺的特点来设置生产单位的是（   ）。

    A. 工艺专业化原则　　　　B. 对象专业化原则　　　　C. 混合原则

2. 劳动对象按照一定的工艺过程，顺序地、一件接一件地通过各个工作地，并按照统一的生产速度和路线，完成工序作业的生产过程组织形式是（   ）。

    A. 成组加工单元　　　　　B. 流水线　　　　　　　　C. 柔性加工单元

3. 下面生产周期最短的移动方式是（   ）。

    A. 平行移动方式　　　　　B. 顺序移动方式　　　　　C. 平行顺序移动方式

4. 运用泰勒的科学管理原理，在汽车移动装配线上进行大规模的流水线生产，使一辆 T 型车的生产时间由十多小时降低到一个多小时的是（   ）。

    A. 亨利·福特　　　　　　B. 埃尔·惠特尼　　　　　C. 甘特

5. 为了适应市场需求，企业越来越多地采用的生产方式是（   ）。

    A. 大量大批生产　　　　　B. 单件生产　　　　　　　C. 多品种、小批量生产

综合案例

为什么货架上缺了货?

小东从大学毕业后被分在市内最具人气的一家大卖场。然而,上岗刚两个月,小东便遇到了一件令自己头疼的事——商品经常缺货。引发缺货的原因,存在以下三种不同的情况。要想彻底避免缺货现象的发生,就得针对不同情况,提前做出应对。

第一种情况,订单不当导致缺货。订单是卖场给供应商下达的订货计划。订单下得是否科学,与是否缺货有着密不可分的关系。每一个商品都是有着特定的制作周期、物料准备周期和运输周期的。所以,如果采购不了解供应商商品的生产情况,很可能会影响订单下达的科学性。所以,对于供应商来说,自己有必要向采购介绍自己商品的生产周期和送货周期,并给予必要的订单建议,尽可能避免采购因订单下达错误而导致的缺货发生。因订单导致的缺货又分为两种情况。其一,因卖场自身管理方面的原因。例如系统管理不顺畅、总部对门店的控制不好、门店不买账等原因而导致的缺货。由于订单权力完全掌控在门店手上,只要门店不下订货单,供应商的货自然就进不来。其二,因订货制度方面原因而导致的缺货。比如订货量小、订货日少等导致的缺货。通常来说,订货量合同的最小单位是以"箱"计算的(比如,一次进货三五箱),但由于一个月只有一两个订货日,而通常订货日之外的时间不能下单,导致即便供应商发现商品卖断了货,也进不了场。

第二种情况,因陈列而引发的缺货。货架陈列也是引发缺货的一个非主观因素。众所周知,各商家对于货架的争夺十分激烈。尤其是那些中小型供应商,由于没有专职促销人员,其产品在卖场主要处于自然销售状态,稍不留神便会被其他品牌的产品"挤占"。具体来说,因陈列而引发的缺货有以下两种。其一,由于货架紧张,卖场便将货架"卖"给了品牌商,由于其品牌陈列面广,"挤占"了一些小品牌的位置。在这种情况下,即便这些小品牌的产品在仓库里有货,但货架上也往往会出现"缺货"或是"少货"的现象。其二,因为产品库存不足,或货卖完了,而卖场还没来得及补货而导致自身货架被其他品牌占用。通常来说,一旦失去陈列位置时间过长,这个商品也就"不见"了。

第三种情况,因销售问题而导致的缺货。供应商产品的销售状况,也是引发缺货的一个主要因素。尤其对于那些销售情况不好的商品,根据卖场内部的规定,卖场有权对其进行"锁码"。一旦该商品被"锁码",即便仓库里有货,也会反映出"缺货"状态。此外,还有一些是由于商品本身存在质量问题,卖场主动将该商品下架而表现出来"缺货"状态。商品质量是近年来各卖场都十分关注的一个因素。尤其是在以"三鹿事件"为代表的重大质量事故后,随着国家相关立法的出台,卖场对厂家商品质量的关注,又提到了一个新的高度。因此,供应商应时刻把商品质量放在首要位置来考虑,密切关注消费者对商品质量的意见反馈,及时发现潜在的质量问题,并尽可能将质量的负面影响降到最低。

问题:

1. 本案例涉及哪些与库存管理有关的问题?
2. 结合你学的知识,帮小东提出切实可行的措施。

综合实训

1. 参观1~2家企业,要求学生写一份参观报告,报告内容包括企业生产与运作流程模式、先进生产方式的使用、企业生产类型、生产过程组织等情况。

   实训目的:要求学生了解典型企业的生产方式、企业生产类型和生产过程组织。

   实训要求:仔细观察,认真听讲解;结合所学知识。

2. 查阅企业管理的知名网站,写出3~4个网址,对某一自己感兴趣的网页栏目的话题写一篇1 000字左右的关于生产与运作管理的体会。

   实训目的:对生产与运作管理的重要性有进一步认识;掌握一些企业生产与运作管理的经验。

   实训要求:认真思考,结合所学知识,用自己的语言写出自己关于生产与运作管理的体会。

3. 某产品生产3件,经4道工序加工,每道工序加工的单件工时分别为10分钟、5分钟、20分钟、10分钟,要求按3种移动方式计算其生产周期,并作出三种移动方式示意图。

   实训目的:掌握生产过程时间组织中产品在工序间的移动方式有哪些;掌握公式法和作图法下不同移动方式的生产周期计算。

   实训要求:学生认真分析提供的数据,利用量尺仔细作图,并将公式法计算的结果和作图法的结果相对照。

4. 通过ERP模拟训练,了解企业经营过程,对企业经营活动进行剖析。

   场地要求:实训场地面积100~200 m² 即可,现场部署如图5-14所示。

   实训用品:学员用桌椅6套,规格以110 cm×150 cm为宜;教师用桌椅1套或2套,放置电脑和投影仪;外部合作单位用桌椅1套,用于银行(贷款)、客户(收货)、资格认证;另备茶水桌1套。教师用的创业者沙盘分析工具、授课用PPT;学生用的学员手册。其他的实训用品见表5-12。

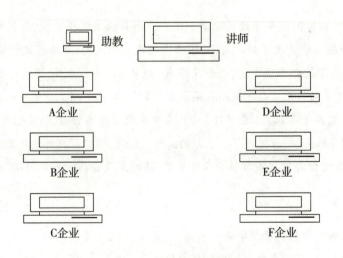

图5-14 现场部署示意图

表5-12 其他的实训用品

序号	品名	数量	序号	品名	数量
1	沙盘教具	1套	9	A4白纸	50张
2	投影仪	1台	10	签到表	1张
3	电脑	最好7~8台,最少2台	11	实训效果评估表	按学员人数准备
4	音响设备	1套	12	沙盘教学光盘	1张
5	白板	1块	13	学生手册	按学员人数准备
6	白板笔	红蓝色各1支	14	铅笔	按学员人数准备
7	学员用白板笔	每组1支,共6支	15	铁夹	若干
8	海报纸	30张			

说明:电脑最好每组1台,共6台;讲师及助教各1台,共2台。如果条件不具备,应保证讲师及助教的2台。

5. 实训内容:

(1)公司背景:某公司生产200多种不同塑钢机械的固定部件,每种机型都需要不同的部件,而每个部件又需要不同的原材料。在厂房里有各种原材料——从铆钉到钢板,某些固定部件订购了足够生产一年的原材料,但其他部件却只订购了保证生产一周的原材料。每当公司客户的销售部接到某种塑钢机械的订单时,订单就传到它们当地的装配厂。接着装配厂就向该公司发一份订单,订购装配这种机械所需的固定部件。不幸的是,由于公司这里经常发生原材料短缺,从公司收到订单到完成订单并发货到装配厂要一个月的时间。这导致公司在存储没用的原材料上浪费了大量的钱,又因为处理到货迟了的订单而损失了大量的钱。现在需要解决的问题是:应当如何控制库存——对每一种部件应储备多少原材料,应该多长时间订购一次原材料,以及应该订购多少。

该公司三年前建立了数据库,这个库存系统非常复杂,对每一种固定部件独立地分析其库存控制。但是200多种部件,从何处开始呢?当客户收到某种机械的订单时,它就会向工厂订购装配这种机械所需的固定部件。工厂也是在订单中的所有部件都完成后才向装配厂发货。一份订单的交货时间是由给定订单中完成所需时间最长的部件来决定的。进一步调查发现,在过去一年中,完成该部件从下订单算起平均需要一个月的时间。

(2)找出这家工厂的生产问题,什么导致库存管理一团糟?

(3)公司在某部件上应实行什么库存政策?

(4)你是否认为对每一固定部件单独分析会导致错误的库存政策?为什么?

具体实训内容如下:

(1)教学准备:组织方预先按要求准备好学员信息;实训现场初始状态设置、课程导入:ERP沙盘模拟课程简介。

(2)企业组建:学员分组;确定角色,明确岗位职责。

(3)模拟企业概况：企业基本情况——产品、市场、生产设施、股东期望、财务状况及经营成果。

(4)企业竞争规则：市场、订单竞争、产品研发、设备投资、产品加工、材料采购、企业融资、会计核算等多方面的规则。

(5)企业运营流程（按企业运营流程进行教学年经营）：每季度末、每年末进行报表编制。

实训目的及要求：

(1)提高学生学习兴趣；

(2)掌握多门相关学科知识的综合应用；

(3)掌握针对问题应用所学库存管理以及相关管理学科理论与方法进行分析,提出解决方案的能力。提高学生解决库存实际问题的能力。

第6章 现代企业管理创新和创业

- 思政目标 -

◎利用创新能力为国家做贡献。

- 知识目标 -

◎理解企业管理创新的内涵及其在管理职能中的意义；
◎理解企业管理创新系统；
◎理解企业创新管理策略；
◎掌握创业的注意事项。

- 技能目标 -

◎能把创新服务各项知识应用于实践；
◎培养创新能力；
◎培养创业的能力。

 引例　上海某公司的管理创新

上海某公司是我国境内成立的第一家西药制剂合资企业，又是完全按照世界卫生组织"优良制造规范(GMP)"进行设计、生产和经营、管理的现代化制药企业。几十年来，该公司始终坚持企业管理创新，进行着卓有成效的经营管理，取得了令人瞩目的成就。

管理思想上创新。该公司在管理思想上，主要在"四个转变"上下功夫。①从传统企业和管理目标多元化向管理目标单一化转变。每年企业都有明确的目标，公司的领导、公司的各项管理工作都围绕这一目标而展开，追求管理的卓越和创新，从而带来最佳的经济效益。②从企业被动型管理向企业自主化管理转变，让企业成为管理的主体。公司内部建立了 GMP 和质量、财务、安全等内部审计制度，形成了自我检查、自我整改、自我完善、自我发展的机制，调动了管理人员的积极性和主动性，创造性地开展创新活动。③从企业内部管理的计划经济模式向市场经济模式转变。他们坚持各项经营管理工作都以市场为导向，一切为市场需要服务，在营销工作中，坚持加强市场研究，讲究市场策略，重视市场投资，完善营销机制。④从封闭型的企业管理向国际通行的现代管理转变，并密切注意吸取国外现代管理的信息，不断进行管理创新。如他们将处方药与非处方药分类管理，为我国实施处方药与非处方药分类管理提供了一些经验、建议和措施。

管理方法上创新。企业管理方法的创新,主要是实现管理科学化和管理现代化。该公司把现代科学技术的一些最新成果运用到管理领域中来,如全面质量管理、统计分析、计算机网络计划技术、库存管理、决策技术、市场预测技术、生产资源计划、预算管理、办公自动化等。如MRPⅡ系统,公司采用了BPCS软件,使计算机网络管理完整地覆盖全公司各生产、经营部门,使市场预测、原料采购、生产作业、产品成本、库存状况、财务控制和质量控制等数据全都纳入一体化管理,从而有可能以最少投入、合理库存量和最高生产效率来编制生产计划,以更好地适应市场需求,在企业内部做到信息共享、决策科学和进行有效监督。另外,该公司还全面开展提高效率活动,制订节省成本、紧缩人员、提高效率的具体计划。公司在生产上开展了缩短生产周期的活动,对主要产品成立缩短生产周期项目组,定期活动,设立专职效率经理,开展大幅度提高效率活动。全面开展效率活动,包括销售效率、采购效率、新药上市周期缩短的工作效率和财务简化工作程序的活动。该公司在年度预算中把提高效率、减少成本作为实绩考核的一项指标。

经营思路的创新。该公司牢牢抓住了产品创新和市场创新,他们在新产品开发上有五年滚动计划,每年都要上市2种至3种新产品;新产品上市又有详细的上市促销和扩大市场占有率的策略,具有强烈的超前意识和市场占有意识。为了更好地占有市场,公司成立了仓储分发部,把仓库、分发、车队归并在一个部门,加强合作,强化管理,保证GMP。在全国设立了14个分发库,售后服务质量明显提高,如98%以上的产品在接到订单后2天内送到客户手里(除超出客户使用的额度外)。设立这一部门后,效率上升,费用下降,效果非常好。

这一案例表明:从该公司的发展创新历程看,它之所以处于同行业的领先地位,主要在于公司的创新理念,从经营的各方面进行创新带来了公司强大的竞争力。同时,我们也要看到,管理创新应该成为整个企业的理念!

 ## 6.1 企业管理创新

6.1.1 管理创新概述

1. 管理创新的概念

经济学家约瑟夫·熊彼特于1912年首次提出了"创新"的概念。创新是指以独特的方式综合各种思想或在各种思想之间建立起独特的联系这样一种能力。能激发创造力的组织,可以不断地开发出做事的新方式以及解决问题的新办法。管理创新是组织形成一种创造性思想并将其转换为有用的产品、服务或作业方法的过程。也即,富有创造力的组织能够不断地将创造性思想转变为某种有用的结果。当管理者说到要使组织更富有创造性的时候,他们通常指的就是要激发创新。

管理创新(management innovation)是指企业把新的管理要素(如新的管理方法、新的管理手段、新的管理模式等)或要素组合引入企业管理系统以更有效地实现组织目标的活动。

2. 管理创新的理论依据

要有效地进行管理创新,必须依照企业创新的特点和基本规律,因此,管理创新要依据以下基本的理论:

1) 企业本性论

追求利润最大化——企业是现代社会的经济主体,是社会政治、经济和文化生活的基本单元。现代社会是以企业为主宰的团体社会。企业没有利润,怎样体现自己的生命意义？又怎样追求自己的价值？这是企业进行管理创新首要的和基本的理论依据。

2) 管理本性论

"企业本性论"指明了企业生存的目标,而"管理本性论"则指明了实现这一目标必须依靠科学的管理。通过加强基础管理和专业管理,保证产品质量的提高、产量的增加、成本的下降和利润的增长。这是企业管理创新的又一依据。

3) 员工本性论

明确创造利润这一企业本性,认识到实现企业本性要靠科学的管理,根据市场和社会变化,有效地整合企业内部资源,创造更高的生产率,不断满足市场需求,是管理创新的常新内容。但这还不够,还必须明确管理的主体。在构成企业的诸多要素中,人是最积极、最活跃的主体性要素,企业的一切营运活动必须靠人来实现。人是生产力的基本要素,又是管理的主体。这是企业活力的源泉所在,也是管理能否成功的关键。

4) 国企特性论

国有企业是国有资产的运营载体,当前在国民经济中占有主导地位,是一种"特殊"的企业。政府要依靠和发挥国有经济的作用,通过国有企业实现宏观调控,与外资企业抗衡,稳定市场秩序,维护公开、公平的市场竞争,保证经济社会发展目标的实现。改革只会改变国企承担社会目标的形式和某些内容,但决不会改变其承担社会目标的职能,也不会改变经营者所面对的较之私人企业更多的管理难题。

3. 企业管理创新的基本条件

为使管理创新能有效地进行,还必须创造以下的基本条件:

1) 创新主体应具有良好的心智模式

创新主体(企业家、管理者和企业员工)具有良好的心智模式是实现管理创新的关键。心智模式是指由于过去的经历、习惯、知识素养、价值观等形成的基本固定的思维认识方式和行为习惯。创新主体应具有的心智模式:一是远见卓识;二是较好的文化素质和正确的价值观。

2) 创新主体应具有较强的能力结构

管理创新主体必须具备一定的能力才可能完成管理创新,管理创新主体应具有核心能力、必要能力和增效能力。核心能力突出地表现为创新能力;必要能力包括将创新转化为实际操作方案的能力、从事日常管理工作的各项能力;增效能力则是控制协调、加快进展的各项能力。

3) 企业应具备较好的基础管理条件

现代企业中的基础管理主要指一般的最基本的管理工作,如基础数据、技术档案、统计记录、信息收集归档、工作规则、岗位职责标准等。管理创新往往是在基础管理较好的基础上才有可能产生,因为基础管理好可提供许多必要的准确的信息、资料、规则,这本身有助于管理创新的顺利进行。

4) 企业应营造一个良好的管理创新氛围

创新主体能有创新意识,能有效发挥其创新能力,与拥有一个良好的创新氛围有关。在良好的工作氛围下,人们思想活跃,新点子产生得多而快;而不好的氛围则可能导致人们思想僵化,思路堵塞,头脑空白。

5) 管理创新应结合本企业的特点

现代企业之所以要进行管理上的创新,是为了更有效地整合本企业的资源,以完成本企业的目标和任务。因此,这样的创新就不可能脱离本企业和本国的特点。在当前的国际市场中,短期内中国大部分企业的实力比西方企业弱,如果以刚对刚则会失败,若以太极拳的方式以柔克刚,则可能是中国企业走向世界的最佳方略。中国企业应充分发挥以"情、理、法"为一体的中国式管理制度的优势和特长。

6) 管理创新应有创新目标

管理创新目标比一般目标更难确定,因为创新活动及创新目标具有更大的不确定性。尽管确定创新目标是一件困难的事情,但是如果没有一个恰当的目标则会浪费企业的资源,这本身又与管理的宗旨不符。

7) 提高公司的管理创新能力

(1) 有意识地进行管理创新。很多公司建立了研发实验室,或是为某些个人指定了明确的创新职责。但有多少公司建立了专门的组织架构来培育管理创新?要成为一个管理创新者,第一步须向整个组织推销其观念。

(2) 创造一种怀疑的、解决问题的文化。当面临挑战时,公司员工会如何反应?他们会开始怀疑吗?他们是会借助竞争者采用的标准解决方案,还是会更深入地了解问题,努力发现新的解决之道?只有后一条路才能将公司引向成功的管理创新,管理者应当鼓励员工寻求解决问题而非选择逃避。

(3) 寻求不同环境中的类比和例证。公司应该向一些高度弹性的社会体系学习。如果公司希望提高员工的动力,就应该去观察、学习各种志愿者组织。鼓励员工去不同的国家工作也非常有价值,这可以开阔员工的视野并激发思维。

(4) 培养低风险试验的能力。有一家公司的管理人员不断鼓励员工及团队提出管理创新办法,但他们很快意识到,要想使能动性转化为有效性,就不能放任所有的新主意在整个组织内蔓延。他们规定,每种创新只能在有限的人员范围和有限的时间内进行。这既保证了新创意有机会实施,同时也不会危害到整个组织。

(5) 利用外部的变革来源来探究新想法。当公司有能力自己推进管理创新时,有选择地利用外部的学者、咨询顾问、媒体机构以及管理大师们,会很有用。他们有三个基本作用:新观念的来源;作为一种宣传媒介让这项管理创新更有意义;使公司已经完成的工作得到更多的认可。

(6) 持续地进行管理创新。真正的成功者绝非仅进行一两次的管理创新。相反,他们是持续的管理创新者。通用电气公司就是一个例子,它不仅成名于其"群策群力"原则和无边界组织,还拥有很多更为古老的创新,例如战略计划、管理人员发展计划、研发的商业化等。

4. 企业管理创新的必要性

1) 知识经济和现代科学技术的要求

科学技术发展史是人类认识自然、改造自然的历史,也是人类文明史的重要组成部分。知识经济时代的今天,当人类豪迈地飞往宇宙空间,当机器人问世,当高清晰度数字化彩电进入日常家庭生活,当人们在为现代科学技术的神奇功能而叹为观止的时候,任何一个企业如果总把管理技术停留在原点上,那么企业的生存也将成为难点,发展更无路径了。

2) 市场经济和激烈的市场竞争的要求

"以产定销"的计划经济时代已经成为过去,信息化为经济市场化、国际化提供了生产力基础。企业的生存必将是全球范围内的生存。全球电子数据交换系统 EDI,使企业在产品生产和供应方面的地理概念与时间概念大大淡化,资金流通与商品流通日趋市场化、全球化。这些变化既给企业带来了机遇和挑战,又给企业带来了更高的要求与残酷的竞争。

3) 企业现状和深化企业改革的要求

管理要合理组织生产力,同时又要不断调整生产关系。当今我国企业正处于生产力大发展、生产关系大变革的环境之中,要提高企业经济效益,经济增长方式必须从粗放经营转到集约经营上来,即由"总量增长型"向"质量效率型"转变。

5. 管理创新的特征

管理创新是不同于一般的"创新",其特点来自创新和管理两个方面。管理创新具有创造性、长期性、风险性、效益性和艰巨性。

1) 创造性

管理创新以原有的管理思想、方法和理论为基础,充分结合实际工作环境与特点,积极地吸取外界的各种思想、知识和观念,在汲取合理内涵的同时,创造出新的管理思想、方法和理论。其重点在于突破原有的思维定式和框架,创造具有新属性的、增值的东西。

所谓创造性,一是体现在新技术、新产品、新工艺的显著变化上;二是体现在组织制度、经营和管理方式的创新上。这种创新的特点是打破常规、敢走新路、勇于探索。

案例分析 6-1　博洛尼的设计创造性

家居企业博洛尼认为,橱柜行业也跟时装、汽车等时尚产品一样,有自己独特的风向标,意大利的设计无疑是前沿潮流的代表。他们从意大利高薪聘请了首席设计师,让博洛尼展示出纯正的意大利风格。披上了意大利时尚设计的外衣,博洛尼的品牌效应凸显,迅速坐上国内整体厨房业第一的位置。

博洛尼以及其他具有"设计创造价值"理念企业的成功,至少给人们这样的启示:要使设计体现价值,首先要认识到设计的价值! 只有将关注设计融入企业的 DNA,以产品卓越的性能为基础,满足人们的视觉审美品位,才能使产品整体表现得以飞跃,使产品附加值和品牌力得以提高。

(资料来源:http://job.foodmate.net/hrinfo/zhenduan/13403.html,有改动)

分析:通过本案例,我们看到在管理创新中创造性所产生的巨大价值,这也是管理创新最重要的特点体现。

2)长期性

管理创新是一个长期的、持续的、动态的工作过程。

3)风险性

风险是无形的,对管理进行创新具有挑战性。管理创新并不总能获得成功。创新作为一种具有创造性的过程,包含着许多可变因素、不可知因素和不可控因素,这种不确定性使得创新必然存在着许多风险。这也就是创新的代价之所在。但是存在风险并不意味着要一味地冒险,去做无谓的牺牲,要理性地看待风险,要充分认识不确定因素,尽可能地规避风险,使成本付出最小化,成功概率最大化。

4)效益性

创新并不是为了创新而创新,而是为了更好地实现组织的目标,要取得效益和效率。通过技术创新提高产品技术含量,使其具有技术竞争优势,获取更高利润。通过管理创新,建立新的管理制度,形成新的组织模式,实现新的资源整合,从而建立起企业效益增长的长效机制。

5)艰巨性

管理创新因其综合性、前瞻性和深层性而颇为艰巨。人们的观念、知识、经验等方面及组织目标、组织结构、组织制度,关系到人的意识、权力、地位、管理方式和资源的重新配置,这必然会牵涉到各个层面的利益,使得管理创新在设计与实施中遇到诸多"麻烦"。

6.1.2　企业管理创新的内容

1.观念创新(idea innovation)

企业管理观念又称为企业管理理念,指企业管理者或管理组织在一定的哲学思想支配下,由现实条件决定的经营管理的感性知识和理性知识构成的综合体。一定的管理观念必定受到一定社会的政治、经济、文化的影响,是企业战略目标的导向、价值原则,同时管理的观念又必定折射在管理的各项活动中。从 20 世纪 80 年代开始,经济发达国家的许多优秀的企业、专家提出了许多新的管理思想和观念,如知识增值观念、知识管理观念、全球经济一体化观念、战略管理观念、持续学习观念等。我国企业的经营管理理念存在经营目标不明确、经营观念不当和缺乏时代创新精神的问题,应该尽快适应现代社会的需要,结合自身条件,构建自己独特的经营管理理念。

2. 组织创新(organizational innovation)

企业系统的正常运行,既要求具有符合企业及其环境特点的运行制度,又要求具有与之相适应的运行载体,即合理的组织形式。因此,企业制度创新必然要求组织形式的变革和发展。从组织理论的角度来考虑,企业系统是由不同成员担任的不同职务和岗位的结合体。这个结合体可以从结构和机构这两个不同层次去考察。所谓机构是指企业在构建组织时,根据一定的标准,将那些类似的或为实现同一目标有密切关系的职务或岗位归并到一起,形成不同的管理部门。它主要涉及管理劳动的横向分工的问题,即把对企业生产经营业务的管理活动分成不同部门的任务。而结构则与各管理部门之间,特别是与不同层次的管理部门之间的关系有关,它主要涉及管理劳动的纵向分工问题,即所谓的集权和分权问题。不同的机构设置,要求不同的结构形式;组织机构完全相同,但机构之间的关系不一样,也会形成不同的结构形式。由于机构设置和结构的形成要受到企业活动的内容、特点、规模和环境等因素的影响,因此,不同的企业有不同的组织形式,同一企业在不同的时期,随着经营活动的变化,也要求组织的机构和结构不断调整。组织创新的目的在于更合理地通过组织管理人员的努力,来提高管理劳动的效率。

案例分析 6-2 　 四川长虹的组织创新

基于对未来 3C 融合的战略把握,四川长虹 2006 年发布了其新的品牌形象,传统家电制造商的定位已被彻底颠覆,取而代之的是"面向 3C 融合的信息家电集成供应商"的新定位。这使过去数十年来,由军工企业演变而来的厚重国企形象,正在变身为科技、时尚、快乐的国际化品牌形象,这种战略调整,使长虹焕发出勃勃生机。

(资料来源:http://job.foodmate.net/hrinfo/zhenduan/13403.html)

分析:通过长虹的案例,我们看到作为组织创新的品牌定位要随着市场竞争形势而变。品牌再造,解决的正是品牌年轻化的问题——只有不断设计出符合时代需求的品牌,重新擦亮品牌,企业才能保持品牌永远领先和鲜活的形象。

3. 制度创新(institutional innovation)

制度创新需要从社会经济角度来分析企业系统中各成员间的正式关系的调整和变革。制度是企业运行的主要原则。企业制度主要包括产权制度、经营制度和管理制度三方面的内容。产权制度是决定企业其他制度的根本性制度,它规定着企业最重要的生产要素的所有者对企业的权力、利益和责任。不同的时期,企业各种生产要素的相对重要性是不一样的。在主流经济学的分析中,生产资料是企业生产的首要因素,因此,产权制度主要是指企业生产资料的所有制。目前存在的相互独立的两大生产资料所有制——私有制和公有制(或更准确的是社会成员共同所有的"共有制"),在实践中都是不纯粹的。私有制正越来越多地渗入"共有"的成分,被"效率问题"所困扰的公有制则正或多或少地添进"个人所有"的因素(如我国目前试行中的各种形式的"股份制")。企业产权制度的创新也许应该朝着寻求生产资料的社会成员"个人所有"与"共同所有"的最适度组合的方向发展。

经营制度是有关经营权的归宿及其行使条件、范围、限制等方面的原则规定。它表明企业的经营方式,确定谁是经营者,谁来组织企业生产资料的占有权、使用权和处置权的行使,谁来确定企业的生产方向、生产内容、生产形式,谁来保证企业生产资料的完整性及增值,由谁来向企业生产资料的所有者负责以及负什么责任。经营制度的创新方向应该是不断地寻求企业生产资料的最有效利用的方式。

管理制度是行使经营权、企业日常运作的各种规则的总称。

制度创新就是企业根据内外环境的变化和自身发展壮大的需要,对企业自身运行方式、原则规定的调整和变革。制度创新要以反映经济运行的客观规律、体现企业运作的客观要求、充分调动组织成员的劳动积极性为出发点和归宿。企业制度创新的方向是不断调整和优化企业所有者、经营者、劳动者三者之间的关系,使各个方面的权利和利益得到充分的体现,使组织的各种成员的作用得到充分发挥。

4. 技术创新(technological innovation)

技术创新是管理创新的主要内容,企业中出现的大量创新活动是有关技术方面的,因此,技术创新甚至被视为企业管理创新的同义词。现代企业的一个主要特点是在生产过程中广泛运用先进的科学技术,技术水平是反映企业经营实力的一个重要标志,企业要在激烈的市场竞争中处于主动地位,就必须不断进行技术创新。由于一定的技术都是通过一定的物质载体和利用这些载体的方法来体现的,因此,技术创新主要表现在要素创新、要素组合方法的创新及产品创新三个方面。

5. 产品创新(product innovation)

产品是企业向外界最重要的输出,也是组织对社会做出的贡献。产品创新包括产品的品种和结构的创新。品种创新要求企业根据市场需求的变化,根据消费者偏好的转移,及时地调整企业的生产方向和生产结构,不断开发出用户喜欢的产品;结构创新在于不改变原有品种的基本性能,对现有产品结构进行改进,使其生产成本更低,性能更完善,使用更安全,更具市场竞争力。

6. 环境创新(environmental innovation)

环境是企业经营的土壤,同时也制约着企业的经营。环境创新不是指企业为适应外界变化而调整内部结构或活动,而是指通过企业积极的创新活动去改造环境,去引导环境向有利于企业经营的方向变化。例如,通过企业的公关活动,影响社区、政府政策的制定;通过企业的技术创新,影响社会技术进步的方向等。

7. 文化创新(cultural innovation)

现代管理发展到文化管理阶段,可以说已经到达顶峰。企业文化通过员工价值观与企业价值观的高度统一,通过企业独特的管理制度体系和行为规范的建立,使得管理效率有了较大提高。创新不仅是现代企业文化的一个重要支柱,而且还是社会文化中的一个重要部分。如果文化创新已成为企业文化的根本特征,那么,创新价值观就能得到企业全体员工的认同,行为规范就会得以建立和完善,企业的创新动力机制就会高效运转。

案例分析 6-3　万科的人文创新

国内地产的领军企业万科秉承尊重个人选择权的文化理念,这种"尊重"表现在企业经营的方方面面:譬如尊重员工选择生活方式的权利;尊重员工选择在公司内部调动的权利;尊重员工选择在不同地区工作的权利;尊重员工双向选择的权利。其核心理念,便是"创造健康丰盛的人生"。在这种理念指引下,万科曾连续三年被评为"最佳雇主"。

(资料来源:http://job.foodmate.net/hrinfo/zhenduan/13403.html,有改动)

分析:通过万科的案例,我们看到"以人为本"是其文化的核心。雇主品牌建设,也是每个具有全球视角、长远发展战略的中国企业必做的功课。

6.1.3　企业管理创新的过程

一般来说,企业管理创新的过程包含四个阶段:

1. 对现状的不满

在几乎所有的案例中,企业管理创新的动机都源于对公司现状的不满:或是公司遇到危机,或是商业环境变化以及新竞争者出现而形成战略型威胁,或是某些人对操作性问题产生抱怨。

例如,Litton 互联产品公司是一家为计算机组装主板系统的工厂,位于苏格兰的格兰露斯。1991 年,George Black 受命负责这家工厂的战略转型。他说:"我们曾是一家前途黯淡的公司,与竞争对手相比,我们的组装工作毫无特色。唯一的解决办法就是采取新的工作方式,为客户提供新的服务。这是一种刻意的颠覆,也许有些冒险,但我们别无选择。"

很快,Black 推行了新的业务单元架构方案。每个业务单元中的员工都致力于满足某一个客户的所有需要。他们学习制造、销售、服务等一系列技能。这次创新使得客户反响获得极大改善,员工流动率也大大降低。

当然,不论出于哪一种原因,管理创新都在挑战组织的某种形式,它更容易产生于紧要关头。

2. 从其他来源寻找灵感

管理创新者的灵感可能来自其他社会体系的成功经验,也可能来自那些未经证实却非常有吸引力的新观念。

有些灵感源自管理思想家和管理宗师。1987年,穆雷·华莱士出任了惠灵顿保险公司的CEO。在惠灵顿危机四伏的关键时候,华莱士读到了汤姆·彼得斯的新作《混沌中的繁荣》。他将书中的高度分权原则转化为一个可操作的模式,这就是人们熟知的"惠灵顿革命"。华莱士的新模式令公司的利润率大幅增长。

还有些灵感来自无关的组织和社会体系。20世纪90年代初,总部位于丹麦哥本哈根的助听器公司奥迪康推行了一种激进的组织模型:没有正式的层级和汇报关系;资源分配是围绕项目小组展开的;组织是完全开放的。几年后,奥迪康取得了巨大的利润增长。而这个灵感却来源于公司CEO——孔林德曾经参与过的美国童子军运动。孔林德说:"童子军有一种很强的志愿性。当他们集合起来,就能有效合作而不存在任何等级关系。这里也没有钩心斗角、尔虞我诈,大家目标一致。这段经历让我重视为员工设定一个明确的'意义',这种意义远远超越了养家糊口。同时,建立一个鼓励志愿行为和自我激励的体系。"

此外,有些灵感来自背景非凡的管理创新者,他们通常拥有丰富的工作经验。一个有趣的例子是ADI公司的经理施耐德曼,平衡计分卡的原型就是出自他的手笔。在斯隆管理学院攻读MBA课程时,施耐德曼深受杰弗·雷斯特系统动态观念的影响。加入ADI前,他在贝恩咨询公司做了六年的战略咨询顾问,负责贝恩在日本的质量管理项目。施耐德曼深刻地了解日本企业,并用系统的视角看待组织的各项职能。因此当ADI的CEO——Ray Stata请他为公司开发一种生产质量改进流程的时候,他很快就设计出了一整套的矩阵,涵盖了各种财务和非财务指标。

这三个例子说明了一个简单的道理:管理创新的灵感很难从一个公司的内部产生。很多公司盲目对标或观察竞争者的行为,导致整个产业的竞争高度趋同。而通过从其他来源获得灵感,公司的管理创新者们能够开创出真正全新的东西。

3. 创新

管理创新人员将各种不满的要素、灵感以及解决方案组合在一起,组合方式通常并非一蹴而就,而是重复、渐进的,但多数管理创新者都能找到一个清楚的推动事件。

4. 争取内部和外部的认可

与其他创新一样,管理创新也有风险巨大、回报不确定的问题。很多人无法理解创新的潜在收益,或者担心创新失败会对公司产生负面影响,因而会竭力抵制创新。而且,在实施之前,我们很难准确判断创新的收益是否高于成本。因此对于管理创新人员来说,一个关键阶段就是争取他人对新创意的认可。

在管理创新的最初阶段,获得组织内部的接受比获得外部人士的支持更为关键。这个过程需要明确的拥护者。如果有一个威望高的高管参与创新的发起,就会大有裨益。另外,只有尽快取得成果才能证明创新的有效性,然而,许多管理创新往往在数年后才有结果。因此,创建一个支持同盟并将创新推广到组织中非常重要。管理创新的另一个特征是需要获得"外部认可",以说明这项创新获得了独立观察者的印证。在尚且无法通过数据证明管理创新的有效

性时,高层管理人员通常会寻求外部认可来促使内部变革。外部认可包括四种来源:

(1)商学院的学者。他们密切关注各类管理创新,并整理总结企业碰到的实践问题,以应用于研究或教学。

(2)咨询公司。它们通常对这些创新进行总结和存档,以便用于其他的情况和组织。

(3)媒体机构。它们热衷于向更多的人宣传创新的成功故事。

(4)行业协会。行业协会是指介于政府、企业之间,商品生产者与经营者之间,并为其服务、咨询、沟通、监督、公正、自律、协调的社会中介组织,如注册会计师协会。

外部认可具有双重性:一方面,它增加了其他公司复制创新成果的可能性;另一方面,它也增加了公司坚持创新的可能性。

6.1.4 管理创新的方法

1. 头脑风暴法

头脑风暴法(brainstorming method)是美国创造学家 A. F. 奥斯本在 1939 年发明的一种创新方法。这种创新方法是通过一种别开生面的小组畅谈会,在较短的时间内充分发挥群体的创造力,从而获得较多的创新设想。当一个与会者提出一个新的设想时,这种设想就会激发小组内其他成员的联想。当人们卷入"头脑风暴"的洪流之后,各种各样的构想就像燃放鞭炮一样,点燃一个,引爆一串。这种方法的规则有以下几个方面。

(1)不允许对别人的意见进行批评和反驳,任何人不做判断性结论。

(2)鼓励每个人独立思考,广开思路,提出的改进设想越多越好,越新越好。允许相互之间的矛盾存在。

(3)集中注意力,针对目标,不私下交谈,不干扰别人的思维活动。

(4)可以补充和发表相同的意见,使某种意见更具说服力。

(5)参加会议的人员不分上下级,平等相待。

(6)不允许以集体意见来阻碍个人的创造性意见。

(7)参加会议的人数不超过 10 人,时间限制在 20 分钟到 1 个小时。

这种方法的目的在于创造一种自由奔放的思考环境,诱发创造性思维的共振和连锁反应,产生更多的创造性思维。讨论 1 小时能产生数十个乃至几百个创造性设想,适用于问题比较单纯、目标较明确的决策。这种方法在应用中又发展出"反头脑风暴法",做法与头脑风暴法一样,但对一种方案不提肯定意见,而是专门挑毛病、找矛盾。它与头脑风暴法一反一正,正好可以相互补充。

2. 综摄法

综摄法(synectics method)又称类比思考法,是由美国麻省理工学院教授威廉·戈登(W.J.Gordon)于 1944 年提出的一种利用外部事物启发思考、开发创造潜力的方法。

戈登发现,当人们看到一件外部事物时,往往会得到启发思考的暗示,即类比思考。而这种思考的方法和意识没有多大联系，反而是与日常生活中的各种事物有紧密关系。

事实证明：我们的不少发明创造、不少文学作品都是由日常生活的事物启发而产生的灵感。这种事物，从自然界的高山流水、飞禽走兽，到各种社会现象，甚至各种神话、传说、幻想、电视等，比比皆是，范围极其广泛。戈登由此想到，可以利用外物来启发思考，激发灵感，解决问题，这一方法便被称为综摄法。

综摄法是指以外部事物或已有的发明成果为媒介，并将它们分成若干要素，对其中的元素进行讨论研究，综合利用激发出来的灵感，来发明新事物或寻求解决问题的方法。

3. 逆向思维法

逆向思维（reverse thinking）是顺向思维的对立面。逆向思维是一种反常规、反传统的思维。顺向思维的常规性、传统性，往往导致人们形成思维定式，是一种从众心理的反映，因而往往使人形成一种思维"框框"，阻碍着人们创造力的发挥。这时如果转换一下思路，用逆向思维法来考虑，就可能突破这些"框框"，取得出乎意料的成功。逆向思维法由于是反常规、反传统的，因而它具有与一般思维不同的特点。

（1）突破性。这种方法的成果往往冲破传统观念和常规，常带有质变或部分质变的性质，因而往往能取得突破性的成就。

（2）新奇性。由于思维的逆向性，改革的幅度较大，因而必然是新奇、新颖的。

（3）普遍性。逆向思维法适用的范围很广，几乎适用于一切领域。

4. 检核表法

检核表法（check list method）几乎适用于任何类型与场合的创造活动，因此又被称为"创造方法之母"。它是用一张一览表对需要解决的问题逐项进行核对，从各个角度诱发多种创造性设想，以促进创造发明、革新或解决工作中的问题。实践证明，这是一种能够大量开发创造性设想的方法。

检核表法是一种多渠道的思考方法，包括以下一些创造技法：迁移法、引入法、改变法、添加法、替代法、缩减法、扩大法、组合法和颠倒法。它启发人们缜密地、多渠道地思考和解决问题，并广泛运用于创造、发明、革新和企业管理上。它的要害是一个"变"字，而不把视线凝聚在某一点或某一方向上。

 知识链接 6-1　奥斯本检核表法的九组问题

奥斯本的检核表法属于横向思维，以直观、直接的方式激发思维活动，操作十分方便，效果也相当好。

下述九组问题对于任何领域创造性地解决问题都是适用的，这 75 个问题不是奥斯本凭空想象的，而是他在研究和总结大量近、现代科学发现、发明、创造事例的基础上归纳出来的。

（1）现有的东西（如发明、材料、方法等）有无其他用途？保持原状不变能否扩大用途？稍加改变，有无别的用途？

人们从事创造活动时,往往沿这样两条途径:一种是当某个目标确定后,沿着从目标到方法的途径,根据目标找出达到目标的方法;另一种则与此相反,首先发现一种事实,然后想象这一事实能起什么作用,即从方法入手将思维引向目标。后一种方法是人们最常用的,而且随着科学技术的发展,这种方法将越来越广泛地得到应用。

某个东西,"还能有其他什么用途?""还能用其他什么方法使用它?"……这能使我们的思维活跃起来。当我们拥有某种材料,为扩大它的用途,打开它的市场,就必须善于进行这种思考。德国有人想出了300种利用花生的实用方法,仅仅用于烹调,他就想出了100多种方法。橡胶有什么用处?有家公司提出了成千上万种设想,如用它制成床毯、浴盆、人行道边饰、衣夹、鸟笼、门扶手、棺材、墓碑等。炉渣有什么用处?废料有什么用处?边角料有什么用处?……当人们将自己的想象投入这条广阔的"高速公路"上,就会以丰富的想象力产生出更多的好设想。

(2)能否从别处得到启发?能否借用别处的经验或发明?外界有无相似的想法,能否借鉴?过去有无类似的东西,有什么东西可供模仿?谁的东西可供模仿?现有的发明能否引入其他的创造性设想之中?

当伦琴发现"X光"时,并没有预见到这种射线的任何用途,因而当他得知这项发现具有广泛用途时,他感到吃惊。通过联想借鉴,现在人们不仅已用"X光"来治疗疾病,外科医生还用它来观察人体的内部情况。同样,开始电灯只用来照明,后来,改进了光线的波长,发明了紫外线灯、红外线加热灯、灭菌灯,等等。科学技术的重大进步不仅表现在某些科学技术难题的突破上,也表现在科学技术成果的推广应用上。一种新产品、新工艺、新材料,必将随着它的越来越多的新应用而显示其生命力。

(3)现有的东西是否可以做某些改变?改变一下会怎么样?可否改变一下形状、颜色、音响、味道?是否可以改变一下意义、型号、模具、运动形式?……改变之后,效果又将如何?

如汽车,有时改变一下车身的颜色,就会增加汽车的美感,从而增加销售量。又如面包,给它裹上一层芳香的包装,就能提高嗅觉诱力。据说妇女用的游泳衣是婴儿衣服的模仿品,而滚柱轴承改成滚珠轴承就是改变形状的结果。

(4)放大、扩大。现有的东西能否扩大使用范围?能不能增加一些东西?能否添加部件,拉长时间,增加长度,提高强度,延长使用寿命,提高价值,加快转速?……

在自我发问的技巧中,研究"再多些"与"再少些"这类有关联的成分,能给人们提供大量的构思设想。使用加法和乘法,使可能使人们扩大探索的领域。

"为什么不用更大的包装呢?"——橡胶工厂大量使用的黏合剂通常装在一加仑的马口铁桶中出售,使用后便扔掉。有位工人建议黏合剂装在五十加仑的容器内,容器可反复使用,节省了大量马口铁。

"能使之加固吗?"——织袜厂通过加固袜头和袜跟,使袜的销售量大增。

"能改变一下成分吗?"——牙膏中加入某种配料,成了具有某种附加功能的牙膏。

(5)缩小、省略。缩小一些怎么样?现在的东西能否缩小体积,减轻重量,降低高度,压缩、变薄?……能否省略,能否进一步细分?……

前面一条是沿着"借助于扩大""借助于增加"而通往新设想的渠道，这一条则是沿着"借助于缩小""借助于省略或分解"的途径来寻找新设想。袖珍式收音机、微型计算机、折叠伞等就是缩小的产物。没有内胎的轮胎，尽可能删去细节的漫画，就是省略的结果。

(6) 能否代用。可否由别的东西代替、由别人代替？可否用别的材料、零件代替，用别的方法、工艺代替，用别的能源代替？可否选取其他地点？

如用液压传动来替代金属齿轮，又如用充氩的办法来代替电灯泡中的真空，使钨丝灯泡提高亮度。通过取代、替换的途径也可以为想象提供广阔的探索领域。

(7) 从调换的角度思考问题。能否更换一下先后顺序？可否调换元件、部件？是否可用其他型号，可否改成另一种安排方式？原因与结果能否对换位置？能否变换一下日程？……更换一下，会怎么样？

重新安排通常会带来很多的创造性设想。飞机诞生的初期，螺旋桨安排在头部，后来，将它装到了顶部，成了直升机，喷气式飞机则把它安放在尾部，说明通过重新安排可以产生种种创造性设想。商店柜台的重新安排，营业时间的合理调整，电视节目的顺序安排，机器设备的布局调整……都有可能导致更好的结果。

(8) 从相反方向思考问题，通过对比也能成为萌发想象的宝贵源泉，可以启发人的思路。倒过来会怎么样？上下是否可以倒过来？左右、前后是否可以对换位置？里外可否倒换？正反是否可以倒换？可否用否定代替肯定？……

这是一种反向思维的方法，它在创造活动中是一种颇为常见和有用的思维方法。第一次世界大战期间，有人就曾运用这种"颠倒"的设想建造舰船，建造速度也有了显著的加快。

(9) 从综合的角度分析问题。组合起来怎么样？能否装配成一个系统？能否把目的进行组合？能否将各种想法进行综合？能否把各种部件进行组合？等等。

例如把铅笔和橡皮组合在一起成为带橡皮的铅笔，把几种部件组合在一起变成组合机床，把几种金属组合在一起变成种种性能不同的合金，把几件材料组合在一起制成复合材料，把几个企业组合在一起构成横向联合……

应用奥斯本检核表是一种强制性思考过程，有利于突破不愿提问的心理障碍。很多时候，善于提问本身就是一种创造。

(资料来源：http://baike.baidu.com/link?url，有改动)

5. 信息交合法

信息交合法(information synthesis approach)通过若干类信息在一定方向上的扩展和交合，来激发创造性思维，提出创新性设想。信息是思维的原材料，大脑是信息的加工厂。通过不同信息的撞击、重组、叠加、综合、扩散、转换，可以诱发创新性设想。要正确运用信息交合法，必须注意抓好以下三个环节：

(1) 搜集信息。不少企业已设立专门机构来搜集信息。网络化已成为当今企业搜集信息的发展趋势。如日本三菱公司，在全世界设置了115个海外办事处，约900名日本人和2000多名当地职员从事信息搜集工作。搜集信息的重点放在搜集新的信息，只有新的信息才能反映科技、经济活动的最新动态、最新成果,这些往往对企业有着直接的利害关系。

(2)拣选信息。包含核对信息、整理信息、积累信息等内容。

(3)运用信息。搜集、整理信息的目的都是运用信息。运用信息,一要快,快才能抓住时机;二要交汇,即这个信息与那个信息进行交汇,这个领域的信息与那个领域的信息进行交汇,把信息和所要实现的目标联系起来进行思考,以创造性地实现目标。信息交汇可以通过本体交汇、功能拓展、杂交、立体动态四个方式进行。总之,信息交汇法就像一个"魔方",通过各种信息的引入和各个层次的交换会引出许多系列的新信息组合,为创新对象提供了千万种的可能性。

6. **模仿创新法**(imitation method)

人类的发明创造大多是由模仿开始的,然后再进入独创。勤于思考就能通过模仿做出创造发明。当今有许多物品模仿了生物的一些特征,以致形成了仿生学。模仿不仅被用于工程技术、艺术,也被应用于管理方面。

 案例分析 6-4　云南白药创可贴的模仿创新

在中国小创伤护理市场,"邦迪"一度占领了大部分市场,很多用户想到创可贴的时候甚至不知道还有其他品牌存在。云南白药认为自己的市场机会在于,同为给伤口止血的创伤药,"邦迪"产品的性能只在于胶布的良好性能,而没有消毒杀菌功能,而云南白药对于小伤口的治疗效果可以让用户更快地愈合。于是"邦迪"成了云南白药第一个模仿也是超越的对象。

挑战"邦迪",云南白药缺少的是胶布材料的技术。王明辉选择的解决方案是,整合全球资源来"以强制强",与德国拜尔斯道夫公司合作开发,这家拥有上百年历史的公司在技术绷带和黏性贴等领域具有全球领先的技术。不到两年时间,双方合作的"白药创可贴"迅速推向市场。

(资料来源:http://wenku.baidu.com/link?url,有改动)

分析:本案例中云南白药就是采用了模仿创新法,不仅抓住了市场,而且给自己节省了很多人力、物力方面的付出。所以企业在发展的过程中,可以在不违反法律法规的前提下,适当地采用这种方法,更快地抓住机会。

 # 6.2　创业

6.2.1　创业概述

1. 创业的含义

创业是创业者对自己拥有的资源或通过努力对能拥有的资源进行优化整合,从而创造出更大经济或社会价值的过程。创业是一种劳动方式,是一种需要创业者运营、组织、运用服务、技术、器物作业的思考、推理和判断的行为。根据杰夫里·提蒙斯所著的创业教育领域的经典教科书《创业创造》(New Venture Creation)的定义：创业是一种思考、推理结合运气的行为方式，它为运气带来的机会所驱动，需要在方法上全盘考虑并拥有和谐的领导能力。

创业是指一个人发现了一个商机并加以实际行动转化为具体的社会形态，获得利益，实现价值。科尔在 1965 年提出，把创业定义为：发起、维持和发展以利润为导向的企业的有目的性的行为。

2. 创业的类型

按照不同的标准，可将创业分成不同的类型。了解创业类型是为了在创业决策中做比较，选择最适合自己条件的创业类型。我们可以从动机、渠道、主体、项目、风险和周期六个不同的角度进行分类。

(1) 从动机角度，创业可分为机会型创业与就业型创业。

①机会型创业。机会型创业的出发点并非谋生，而是为了抓住、利用市场机遇。它以新市场、大市场为目标，因此能创造出新的需要，或满足潜在的需求。机会型创业会带动新的产业发展，而不是加剧市场竞争。世界各国的创业活动以机会型创业为主，但中国的机会型创业数量较少。

②就业型创业。就业型创业的目的在于谋生，为了谋生而自觉地或被迫地走上创业之路。这类创业大多属于尾随型和模仿型，规模较小，项目多集中在服务业，并没有创造新需求，而是在现有的市场上寻找创业机会。由于创业动机仅仅是为了谋生，往往小富即安，极难做大做强。

就业型创业和机会型创业与主观选择相关，但并非完全由主观决定。创业者所处的环境及其所具备的能力对于创业动机类型的选择有决定性作用。因此，创造良好的创业环境，通过教育和培训来提高人的创业能力，就会增加机会创业和生存、机会创业的数量，不断增加新的市场，促进经济发展和生活改善，减少企业之间的低水平竞争。

(2) 按照新企业建立的渠道，可以将创业划分为自主型创业和企业内创业。

①自主型创业。自主型创业是指创业者个人或团队白手起家进行创业。

自主型创业充满挑战和刺激，个人的想象力、创造力可得到最大限度的发挥，不必再忍受单位官僚主义的压制和庸俗的人际关系的制约；有一个新的舞台可供表现和实现自我；可多方面接触社会、各种类型的人和事，摆脱日复一日的单调乏味的重复性劳动；可以在短时期内积累财富，奠定人生的物质基础，为攀登新的人生高峰做准备。然而，自主型创业的风险和难度也很大，创业者往往缺乏足够的资源、经验和支持。

②企业内创业。企业内创业是进入成熟期的企业为了获得持续的增长和长久的竞争优势，为了倡导创新并使其研发成果商品化，通过授权和资源保障等支持的企业内创业。每一种

产品都有生命周期,一个企业在不断变化的环境中,只有不断创新,不断将创新的成果推向市场,不断推出新的产品和服务,才能跳出产品生命周期的怪圈,不断延伸企业的生命周期。成熟企业的发展同样需要创业的理念、文化,需要企业内部创业者利用和整合企业内部资源创业。企业内创业是动态的,正是通过二次创业、三次创业乃至连续不断的创业,企业的生命周期才能不断地在循环中延伸。

(3) 按创业主体分类,创业可以分为大学生创业、失业者创业和兼职者创业。

①大学生创业。大学毕业后自主创业,可独立创业,也可合伙创业;可干所学专业的,也可干非所学专业的,这在今天已较普遍。自主创业的目的并非以挣钱为主,而是不愿替人打工,受制于人,是干自己想干的事,体现自我人生价值。

②失业者创业。不少失业者也通过自身努力,成了创业的佼佼者。这类创业大多选择服务行业,投资少,回报快,风险低。比如,北京的月嫂服务就是失业工人开创的,市场非常巨大,十分适合有生活经验的中年妇女。

③兼职者创业。如大学教授中有一部分就是兼职创业者,尤其是艺术专业的,自己建立公司,对外招揽生意。也有一些研究生、博士生在读书期间就帮助导师做项目。

(4) 按创业项目分类,创业大致可以分为传统技能型、高新技术型和知识服务型三种。

①传统技能型。选择传统技能项目创业将具有永恒的生命力,因为使用传统技术、工艺的创业项目,如独特的技艺或配方都会拥有市场优势。尤其是酿酒业、饮料业、中药业、工艺美术品业、服装与食品加工业、修理业等与人们日常生活紧密相关的行业中,独特的传统技能项目表现出了经久不衰的竞争力,许多现代技术都无法与之竞争。不仅中国如此,外国也如此。有不少传统的手工生产方式在发达国家至今尚保留着。

②高新技术型。高新技术项目就是人们常说的知识经济项目、高科技项目,知识密集度高,带有前沿性、研究开发性质。

③知识服务型。当今社会,信息量越来越大,知识更新越来越快。为了满足人们节省精力、提高效率的需求,各类知识型咨询服务的机构会不断细化和增加,如律师事务所、会计师事务所、管理咨询公司、广告公司,等等。知识服务型项目是一种投资少、见效快的创业选择。剪报创业就是一种知识服务型创业。北京有人创办剪报公司,专门为企业剪报,把每天主要媒体上与该企业有关的信息全部收集、复印、装订起来,有的年收入达 100 万元,且市场十分稳定。

(5) 按创业风险分类,创业大致可以分为依附型、尾随型、独创型和对抗型创业。

①依附型创业。依附型创业可分为两种情况。一是依附于大企业或产业链而生存,在产业链中确定自己的角色,为大企业提供配套服务。如专门为某个或某类企业生产零配件,或生产、印刷包装材料。二是特许经营权的使用。如麦当劳、肯德基,利用品牌效应和成熟的经营管理模式,减少经营风险。

②尾随型创业。尾随型创业即模仿他人创业,所开办的企业和经营项目均无新意,行业内已经有许多同类企业,新创企业尾随他人之后,"学着别人做"。尾随的第一个特点,是短期内不求超过他人,只求能维持下去,随着学习的成熟,再逐步进入强者行列。尾随的第二个特点,

是在市场上拾遗补阙,不求独家承揽全部业务,只求在市场上分得一杯羹。

③独创型创业。独创型创业可表现在诸多方面,归结起来,集中在两个层面:一是填补市场需求内容的空白,二是填补市场需求形式的空白。前者是经营项目具有独创性,独此一家,别无分店。大到商品独创性,小到商品的某种技术的独创性。如生产的洗衣粉比市场上卖的环保性好且去污力强,这就属于商品的某种技术的独创性。独创性也可以表现为一种服务,如搬家服务过去是没有的,改革开放后,搬家服务已形成市场,谁先成立搬家公司,谁的创业就具备独创性。当然,独创型创业有一定的风险性,因为消费者对新事物有一个接受的过程。独创型创业也可以是旧内容新形式,比如,产品销售送货上门,经营的商品并无变化,但在服务方式上扩大了,从而更具竞争力。

④对抗型创业。对抗型创业是指进入其他企业业已形成垄断地位的某个市场,与之对抗较量。这类创业必须在知己知彼、科学决策的前提下,决心大,速度快,把自己的优势发挥到淋漓尽致,把自己的劣势填平补齐,抓住市场机遇,乘势而上,避开市场风险,减少风险损失。希望集团就是对抗型创业的成功典型。20世纪90年代初,面对外国饲料厂商进入中国市场,大量倾销合成饲料,希望集团建立西南最大的饲料研究所,一起步就定位于与外国饲料争市场。

(6)按创业周期划分,创业可分为初始创业、二次创业与连续创业。

①初始创业。初始创业是一个从无到有的过程。创业者经过市场调查,分析自己的优势与劣势和外部环境的机遇与风险,权衡利弊,确定自己的创业类型,履行必要的法律手续,招聘员工,建立组织,设计管理模式,投入资本,营销产品或服务,不断扩大市场,由亏损到盈利的过程就是初始创业。同时,初始创业也是一个学习过程,创业者往往边干边学。在初始创业阶段企业的死亡率较高,风险来自多方面,有时甚至会出现停止是死,扛下去也未必有生路,总之要承受更大的心理压力和经济压力。所以,初始创业要尽量缩短学习过程,善用忠实之人,减少失误,坚持到底。

②二次创业。创业是个动态的过程,伴随着企业全部的生命周期。企业的生命周期分为投入期、成长期、成熟期和衰退期四个阶段。创业者表现最明显的是在投入期和成熟期,没有投入期,就没有创业;成熟期不再次创业,企业就会死亡。成熟期再创业的,就是二次创业。它对企业的生存和发展有着举足轻重的作用。北京的电冰箱、洗衣机企业在全国曾经有过辉煌的历史,海尔冰箱、洗衣机只是白菊、雪花的"小兄弟"。但二次创业中,北京家电业没有迈过去,最后消亡了,而海尔在张瑞敏的率领下成功地进行了二次创业,并成为海尔企业集团。

③连续创业。创业其实是沿着一条哲学法则运行的。初创型企业,体现的是从无到有,"有"要完成它的生命周期四个阶段,这四个阶段是由生到死的阶段,如何不使其死?唯一的办法是嫁接生命,把企业生命由原来所系的产品(或服务、技术)嫁接到另一种新产品(或新服务、新技术)的生命也是有限的,这就需要三次创业,三次嫁接。进入第三次创业的企业往往有了较大的实力和规模,抗风险能力比较强,而且经过三次创业的企业,不少走向了分权化、集团化,企业在市场"东方不亮西方亮,黑了南方有北方",达到"三生万物"的境界。

6.2.2 创业者(entrepreneur)类型

随着经济的发展,投身创业的人越来越多,《科学投资》杂志调查研究表明,国内创业者基本可以分成以下类型:

1. 生存型创业者

生存型创业者大多为下岗工人、失去土地或因为种种原因不愿困守乡村的农民,以及刚刚毕业找不到工作的大学生。这是中国数量最大的创业人群。清华大学的调查报告说,这一类型的创业者占中国创业者总数的90%。其中许多人是为了谋生。一般创业范围局限于商业贸易,少量从事实业,也基本是小型的加工业,当然也有因为机遇成长为大中型企业的,但数量极少。

2. 主动型创业者

主动型创业者又可以分为两种,一种是盲动型创业者,一种是冷静型创业者。前一种创业者大多极为自信,做事冲动。这种类型的创业者很容易失败,但一旦成功,往往就是一番大事业。冷静型创业者是创业者中的精华,其特点是谋定而后动,不打无准备之仗,或是掌握资源,或是拥有技术,一旦行动,成功概率通常很高。

3. 赚钱型创业者

赚钱型创业者除了赚钱,没有什么明确的目标。他们就是喜欢创业,他们不计较自己能做什么,会做什么。可能今天在做着这样一件事,明天又在做着那样一件事,他们做的事情之间可以完全不相干。甚至其中有一些人,连对赚钱都没有明显的兴趣,也从来不考虑自己创业的成败得失。奇怪的是,这一类创业者中赚钱的并不少,创业失败的概率也并不比那些兢兢业业、勤勤恳恳的创业者高。而且,这一类创业者大多过得很快乐。

4. 反欺诈委托加盟

反欺诈委托加盟是一个新的业务模式。表示加盟投资商委托一家公司帮着加盟策划,以规避加盟风险和引进合适的加盟项目,比如万城网推出的各县区区域加盟,就是典型的加盟创业。反欺诈委托加盟绝对不只是简单地为加盟投资商推荐一家连锁企业,而是从加盟创业、维权、店铺经营这三个方面进行整体策划。这一概念是由伦琴反欺诈加盟网提出的。

6.2.3 创业的过程和方法

1. 创业的过程

第一步:生存阶段,以产品和技术来占领市场,只要有想法(点子)、会"搞关系"(销售)就可以。

第二步:公司化阶段,规范管理来增加企业效益,这需要创业者的思维从想法提升到思考的高度,而原先的"搞关系"就转变成一个个渠道的建设,公司的销售是依靠渠道来完成的,团队也初步形成。

第三步：集团化阶段，这时依靠的是硬实力（产业化的核心竞争力），整个集团和子公司形成了系统平台，依靠的是一个个团队通过系统平台来完成管理（人治变成了公司治理），销售变成了营销，区域性渠道转变成一个个地区性的网络，从而形成了系统。思维从平面到三维。这时，创业者就有了现金流系统，这是许多创业者梦想达到的理想状态。

第四步：这是创业者的最高境界，集团总部阶段，是一种无国界的经营，也就是俗称的跨国公司。集团总部的系统平台和各子集团的运营系统形成的是一种体系。集团总部依靠的是一种可跨越行业边界的无边界核心竞争力（软实力），子集团形成的是行业核心竞争力（硬实力），这样将使集团的各行各业取得它们在单兵作战的情况下所无法取得的业绩水平。思维已从三维到多维，这才是企业发展所能追求和达到的最高境界。

2. 创业的方法

在创业过程中，创业者有以下方法可供参考：

(1) 借鉴。不是所有伟大的创业理念都是原创的。推特(Twitter)可以说是微博的一种，但在推特成立之前，很早就已经有人在脸书(Facebook)上这样做了，而且比这更早些，人们在图片上加上说明文字，可以看作是当时的推文。问答网站 Quora 是一种新形式的论坛。百事可乐是另一种可乐。温迪快餐(Wendy's)是新版本的快餐。iPod 就是新款的 MP3 播放器。如果你的创业想法、服务或产品并非完全独创，这并非什么大问题，你的经营方式才是重点。

(2) 目标明确。很多年轻的创业者可能有 10 个不错的创业想法，但是创业者应该只关注其中一个。创业者不要像杰克·凯鲁亚克(Jack Kerouac，美国"垮掉的一代"的代表人物)的作品风格一样随意，并且不要轻易将注意力从一个目标转向另一个目标。

(3) 地理位置。地理位置不仅仅只对房地产重要。如果创业者希望目标客户能够很快了解公司的存在，那么公司的地理位置就要选择在与客户群相关的区域内。如果创业者经营的是一家户外用品公司，那么将公司设立在田纳西州就是自然而然的事。如果创业者希望能够在行业中与大企业抗衡，那么就将公司设在这些大企业还无暇顾及的某个小城内。

(4) 数字。如果创业者正准备花几周的时间撰写一份商业计划书，那么商业计划更应该是一份数据翔实的表格，而不是一份由文字堆砌的文稿。计算出相关的经营数据，远比陈述你将如何利用社交媒体重要得多，所有诸如此类的内容都会随时间的推移而发生变化，所以，应当将注意力放在数据上。

(5) 一步到位。不要想着走捷径。例如，不能因为工资低，就聘用没有经验的平面设计师。当他们提交的平面设计一团糟时，你还得找人将工作重新做一遍，而因此为一份工作付双份的钱，就更别提因此而浪费掉的时间了。

(6) 销售额。销售额不等于现金流。在资金有限的情况下，资金流才是公司生存的必要条件。

(7) 创造价值。初创公司所聘用的员工不仅要符合工作岗位的能力要求，还要能够为公司创造附加值。最关键的创业初期，有能力的创业者是不会在用人方面总考虑节约的。

(8) 生活规划。创业者应当将个人财务和公司财务划分开来管理。在开始创业前，要先保证你的个人生活不会出现问题,否则你很难取得成功。创业者可以通过贷款解决公司运营资金的需求。创业是为了生活得更好,而生活不是为了更好地创业。

(9)进退。最后,创业者要设定好退出策略,可以选择转让、出售公司或者独立经营。创业者也一定要知道何时该进,何时该退。

有很多创业者在创业道路上往往会遇到各种各样的问题,然而,要做一名合格的创业者,就必须要学会去面对这些问题,学会怎么解决这些问题,还要学会积累解决这些问题的经验,这样才会使事业有条不紊地发展下去。

3. 创业注意事项

创业者在创业当中应该注意以下几个问题,要随时迎接创业道路上的挑战,敢于去解决面临的创业问题,在创业的过程当中必须头脑清醒、认清形势,一旦决定,追求到底,这才是一种明智的创业心态。一旦缺乏耐心,没有毅力,那么将会与成功失之交臂。

(1)积极利用现有资源。不少人选择了与已往工作经历密切相关的领域创业,工作中积累的经验和资源是最大的创业财富,要善于利用这些资源,以便近水楼台先得月。对能帮自己生存的项目,要优先进行考虑。不要在只能改善形象或者带来更大方便的项目上乱花费用。

(2)建设自己的业务渠道。有些人有投资资金或有一定的业务渠道,但苦于分身无术,因此会选择合作经营的创业方式。如果自己需要合伙人的钱来开办或维持企业,或者这个合伙人帮助自己设计了这个企业的构思,或者他有自己需要的技巧,或者自己需要他为自己鸣鼓吹号,那么就请他加入自己的公司。这虽能让兼职老板轻松上阵,但要慎重选择合作伙伴,在请帮手和自己亲自处理之间,要有一个平衡点。首先要志同道合,其次要互相信任。不要聘用那些适合工作,却与自己合不来的人员,也不要聘用那些没有心理准备面对新办企业压力的人。

此外,和合作伙伴之间的责、权、利一定要分清楚,最好形成书面文字,有合作双方和见证人的签字,以免起纠纷时空口无凭。

(3)细致准备必不可少。创业是一项庞大的工程,涉及融资、选项、选址、营销等诸多方面,因此在创业前,一定要进行细致的准备。

通过各种渠道增强创业方面的基础知识;根据自己的实际情况选择合适的创业项目,为创业开一个好头;撰写一份详细的商业策划书,包括市场机会评估、盈利模式分析、开业危机应对等,并摸清市场情况,知己知彼,打有准备之仗。

不要将未经试验的创意随手扔在一边。如果用这种创意来创业,也得留心其中可能的陷阱。自问一下:自己是否得花大力气来宣传自己的产品或者服务?自己具有足够的财经资源、技能、人手和业务关系吗?

(4)尽量用足相关政策。政府部门有很多鼓励创业的政策,创业时一定要注意"用足"这些政策,如免税优惠、在某地注册企业可享受比其他地区更优惠的税率等。这些政策可大大减少创业初期的成本,使创业风险大为降低。

(5)经商之道,以计为首。所有商业经营活动,如果从表面上来看,好像是一种仅仅同物质打交道的经营活动,但是,透过现象看本质,在今天的"食脑时代"里,商业经营活动实质上已经变成了一种人与人之间的智力角逐,是一场"斗智斗勇"的"智力游戏",是人与人之间的谋略大比试。因此,正如古代军事家所说的"用兵之道,以计为首"一样,经商之道也应该以计为首。面对空前惨烈的市场竞争,想要找准自己的立足点和切入点,站稳脚跟,生存下来,谋取利益,发展壮大,那么,就必须首先考虑如何运用自己的商业智慧制订全面系统的、可执行的、可操作的和切实有效的经营策略和实施方案,以便确保每战必捷,战无不胜。

(6)决策问题。决策失误时,不要对失误过于敏感。自己的失误会带来直接后果,如发错货可能致使一个客户立刻与自己断绝关系。作为企业家,冒风险时,要谨而慎之。如果出现失误,不要过于敏感。接受事实,从中吸取教训。

(7)不要被胜利冲昏头脑。自己第一步的成功全靠自己的创意好、时机合适、运气不错和良好的业务关系。不过,这一切随时都可能离自己而去。因此,不要太过自信,投入过量的资金,使自己陷入泥沼之中。

6.2.4 大学生创业

1. 大学生创业的方向

1)高科技领域

身处高新科技前沿阵地的大学生,在这一领域创业有着近水楼台先得月的优势,"易得方舟""视美乐"等大学生创业企业的成功,就是得益于创业者的技术优势。但并非所有的大学生都适合在高科技领域创业,一般来说,技术功底深厚、学科成绩优秀的大学生才有成功的把握。有意在这一领域创业的大学生,可积极参加各类创业大赛,获得脱颖而出的机会,同时吸引风险投资。

2)智力服务领域

智力是大学生创业的资本,在智力服务领域创业,大学生游刃有余。例如,家教领域就非常适合大学生创业,一方面,这是大学生勤工俭学的传统渠道,积累了丰富的经验;另一方面,大学生能够充分利用高校教育资源,更容易赚到"第一桶金"。此类智力服务创业项目成本较低,一张桌子、一部电话就可开业。

3)连锁加盟领域

统计数据显示,在相同的经营领域,个人创业的成功率低于20%,而加盟创业的成功率则高达80%。对创业资源十分有限的大学生来说,借助连锁加盟的品牌、技术、营销、设备优势,可以较少的投资、较低的门槛实现自主创业。但连锁加盟并非"零风险",在市场鱼龙混杂的现状下,大学生涉世不深,在选择加盟项目时更应注意规避风险。一般来说,大学生创业者资金实力较弱,适合选择启动资金不多、人手配备要求不高的加盟项目,从小本经营开始为宜;此外,最好选择运营时间在5年以上、拥有10家以上加盟店的成熟品牌。

4)开店

大学生开店,一方面可充分利用高校的学生顾客资源;另一方面,由于熟悉同龄人的消费习惯,因此入门较为容易。正由于走"学生路线",因此要靠价廉物美来吸引顾客。此外,由于大学生资金有限,不可能选择热闹地段的店面,因此推广工作尤为重要,需要经常在校园里张贴广告或和社团联办活动,才能广为人知。

5)技术创业

大学生毕业后,在学校学习的课程很难应用到实际工作中。毕业后学习一门技术,可以让大学生很快融入社会。有一技之长进可开店创业,退可上班积累资本。好酒不怕巷子深,所以有一技之长的大学生在开店创业的时候,可以避开热闹地段,节省大量的门面租金,把更多的创业资金用到经营活动中去。

2. 创业易犯错误

(1)侥幸心态。创业者堵投资人的门、向投资人群发 E-mail,认为投资人看到邮件就会投资。其实没有这么简单,投资人每天要看数以百计的商业计划书,然后再筛选并做深入调查,不可能让你"侥幸"获胜。

(2)拍脑子想点子。不要认为拍脑子想出点子就会拿到投资,好点子不值钱。

(3)想问题没有深度。创业者很浮躁,有个点子,马上就写商业计划书、找投资;但见了面,几个问题下来,创业者就被问倒了。

(4)堆叠商业模式。有的创业者喜欢把一系列的"流行商业模式元素"做堆叠,但事实上这让投资人很倒胃口。

(5)伪需求。创业者喜欢把周边人群的需求放大。例如"我老婆有这个需求,我朋友有这个需求",但这些需求是伪需求,不是创业者从真正用户那里问来的。

(6)过分偏执。极个别创业者为得到投资,以"我得了绝症,你不来看我,我就不活了"这样的偏执话语威胁。这样的情况,就算投资人来见你,但最终还是要看项目。

(7)低估难度。创业难,难于上青天。今天即使你得到李开复的投资,进入创新工场孵化,要想成为腾讯、阿里巴巴这样的企业的概率还不及千分之一。

(8)故作神秘。创业者把"点子"当商业机密,与投资人谈条件:"先给钱再说点子。"要知道,创业者是靠执行获胜,不是靠秘密的点子。

(9)不诚信。创业者盗窃他人项目的知识产权。

(10)没重点。描述不清晰,讲话没重点。投资人希望创业者能用一句话概述项目情况、用户、市场和团队特色。不要浪费彼此的时间。

 案例分析6-5　一个大学生的创业故事

刘鹏飞,2007年从江西九江学院毕业,许多同学都在为工作而发愁,但刘鹏飞却已成竹在胸。一毕业,他就毫不犹豫地踏上了开往义乌的火车。当时,他身上除了一些必备物品外仅剩5元钱。为了填饱肚子,同时也为了锻炼自己的工作能力,他决定先去找工作。辗转奔波,终于在一家公司做了一名外贸销售员。一个月后,刘鹏飞拿着一千四百元工资,毅然决然地辞职了。当时就有很多同事劝他不要辞职，因为在外面找工作也不容易，不要一时头脑发热而做错事。但是刘鹏飞却坚定走他的创业之路，丝毫不为之动摇。

在坚定了自己的创业决心后，刘鹏飞拿着交完房租剩下的仅有的 800 元就开始了自己的创业之路。跟别的创业者不同，他没有经验和资金，有的只是创业的决心、激情和勇敢，于是就那样大胆地踏上了创业的道路。当然，他的创业之路并不是一帆风顺的。辞职一个多月了，始终没有找到合适的项目。这才约朋友去公园散散心，没想到却意外看到了孔明灯，一开始只是觉得好奇，就准备买一个。第二天一大早，刘鹏飞就跑到义乌小商品批发市场买孔明灯。令他没有想到的是，偌大的小商品市场竟然没有几家销售孔明灯的。逛了整整一天，好不容易才淘到了一盏孔明灯。在义乌这个号称全球最大的小商品批发市场中却只有几家在销售孔明灯，这个发现让刘鹏飞欣喜不已。后来他又对孔明灯做了进一步的调查，了解到了孔明灯市场竞争小，而且潜力巨大，有着丰富的文化内涵，并且收益也比较快。说干就干，从小商品市场回来的第二天起，刘鹏飞就开始认认真真地设计起他的孔明灯网站来。只要网上有人下订单，自己就先去市场批发回来，然后再转手卖出去。刘鹏飞的想法，得到了女朋友的支持。两人从小商品市场买了 100 多个孔明灯。果然不出所料，在依靠着网上的平台、义乌的市场资源和女友的支持及帮助下，刘鹏飞在第一个月就赚了几千元钱。从此以后，刘鹏飞更加努力地寻找客户，短短的半年就积攒了 6 万元的存款。

后来有一天，刘鹏飞突然接到了一个 20 万元的温州外贸公司的大订单。欣喜若狂的刘鹏飞赶忙寄出样品，没想到却寄错了样品。好不容易安抚好对方，再寄样品，却又一次出错了。在寄出的十个样品中竟然有几个烂的样品，当所有人都认为这笔订单成了泡影的时候，刘鹏飞却并没有轻言放弃。他打电话道歉，写电子邮件解释，一遍又一遍地请求客户再给他一次机会。就在众人都让刘鹏飞放弃的时候，出乎所有人的意料，刘鹏飞竟接到了那个温州外贸公司的电话，说要去他的工厂考察。这下刘鹏飞却慌了，因为他根本没有工厂，甚至连接待客户的办公室都没有。在放下电话后，刘鹏飞决定要"打肿脸充胖子"。跑了三天，终于借到了一间办公室，虽然比较简陋，但也还应付得过去，后来又如法炮制借了间工厂，随后又把所有该注意的事项安排都想好了。随着温州客户来临日期的接近，刘鹏飞的心里却是日渐沉重。终于，二十几天后，温州客户来了，但是刘鹏飞没有急着跟客户谈生意，反而把自己借办公室、借工厂的经过一五一十地招了。可是客户听了并没有生气，反而当场就签了 20 万元的合同。因为他们看中了刘鹏飞的为人，也可以说是他的真诚打动了客户。

经过这件事情后，刘鹏飞开始打算自己建一个工厂。在研究了孔明灯的材料、制作工艺之后，并且早在半年前，刘鹏飞就让哥哥去学孔明灯的制作技术，众多条件具备，短短的一个月，从建厂到生产，刘鹏飞就保质保量地完成了订单所需要的全部孔明灯，一下子就赚了近十万元。这更加坚定了他的创业决心。后来，刘鹏飞的女朋友和好朋友吴道军先后辞去工作，加入了刘鹏飞的公司。刘鹏飞负责销售和生产，女朋友负责外贸，吴道军负责采购。三个人合作默契，短短半年时间，销售额就达到了 300 多万元。2009 年，刘鹏飞又先后推出了荷花灯、水灯等工艺灯具，产品远销欧洲许多国家，这也为他迅速积累了数百万资产。

刘鹏飞的创业故事到这里并没有结束，后来他把他卖孔明灯赚来的一百万元钱，给了两个大学还没毕业的毛头小伙，投资成立了一家十字绣工厂。于是他又比别人更先一步进入了十字绣的市场,事实证明,他的选择是对的,短短半年,他的工厂已经收回了大半的成本。

(资料来源:http://blog.sina.com.cn/s/blog_5debc6730100eoeq.html,有改动)

分析:本案例中的刘鹏飞的创业经历值得大学生们深思。刘鹏飞的成功很大一部分是因为他有着很多和其他成功创业者的共同之处,同时也有着别人不具备的战略眼光、优点和品质。所以说,创业的决心,优秀的个人品质,良好的心态,强大的团队,再加上一点小小的运气,最终促成了刘鹏飞创业的成功。

 基本训练

一、简答题

1. 什么是管理创新?
2. 管理创新包含什么内容?
3. 管理创新的方法有哪几种?
4. 大学生创业的方向可选择哪些?
5. 组织创新应具备哪些条件?

二、判断题

1. 为适应环境的变化,组织应不断调整系统内部的内容和目标,这在管理上叫作管理的创新职能。(　　)
2. 对企业而言唯一不变的就是创新。(　　)
3. 维持是创新基础上的发展,而创新则是维持的逻辑延续。(　　)
4. 创业计划是说服自己,更是说服投资者的重要文件。(　　)
5. 创新的核心是技术创新,包括产品创新和工艺创新。(　　)
6. 职业资源是指创业者在创业之前,为他人工作时所建立的各种资源。(　　)
7. 创业环境分析是发现创业机会的基础,是进行创业可行性分析的前提。(　　)
8. 经济周期是现代社会发展过程中可以避免的经济波动,包括繁荣、萧条、衰退、复苏四个阶段。(　　)
9. 政策机会是指政府为创业者制定政策的机会。(　　)
10. 创业市场调研是创业者是否进入某一目标市场、进行产品决策的前提。(　　)

三、选择题

1. 第一个提出管理创新思想的是(　　)。

A. 科斯　　　　B. 熊彼特　　　　C. 托夫勒　　　　D. 哈默·E. 圣吉

2. 企业制度主要包括产权制度、经营制度和管理制度,企业对这些方面的调整与变革称为(　　)。

A. 目标创新　　B. 技术创新　　　C. 制度创新　　　D. 组织创新

3. 对品种和结构的创新叫(　　)。

A. 产品创新　　　　B. 目标创新　　　　C. 制度创新　　　　D. 组织创新

4. 为适应环境的变化，组织应不断调整系统内部的内容和目标，这在管理上叫作管理的（　　）。

A. 组织职能　　　　B. 维持职能　　　　C. 控制职能　　　　D. 创新职能

5. 在知识经济时代，各类组织为了快速应变日益复杂的环境，在竞争中求生存，就要善于学习，不断获取新的知识、新技术，不断改进创新。这种类型的组织称为（　　）。

A. 进取型组织　　　B. 学习型组织　　　C. 进攻型组织　　　D. 知识型组织

6. 创新职能的基本内容主要包括（　　）。

A. 目标创新　　　　　　　　　　　　B. 技术创新（产品创新）

C. 制度创新　　　　　　　　　　　　D. 组织创新

E. 环境创新

7. 创新的过程是（　　）。

A. 对现状不满　　　　　　　　　　　B. 寻找灵感

C. 实施创新行动　　　　　　　　　　D. 坚持不懈寻求认可

E. 过程管理

8. 技术创新主要表现在三个方面，即（　　）。

A. 设备、工具创新　　　　　　　　　B. 管理制度

C. 工艺创新　　　　　　　　　　　　D. 材料、能源创新

E. 组织机构

9. 下列属于管理的"维持职能"的是（　　）。

A. 组织　　　　　　B. 创新　　　　　　C. 控制　　　　　　D. 领导

10. 熊彼特的创新概念包括哪些方面？（　　）

A. 采用一种新产品　　　　　　　　　B. 开辟一个新市场

C. 采用一种新的生产方法　　　　　　D. 实行新的组织形式

E. 获得原材料、半成品新的供应来源

综合案例

TCL 的创新

TCL 不忘初心，砥砺前行，2022 年，冰箱、洗衣机在逆境下仍获得了 2 位数的增长，今年"618"期间成绩尤为亮眼，TCL 600 L 超大容量冰箱同比增长 246%，TCL DD 直驱滚筒洗衣机同比增长 106%，成为行业快速崛起的新星。

如此亮眼的数据背后，究其原因，业绩保鲜的根本是 TCL 科技实力的支撑。TCL 白家电 1997 年成立，始终保持超常规的研发投入，坚持走技术创新驱动路线，现已拥有 15 项国际专利申请、336 项国家发明专利、821 项实用新型专利、341 项外观设计专利，其中 2021 年新增专利数比 2020 年增长 4 倍，并拥有 9 项 PCT 国际专利发明。此外，TCL 白家电的研发团队与世界一流的江南大学食品学院合作，组织食品领域的优秀教授、博士专家团队深入开发，大胆创新，分子保鲜科技应运而

生,通过了中国轻工业联合会科技成果鉴定,达到国际领先水平。TCL研发团队创新采用双行程变阻尼系统,打造筒径达510 mm的"最大上筒"的16 kg复式双滚筒洗衣机。强大的研发能力让TCL增长成为必然,假以时日,也必然成为行业第一阵营,用科技创新,为全球用户带来全新的健康智慧生活方式。

TCL集团是在变革与创新中成长起来的竞争型国企的典型代表。TCL也是中国家喻户晓的知名品牌之一,在全国电子百强企业中TCL集团进入前十名。1998年,实现总产值138亿元,销售收入92亿元,实现利税总额6.5亿元。TCL之所以能在全国经济不景气、国有企业效益全面滑坡和全国产品市场销售疲软的情况下,逆流而上,取得如此骄人的战绩,就在于该企业始终将经营变革与管理创新作为企业发展的推进器。TCL正是依托不断的经营变革和管理创新,在变革创新中争创了新的优势,提高了企业竞争力,实现了企业的持续、稳定、快速发展。TCL通过不断的变革与创新,带来行动上的超前和理念上的超前,从而形成其他一般企业无可比拟的优势。与一般基础型产业的国企依托资源禀赋取得发展的成功不同,TCL属于无资源禀赋的竞争型行业企业,它的成功在于其始终保持与改革的潮流一致,与市场需求一致,与技术发展的潮流一致,与国际上现代化企业的发展步调一致,不断地变革创新,强化企业的竞争优势,时时更新观念,打破以往的模式,不断否定自己、超越自己。

问题:

1. 简述TCL的创新历程。
2. 从创新和环境的关系来分析,TCL公司的创新属于(　　　)。

A. 局部创新　　　　　　　　　　　B. 运行中的创新
C. 消极防御型创新　　　　　　　　D. 积极攻击型创新

3. 为什么说创新是企业改善市场环境的重要手段?

综合实训

1. 调查了解本城市支持创业的具体政策,并结合实际谈谈创业环境对创业企业的影响。
2. 寻找一个商业机会,并就如何利用该种机会,写出你的商业创意。
3. 撰写"公司设立登记申请书"和"企业名称预先核准申请书"。
4. 寻找四位与该商业机会有关的行业前辈,向其了解行业现状。附上其个人名片及交谈内容。

实训要求:

(1) 字体基本格式要求:宋体,小四。行距:固定值18磅。页边距:上下各2.3 cm,左右各2.6 cm。装订线:左1 cm。A4纸打印,左边装订(用订书机订)。格式必须符合要求,否则最高扣20分。

(2) 综合作业包括封皮、作业说明、题目及答案,至多12页。作答时,每题另启一页。

(3) 内容具体,条理清晰,思路表达详细。

(4) 在调查报告开始写清调查时间、地点。

(5) 商业创意必须具有可操作性和商业价值。申请书按标准撰写。

(6) 对行业现状的了解,在书写时请写清具体年月日。

第 7 章　现代企业资源开发与管理

▎思政目标

◎良好的人际关系能力；
◎勤俭节约；
◎爱护公物。

▎知识目标

◎了解我国企业人力资源管理的状况；
◎明确人力资源培训的内容、工作分析的含义及内容、绩效考评的方法；
◎熟知财务运作的含义和内容；
◎掌握设备设施管理的内容。

▎技能目标

◎能够进行企业人力资源需求预测；
◎能够编制设备设施管理制度规则。

 引例　万国的人力资源管理

万国是一家在国内开展以储、运一体化为主要内容的第三方物流服务公司,于 1997 年成立,服务范围包括运输、仓储、货物配送、资讯、理货、包装、保税仓管理等综合服务。目前公司有员工 600 余人,主管级以上员工的数量为 130 人,占公司总人数的 21%;经理级以上中高层管理人员的比例为 10%。学历分布的状况是,研究生毕业员工占到 2%,本科生占到 24%,大专生占到 38%,中专生占到 36%。

万国物流的培训分析一般由培训组牵头,以一年一次的频率进行。主要进行工作分析和员工个人分析。其中,工作分析主要参照各部门总监的意见,以确定下一年的培训课程为目的;而员工个人分析则通过由培训主管向全体员工发放培训需求调查表,调查表涉及培训的课程名称,包括通用类、管理类、业务类等。员工可以根据个人需要选出自己选定的课程后交给培训主管。培训主管收集反馈后经由各部门讨论,确定出培训课程,同时根据财务部给定的预算编排年度培训计划。

培训的课程包括三类:管理类课程,主要与管理层的管理活动有关,包括沟通技巧、团队合作、时间管理等。专业类则包括与各职能部门的业务活动相关内容,如物流运作常识、客户服务、信息管理等。通用类课程即全体员工都需要广泛掌握的知识、技能等,包括企业概况、人事制度、安全知识、计算机应用技能、外语等。

(资料来源:姚裕群.人力资源开发与管理案例[M].长沙:湖南师范大学出版社,2007)

这一案例表明:除了运输工具、仓储设施设备、资本、无形资产等企业资源以外,人力资本也是企业重要的资源。企业需要的各类专业人员多,素质要求从低到高,多数企业的办事机构地域分布广,企业尤其要注重人员的转变,包括思想观念、业务能力、知识和技能等方面的转变,而这些都依赖于企业先进的人力资源管理去实现,具体包括人力资源的规划,工作岗位的工作分析,员工的招聘、培训和开发,薪酬和福利,等等。

7.1 企业人力资源管理

7.1.1 我国企业人力资源管理状况

1. 企业人力资源管理的内涵

企业人力资源管理,是指对企业人力资源进行有效开发、合理配置、充分利用和科学管理的制度、法令、程序和方法的总和。它贯穿于人力资源的整个运动过程,包括人力资源规划,工作分析,员工的招聘选拔、培训开发、绩效考核、薪酬激励等。

2. 我国企业人力资源管理现状

我国注册的企业中相当一部分为中小型企业,人力资源管理制度极不规范,在一定程度上局限了企业的发展。企业人力资源管理现状大致可以概括为以下几个方面:

(1) 人力资源规划不完善。

由于近年来经济的快速扩展,企业对人才的知识结构、技能素质要求高,对人才尤其是高级复合人才的需求始终困扰着众多企业。多数企业忽视人力资源的规划,以至于每年都希望招到高素质人才,却每年都处于被动地位。因此,企业应提前做好科学的人力资源规划,合理安排人力资源结构,避免在用人时出现无人可用的境地。

(2) 招聘选拔效果不理想。

目前,我国人才的状况是劳动力市场滞后于行业的发展。高级人才缺乏,人才跳槽现象越演越烈。企业招聘程序不完善,招聘方法简单,造成招聘来的人员不能与职位很好地契合,为日后人员流失埋下隐患。此外,一些企业对人才的岗位分析做得不够科学、细致,造成招聘来的人员不合适。基层职位的要求并不高,人员供应量大,挑选余地大,于是常常选择能力高于职位需求的人员;而中高层职位要求较高,人员供小于求,往往因找不到合适的人才而降低要求。

(3)员工培训实施不到位。

很多企业不能有效地实施员工培训。首先存在观念意识上的漠视和矛盾心理,若将各分公司同一级人员全部集中培训,则因地域分散差旅费过高。所以,企业培训始终面临着成本困扰。另外,培训过程形式化。只注重对员工的技能培训,忽视职业道德、知识及思想观念的培训,这与企业在用人上的急功近利有很大关系。

(4)绩效考核不实际。

企业的工作内容、工作方式不同,员工的岗位相对分散,对员工的管理难度加大,使得企业人力资源管理进行绩效考核往往流于形式。

(5)薪酬结构跟不上行业的快速发展。

首先,薪酬激励效果不明显。员工收入主要是基本工资,薪酬只处于"保障地位"的水平或者略低,其激励作用并没有真正有效发挥。其次,薪酬等级论资排辈。国内企业员工薪酬等级的确定主要依据行政级别、人员工龄和职称等要素,缺乏对岗位重要性、所需专业知识结构和经验及其市场价值的反映,没有将员工薪酬与个人绩效相结合。最后,员工福利的忽视。企业忽视了员工的基本福利,从业人员临时打工的心态较严重,没有职业安全感和对企业的归属感。

7.1.2 企业人力资源规划

1. 企业人力资源规划的概念

企业人力资源规划是预测未来的组织任务和环境对组织要求以及为完成这些任务和满足这些要求而提供人员的管理过程。企业处于竞争激烈的外部环境中,人力资源需求和供给的平衡难以自动实现,因此就要分析供求的差异,并采取适当的手段调整差异,只有通过人力资源规划的职能,才能确保组织在生存发展过程中对人力的需求。目前,人才需求主要包括三个层次,如图7-1所示,其中高级人才需求占10%,中级层次的人才需求占20%,基础层的需求人员达到60%~70%。

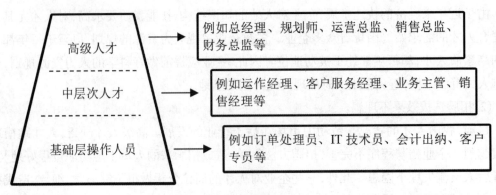

图7-1 人才需求层次图

从绝对需求数量上来看,对基础的操作人员需求量最大,但是这个层次的从业人员替代性也大,因此,企业要确保实现人力资源的最佳配置和动态平衡,就需要重视人力资源规划,预测人力资源需求和供给,起草供需匹配计划,做好执行和实施监控,最后评估规划。

企业做好人力资源规划要注意几点:

(1) 从组织的目标与任务出发,人力资源的质量、数量和结构符合其特定的生产资料和技术条件发展的要求。例如,UPS 在上海设立转运中心,增加美国飞往中国的货运航班,由此带来市场扩大、客户不断增长的需求,在此之前,UPS 需要扩大在华的员工队伍,在中国招聘的重点领域覆盖市场营销、供应链解决方案、工程技术、系统维护诸方面的人才,具体人数视业务量而定。

(2) 得到和保持一定数量具备特定技能、知识结构和能力的人员,并充分利用现有人力资源。比如侧重于项目运作模式的企业,需要获得和保持相当数量的可以完成规划、设计方案的项目经理和生产服务规划专员;又如物流行业仓储型企业对仓管员、理货员和叉车工会有较大的需求。

(3) 预测企业组织中潜在的人员过剩或人力不足。如果一个运输企业考虑在某个城市设立办事机构,则货运主管是急需的人员,其他如单证员、客服人员等人力也要备足。

(4) 建设一支训练有素、运作灵活的人才队伍,使人力资源与未来组织发展各阶段和未知环境的动态相适应。

小思考 7-1

企业人力资源规划包括哪些内容?

答:企业的人力资源规划大致包括以下内容:

(1) 总计划:人力资源总计划陈述人力资源计划的总原则、总方针、总目标。

(2) 职务编制计划:陈述企业的组织结构、职务设置、职务描述和职务资格要求等内容。

(3) 人员配置计划:人员配置计划陈述企业每个职务的人员数量、人员的职务变动、职务人员空缺数量等。

(4) 人员需求计划:通过总计划、职务编制计划、人员配置计划可以得出人员需求计划。需求计划中应陈述需要的职务名称、人员数量、希望到岗时间等。

(5) 人员供给计划:人员供给计划是人员需求计划的对策性计划,主要陈述人员供给的方式、人员内部流动政策、人员外部流动政策、人员获取途径和获取实施计划等。

(6) 教育培训计划:包括教育培训需求、培训内容、培训形式、培训考核等内容。

(7) 人力资源管理政策调整计划:计划中明确计划期内的人力资源政策的调整原因、调整步骤和调整范围等。

2. 企业人力资源需求预测

企业人力资源需求量的预测是根据企业发展的要求,对将来某个时期内企业所需员工的数量进行预测。预测的基础是企业发展规划和年度预算,同时要考虑预测期内劳动生产率的提高以及机械化、自动化水平的提高等变化因素。常用的预测方法有以下几种。

(1) 经验估计法。

经验估计法就是利用现有的资料，根据有关人员的经验，结合本企业的特点进行预测。可以采用"自下而上"的方式，例如某企业下属分公司根据所在地域的客户数量和规模，向上级主管提出相应数量的市场开发人员和客户服务人员的需求。"自上而下"的预测方式则是先由企业经理拟定企业总体的用人目标和建议，然后由各级部门自行确定用人计划。当企业的业务范围和业务量比较稳定，人员需求变动不大时可以采用这种方法。

(2) 比例趋势分析法。

这种方法通过研究历史统计资料中的各种比例关系进行人力资源需求预测。如某仓储企业发现，某仓库里一个管理者（如仓储主管）管理8个仓库管理员最佳，因此依据将来仓库管理员增加数就可以预测管理者（仓储主管）的需求量。这种方法简单易行，关键就在于历史资料的准确性和对未来的情况变动估计的准确率。

(3) 工作研究预测法。

这种方法就是通过工作研究（包括动作研究和时间研究），来计算完成某项工作或某件产品的工时定额和时间定额，并考虑到预测期内的变动因素，确定企业的职工需求。比如规模一定的仓库需要多少个叉车工就可以据此方法预测，又如客服人员数量的确定等。

知识链接 7-1　UPS 的人才需求

物流企业是以向客户提供物流服务为主要经营内容，由于客户需求的多样化，决定了物流企业需要多方面的人才。以全球快递巨头 UPS 的人才需求为例，随着其在中国的网络建设和业务范围的拓展，计划未来几年的新员工数将以年均约20%的速度增长。其在中国的主要人才需求有四类：

第一类是市场营销人才，这是出于扩大市场份额的需要；

第二类是技术人员，他们可以确保为客户研发的解决方案能够具体落实；

第三类是专业的工程师，包括为客户建立解决方案的工程师以及公司内部的工程师，以便和服务供应商进行沟通、交流并组织培训；

第四类是管理人才，由于公司运作系统庞大，还需要专业人士来确保公司内部的高效运作。

3. 企业人力资源供给计划

企业的人力资源保障问题是人力资源计划中应解决的核心问题，只有有效地保证了对企业的人力资源供给，才可能去进行更深层的人力资源管理与开发。

人力资源供给分析包括人员的流入预测和流出预测、人员的内部流动预测、社会人力资源供给状况分析、人员流动的损益分析等。一般包括以下几方面的内容：

(1) 分析企业目前的职工状况，如职工的部门分布、技术水平、工种年龄构成，等等。

(2) 分析企业目前职工流动的情况及其原因,预测将来职工流动的态势,以便采取相应的措施,避免不必要的流动,或及时给予替补。企业的人员流动应该说还是相当频繁的,比如掌握客户资源的揽货人员跳槽频繁,对企业人力资源管理而言,重要的是要把握住流动的态势,及早采取措施,以免产生被动。

(3) 分析企业员工的职业发展规划状况,如职工的提拔和内部调动的情况,保证工作和职务的连续性。比如基层的仓管员和单证员,有没有晋升的可能性和途径。

(4) 分析企业员工的工作满意状况。如分析工作条件(如作息制度、轮班制等)的改变和出勤率的变动对职工供给的影响。有些企业为客户提供 7×24 小时服务,这样的服务对客户而言当然满意,但企业内部员工对此是否有抵触心理,这需要进行调查和分析。

(5) 分析企业职工的供给来源和渠道,职工可以来源于企业内部(如富余职工的安排、职工潜力的发挥等),也可来源于企业外部。

(6) 了解行业人力资源的供求状况和发展趋势,尤其是高级复合型人才的供求状况。

7.1.3 企业员工招聘、培训、考评及福利

1. 企业员工的招聘

(1) 岗位要求。

在进行招聘之前,首先要明确各个岗位对人员的要求。

知识技能水平:企业员工除了必须拥有基本职业道德、学习能力和良好的文化素质及心理素质外,对不同层次的行业专业人才也有不同的知识和技能方面的要求。特别针对管理人员,还要有分析问题、解决问题和组织管理的才能。要具备严谨周密的思维方式、团队合作和奉献精神、信息技术的学习和应用能力、异常事故和应急作业的处理能力、质量的持续改进能力。

教育水平:在企业中,担任企业中高层重要岗位的管理者一般都具有多年的行业从业经验,很多员工他们虽拥有较长时间的工作经验,却很少接受过系统正规的专业理论方面的教育。随着全球一体化和信息技术水平的提高,以及我国在人才教育培养方面的投入,企业对员工的教育水平将会有更高的要求。

(2) 人员招聘的方式。

由于人才需求具有层次性,加之高级人才的现实状况,企业招聘人才形式不可单一,对不同的人才需求,要采用不同的招聘形式。一般来讲,主要包括以下几种形式:

外部招聘:外部招聘就是企业根据先前制定的标准和程序,从企业外部选拔符合空缺职位要求的员工。具体招聘方式有广告媒介、院校预定、人才交流、猎头公司招聘、互联网招聘等。

内部招聘:内部招聘是指企业内部成员的能力和素质得到充分确认之后,被委以比原来责任更大、职位更高的职务,以填补企业中由于发展或其他原因而空缺了的管理职务。具体招聘方式有提拔晋升、工作调换、工作轮换、人员重聘等。

两种招聘方式的优劣比较如表 7-1 所示。

表 7-1　两种招聘方式的优劣比较

招聘方式	外部招聘	内部招聘
优势	1. 具备难得的"外部竞争优势"； 2. 有利于平息并缓和内部竞争者之间的紧张关系； 3. 能够为组织输送新鲜血液	1. 有利于调动员工的工作积极性； 2. 有利于吸引外部人才； 3. 有利于保证选聘工作的正确性； 4. 有利于被聘者迅速开展工作
劣势	1. 外聘者对组织缺乏深入了解； 2. 组织对外聘者缺乏了解； 3. 对内部员工积极性造成打击等	1. 可能会导致组织内部"近亲繁殖"现象的发生； 2. 可能会引起同事之间的矛盾等

2. 企业的培训

关键能力的培训：企业对不同岗位的能力结构有特殊要求，对员工的能力要求是多方面的。执行层工作人员特别需要在承担责任、独立工作和自主决定方面的能力。现代人才的培养要注重这种能力结构的变化。

加强对员工基础知识的培训：增加员工的基础知识可以提高员工的服务质量，如当顾客向员工询问有关货物、价格等问题时，员工就可以给顾客全面、细致的答复，从而令顾客满意；可以增强员工处理问题的能力，如当一线员工直接和顾客、货物打交道时，便能及时发现问题进而提出创造性的解决办法，而对管理人员而言，更能依据形势及商业信息迅速采取有效的营销手段。

重视对管理人员的培训：企业应本着全员培训和重点培训相结合的原则，既要实施全员培训，提高全体员工的知识素养，保证企业以最大的速度发展；又要根据战略发展的需要，优先培训最关键、最急需的人才。在大力培训一线员工的业务技能以适应高增长的业务需求的同时，重点加强对管理人员的培训。

培训评估是对培训进行评价，它依据培训目标，对培训对象和培训本身做一个价值判断。最常用的培训课程评估模式是由威斯康星大学的柯克帕特里克教授提出来的，因此这种评估模式就被称为"柯氏模式"。这种评估培训效果模式有四个不同层面，如表 7-2 所示。

表 7-2　企业培训评估

序号	层次	评估方法
1	反应	利用访谈法、问卷调查法测定：受训者是否喜欢此次培训？培训师是否出色？此次培训是否有帮助？等等
2	学习	用书面测试、操作测试、情景模拟等方法测定受训者在培训中掌握的知识、岗位操作技能等
3	行为	通过上级、同事、下级、客户等对受训者的业绩进行评估，如主动性是否增强，员工是否可以给顾客提供全面、细致的服务等
4	结果	通过业务量、销售量、利润、成本、员工流动率等进行测定，衡量企业绩效是否发生变化

3. 企业员工绩效管理

1) 绩效的含义

绩效(performance)是指对应职位的工作职责所达到的阶段性结果及其过程中可评价的行为表现。

所谓绩效管理,是指各级管理者和员工为了达到组织目标共同参与的绩效计划制订、绩效辅导沟通、绩效考核评价、绩效结果应用、绩效目标提升的持续循环过程,绩效管理的目的是持续提升个人、部门和组织的绩效。

2) 绩效管理的作用

绩效管理所涵盖的内容很多,它所要解决的问题主要包括:如何确定有效的目标?如何使目标在管理者与员工之间达成共识?如何引导员工朝着正确的目标发展?如何对实现目标的过程进行监控?如何对实现的业绩进行评价和对目标业绩进行改进?在绩效管理中,绩效首先是一种结果,即做了什么;其次是过程,即是用什么样的行为做的;最后是绩效本身的素质。因此,绩效考核只是绩效管理的一个环节。

绩效管理是管理者与员工之间持续不断地进行的业务管理循环过程,以实现业绩的改进,所采用的手段为 PDCA 循环,如图 7-2 所示。

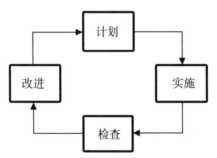

图 7-2 绩效管理的 PDCA 循环

绩效管理主要是通过对员工的绩效评价,合理评价员工的绩效,从而一方面达到有效地根据考核结果激励员工的作用;另一方面,通过对考核结果的分析,发现工作中的不足,从而提升员工的个人绩效,达到企业绩效提升的目的。随着绩效管理的完善,最终达到员工个人能力和企业绩效互动螺旋式上升的目的。

绩效管理促进组织和个人绩效的提升:绩效管理通过设定科学合理的组织目标、部门目标和个人目标,给企业员工指明了努力的方向,管理者也通过绩效沟通及时发现下属工作中存在的问题,给下属提供必要的工作指导和资源支持。另外,绩效管理通过对员工进行甄选与区分,发现优秀人才,淘汰不合格人员,不仅使内部人才得到成长,也吸引优秀人才,促使组织绩效和个人绩效的提升。

绩效管理促进管理流程和业务流程优化:绩效管理中,管理者应从公司整体利益以及工作效率出发,尽量提高业务处理的效率,在"事情因何而做、由谁来做、如何去做、做完了传递给谁"这四个方面不断进行调整优化,使组织运行效率逐渐提高,优化公司管理流程和业务流程。

绩效管理保证组织战略目标的实现：企业一般有比较清晰的发展思路和战略，有远期发展目标，在此基础上根据外部经营环境的预期变化以及企业内部条件制订出年度经营计划及投资计划，制定企业年度经营目标，企业管理者将公司的年度经营目标向各个部门分解就成为部门的年度业绩目标，各个部门向每个岗位分解核心指标就成为每个岗位的关键业绩指标。

3）绩效管理过程

绩效管理是为实现企业的战略目标，通过管理人员和员工持续沟通，经过绩效计划、绩效实施、绩效考核和绩效反馈四个环节的不断循环，不断地改善员工的绩效，进而提高整个企业绩效的管理过程，它是一个完整并且不断进行的循环。

绩效计划：绩效计划阶段是绩效管理的起点和最重要的环节，通过战略目标的分解制定各岗位的目标，保证全体员工的工作实现"战略制导"。员工和直接上级共同制订绩效计划，并就考核指标、标准、权重、考核方式等问题达成一致，使员工对自己的工作目标和标准做到心中有数。

绩效实施：定期进行绩效面谈，及时了解员工的工作进展情况。通过定期的报告、报表和有关记录等，收集和积累员工的绩效数据。在必要的时候，直接上级给予员工指导或帮助。对员工偏离目标的行为及时进行纠偏。如有需要，进行绩效计划的调整。

绩效考核：直接上级依据绩效计划阶段制订的考核目标和标准对员工的绩效表现进行评价。由于依据绩效计划阶段制订的考核指标和标准对员工的工作进行考评，从而减少了矛盾和争议。

绩效反馈：员工和直接上级共同回顾员工在绩效期间的表现，共同制订员工的绩效改进计划和个人发展计划，帮助员工提高自己的绩效表现。

小思考 7-2

绩效考核和绩效管理是否相同？

答：绩效考核不等同于绩效管理，它只是绩效管理的一个环节。绩效考核重点在于考核，管理者的角色是裁判。而绩效管理着眼于员工绩效的改善，在绩效管理中，管理者的角色是"教练"，绩效管理的主要目的是通过管理人员和员工持续的沟通，指导、帮助或支持员工完成工作任务，这样的结果是实现员工个人绩效和组织整体绩效共同提高的"双赢"。

4）员工绩效考评

企业通过绩效考评可以获得员工工作的真实信息，通过沟通反馈改善绩效水平，提高员工素质，同时考核信息也为企业人事管理决策提供了重要依据。企业具有层级性，不同层级员工因其岗位职责、知识技能的不同，为企业创造的价值也会不同，因此，宜采用不同的考核办法以期达到激励员工的目的，如表7-3所示。

表 7-3　不同层级员工绩效考评权重

员工层级	考核内容	权重/(%)
高层管理者	财务改进	50
	业绩改进	30
	能力素质	20
中层管理者	业绩测评	70
	综合素质	20
	满意度	10
普通员工	上级考评	60
	部门内其他员工评价	40

高层管理人员所做决策的正确与否直接影响到企业的发展。目前,对该层级的绩效考评更多的是从财务指标进行考核,涉及股东回报率、净资产收益率、利润等指标。也就是说,对高层管理人员的考核更多地注重与企业运营相关的指标。此外,影响这些可量化的目标达成的因素还包括高层管理者的能力和素质,如管理能力、领导能力、决策力等。

中层管理人员位于高层管理人员和基层人员之间,贯彻高层管理人员的命令、指示、计划,对基层员工布置工作任务。业绩考核是考核中层管理人员的重要方面,例如企业的销售部门,作为向顾客直接销售产品的部门,销售经理需要对采用何种销售渠道、针对不同顾客提供何种方案做出正确的选择。

对普通员工来说,主要考核的是任务完成情况,例如货物安全送达率、正点运输率等行为层的考察,另外,还有态度(积极性、协作性、纪律性)、能力(学习能力、理解力、开拓能力)等方面的考核。通常是由上级和部门内部其他成员来共同考核这一层级员工的绩效水平。

绩效考评的方法很多,常用的有平衡计分卡、360度绩效考核、KPI关键绩效指标法、目标管理等,管理者可以根据组织的实际情况灵活运用。

关键绩效指标法(key performance indicator,KPI):它是把对绩效的评估简化为对几个关键指标的考核,将关键指标当作评估标准,把员工的绩效与关键指标做出比较的评估方法。关键指标必须符合SMART原则:具体性(specific)、可衡量性(measurable)、可达性(attainable)、现实性(realistic)、时限性(time-based)。这种方法的优点是标准比较鲜明,易于做出评估。缺点是对简单的工作制定标准难度较大,缺乏一定的定量性;绩效指标只是一些关键的指标,对于其他内容缺乏一定的评估。

平衡计分卡(balanced score card,BSC):平衡计分卡是一种将传统的财务指标分析与非财务指标分析相结合来评价组织绩效的方法,它从财务、学习与发展、内部管理(或流程)以及客户四个方面来考察企业,它平衡了财务指标和非财务指标,平衡了短期指标和长期指标,平衡了多方利益和团体的利益。平衡计分卡是从财务、客户、内部运营、学习与成长四个角度,将组织的战略落实为可操作的衡量指标和目标值的一种新型绩效管理体系。设计平衡计分卡的目的就是要建立"实现战略制导"的绩效管理系统,从而保证企业战略得到有效的执行。平衡计分卡反映了财务与非财务衡量方法之间的平衡、长期目标与短期目标之间的平衡、外部和内部的平衡、结果和过程的平衡、管理业绩和经营业绩的平衡等多个方面,所以能反映组织综合经营状况,使业绩评价趋于平衡和完善,利于组织长期发展。它的缺点是实施难度大,指标体系的建立较困难,指标数量过多,各指标权重的分配比较困难,实施成本大。下面以企业调度人员为例说明平衡计分卡的应用。调度人员绩效考评模型及指标详细说明如图7-3所示。

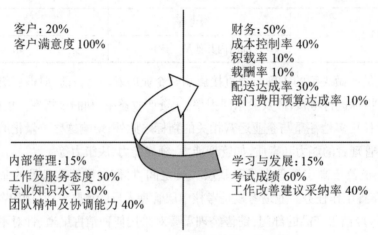

图7-3 调度人员绩效考评模型图

业绩评定表法:业绩评定表法也可以称为评分表法,是一种出现比较早以及常用的方法。它是利用所规定的绩效因素,如完成工作的质量和数量等,对工作进行评估,把工作的业绩和评定表中的因素进行逐一对比打分,然后得出工作业绩的最终结果。它分为几个等级,如优秀、良好、一般等。这种方法的优点是可以做定量比较,评估标准比较明确,便于得出评价结果。它的缺点是标准的确定问题,需要对工作相当了解的评定表制定者,评估者可能带有一定的主观性,不能如实评估。

5) 运用奖励系统进行绩效激励

奖励系统是公司的奖励方式。奖励系统的实施和绩效评估的有效性之间的关系对于所有绩效管理环节来说是很重要的。很明显,将绩效评估的结果和金钱奖励结合在一起能使绩效评估系统变得更有效。有研究发现,当奖励与评估结果结合时有效性变得很高,这与过去经常提到的当评估不与金钱奖励结合时评估十分有效的观点是矛盾的。

公司所提供的奖励可能有许多不同类型,这些奖励基本可归纳为两大类:内在奖励与外在奖励。内在奖励与个人感受到的工作乐趣有关,包括能参与决策(decision making)、获得更多有趣的工作指派、个人有成长的机会,以及获得更多的责任。外部奖励则牵涉工作本身的四周环境。最明显可见的外部奖励是酬劳或薪水。外部奖励可进一步分为直接酬劳和间接酬劳。

直接酬劳包括红利、获利分配以及加班费。间接酬劳包括带薪假期、学费补助,以及健康保险。

奖励的发放可以从个人、团体以及整体组织三方面来看。在这三个层次间存在着相当大的差异,不过一般人的认知是,如果要使奖励直接与表现相关联,则应该要在个人的层次上发放。

 案例分析 7-1　海底捞的创新激励

海底捞在产品和服务方面的创新深入人心,提升了更多消费者对于海底捞品牌的感知度。在海底捞,创新是一个全员参与的工作,为了鼓励创新,海底捞近两年发放创新奖金超 400 万元。海底捞将创新贯穿于近三十年的发展中,在《海底捞店经理 A 级制度》中,有详尽的创新制度规划,每一个门店每月都有一笔经费用于自主创新,全体员工可以就工作流程中的任何一个环节提出改善的建议和构想,获得审核通过后,还会发放奖金鼓励。比如,海底捞的"生日庆祝",以及表演捞面项目都来源于员工的创新提报。与此同时,海底捞的创新转化项目对降本增效起到了积极作用。海底捞目前正在研发测试的"智能监控识别系统"项目,可以实现全天候实时监控,并发出警报;在"库房摊位可视化"项目中,海底捞不仅实现了门店库房和摊位的存储、管理标准化,降低了门店库存存储量,大幅度减少了食材过期带来的浪费,控制了食品安全风险,还培养出一批精细化管理方面的人才。海底捞鼓励创新的同时,也积极保护自主创新知识产权。据统计,2022 年海底捞通过自主创新获得的知识产权专利共计 36 件,拥有专利总量超 150 件。海底捞坚持创新,致力将创新很好地运用在运营中,致力对顾客满意度、员工努力度的提升,以及经营上的降本增效。海底捞建立创新奖励机制,鼓励全员参与创新工作。

(资料来源:https://www.xhby.net/sy/cb/202306/t20230601_7960109.shtml,有改动)

分析:海底捞建立创新奖励机制,鼓励全员参与创新工作,取得了很好的效果。

6) 企业薪酬与福利管理

报酬与福利都是激励员工的重要手段。合理而具有吸引力的报酬与福利不但能有效地激发员工的积极性,促进员工努力去完成组织的目标,提高组织的效益,而且能在人力资源竞争日益激烈的环境中吸引和保留一支素质良好且具有竞争力的员工队伍。

报酬主要包括工资和各种形式的奖金,而工资又是最重要的部分。工资是依据员工的技能、工作强度、责任、工作条件和实际工作贡献,分配给个人的报酬。我国企业的工资形式主要有计时工资、计件工资、奖金和津贴等。目前,我国企业实行的工资制度有技术等级工资制、岗位技能工资制、职务等级工资制、定级升级制度和晋级增薪、降级减薪的办法等。

保险是社会保障的主要内容之一,它是企业为保护和增进员工身体健康,保障员工在暂时或永久丧失工作能力时的基本生活需要而建立的一种物质保障制度。

员工福利是指企业主要依靠自己的力量兴办集体福利和设施,提供个人福利补贴等,其目的是帮助员工解决生活中的困难,改善员工生活环境,保证员工正常和有效地进行劳动。

案例分析 7-2　联邦快递(FedEx)的薪酬激励

FedEx 的薪酬激励形式相当丰富。在 FedEx 公司,每个员工只要努力工作就会有受奖励的机会。FedEx 设立了相当多的奖项,用以表彰那些业绩卓越的公司员工。其中几种主要的奖励有:

祖鲁奖:用来奖励超出标准的卓越员工表现。

开拓奖:给每日与客户接触、给公司带来新客户的员工提供额外奖金。

最佳业绩奖:对贡献超出目标的团队提供一笔奖励现金。

金鹰奖:奖给那些由客户或公司管理层提名表扬的优秀员工。

明星/超级明星奖:这实际上是"最佳工作表现奖",获奖者可获得相当于自身薪水 2%~3% 的一张支票。

此外,FedEx 公司还有一个最受员工欢迎的节目,就是联邦快递所有的飞机都以员工的孩子来命名。员工们为了将他们的宝贝儿子或女儿的名字喷涂在飞机上,就事先把自己宝宝的名字交给公司,每次增加新飞机时就会以抽签决定用哪个宝宝命名飞机。弗雷德·史密斯说:"善待员工,并让他们感受到公司真诚的关怀,便会得到全球一流的服务态度。"

分析:薪酬与福利都是企业激励员工的重要手段。企业应该根据自身的特点设置富有特色的激励制度,比如根据不同工作岗位工作内容不一样,设置不同的奖项;重视对客服人员和团队的奖励等。

4. 员工激励

1) 激励的含义和动机

激励的原意是指人在外部条件刺激下出现的心理紧张状态。管理中的激励,是指管理者运用各种管理手段,刺激被管理者的需要,激发其动机,使其朝向所期望的目标前进的心理过程。

激励作为一种领导手段,与凭借权威进行指挥相比,最显著的特点是内在驱动性和自觉自愿性。由于激励起源于人的需要,是被管理者追求个人需要满足的过程,因此,这种实现组织目标的过程,不带有强制性,而完全是靠被管理者内在动机驱使的、自觉自愿的过程。

构成激励的要素主要包括:

动机:激励的核心要素是动机,关键环节是动机的激发。

需要:需要是激励的起点与基础。人的需要是人们积极性的源泉和实质,而动机则是需要的表现形式。

外部刺激:这是激励的条件。外部刺激主要指管理者为实现组织目标而对被管理者所采取的种种管理手段及相应形成的管理环境。

行为:这是激励的目的,是指在激励状态下,人们为动机驱使所采取的实现目标的一系列动作。

动机、需要、行为与外部刺激这些要素相互作用,构成了对人的激励。

2)激励的过程

从心理学角度看,激励过程就是在外界刺激变量(各种管理手段与环境因素)的作用下,使内在变量(需要、动机)产生持续不断的兴奋,从而引起主体(被管理者)积极的行为反应(为动机所驱使的、实现目标的努力)。

激励的具体过程表现为:在各种管理手段与环境因素的刺激(诱因)下,被管理者产生了未被满足的需要(驱力);从而造成心理与生理紧张,寻找能满足需要的目标,并产生要实现这种目标的动机;由动机驱使,被管理者采取努力实现上述目标的行为;目标实现,需要满足,紧张心理消除,激励过程完结。当一种需要得到满足后,人们会随之产生新的需要,作为未被满足的需要,又开始了新的激励过程。这一过程如图 7-4 所示。

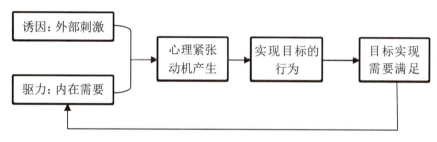

图 7-4　激励的过程模式

 案例分析 7-3　渔夫、蛇和青蛙

一天,渔夫看见一条蛇咬着一只青蛙,渔夫为青蛙感到难过,便决定救这只青蛙。他靠近了蛇,轻轻地将青蛙从蛇口中拽了出来,青蛙得救了。但渔夫又为蛇感到难过:蛇失去了食物。于是,渔夫取出一瓶威士忌,向蛇口中倒了几滴。蛇愉快地游走了。青蛙也显得很快乐。渔夫满意地笑了。可几分钟后,那条蛇咬着两只青蛙回到了渔夫的面前。

分析:激励是什么?激励就是让人们很乐意去做他们感兴趣的又能带来最大利益的事情。当然,关键是要用合适、正确的方法去引导,并让他们做好。

3)激励的原则

合理性原则。激励的合理性原则包括两层含义:其一,激励的措施要适度,要根据所实现目标本身的价值大小确定适当的激励量;其二,奖惩要公平。

引导性原则。激励措施只有转化为被激励者的自觉自愿,才能取得激励效果。因此,引导性原则是激励过程的内在要求。

时效性原则。要把握激励的时机,"雪中送炭"和"雨后送伞"的效果是不一样的。激励越及时,越有利于将人们的激情推向高潮,使其创造力连续、有效地发挥出来。

目标激励原则。在激励机制中,设置目标是一个关键环节。美国行为学家吉格勒指出:设定一个高目标就等于达到了目标的一部分。目标设置必须同时体现组织目标和员工需要的要求。

明确性原则。激励既要明确、公开,还要直观。激励的目的是需要做什么和必须怎么做;

特别是在处理分配奖金等员工关注的问题时,公开更为重要。同时,实施物质奖励和精神奖励都需要直观表达它们的指标、授予奖励和惩罚的方式。直观性和激励影响的心理效应成正比。

按需激励原则。如果激励能满足员工最迫切的需要(主导需要),其效价才高,其激励强度才大。因此,领导必须深入地进行调查研究,不断了解员工需要层次和需要结构的变化趋势,有针对性地采取激励措施,才能收到实效。

4)激励的作用

激励能调动员工的工作积极性和创造性:激励能调动员工的工作积极性和创造性,是他们始终保持旺盛战斗力的关键所在。它的主要作用是通过动机的激发,调动被管理者工作的积极性和创造性,使其自觉自愿地为实现组织目标而努力,其核心作用是调动人的积极性。

激励增强组织的凝聚力和向心力:企业是由员工的工作群体组成的,为保证企业作为一个整体协调运行,除了运用严密的组织结构和严格的规章制度进行约束之外,还需要通过运用激励方法,满足员工的心理需求,调动员工的工作积极性,协调好人际关系,促进内部关系的协调统一,增强企业的凝聚力和向心力。

激励能挖掘人的潜力,提高工作效率:员工的积极性与组织的绩效密切相关。在组织行为学中有这么一个公式:

$$绩效 = F(能力、激励、环境)$$

从这个公式中,我们可以看到组织的绩效本质上取决于组织成员的能力、被激励的情形和工作环境条件。由此可见,激励是提高绩效的一种很重要的有利因素,当然,能力和环境也是不可或缺的。

案例分析 7-4　日本松下员工激励

日本松下公司每季度都要召开一次各部门经理参加的讨论会,以便了解彼此的经营成果。开会前,把所有部门按照完成任务的情况从高到低分别划分为 A、B、C、D 四级,会上,A 部门首先报告,然后依次是 B、C、D 部门。

(资料来源:慧聪网企业管理频道)

思考:为何部门要安排先后顺序报告?这样可以激励员工吗?

分析:这种做法充分利用了人们争强好胜的心理,谁也不愿意排在最后。

5)激励理论

激励理论主要研究人动机激发的因素、机制和途径等问题。心理学家和管理学家进行了大量研究,形成了一些著名理论。这些理论大致可以分为三类:

一是内容型激励理论。该理论重点研究激发动机的诱因,主要包括:马斯洛的"需要层次理论"、赫茨伯格的"双因素理论"、麦克莱兰的"成就需要激励理论"等。

二是过程型激励理论。该理论重点研究从动机的产生到采取行动的心理过程,主要包括:弗鲁姆的"期望理论"、波特和劳勒的"期望模式"、亚当斯的"公平理论"等。

三是行为改造理论。该理论重点研究激励的目的(即改造、修正行为),主要包括:斯金纳的"操作条件反射理论"、海利的"归因理论"等。

下面选取有代表性的理论做简要介绍。

(1)需要层次理论。

需要层次理论(hierarchy of needs theory)是美国心理学家亚伯拉罕·马斯洛于1943年提出来的,这一理论揭示了人的需求与动机的规律,受到管理学家的普遍重视。

马斯洛提出人的需要可分为五个层次,即生理需要、安全需要、社交需要、尊重需要和自我实现需要。这五种需要呈梯形分布,如图7-5所示。

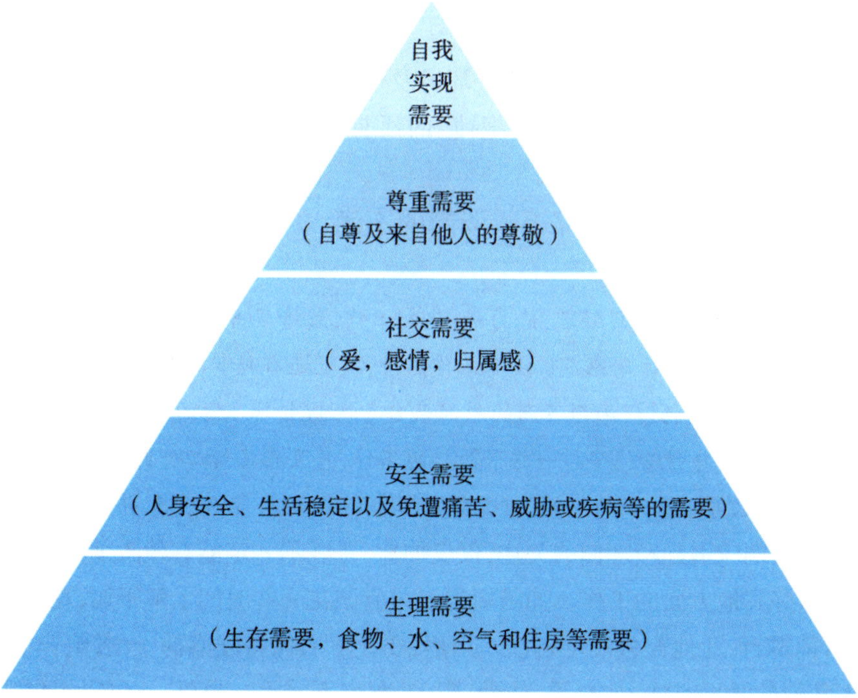

图7-5 马斯洛需要层次

①生理需要:生理需要是指维持人类自身生命的基本需要,如对衣食住行的基本需要。他认为,在这些需要没有得到满足以维持生命之前,其他需要都不能起激励作用。

②安全需要:安全需要是指人们希望避免人身危险和不受丧失职业、财物等威胁方面的需要。生理需要与安全需要属物质需要。

③社交需要:这是指人们希望与别人交往,避免孤独,与同事和睦相处、关系融洽的欲望。

④尊重的需要:当第三层次需要满足后,人们开始追求受到尊重,包括自尊与受人尊重两个方面。

⑤自我实现的需要:这是一种最高层次的需要。它是指使人能最大限度地发挥潜能,实现自我理想和抱负的欲望,这种需要突出表现为工作胜任感、成就感和对理想的不断追求。他认为这一层次的需要是无止境的,一种自我实现需要满足后,会产生更高的自我实现需要。后三个层次的需要属精神需要。

后来，在这五个层次的基础上，他又补充了求知的需要和求美的需要，从而形成了七个层次。马斯洛认为：不同层次的需要可同时并存，但只有低一层次的需要得到基本满足后，较高层次的需要才发挥对人行为的推动作用。在同一时期内同时存在的几种需要中，总有一种需要占主导、支配地位，称之为优势需要，人的行为主要受优势需要所驱使。任何一种满足了的低层次需要并不因为高层次需要的发展而消失，只是不再成为主要激励力量。

对管理实践的启示：

①正确认识被管理者的多层次性。片面对待下属需要是不正确的，应进行科学分析，并区别对待。

②要努力将本组织的管理手段、管理条件同被管理者的各层次需要联系起来，不失时机地、最大限度地满足被管理者的需要。

③在科学分析的基础上，找出受时代、环境及个人条件差异影响的优势需要，然后，有针对性地进行激励，以得到"一把钥匙开一把锁"的预期激励效果。

案例分析 7-5　汤姆的不满

汤姆是一家软件公司的销售经理，能力强，热爱工作，成绩显著。今年他升任上海总公司的销售经理，薪水也增加了，但是近期他不但没有工作热情，甚至还有辞职的念头。为什么升职、加薪反而要辞职呢？经了解，原来引起汤姆不满的原因来自于他的上司。他的上司对汤姆到上海工作颇不放心，担心他做不好，总会给他安排一些很简单的工作，并且在汤姆工作时还经常干预，汤姆工作能力较强，习惯独立思考问题、解决问题，对上司的频繁干预，他非常不习惯，并逐渐产生不满情绪。

分析：这个案例应引起经理们的关注，仅仅加薪、晋级不一定能有效激励员工，还应该根据下属的特点，做好其他方面的工作。如汤姆的上司应该花一些时间了解下属，在了解的基础上信任下属，给他舞台，让他充分展示自己。当然，要让下属保持旺盛的士气，绝非如此简单，还应采取许多其他的激励方法，如尊重、关爱、赞美、宽容下属等。另外，还可以提供适当的竞争环境，给下属指出奋斗的目标，帮助下属规划出其发展的蓝图，恰到好处的批评等。

(2) 双因素理论。

双因素理论(保健 - 激励理论, motivation–hygiene theory)是美国心理学家赫茨伯格于20世纪 50 年代提出来的。他将影响人的积极性的因素归纳为激励因素与保健因素两大类，故简称为"双因素理论"。

他通过大量的关于人们为什么愿意干工作的调查，提出两大类影响人的工作积极性的因素：

①保健因素。这属于和工作环境或条件相关的因素，包括管理政策与制度、监督系统、工作条件、人际关系、薪金、福利待遇、职务地位、工作安全等因素。当人们得不到这些方面的满足时，人们会产生不满，从而影响工作；但当人们得到这方面的满足时，只是消除了不满，却不会调动人们的工作积极性，即不起明显的激励作用。因此，他将这类因素称为保健因素。

②激励因素。这属于和工作本身相关的因素,包括工作成就感、工作挑战性、工作中得到的认可与赞美、工作的发展前途、个人成才与晋升的机会等。当人们得不到这些方面的满足时,工作缺乏积极性,但不会产生明显的不满情绪;当人们得到这些方面的满足时,会对工作产生浓厚的兴趣,产生很大的工作积极性,起到明显的激励作用。因此,他将这类因素称为激励因素。

对管理实践的启示:

①善于区分管理实践中存在的两类因素,对于保健因素(如工作条件、住房、福利等)要给予基本的满足,以消除下级的不满。

②要抓住激励因素,进行有针对性的激励。根据赫茨伯格的理论,对职工最有效的激励就是让职工对所从事的工作本身满意。管理者应动用各种手段进行工作设计,如调整工作的分工、宣传工作的意义、增加工作的挑战性、实行工作内容丰富化等,来增加员工对工作的兴趣,千方百计地使员工满意自己的工作,从而收到有效的激励效果。

③正确识别与挑选激励因素。能够对职工积极性产生重要影响作用的激励因素在管理实践中不是绝对的,它受到社会、阶层及个人的经济状况、社会身份、文化层次、价值观念、个性、心理等诸多因素的影响。因此,在不同国家、地区、时期、阶层、组织乃至每个人,最敏感的激励因素是各不相同的,有时差别还很大。因此,必须在分析上述因素的基础上,灵活地加以确定。例如,工资在发达国家的一些企业员工中不构成激励因素,而在我国许多企业员工中仍是一个重要的激励因素。

(3) X-Y 理论。

X-Y 理论(theory X-theory Y)主要是对人性的根本性理解。一个是性本恶——X 理论,一个是性本善——Y 理论。对 X 理论和 Y 理论的概括,是道斯·麦格雷戈(Douglas McGregor)在学术上最重要的贡献。

这是一对基于两种完全相反假设的理论,X 理论认为人们有消极的工作原动力,而 Y 理论则认为人们有积极的工作原动力。

① X 理论假设:一般人的本性是懒惰的,工作越少越好,可能的话会逃避工作。大部分人对集体(公司、机构、单位或组织等)的目标不关心,因此管理者需要以强迫、威胁处罚、指导、金钱利益等诱因激发人们的工作原动力。一般人缺少进取心,只有在指导下才愿意接受工作,因此管理者需要对他们施加压力。

持 X 理论的管理者会趋向于设定严格的规章制度,以减低员工对工作的消极性。

② Y 理论假设:人们在工作上体力和脑力的投入就跟在娱乐和休闲上的投入一样,工作是很自然的事——大部分人并不抗拒工作。即使没有外界的压力和处罚的威胁,他们一样会努力工作以期达到目的——人们具有自我调节和自我监督的能力。人们愿意为集体的目标而努力,在工作上会尽最大的努力,以发挥创造力、才智——人们希望在工作上获得认同感,会自觉遵守规定。在适当的条件下,人们不仅愿意接受工作上的责任,并会寻求更大的责任。许多人具有相当高的创新能力去解决问题。在大多数的机构里面,人们的才智并没有充分发挥。

持 Y 理论的管理者主张用人性激发的管理,使个人目标和组织目标一致,会趋向于对员工授予更大的权力,让员工有更大的发挥机会,以激发员工对工作的积极性。

X–Y理论的局限性:麦格雷戈对人性的基本估计过于绝对和偏激。X理论过低地估计了人的能动性,Y理论则把人完全理性化。

X理论并非一无是处,Y理论也未必普遍适用。管理应针对不同的情况,科学地选择和综合运用科学理论。

(4) 期望理论。

美国心理学家弗鲁姆于1964年系统地提出了期望理论(expectancy theory),这一理论通过人们的努力行为与预期奖酬之间的因果关系来研究激励的过程。

这种理论认为,人们对某项工作积极性的高低,取决于他对这种工作能满足其需要的程度及实现可能性大小的评价。如一位员工认为某项工作目标的实现,将会给他带来巨大的利益(如巨额奖金、荣誉称号、获得提升等),而且只要通过努力,达到目标的可能性也很大时,他就会以极高的积极性努力完成这一工作。反之,若对达到目标不感兴趣,或者虽感兴趣,但根本没有希望达到目标,那他就不会有努力做好这项工作的积极性。

激励水平取决于期望值与效价的乘积,其公式是:

$$激发力量 = 效价 \times 期望值$$

激发力量指受激励动机的强度,即激励作用的大小。它表示人们为达到目的而努力的程度。效价指目标对于满足个人需要的价值,即某一个人对某一结果偏爱的程度。期望值,指采取某种行动实现目标可能性的大小,即实现目标的概率。由上式可见,激励作用的大小,与效价、期望值成正比,即效价、期望值越高,激励作用越大,反之,则越小。而如其中一项为零,激发力量也自然为零。

对管理实践的启示:

①选择激励手段,一定要选择员工感兴趣、评价高,即认为效价大的项目或手段,这样,才能产生较大的激励作用。

②确定目标的标准不宜过高。凡是想起广泛激励作用的工作项目,都应是大多数人经过努力能实现的。这样,通过增大目标实现的概率,来增强激励作用。

③如果不从实际出发,不考虑员工的实际需要,只从管理者本人或上级主管的长官意志或兴趣出发,推行对员工来说效价不高、实现概率不大的项目,是不可能收到激励作用的。

(5) 公平理论。

公平理论(equity theory)是美国心理学家亚当斯于1965年提出来的,这一理论重点研究个人做出的贡献与所得报酬之间关系的比较对激励的影响。

公平理论认为,人的工作积极性不仅受到其所得的绝对报酬的影响,更重要的是受其相对报酬的影响。这种相对报酬是指个人付出劳动与所得到的报酬的比较值。付出劳动包括体脑力消耗、技术水平能力高低、工龄长短、工作态度等;报酬包括工资、奖金、晋升、名誉、地位等。付出与报酬的比较方式包括两种:横比和纵比。横比即在同一时间内以自身同其他人相比较,纵比即拿自己不同时期的付出与报酬进行比较。前者可称为社会比较,后者可称为历史比较。

是否感到公平,所依据的是付出与报酬之间比较出来的相对报酬。相对报酬如果合理,就会获得公平的感受,否则就是不公平感受。

当获得公平感受时,员工就会心情舒畅,努力工作;当得到不公平感受时,员工就会出现心理上的紧张、不安,从而使员工采取行动以消除或减轻这种心理紧张状态。其所采取的具体行为如:试图改变其所得报酬或付出;有意无意曲解自己或他人的报酬或付出;竭力改变他人的报酬等。

对管理实践的启示:

①在管理中要高度重视相对报酬问题。职工对自己的报酬进行横比、纵比,这是必然的现象。管理者如果不加以重视,很可能出现员工"增收"的同时亦"增怨"的现象。自古就有"不患寡而患不均"这种普遍的社会心理现象,管理者必须始终将相对报酬作为有效激励的方式加以运用。

②尽可能实现相对报酬的公平性。我国国企改革,打破大锅饭,实行"多劳多得、少劳少得"正是体现了这种公平理论的要求。

③当出现不公平现象时,要做好工作,积极引导,防止负面作用发生,并通过改革和管理的科学化,消除不公平,或将不公平产生的不安心理引导到正确行事的轨道上来。

(6) 强化理论。

强化理论(reinforcement theory)是美国的心理学家和行为科学家斯金纳、赫西、布兰查德等人提出的一种理论。斯金纳认为他提出了一种"操作条件反射"理论,认为人或动物为了达到某种目的,会采取一定的行为作用于环境。当这种行为的后果对他有利时,这种行为就会在以后重复出现;不利时,这种行为就减弱或消失。人们可以用这种正强化或负强化的办法来影响行为的后果,从而修正其行为,这就是强化理论,也叫作行为修正理论。

强化包括正强化、负强化和自然消退三种类型:

①正强化,又称积极强化。当人们采取某种行为时,能从他人那里得到某种令其感到愉快的结果,这种结果反过来又成为推进人们趋向或重复此种行为的力量。例如,企业用某种具有吸引力的结果(如奖金、休假、晋级、认可、表扬等),以表示对职工努力的肯定,从而使员工更加努力。

②负强化,又称消极强化。它是指通过某种不符合要求的行为所引起的不愉快的后果,对该行为予以否定。若职工能按所要求的方式行动,就可减少或消除令人不愉快的处境,从而也增大了职工符合要求的行为重复出现的可能性。惩罚是负强化的一种典型方式,即在消极行为发生后,以某种带有强制性、威慑性的手段(如批评、行政处分、经济处罚等)给人带来不愉快的结果,或者取消现有的令人愉快和满意的条件,以表示对某种不符合要求的行为的否定。

③自然消退,又称衰减。它是指对原先可接受的某种行为强化的撤销。由于在一定时间内不予强化,此行为将自然下降并逐渐消退。

正强化是用于加强所期望的个人行为;负强化和自然消退的目的是减少和消除不期望发生的行为。这三种类型的强化相互联系、相互补充,构成了强化的体系,并成为一种制约或影响人的行为的特殊环境因素。

对管理实践的启示：

①奖励与惩罚相结合。即对正确的行为,对有成绩的个人或群体给予适当的奖励；同时,对于不良行为,对于一切不利于组织工作的行为则要给予处罚。

②以奖为主,以罚为辅。强调奖励与惩罚并用,并不等于奖励与惩罚并重,而是应以奖为主,以罚为辅,因为过多运用惩罚的方法,会带来许多消极的作用,在运用时必须慎重。

③及时而正确地强化。所谓及时强化是指让人们尽快知道其行为结果的好坏或进展情况,并尽量予以相应的奖励；而正确强化就是要"赏罚分明",即当出现良好行为时就给予适当的奖励,而出现不良行为时就给予适当的惩罚。及时强化能给人们以鼓励,使其增强信心并迅速激发工作热情。

奖人所需,形式多样。要使奖励成为真正的强化因素,就必须因人制宜地进行奖励。

小思考7-3

请解释"杀鸡儆猴"。

答：杀鸡儆猴说明了"惩罚与逃避"的关系,对出现违规行为的"鸡"加以惩罚,意欲使违规的"猴"从中深刻地意识到组织规定的存在,从而加强对自己行为的约束。

6) 常见的激励方法与艺术

案例分析7-6　奖励真的是有效的激励手段吗？

林肯公司通过把报酬和绩效相联系,成功地激励了工人,公司上下2 300名工人都参与了公司的这项激励计划,全体员工,除了两人——公司董事长和总裁以外,都享受年度分红,董事长和总裁的报酬是按销售的百分比计算的,如果销售下降,他们就首当其冲降低报酬。林肯公司因为始终如一的激励制度,公司员工成本率非常低,产品质量却相当高,公司从没受到过什么大的挫折。

金西食品公司建立一种服务优质的评定制度,获得前几名的人参加寻宝活动,并保留奖金。

惠普公司检查服务质量的方法是让消费者打电话给公司的服务工程师,以此判断公司的服务质量。如果客户对他们的口碑很好,工程师就有资格增加25%的薪水和提升。

相比之下,索尼公司在美国子公司的高层主管并不相信额外奖赏会产生高绩效,他们认为,拥有工作并保留工作应该就足够了。质量权威人士菲利普·克罗斯比相信,给予奖金会使工作落于俗套,并淡化工作道德。他说,奖金发完之时,也就是激励终止之日。

(资料来源：http://wenku.baidu.com/link?url=,有改动)

你认为林肯公司的全员参与计划能长期有效吗？索尼公司的激励观念和其他公司的观点是对立的吗？你更赞同哪个观点？为什么？

分析：林肯公司的激励计划已沿用50多年,这充分证明其长期有效的可能性非常大,原因如下：参与激励计划的员工面广、对岗位的覆盖面广；其激励计划遵循了公平原则；高层领导重视,成为一把手工程;对激励计划的执行坚持不懈,而不是搞运动;享受激励好处的员工比较普遍,且激励程度较大,年收入普遍能翻一番。

克罗斯比对资金激励的观点有一定道理,但不完全正确。克罗斯比的观点无视奖金有激励作用,结合赫茨伯格的双因素理论和马斯洛的需要理论来看,克罗斯比的观点只说对了一半,即奖金是保健因素,而非激励因素,但是不同的员工,其所处需要层次不同,或者同一员工在不同的时期的需要不同,奖金对其产生的激励作用也不同。奖金的激励作用是非常大的,但运用奖金进行激励时要注意艺术,不能落入俗套。总之,应结合员工的需要进行操作。

有效的激励,必须通过适当的激励方法和艺术来实现。按照激励中诱因的内容和性质,可将激励的方法和艺术划分为两类:物质激励和精神激励。

物质激励是指以物质利益为诱因,通过调节被管理者物质利益来刺激其物质需要,以激发其动机的方法和手段。主要包括以下具体形式:

①奖酬激励:奖酬包括工资、奖金、各种形式的津贴及实物奖励等。

首先,奖酬机制应为实现工作目标服务,即奖酬的形式、奖酬与贡献挂钩的办法、奖酬发放的方式等,都要根据有助于促进工作目标实现来设计和实施。而其中的关键又是奖酬与贡献直接挂钩的科学化与定量化。

其次,要确定适当的刺激量。用奖酬手段进行激励,必然涉及刺激量的确定。奖酬刺激量一是表现为奖酬绝对量,即工资、奖金的数量大小;二是表现为奖酬相对量,即工资、奖金同一时期不同人的差别以及同一个人不同时期的差别。

奖酬刺激作用主要取决于相对刺激量,即同一时期不同人之间的奖酬差别以及个人不同时期奖酬变化的幅度,这正体现了公平理论的要求。

②处罚:在经济上对员工进行处罚,是一种管理上的负强化,属于一种特殊形式的激励。运用这种方式时要注意:必须要有可靠的事实根据和政策依据,令员工心服口服;处罚的方式与刺激量要适当,既要起到必要的教育与震慑作用,又不能强化矛盾,还要同深入细致的思想工作相结合,注意疏导,化消极为积极,真正起到激励作用。

精神激励就是对员工精神上的一种激励,让员工能感觉到来自组织的关怀。精神激励的方法有很多,例如,尊重、关爱、赞美、宽容员工;给员工提供公正的竞争环境;让员工明确自己应该奋斗的目标;帮助员工规划自己的职业发展蓝图等。精神激励主要有以下几种:

①目标激励:目标激励就是确定适当的目标,诱发人的动机和行为,达到调动人的积极性的目的。目标作为一种诱因,具有引发、导向和激励的作用。目标激励会产生强大的效果,其主要有三类:工作目标、个人成长目标和个人生活目标。目标激励既要尽可能地增大目标的效价,又要尽可能增加目标的可行性,只有通过努力能够实现的目标,才能真正地起到激励作用。因此,在设计目标水平时要先进合理,要具备相应的实施条件和可操作性,使下级能充分认识到目标实现的可能情形。

②参与激励:参与激励是指在不同程度上让职工和下级参与组织决策及各级管理工作的研究和讨论,调动职工和下级的积极性和创造性。让下属参与管理,有利于集中群众意见,防止决策失误;有利于满足下属的归属感和受人赏识的心理需求,可使下属感受到上级主管的信

任、重视和赏识,从而体验到自己的利益同组织的利益及组织发展密切相关而产生的责任感;有利于职工对决策的认同,从而激励他们自觉去推进决策的实施。事实证明,参与管理会使多数人受到激励。正确地参与管理既对个人产生激励,又为组织目标的实现提供了保证。

③荣誉激励:荣誉是众人或组织对个体或群体的崇高评价(如发奖状或证书、记功、嘉奖、表扬等),是满足人们自尊需要,激发人们奋力进取的重要手段。它可以调动人们的积极性,形成一种内在的精神力量。从人的动机看,人人都有荣誉感,具有自我肯定、光荣、争取荣誉的需要,因此管理者要设法让员工们感觉到,认识到荣誉感的崇高性。荣誉激励主要体现在:让每个人充分发挥出聪明才智,真正做到人尽其才,为他们创造发展才能的机会,激发其献身精神,满足其成就感。荣誉激励成本低,但效果很好。

④工作激励:管理者要善于调整和运用各种工作因素,进行工作设计,如使工作内容丰富化和扩大化,并创造良好的工作环境,还可通过员工与岗位的双向选择,使员工对自己的工作有一定的选择权等。通过一系列措施,使工作本身具有内在意义和更高的挑战,让下级满足于自身的工作,给员工一种自我实现感,以实现有效的激励。

⑤感情激励:感情激励即以感情作为激励的诱因,调动人的积极性。现代人对社会交往和感情的需要是强烈的,感情激励已成为现代管理中极为重要的调动人的积极性的手段。感情激励主要包括以下几方面的内容:

a. 在上下级之间建立融洽和谐的关系。管理者对下级的一个重要影响力来源于亲和力,这就要求管理者要高度重视与下级的个人关系,使关系融洽,或有较深的友谊,以增强亲和影响力。

b. 促进下级之间关系的协调与融合。组织中各成员之间的关系,也会影响到组织目标的实现。需要对非正式组织关系进行积极引导,以尽可能满足各成员社会交往的需要。

c. 营造愉悦的团体氛围,满足组织成员的归属感。管理者应注意以维系感情为中心,组织开展各种健康、丰富多彩的文化活动,营造愉悦的团体氛围,使每个成员以置身于这一团体而感到满意和自豪,满足其归属感,创造一种高质量的社会生活,从而实现有效激励,令其自觉地、心情愉快地为实现组织目标努力工作。

案例分析 7-7 北风和南风

北风和南风比威力,看谁能把行人身上的大衣脱掉。北风首先来一个冷风凛冽、寒冷刺骨,结果行人把大衣裹得紧紧的。南风则徐徐吹动,顿时风和日丽,行人因为觉得春意上身,故而解开纽扣,继而脱掉大衣,南风获得了胜利。

分析:温暖胜于严寒。领导者在管理中要运用"南风"法则,尊重和关心下属。以下属为本,多点人情味,使下属真正感觉到领导者给予的温暖,从而去掉包袱,激发工作的积极性。

7.2 企业财务运作管理

7.2.1 企业筹资管理

在企业发展过程中,需要不断地从内部和外部筹措企业所需要的资金。筹资管理是企业根据经营需要,通过一定的渠道,运用筹资方式经济有效地筹集资金的财务行为。其目的是满足企业资金需求,降低资金成本,减少相关风险。

1. 企业筹资渠道

企业筹资渠道是指筹措资金来源的方向与途径,体现着资金的源泉和流量。企业主要有以下几种筹资渠道。

(1) 国家财政资金。通过直接向企业投入形成所有者权益和以银行贷款的方式向企业投入以形成企业的负债,具有利率低、使用时间长的特点。

(2) 银行贷款。银行信贷资金是各类企业筹资的重要来源。银行贷款方式灵活多样,可以适应各类企业债务资金的需要。

(3) 非银行金融机构资金。非银行金融机构资金包括信托投资公司、保险公司、证券公司、租赁公司、企业集团的投资基金等。它们所提供的各种金融服务,包括信贷资金投入、物资融通及为企业承销证券等。

(4) 其他企业资金。其他企业资金主要是企业与其他企业之间相互投资的资金及在购销业务中通过企业的商业信誉取得的资金占用,如赊销等。

(5) 居民个人资金。通过向社会公众发行股票或债券的方式吸引居民的个人闲散资金。个人资金可对企业进行投资,从而形成企业的资金来源。

(6) 企业内部形成的资金。企业内部形成的资金指资本公积金、盈余公积金和企业未分配利润等资金。这是企业内部形成的筹资渠道,无须通过一定的方式筹集,只是在企业内部转移即可。

2. 企业筹资方式

筹资方式是指筹措资金时所采取的具体方法和形式,体现着资金的属性。企业筹资方式主要有以下几种。

(1) 吸引直接投资。直接投资是指企业在活动过程中,投资者或发起人直接投入企业的资金。这部分资金一经投入,便构成企业的资本金。该筹资方式是非股份制企业筹集权益资本的重要方式。

(2) 发行股票筹资。发行股票筹资是股份有限公司按照公司章程依法发售股票筹资形成公司股本的一种方式。这种方式以股票为媒介,仅适用于股份制公司,是股份公司取得权益资金的基本方式。股票具有无期限性、风险性、流通性、参与性的特点。

知识链接 7-2

普通股筹资的优缺点：

优点：

(1)普通股筹资的风险较小。因为普通股没有固定的到期日，不用承担固定的股息。当企业没有盈利或盈余不足时，也可以不分配或少分配股利。

(2)普通股筹资比优先股或债券筹资的限制少，因而有利于增加企业经营的灵活性。

(3)普通股的发行，可以提高企业的知名度。

(4)普通股发行，可降低企业的资产负债率，改善企业的资本结构，提高企业的信用水平。

缺点：

(1)普通股筹资的资金成本最高，因为普通股的发行费用较高，且股利要从税后盈余中支付。

(2)发行普通股增加新股东，通常会分散企业的控制权，增加企业被收购的风险。

(3)发行普通股使更多的股东分享企业盈余，降低了原股东的收益。

(4)发行股票，特别是上市后，由于得到社会的关注，企业的商业机密容易泄露，成为证券交易市场的炒作题材。

(3)发行债券筹资。发行债券筹资是企业按照债券发行协议，通过发售债券直接筹资的方式。在我国，上市公司（其所发行的证券被允许在证券交易所公开交易的公司称为上市公司）被允许以发行债券的方式筹集资金，其他类型的企业则不允许。企业债券具有期限性、偿还性、风险性、利息率固定等特征。

知识链接 7-3

债券筹资的优缺点：

优点：

(1)债券筹资的成本比股票筹资的成本低。这是因为债券发行成本较低，债券利息在税前支付。

(2)债券筹资不会影响企业的管理控制权。

(3)债券资金具有财务杠杆作用。

缺点：

(1)债券筹资的风险很高。因为债券有固定的到期日，并要支付固定的利息，一旦企业不能支付到期的本息，债权人有权要求企业破产。

(2)债券筹资的限制条件很多，降低了企业经营的灵活性。

(4)银行贷款筹资。银行贷款筹资是企业按照借款合同从银行等金融机构借入款项的筹资方式，适用于各类企业。

(5) 租赁筹资。租赁筹资是企业按照租赁合同租入资产从而筹集资金的特殊筹资方式。通过租赁方式租入资产形成企业的债务资金，主要有融资性租赁和经营性租赁。两种租赁方式的比较如表 7-4 所示。

表 7-4 两种租赁方式的比较

项目	经营租赁	融资租赁
租赁目的	取得租赁资产使用权	融通资金
租赁期	较短	较长，寿命期的 3/4
中途撤销合同	可以	不可以
设备维护保养责任	出租方	承租方
租金	较高	较低
计提折旧	出租方	承租方
租赁期满，设备处置	退回出租方	退回、续租、留购

(6) 商业信用筹资。商业信用筹资是企业在资金紧张的情况下，为保证经营活动的连续进行，采取延期支付购货款和预收销货款而获得短期资金的一种筹资方式。如物流运输企业和货代企业长期形成良好合作关系，因此货代企业往往会给物流运输企业"放账"，保证它的正常运转。

小思考 7-4

上述各种筹资方式中，哪些可为企业获得长期债务资金？哪些为企业筹集短期资金？

答：发行债券、租赁筹资可为企业获得长期债务资金；商业信用筹资通常是为企业筹集短期资金；而银行借贷筹资方式既可为企业筹得长期资金，也可为企业筹得短期资金。

(7) 留存收益筹资。留存收益筹资是指企业将留存收益转化为投资的过程。将企业经营所实现的净收益留在企业，而不作为股利分配给股东，其实质为原股东对企业追加投资。

知识链接 7-4　企业筹资的创新尝试

在诸多的金融创新尝试中，企业联手基金公司是目前受规模企业欢迎的一种合作形式。基金公司与企业合作主要采取"股权融资"。相当于企业让出少量股权，以此挣得资金支持。基金公司不需要企业提供任何抵押，也不会控股。基金公司是纯粹的财务投资者，配合企业开展渠道整合的工作，如组织管理建设、战略制定建议等，使企业逐渐成为行业的领先者。如果有可能的话，基金公司会协助企业上市，在双赢后，基金公司退出。

与基金公司合作后，企业将获得无形价值。一是银行一旦确认基金公司介入企业，就会调高对该企业的信用评级。同时,可贷额度还会增加两倍以上。二是在企业筹资后,如果有需要,基金公司还会为企业通过灵活的融资抵押形式在银行安排财务成本较低的长期贷款,主要采用应收账款、固定资产组合等抵押方式。

小思考 7-5

上述几种主要的筹资方式中,哪几种属于权益资金筹集?哪几种属于负债资金筹集?

答:吸收直接投资、股票筹资、留存收益筹资属于权益资金筹集;银行贷款筹资、发行债券筹资、商业信用筹资、租赁筹资均属于负债资金筹集。

7.2.2 企业投资管理

企业投资是指企业投入财力,以期望在未来获取收益的一种行为。在市场经济条件下,企业能否把筹集到的资金投放到收益高、回收快、风险小的项目上去,对企业的生存和发展是十分重要的。

企业投资的分类:

1. 按投资与生产经营的关系划分

按投资与生产经营的关系划分,投资可分为直接投资和间接投资。直接投资是指把资金投入生产经营性资产,以便获取利润的投资。间接投资又称证券投资,是指把资金投入证券等金融资产,以便取得股利或利息收入的投资。

2. 按投资期限的长短划分

按投资期限的长短划分,投资可分为短期投资和长期投资。短期投资又称为流动资产投资,是指能够并且准备在一年以内收回的投资。长期投资则是指一年以上才能收回的投资,主要指对库房、设备等固定资产的投资,也包括对无形资产和长期有价证券的投资。

短期投资具有投资期限短、变现能力强、周转快、波动性大等特点。一般来说,长期投资的回收期长、耗资大、变现能力差,并且将在较长时期内持续影响企业的经营,因而它比短期投资具有更大的风险。

3. 按投资投放的方向划分

按投资投放的方向划分,投资可分为对内投资和对外投资。对内投资又称内部投资,是指把资金投在企业内部,购置企业内部各种活动所需各种资产的投资。对外投资,是指企业将其所拥有的资产直接投放于其他企业或购买各种证券形式的投资。

4. 按投资对象的形态划分

按投资对象的形态划分,投资可分为实体投资和金融投资。实体投资是指企业投资于具有物质形态的实物资产和不一定具有物质形态的无形资产的投资活动。金融投资是指企业投资于金融资产或金融工具的投资活动。

5. 按投资的内容不同划分

按投资的内容不同划分，投资可以分为固定资产投资、无形资产投资、开办费投资和流动资金投资等多种形式。无形资产投资是指企业为取得或创立特定无形资产（如专利权、专有技术等）所发生的投资。无形资产投资与固定资产投资既有不同之处也有相同之处。不同之处在于无形资产投资的投入方式通常是一次完成。相同之处是两者都必须在企业投产后分期陆续以摊销或折旧的方式实现回收。

7.2.3 企业财务分析与评价

企业财务分析与评价是指通过对企业的财务报表和管理会计报告所提供的数据信息进行加工、处理和比较，以分析企业过去的财务状况和经营成果以及未来前景，从而为企业及各有关方面进行经济决策、提高资产管理水平提供重要依据。

1. 资产负债表

资产负债表反映企业经过一段时间的经营后，期末所有资产、负债和所有者权益数额及其变化情况，反映的是时间点的概念。资产负债表呈左右结构，其中资产在左，负债在右，并且左右两边最后一行的总计所显示出的数字金额必须相等（见表7-5）。这种平衡关系一般可用如下会计方程式表示：

$$资产 = 负债 + 所有者权益$$

表7-5 资产负债表

编制单位：××××单位　　　　2022年12月31日　　　　单位：元

行次	资产	期末余额	期初余额	行次	负债和所有者权益	期末余额	期初余额
1	流动资产：			1	流动负债：		
2	货币资金	66 000	60 720	2	短期借款	22 000	11 000
3	交易性金融资产	55 000	11 000	3	交易性金融负债		
4	应收票据	11 000	55 000	4	应付票据	5 500	4 400
5	应收账款	62 700	41 800	5	应付账款	12 650	9 900
6	预付款项	7 150	4 400	6	预收款项	7 400	7 700
7	应收利息			7	应付职工薪酬	2 200	1 100
8	应收股利			8	应交税费	15 950	14 850
9	其他应收款	1 650	550	9	应付利息		
10	存货	8 800	11 000	10	应付股利		1 100
11	持有待售资产			11	其他应付款	3 300	1 100
12	一年内到期的非流动资产			12	一年内到期的非流动负债	5 500	3 850
13	其他流动资产	4 400	2 200	13	其他流动负债		
14	流动资产合计	216 700	186 670	14	流动负债合计	74 500	55 000
15	非流动资产：			15	非流动负债：		

续表

行次	资产	期末余额	期初余额	行次	负债和所有者权益	期末余额	期初余额
16	可供出售金融资产			16	长期借款	44 000	60 500
17	持有至到期投资	23 000	6 300	17	应付债券	33 000	22 000
18	长期应收款			18	长期应付款	5 500	5 500
19	长期股权投资	32 000	8 000	19	专项应付款		
20	投资性房地产			20	预计负债	2 500	
21	固定资产	111 870	82 500	21	递延所得税负债	1 000	2 000
22	在建工程	4 400		22	其他非流动负债		
23	工程物资	3 300		23	非流动负债合计	86 000	90 000
24	固定资产清理			24	负债合计	160 500	145 000
25	生产性生物资产			25	所有者权益（或股东权益）：		
26	油气资产			26	实收资本（或股本）	110 000	110 000
27	无形资产	7 700	7 700	27	资本公积	10 000	9 000
28	开发支出			28	减：库存股		
29	商誉			29	盈余公积	95 370	22 000
30	长期待摊费用	2 200	3 300	30	未分配利润	25 300	8 470
31	递延所得税资产			31	所有者权益合计	240 670	149 470
32	其他非流动资产						
33	非流动资产合计	184 470	107 800				
34	资产总计	401 170	294 470	32	负债和所有者权益总计	401 170	294 470

2. 利润表

利润表又称损益表，是反映企业一定会计期间经营成果的报表，是会计报表三大主表之一。该表是按照各项收入、费用以及构成利润的各个项目分类分项编制而成的。常见的利润表结构主要有单步式和多步式两种。在我国，企业利润表采用的是多步式结构（其格式如表7-6、表7-7所示），分为正表和补充资料两大部分。

表7-6　利润表

单位：万元

项目	本期金额	上期金额
一、营业收入	2 886	3 020
减：营业成本	2 503	2 644
税金及附加	28	28
销售费用	20	22
管理费用	40	46

续表

项目	本期金额	上期金额
财务费用	96	110
资产减值损失		
加：公允价值变动收益		
投资收益	24	40
二、营业利润	223	210
加：营业外收入	17	10
减：营业外支出	5	20
三、利润总额	235	200
减：所得税费用	75	64
四、净利润	160	136

表 7-7 利润分配表

单位：万元

项目	上年实际	本年累计
一、净利润	160	136
加：年初未分配利润	700	730
其他转入	−40	−54
二、可供分配的利润	820	812
减：提取盈余公积	40	34
应付利润	50	28
三、未分配利润	730	750

3. 现金流量表

现金流量表是会计报表的第三大主表，是以收付实现制为编制原则，汇总说明企业在报告期内经营活动、投资活动及筹资活动所带来的现金流量变动情况的会计报表(见表 7-8)，它是根据企业的资产负债表、利润表和利润分配表换算而成的。

现金流量表能够说明一定期间内现金流入和流出的原因，反映企业偿债能力；同时有助于分析企业投资和理财活动对经营成果和财务状况的影响。

表 7-8 现金流量表

单位：元

项目名称	第一季度	第二季度
一、经营活动产生的现金流量		
销售商品、提供劳务收到的现金	4 000	5 000

续表

项目名称	第一季度	第二季度
收到的税费返还	8 000	9 000
收到其他与经营活动有关的现金	50 000	60 000
经营活动现金流入小计	62 000	74 000
购买商品、接受劳务支付的现金	20 000	10 000
支付给职工及为职工支付的现金	5 000	4 000
支付的各项税费	6 000	2 000
支付其他与经营活动有关的现金	1 000	2 000
经营活动现金流出小计	32 000	18 000
经营活动产生的现金流量净额	30 000	56 000
二、投资活动产生的现金流量		
收回投资收到的现金	200 000	150 000
取得投资收益收到的现金	18 000	50 000
处置固定资产、无形资产和其他长期资产收回的现金净额	10 000	40 000
收到其他与投资活动有关的现金	8 000	7 000
投资活动现金流入小计	236 000	247 000
购建固定资产、无形资产和其他长期资产支付的现金	100 000	50 000
投资支付的现金	50 000	3 000
支付其他与投资活动有关的现金	2 000	100 000
投资活动现金流出小计	152 000	153 000
投资活动产生的现金流量净额	84 000	94 000
三、筹资活动产生的现金流量		
吸收投资收到的现金	200 000	300 000
取得借款收到的现金	50 000	100 000
收到其他与筹资活动有关的现金	30 000	130 000
筹资活动现金流入小计	280 000	530 000
偿还债务支付的现金	2 000	50 000
分配股利、利润或偿付利息支付的现金	100 000	50 000
支付其他与筹资活动有关的现金	50 000	52 000
筹资活动现金流出小计	152 000	152 000
筹资活动产生的现金流量净额	128 000	378 000

案例分析 7-8　中远的财务精益化管理

中远财务管理工作,建立精益化财务管理的长效机制,充分发挥财务管理在公司经营和管理链条中的运营作用,初步建成了满足第三方业务和其他业务发展需要,适应境内境外双重监管体系要求的会计核算体系和财务管理体系。

(1) 加强成本管理,强化预算控制:加强成本构成要素的分析控制;进一步强化预算的刚性控制机制;在条件成熟的重点项目中推进全面预算管理。

(2) 统一制度规范,优化流程再造:规范全系统财务制度体系;以 SAP 上线为契机,对再造的流程进行实质检验;规范会计核算流程体系。

(3) 结合 TMT 计划实施,持续推进精益管理:通过 TMT 计划的实施,对财务、商务以及具体业务人员进行了相关财务知识培训;针对业务专门制定 11 项财务制度;推进动态预算体系的建立,推行项目预算批复制。

分析:传统松散的财务运作,导致企业财务管理效率低下。中远物流通过采用预算控制、制度规范等推进财务精益管理,充分发挥了财务管理在企业经营中的重要作用。

7.3　企业设施设备管理

7.3.1　企业设施选址

企业设施是进行生产服务活动的基础,也是生产服务水平和现代化程度的重要标志,对于企业的发展,促进现代化大生产、大流通具有十分重要的作用。

设施选址,顾名思义,就是要给设施确定合适的地理位置。

科学、合理的设施选址不仅可以有效地节约资源、降低成本,优化网络结构和空间布局,还可以提高经济效益和社会效益,确保提供优质服务,是实现集约化经营、建立资源节约型企业至关重要的一步。

设施选址时,需要确定设施的数量、地理位置、规模,并规划各设施服务的市场范围等。选择设施的地理位置时,一般步骤为:

第一步:确定一个地区。即选择哪一个地区设置设施,沿海还是内地,南方还是北方,在哪座城市等,具体位置还要选择在城市中心、农村还是城市郊区。

城市中心、农村或城市郊区各有其优缺点,而城郊同时具有城市和农村的优点,如现代交通和通信较发达,地价相对便宜,周边人口密度相对较小等,所以越来越多的设施考虑设在城郊。

第二步:选择若干个适当的地点。地区选定以后,具体选择哪一片土地作为设施的位置,这就要针对企业的特点,深入地分析各种影响因素,如市场需求、交通设施、周边环境等多方面因素。然后针对各种因素进行主次排列,权衡取舍,拟订3到5个初步的候选地址方案。必要时,还需征询一些专家的意见。

第三步:方案评价,做出取舍。对初步拟订的候选方案进行详细评价。评价方法可用因素评分法、重心法、运输模型等,将会得出各个方案的优劣程度的结论,或找到一个方案优于其他方案,这样就可选定最终方案。

企业设施选址的影响因素很多,概括起来主要有五大类。

1. 经营环境因素

(1)优惠的政策。企业设施所在地区有没有优惠的产业政策,是否对特定产业进行扶持,这对企业的经济效益将产生重要影响。

(2)劳动力条件。数量充足和素质较高的劳动力条件也是考虑因素之一。

(3)商品特性。运营不同特性商品的设施最好能分别布局在某地区的不同区域。

2. 基础设施状况

(1)交通条件。企业设施必须具备方便的交通运输条件,靠近交通枢纽,如紧邻港口、交通主干道、铁路编组站或机场,最好有两种以上运输方式相连接。

(2)公共设施状况。企业设施的所在地,要求道路、通信等公共设施齐备,有充足的供电、水、热、燃气的能力,且场区周围要有污水、固体废物处理能力。

3. 经济因素

(1)建筑和成本费用。建筑费用包括地价、设施建筑费用等。成本费用包括该设施到上下游客户之间的运输费、配送费等。大多数企业设施选在接近服务需求地,例如接近大型工业区、商业区,以便缩短运输距离,降低运输费用等。

(2)顾客服务水平。现代企业能否实现高水平服务是影响企业实现目标的重要因素,因此,在企业设施选址时,应考虑到企业期望达到的顾客服务水平,给客户快速满意的服务。

4. 自然环境因素

(1)气象条件。设施选址过程中,主要考虑的气象条件有温度、风力、降水量、无霜期、冻土深度、年平均蒸发量等指标。例如露天堆场在选址时,就需要避开风口,因为在风口处会加速露天堆放商品的老化。

(2)地质条件。设施是大量商品的集结地,如某些重量很大的建筑材料堆码起来,就会对地面造成很大压力。如果设施地面以下存在着淤泥层、流沙层、松土层等不良地质条件,会在受压地段造成沉陷、翻浆等严重后果。所以,土壤承载力要达到要求。

(3)水文条件。设施选址需远离容易泛滥的河川流域、上溢地下水的区域等,要认真考察近年的水文资料,地下水位不能过高,洪泛区、内涝区、故河道、干河滩等区域绝对禁止使用。

(4)地形条件。设施应地势高亢、地形平坦,且应具有适当的面积与外形。若选在完全平坦的地形上是最理想的;其次选择稍有坡度或起伏的地方;对于山区陡坡地区则应该完全避开。在外形上可选长方形,不宜选择狭长或不规则形状。

5. 其他因素

(1) 土地资源利用。企业设施的规划应贯彻节约用地、充分利用国土资源的原则。企业设施通常占地面积较大，周围还需留有足够的发展空间，为此地价的高低对布局规划有重要影响。此外，企业设施的布局还要兼顾区域与城市规划用地的其他要素。

(2) 环境保护要求。企业设施的选址需要考虑保护自然环境与人文环境等因素，尽可能降低对城市生活的干扰。对于大型转运枢纽，应适当设置在远离市中心的地方。

(3) 周边状况。企业设施是火灾重点防护单位，不宜设在易散发火种的工业设施(如木材加工、冶金企业)附近，也不宜选择居民住宅区附近。

企业设施的选址应综合运用定性与定量相结合的方法，在全面考虑以上影响因素的基础上做出决策。功能完善、位置适宜的企业设施必将对企业的发展起到重要作用。

7.3.2 企业设备管理

1. 设备管理概述

设备在生产活动中起着非常重要的作用，它们的发展极大地减轻了人们的劳动强度，提高了作业的效率和质量，降低了成本，也促进了企业的快速发展。同时现代企业的高速发展对设备也有着更高的要求。

设备管理是以设备为管理对象，追求设备综合效率，应用一系列理论、方法，通过一系列技术、经济、组织措施，对设备寿命周期全过程的科学管理，包括从规划、设计、正确选择设备、正确使用设备、维护修理到更新改造全过程的管理。

设备运动过程可分为两种状态，即设备的物资运动形态和资金运动形态。设备的物资运动形态，是指设备从研究、设计、制造或从选购进厂验收投入生产领域开始，经使用、维护、修理、更新、改造直至报废退出生产领域的全过程，对这个过程的管理称为设备的技术管理；设备的资金运动形态，包括设备的最初投资、运行费用、折旧、收益以及更新改造的措施和运用等，对这个过程的管理称为设备的经济管理。

现代设备管理，既包括技术管理，又包括经济管理，设备的技术管理与经济管理是有机联系、相互统一的。

设备的选择原则如下：

(1) 符合货物的特性。货物的物理、化学性质以及外部形状和包装千差万别，在选择装卸机械时，必须与货物特性相符，以确保作业的安全和货物的完整无损。

(2) 适应生产量的需要。设备的作业能力应与产量的大小相适应，应选择投资较少、作业能力恰当的设备。

(3) 各类设备之间的衔接和配合应协调。

(4) 设备的经济性和使用性。选择设备时，各设备应操纵灵活，维修保养方便，有较长的使用寿命，使用费用低，消耗能源少，生产率高，辅助人员少等。

(5) 应具有超前性和富余量。随着需求及技术的飞速发展，在选择设备时，应长远考虑，使它们能满足不远将来的变化,适应经济的发展,这也是减少投资、提高适应性的一个有效途径。

2. 设备的全寿命周期管理

设备的寿命周期是指设备从最初的调查研究开始直到报废为止的整个过程,它包括调查研究、计划、设计、制造、购买选型、购置、安装调试、运转、维修、更新、报废等环节。其中调查研究、计划、设计、制造等环节称为设备寿命的前半生;购买选型、购置、安装调试、运转、维修、更新、报废等环节称为设备寿命的后半生。

设备寿命周期费用是指设备一生的总费用,它包括从设备的研究、设计、制造、安装调试、使用、维修、改造直到报废的全过程产生的费用之和,可以看成主要由以下几部分组成,即购置费、维持费、报废处理费和残值。

其中购置费,对于外购设备包括调研、招标、购置、运输、安装、调试等全部费用;对于自制设备则包括设备规划、设计、制造、安装、调试等费用。

维持费包括设备使用时的维护保养费、维修费、能源消耗费、操作工人工资等。

设备寿命周期费用的计算公式为:

$$寿命周期费用 = 购置费 + 维持费 + 报废处理费 - 残值$$

寿命周期利润:与寿命周期费用相对应,设备使用过程中会给企业创造效益或收益,这种收益减去寿命周期费用,即为寿命周期利润,公式如下:

$$寿命周期利润 = 收益 - 寿命周期费用$$

1) 全寿命周期管理的含义

设备的全寿命周期管理是现代设备管理中的一个非常重要的观点,设备寿命的前、后半生,即制造(或购买、选型)与使用之间是紧密联系的,是相互依存、相互制约的。

设备全寿命周期的管理目标就是要追求全寿命周期利润的最大化,也就是说,既要考虑寿命周期费用最小化,又要追求收益最大化,最终实现寿命周期利润最大化。这一理念不仅可以用在前期管理,而且渗透到整个设备寿命周期。

2) 设备全寿命周期管理的三个阶段

(1) 前期管理阶段。设备的前期管理包括规划决策、计划、调研、设计、制造、购置,直至安装调试、试运转的全部过程。

在购置新设备时,不能贪图价格便宜,而要同时考虑到设备购置后的一系列其他费用。不能只考虑设备寿命中某一阶段(制造、采购、使用、维修)的经济性,更要十分注重设备购置费和使用费总和的最经济。

设备购置价格最便宜,不一定整个寿命周期费用最低,而寿命周期费用最低并不等于该设备最好,还应考虑设备全寿命周期所发挥的效益的大小。

(2) 运行维修管理阶段。此阶段主要是防止设备性能劣化而进行的日常维护,包括保养、检查、监测、诊断以及修理、更新等管理,其目的是保证设备在运行过程中经常处于良好技术状态,并有效地降低维修费用。

(3)报废及更新改造管理阶段。

设备的全寿命周期管理不仅体现在设备一生管理的三个阶段,还体现在它是企业现代管理中一个不可分割的重要组成部分,因为在很大程度上,企业装备(设备)决定着企业的生存和发展。因此,企业现代化管理中不可忽视设备管理工作,并使全寿命周期管理与专业管理相结合。

3. 企业设备的使用管理

设备使用寿命的长短、生产效率的高低,在很大程度上受制于设备的使用是否合理、正确。正确使用,可以在节省费用的条件下减轻设备的磨损,保持其良好的性能和应有的精度,延长设备的使用寿命,充分发挥设备的效率和效益。

设备的正确使用,是设备管理中的一个重要环节。具体应做好以下几项工作:

(1)做好设备的安装、调试工作。

设备在正式投入使用前,应严格按质量标准和技术说明安装、调试,安装调试后要经试运转、验收合格才能投入使用。

(2)合理安排生产任务。

使用设备时,必须根据工作对象的特点和设备的结构、性能特点来合理安排生产任务,防止和消除设备无效运转。使用时,要严禁设备超负荷工作,要避免"大马拉小车"现象。

(3)切实做好设备操作人员的技术培训工作。

操作人员在上机操作之前,需做好上岗前培训,认真学习有关设备的性能、结构和维护保养等知识,掌握操作技能和安全技术规程等,经过考核合格后,方可上岗。必须严禁无证操作(或驾驶)现象的发生。

(4)建立健全一套科学的管理制度。

现代企业要针对设备的不同特点和要求,建立各项管理制度、规章制度和责任制度等。如持证上岗制、安全操作规程、操作人员岗位责任制、定人定机制、定期检查维护制、交接班制度以及设备档案管理制度等。

知识链接 7-5　某公司叉车管理制度

为规范企业管理,做好生产安全工作,特制定本制度。

一、安全管理

1. 定期对叉车司机进行安全教育(每周一次)。

2. 操作者必须持证上岗,严格执行安全操作规程,并对驾驶员进行年审,对叉车进行年检,在得到合格确认后方可继续驾驶和使用叉车。

3. 严格按公司机动车驾驶要求执行。

4. 每天做好叉车的点检工作(按点检表进行),保持叉车良好的工作状态。

二、维修、保养管理

1. 每周对车辆进行2次清洗,并检查油、电、刹车系统是否正常,定期更换齿轮油、更换液压油、电池充电、水箱加水。

2. 发现故障时由专人进行检修,如若不能排除故障,再通知制造商或专业维修厂来进行维修,并做好记录。

三、叉车维修、平时停放的定置管理

1. 叉车维修必须在比较安全的位置进行。

2. 叉车的备用轮胎必须定置存放,应放置在方便取用和安全的地方。

3. 班后叉车的停放必须离开作业区域和仓库,尽可能不要露天放置,切断电源,拉上手刹,如场地不平则必须在车轮底下垫上三角垫木,以确保车辆不发生滑行,以免发生安全事故。

四、叉车交接

1. 不同班次,上下班时必须进行交接,填写交接表,让下一班人员知道叉车的状态,以确保安全。

2. 同班次不同叉车司机交接使用叉车时,必须进行口头交接,以确保安全。

3. 故障车维修完毕,维修人员与叉车司机必须进行交接,叉车司机进行试车,确认故障已排除后方可接车。

(5)创造良好的设备作业条件和环境。

保持设备作业条件和环境的整齐、清洁,并根据设备本身的结构、性能等特点,安装必要的防护、防潮、防尘、防腐、防冻、防锈等装置。有条件的还应该配备必要的测量、检验、控制、分析以及保险用的仪器、仪表、安全保护装置。这对精密、复杂、贵重设备尤为重要。

4. 设备的保养

设备在使用过程中,会产生技术状态的不断变化,不可避免地出现摩擦、零件松动、声响异常等不正常现象。这些都是设备故障隐患,如果不及时处理和解决,就会造成设备的过早磨损,甚至酿成严重事故。因此,只有做好设备的保养与维护工作,及时处理好技术状态变化引起的事故隐患,随时改善设备的使用情况,才能保证设备的正常运转,延长其使用寿命。

设备的保养维护应遵循设备自身运动的客观要求。其主要内容包括清洁、润滑、紧固、调整、防腐等。目前,实行比较普遍的是"三级保养制",即日常保养、一级保养和二级保养。

(1)日常保养。日常保养是由操作人员每天对设备进行的物理性保养。主要内容有:班前班后检查、擦拭、润滑设备的各个部位,使设备经常保持清洁润滑;操作过程中认真检查设备运转情况,及时排除细小故障,并认真做好交接班记录。

(2)一级保养。一级保养以操作人员为主,维修人员为辅,对设备进行局部和重点拆卸、检查,清洗有关部位,疏通油路,调整各部位配合间隙,紧固各部位等。

(3)二级保养。二级保养以维修人员为主,操作人员参加,对设备进行部分解体检查和修理,更换或修复磨损件,对润滑系统进行清洗、换油,对电气系统进行检查、修理,局部恢复精度,满足作业要求。

此外,企业在实施设备保养制度过程中,对那些已运转到规定期限的重点和关键设备,不管其技术状态好坏,作业任务缓急,都必须按保养作业范围和要求进行检查和保养,以确保这类设备运转的正常完好和具有足够的精确度、稳定性。

 知识链接 7-6　货运车辆维修保养注意事项

货运车辆的保养非常重要,它会直接影响车辆的使用寿命,并间接影响车辆的安全保障。对此,我们特别整理了保养卡车的几大注意事项,与卡车司机一起分享:

将车开到一个相对平坦的地方,停稳后检查机油是否在油尺刻度的上限,同时一定要注意发动机底部不要漏油。

启动前要检查水箱中的水是否加满。为避免发动机水温过高,最好使用防冻液,这样也可以清除水垢。别忘记加满玻璃清洁剂,万一路上遇到下雨,清洁玻璃是必不可少的。

看一看刹车油的油面是否在油罐的中高位置,油色应十分清澈,要是发黑就应趁早更换。启动发动机,听喇叭声音是否正常。打开雨刷器,同时检查几个挡位速度是否正常。调整轮胎和备用胎的气压。检查灯光,从车外的大灯、示廓灯、雾灯、刹车灯、牌照灯到倒车灯等都应仔细检查。

(资料来源:中国物流联合网)

5. 企业设备的检查

现代企业的设备检查是指对设备的运行情况、技术状态和工作稳定性等进行检查和校验,它是设备维修中的一个重要环节。

通过对设备的检查,可以全面掌握设备技术状态的变化和磨损情况,及时发现并消除设备的缺陷和隐患,找出设备管理中存在的问题,并对设备是否需要进行技术改造或更新提供可靠的技术资料和数据。

1)设备的点检制度

设备的点检制度,是一种现代先进的设备检查制度,"点",即设备的关键部位或薄弱环节,"点检",即是对设备的这些"点"进行经常性检查和重点控制。

实行点检制度,能使设备隐患和异常及时得到发现和解决,保证设备经常处于良好的状态。同时,减少设备维修的盲目性和被动性,掌握主动权,提高设备完好率和利用率,提高设备维修质量及总体效益。

设备点检可分为日常点检、定期点检、专项点检三类。

(1)日常点检。日常点检是由操作工人按规定标准,以五官感觉为主,每日对设备的关键部位进行技术状态检查和监视,了解设备在运行中的声音、动作、振动、温度、压力等是否正常,并对设备进行必要的维护和调整,检查结果记入日常点检卡中。

日常点检的作业内容比较简单,作业时间也较短,一般可在设备运行中进行。

(2)定期点检。定期点检的作业周期通常有半月、一个月、数月不等。定期点检由设备维修人员和专业检查人员根据点检卡的要求,凭感官和(或)仪器,定期对设备的技术状态进行全面检查和测定。

定期点检的检查作业,除了包括日常点检的工作外,主要是测定设备的劣化程度、精度和功能参数,查明设备异常的原因,记录下次检修时应消除的缺陷。定期点检的主要目的是确认设备的缺陷和隐患,定期掌握设备的劣化状态,为进行精度调整和安排修理计划提供依据。

(3)专项点检。专项点检是有针对性地对设备某些特定项目进行检测,要使用专用仪器工具,在设备运行中进行。

2)设备点检的实施

实施设备点检包括以下各项工作:

(1)确定点检点及点检路线。进行点检时首先需要确定检查哪些部位、每一个部位所要检查的项目以及检查各部位的顺序和路线。

为了防止漏检,通常规定出具体检查的顺序路线,还可以绘制出点检流程图,逐点检查。

检查项目就是各检查部位所要检查的内容,如将传动带定为检查点,其检查项目就应包括皮带老化情况、声响、张紧度等。确定检查项目时,还应考虑点检人员技术水平和检测工具配套情况等。

值得注意的是,随着设备使用时间的推移,有些寿命期较长的零件也开始劣化。因此,不同时间的点检,检查点也不尽相同。但每次点检的检查点一经确定,就不应随意更改。

(2)确定点检的方法和条件。根据点检的要求,确定各检查项目所采用的方法和作业条件,是用感官还是用检测仪器,是停机检查还是运行中检查等,检查方法和条件形成规范化的程序,一般不轻易改动。

(3)制定点检的判断标准。确定各检查部位及项目是否正常的判断标准,例如磨损量、偏角、压力、水温、油温等数量界限等,判定标准要明确地附在检查项目表内。

(4)确定点检周期。根据设备实际情况确定点检周期。

(5)确定点检人员并做好培训工作。所有检查任务都要确定点检的执行者和负责人。日常点检通常由操作人员负责,定期和专项点检通常由专业点检人员、专业技术人员、维修技术人员等参加。

设备点检对专业点检人员要求很高,应具有相当的专业知识和实际工作经验,为了点检取得良好的效果,有必要对点检人员进行培训,使其明确自己的职责,并熟练掌握点检技能等。

(6)编制点检表。为了保证各项检查工作按期执行,需将该检查期的各检查点、项目、周期、方法、检查记录等制成固定的表格,即点检表,供检查人员使用。

详细记录的点检表,是设备技术状态和安全状况分析的原始记录,是设备维修和安全管理中重要的原始资料。

 知识链接 7-7　某公司货运汽车维修保养、定期安全检查制度

1.实行定人、定车、定保养制度,驾驶员应经常对车辆进行清洗、保养,保持车辆的干净、整洁,始终保持良好的运行状态。

2. 驾驶员应在每天出车前或出车后,尤其是长途运输前必须对车辆安全技术状况进行检查,带病车辆坚决禁止营运,经检查安全性能良好方能出行。

3. 营运车辆每月 1—5 日必须到公司指定修理厂进行安全检查,缺席一次罚款 50~100 元。

4. 安检前必须保持车辆内干净、整洁,漆皮完整,车牌、门徽、警语、资质证以及行车证件齐全,车证相符。

5. 必须依法购置车辆保险,保证合法有效,不能脱保、弄虚作假。

6. 必须配备灭火器、枕木、防滑链、铁锹、随车工具等安全用具。

6. 企业设备的修理

设备在运转、使用过程中,往往由于磨损、断裂、老化或腐蚀,使设备的某一部位或某些零件损坏。设备的修理就是修复和更换损坏的部位或零件,使设备的效能得到恢复。设备的修理工作十分重要,尤其到了设备寿命周期的后期阶段尤为重要。

设备修理可以分为小修、中修、大修三类。

(1) 小修。小修是指工作量最小的局部修理。它通常只需在设备所在地点更换和修复少量的磨损零件或调整设备、排除障碍,以保证设备能够正常运转。

(2) 中修。中修是指更换与修理设备的主要零件和数量较多的各种磨损零件,中修需对设备进行部分解体,通常由专职维修人员在设备作业现场或机修车间内完成。

(3) 大修。大修是维修工作中规模最大、花钱最多的一种设备维修方式,它是通过对设备的全部解体,修理耐用的部分,更换全部损坏的零件,修复所有不符合要求的零部件,全面消除缺陷,以使设备在大修理之后,达到或基本达到原设备的出厂标准。

设备大修后,设备管理部门应检查验收,合格后办理交接手续。大修一般由专职检修人员进行。因为大修的工作量大、修理时间长、修理费用较高,所以进行大修之前要精心计划好。

在设备寿命周期内,对设备进行适度的大修理,一般在经济上是合理的。但是,长期无休止的大修理,却是不经济的。一方面,大修间隔期会随着修理次数的增加而缩小,另一方面,大修理的费用越来越高,从而使大修理的经济性逐渐降低,优越性不复存在,这时设备的整体更新将取而代之。

7. 企业设备的日常管理工作

设备的日常管理工作包括对设备进行分类、编号、登记以及调拨、事故处理、报废和日常养护等工作。

设备购进后,要根据设备的类别进行归类。然后进行编号,编号后进行逐项登记,即详细登记设备的名称、来源、生产单位、用途、技术参数及随主机附带的工具数量、安装地点等,并在使用过程中建立设备的技术档案制度。如果设备因故调出,则要在设备登记卡上详细记载设备的去向、所处状态、调出日期、交接地点及责任人等情况。

如果设备发生事故(或故障),操作人员和维修人员要分析事故(或故障)发生的原因,制定避免措施,并安排及时修复,使设备尽快恢复正常运转状态。

8. 企业机械设备的更新和技术改造

1) 设备的磨损与补偿

(1) 设备的磨损。设备磨损分为有形磨损和无形磨损两种。

①设备的有形磨损。设备在使用(或闲置)过程中发生的实体磨损称为有形磨损。有形磨损又分为机械磨损和自然磨损。

机械磨损是指设备在使用过程中,由于设备零部件的摩擦、振动、疲劳和腐蚀,致使设备发生磨损或损坏。

自然磨损是设备在闲置过程中,由于自然环境的作用及管理维护不善而造成的磨损,通常表现为设备锈蚀、材料老化、功能下降等。

有形磨损会使设备功能下降,燃料、动力等费用增高,维修费用上升,损失(货损与货差)及设备停工损失增加等。设备的有形磨损会降低其使用价值。

②设备的无形磨损。无形磨损是由于技术进步引起的原有设备技术上的陈旧与贬值。它不是一般物理意义上的磨损,表现为设备原始价值的降低。

无形磨损根据形成的原因也可分为两类:

由于技术进步而使生产同种设备的成本降低、价格下降,导致原有设备价值降低,是第Ⅰ类无形磨损。这种无形磨损的后果,只是现有设备的原始价值贬值,设备本身的技术特性和功能并未发生变化,故不会影响现有设备的使用。

由于技术进步,市场上出现了性能更完善、效率更高、消耗原材料和能源更少的新型设备,而使原有设备在技术上相对陈旧落后,导致原有设备相对贬值,这是第Ⅱ类无形磨损。它不仅可以使原有设备相对贬值,而且由于生产出来的产品成本过高,会使原有设备局部或全部丧失其使用价值。第Ⅱ类无形磨损虽然使设备贬值,但这种磨损越大,表明社会技术进步越快。

③设备的综合磨损。设备在使用期内,既要遭受有形磨损,又要遭受无形磨损,所以设备所受的磨损是双重的、综合的。两种磨损都会引起设备原始价值的贬值。

(2) 设备磨损的补偿。

要维持企业生产的正常进行,必须对设备的磨损及时进行补偿。由于设备遭受的磨损形式不同,补偿磨损的方式也不一样。补偿分为局部补偿和完全补偿。

修理是对有形磨损和无形磨损的局部补偿;完全补偿的方式则是更新,即用新设备更换旧设备。

更新也有两种形式:一种是原型更新,即用结构、性能完全相同的新设备更换旧设备,这是对原有设备有形磨损的完全补偿。另一种是新型更新,即用结构更先进、技术更完善、效率更高、性能更好的新型设备更换旧设备,这是对第Ⅱ类无形磨损的完全补偿,也是技术进步的表现之一,是目前设备更新的主要方式。

设备的磨损与对应补偿方式如表7-9所示。

表 7-9　设备的磨损与对应补偿方式

设备磨损的形式	补偿方式
机械磨损	修理
自然磨损	更新
第Ⅰ类无形磨损	不影响使用，不需要补偿
第Ⅱ类无形磨损	更新、技术改造

2）设备磨损规律

设备的有形磨损规律大致可以分为三个阶段，如图 7-6 所示。

第一个阶段：初期磨损阶段，又称磨合磨损阶段，或走合期。在这个阶段，由于零件表面粗糙度、不平度等，在受力情况下迅速磨损，不同形状零件之间的相对运动也会发生磨损。这个阶段的主要特点是设备磨损快、时间短。

第二个阶段：正常磨损阶段。此阶段设备磨损的速度比较平稳，磨损缓慢。这时设备处于最佳的技术状态，设备的生产率、运转的稳定性、精确性最有保证。

第三个阶段：急剧磨损阶段。当零件磨损超过一定限度（如图 7-6 中 A 点为正常磨损阶段的终点），磨损率急剧上升，以致设备的工作性能明显下降。这就要求停止设备使用，及时进行修理。

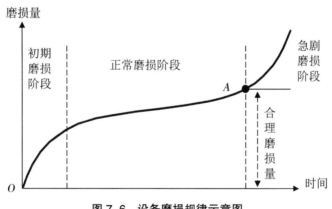

图 7-6　设备磨损规律示意图

设备的磨损有一定的规律，不同设备各个磨损阶段的时间不同，即使是同一型号、同一规格的设备，由于使用和维修不同，其损坏的时间也不尽相同。因此，掌握设备的磨损规律，在磨损的不同阶段给予不同的养护和维修，就能使企业设备经常保持良好的技术状态。

3）设备的更新决策

对一台设备来说，应不应该更新？应在什么时候更新？应该用什么样的设备来更新？这主要取决于更新的经济效果。适时更新设备，既能促进企业技术进步，加速经济增长，又能节约资源，提高经济效益。下面将分别介绍设备的两种不同更新类型的决策方法。

设备原型更新问题,可以通过分析设备的经济寿命进行更新决策,即在设备年平均费用最小时更新是最经济的。也就是说,设备原型更新问题也就是计算设备经济寿命问题。

计算设备经济寿命的方法有低劣化数值法、面值法等。

设备新型更新的最佳时机选择:当市场上出现同类功能的新型设备时,选择旧设备的合理使用年限的原则是,当旧设备再继续使用一年的年费用(即旧设备的年边际成本)超过新型设备的最小年费用时,就应该立即更新。

 案例分析 7-9

某配送中心有旧叉车一台,若要现在出售,预计市场价格为 40 000 元,并估计还可以继续使用 4 年。目前市场上出现的新型叉车的价格为 100 000 元。两种叉车的年经营费用及残值如表 7-10 所示。旧叉车的合理使用年限是多少呢?

表 7-10 旧叉车与新型叉车的年经营费用及残值

单位:元

使用年限/年	旧叉车			新型叉车		
	年经营费用	残值	年总费用	年经营费用	残值	年总费用
1	30 000	30 000	44 000	20 000	75 000	55 000
2	35 000	20 000	45 905	22 500	56 200	52 050
3	40 000	10 000	47 744	26 000	43 000	49 862
4	45 000	0	49 528	29 600	33 000	48 583
5				34 000	21 000	48 697
6				38 500	10 000	46 159
7				50 000	1 000	46 458

分析:从表 7-10 中旧叉车与新型叉车年总费用可以看出,旧叉车使用 3 年时年总费用超过了新型叉车的最小年总费用,即 47 744 元 > 46 159 元,因此,旧叉车的合理使用年限为 2 年,说明旧叉车只能再使用 2 年就应该更换为新型叉车。

4)设备改造

设备改造是根据企业作业的需要,用现代科技和先进经验,对设备进行局部革新、改造,以改善设备性能,提高使用性能和设备的技术水平。

(1)设备改造的主要内容有:

①改造或更新设备的动力装置。

②加装节能装置或改善耗能装置,降低能耗。

③增加安全装置或改造原机结构,提高设备安全性和环保性。

④改造或增加必要装置,扩充设备功能。

⑤对设备薄弱环节进行改造,提高可靠性和耐用性等。

⑥改进原机结构,更换某些装置或总成,统一机型,以利于维修和配件供应。

(2) 设备改造应注重以下四个方面:

①提高效率和服务质量。设备经过改造后,要使原设备的使用性能和技术性能得到改善,提高效率或增加功能,使之达到或局部达到新设备的水平,满足企业运作的要求。

②提高设备运行安全性。提高设备对人身、物品的安全性,应进行针对性改造,防止人身伤亡、货物毁损事故的发生,确保安全。

③节约能源。通过设备的技术改造提高能源的利用率,大幅度节电、节煤、节水,在短期内收回设备改造投入的资金。

④保护环境。有些设备对生产环境乃至社会环境造成较大污染,如粉尘污染、噪声污染等。要积极进行设备改造,消除或减少污染,保护环境。

(3) 与更换新设备相比,设备改造的优点有:

①设备改造是在原有设备的基础上来提高设备的性能,大大节约了投资。

②某些设备改造的周期短,比重新设计、制造或购置新设备所需时间短,见效快。

③设备改造的针对性和适应性较强,方便解决实际问题,需要什么就改什么,需要改到什么程度就改到什么程度,由企业自己决定。

④对进口设备的国产化改造和对闲置设备的技术改造,也有利于降低修理费用和提高资产利用率。

案例分析 7-10　输送机的技术改造

某煤矿是20世纪80年代初建成投产的矿井,原煤输送一直采用DX4型强力胶带机。随着原煤产量逐年提高,原煤运输环节的瓶颈问题逐渐突显出来,为此,决定对输送机进行技术改造。他们采取加大功率、提高带速(改造驱动和控制单元)等方式对胶带机进行技术改造。

分析:改造内容包括——①将原来 2×500 kW 两机拖动改为 3×500 kW 三机拖动,带速由 2.5 m/s 提升至 3.15 m/s;②更换强力胶带,带强由 2 000 N/mm 提高到 2 500 N/mm;③改造原电控系统。通过改造,使该矿井在短短10天之内,实现了运输能力的大大提升。

基本训练

一、简答题

1. 简述企业人力资源管理的含义。

2. 何谓平衡计分卡?

3. 简述设备设施管理的主要内容。

4. 企业财务运作管理包括哪几个方面？

5. 设备改造有哪些内容？

二、判断题

1. 企业的人力资源规划必须同企业的战略目标联系起来。（   ）

2. 工作分析的结果就是形成工作说明书。（   ）

3. 不管什么岗位，企业都应该招聘高学历、高职称的人才。（   ）

4. 制订培训计划首先要确定培训目标。（   ）

5. 对企业高层管理人员来说，主要考核的是任务完成情况。（   ）

三、选择题

1. 根据有关人员的经验，结合本企业的特点进行人才需求预测，这是（   ）。

   A. 经验估计法　　　　　　　　B. 比例趋势分析法

   C. 工作研究预测法

2. 工作分析过程中有时要选择典型职位，典型职位应该（   ）。

   A. 对公司比较重要　　　　　　B. 经常发生变化

   C. 能代表更多类似的职位　　　D. 比较稳定

3. 企业内部招聘的方式有（   ）。

   A. 提拔晋升　　　　　　　　　B. 猎头公司招聘

   C. 工作调换　　　　　　　　　D. 工作轮换

4. 工作改善建议采纳率属于平衡计分卡中的哪个指标？（   ）

   A. 财务指标　　　　　　　　　B. 学习与发展指标

   C. 内部管理指标　　　　　　　D. 客户指标

综合案例

案例1　中联的人力资源管理

中联集团有限公司（简称中联）是一家集铁路、公路、水运、航空运输方式为一体的全国性综合国有大型企业。公司实行现代企业制度规范经营、科学管理，以开辟物流产业为主导，以发展第三方物流为方向，依托铁路运输网络优势在各地建立一系列货物集散、储运、配送中心，通过向客户提供物流、信息流的一体化解决方案，提高客户供应链系统效率，全面满足客户需要。

该公司总部设在北京，拥有辐射全国的网络优势，在国内有26个专业子公司、省市子公司，108家独立法人单位，138家合营企业；在海外有5个代表处，37家独资、合资企业，员工2.7万人。

在实施人力资源管理系统前，中联的人力资源管理主要分为员工信息、合同管理、薪酬保险管理几大职能。在员工信息及合同管理方面，中联集团总公司需要管理总公司员工以及各个下级单位副总级以上人员；各个下级单位单独管理本单位其他人员信息。在薪酬保险管理方面，中联集团总公司人力资源部制定标准（应发金额），由集团总公司财务部计算总公司员工的薪酬（实发金额）

并发放；各个下级单位依据集团总公司制定并审批的薪酬总额，单独管理本单位的薪酬计算与发放。集团总公司及各个下级单位曾经或正在分别使用一些不同的人事软件。目前，在集团总公司与人力资源系统密切相关的其他系统主要有：考勤管理系统、原人事管理软件系统、护照签证管理系统以及其他外部的数据处理系统。

随着竞争的加剧、管理模式的发展，以及人事信息管理和追踪变得日趋复杂和烦琐，中联的人力资源管理陷入困境。有效地发展和保留人力资源需要人力资源部门了解员工的所有信息，包括工作积极性、事业规划、继任者、业绩评估和培训等。传统的人事管理流程使中联人力资源部需花费大量的时间处理人事信息数据，而仅剩少量的时间可专注于人力资源的发展和规划。管理层对人事薪资管理的报表要求较高，不时会对人力资源部提出各种各样的报表要求，但由于传统的系统并不能提供一个强大的报表设计工具，因此使得人力资源部非常被动，即使在 IT 部门的帮助下，也往往不能及时地拿出令管理层满意的报表。另外人事部门往往会花费很多时间来回答员工各种各样的问题，如薪资、假期等与员工密切相关的问题，每次接到这样的电话，人力资源部的相关人员都不得不放下手中的工作，进入系统中为员工查询相关信息。该系统并不能提供给员工一个所谓的自助服务功能，即能够提供一个友好的操作界面，让员工能自己查询甚至修改某些相关信息。人力资源部感受到越来越大的压力，尽快提升工作效率和水平就成为人力资源管理最迫切的要求，因此中联决定选择一套最适合的人力资源管理系统来全面提高企业的人事管理水平。

问题：

1. 中联的人力资源管理存在哪些问题？
2. 在传统的管理模式下和现代化的企业管理模式下，人力资源管理有哪些不同？

案例 2　赵副厂长该怎么办？

赵林德是某汽车零件制造厂的副厂长，分管生产。一个月前，他为了搞好生产，掌握第一手资料，就到第一车间甲班去蹲点调查。一个星期后，他发现工人劳动积极性不高，主要原因是奖金太低，所以每天产量多的工人生产二十几个零件，少的生产十几个零件。

赵林德和厂长等负责人商量后，决定搞个定额奖励试点，每天每人以生产 20 个零件为标准，超过 20 个零件后，每生产一个零件奖励 0.5 元。这样，全班 23 个人都超额完成任务，最少的每天生产 29 个零件，最多的每天生产 42 个零件。这样一来，工人的奖金额大大超过了工资，使其他班、其他车间的工人十分不满。

现在又修改了奖励标准，每天超过 30 个零件后，每生产一个零件奖励 0.5 元，这样一来，全班平均生产量每天只维持在 33 个左右，最多的人不超过 35 个。赵林德观察后发现，工人并没有全力生产，离下班还有一个半小时左右，只要 30 个零件的生产任务完成了，他们就开始休息了。他不知道如何进一步来调动工人的积极性了。

问题：

1. 赵林德在激励员工时采取的措施有哪些不妥之处？
2. 如果你是赵副厂长，会如何处理这个问题？
3. 请运用所学知识，为该厂设计一个较为合理的激励方案。

综合实训

1. 查阅资料,写一篇约1 000字的关于企业人力资源管理的体会。

实训目的:要求学生掌握企业人力资源管理的知识;培养学生发现问题并提出建设性意见的能力。

实训要求:认真思考,结合所学知识,能就其中的某个方面提出自己的看法。

2. 企业人力资源管理实训。

实训内容:

(1)实地考察某一企业,深入了解该企业的人力资源管理。

(2)分析企业的人力需求和供给状况,为该企业制定人力资源规划。

(3)拟定人员招聘的要求和程序,通过角色扮演,模拟企业的人员招聘过程。

(4)针对企业某个岗位进行工作分析,并编写岗位说明书。

(5)根据企业的实际情况,用平衡计分卡进行绩效考评。

(6)为该企业拟订一份本年度的员工培训计划。

实训目的:

(1)能够制定企业的人力资源规划。

(2)能够对岗位进行工作分析。

(3)熟悉企业的人员招聘程序和要求。

(4)能够编制企业的人员培训计划。

(5)能够设计企业员工绩效考评的方法。

实训要求:

(1)以五到六人为一组,进行合理分工,每人应有明确任务。

(2)认真考察企业,熟悉其人力资源管理的制度、方法和手段。

(3)结合所学知识认真完成实训内容。

(4)认真进行角色扮演等实训并撰写实训报告。

(5)实训报告完成后设课堂讨论课,相互交流实训经验。

注意事项:

(1)人力资源管理涉及内容多,要注意组内的分工协作。

(2)虚心向企业工作人员学习求教。

(3)在企业期间遵守各项规章制度,注意劳动安全。

3. 企业的筹资和投资决策。

实训内容:

(1)实地参观企业;

(2)熟悉企业的财务运作;

(3)对企业的财务管理进行分析,发现问题,并提出优化和改进方案;

(4)某企业需投资1 000万元至1 500万元的项目,请设计筹资方案,请尽可能设计多种筹资方式,并利用筹资管理知识对筹资方案进行论证,以支持或不断修正方案,并完成企业筹资计划书,计划书字数在1 000字左右,目标明确、内容完整、理由充分、步骤严密。

另外,因项目计划更改,该企业将所筹集的部分资金用于该项目,另还剩余300万元的资金闲置,请为这300万元的闲置资金设计投资方案,并论证方案的可行性。

实训目的:
(1) 了解企业筹资管理;
(2) 了解企业投资管理;
(3) 了解企业财务分析与评价方法和指标;
(4) 掌握筹资和投资的决策方法;
(5) 熟练应用财务三大报表,对企业财务状况进行分析。

实训要求:
(1) 以五到六人为一组,进行合理分工,每人应有明确任务;
(2) 认真考察企业,熟悉其财务管理的制度、方法和手段;
(3) 根据所学知识,对企业的财务运作现状进行分析;
(4) 撰写实训报告;
(5) 实训报告完成后设课堂讨论课,相互交流实训经验。

注意事项:
(1) 要注意组内的分工协作;
(2) 虚心向企业工作人员学习求教;
(3) 在企业期间遵守各项规章制度,注意劳动安全。

第 8 章 质量管理与控制

▪ 思政目标 ▪
◎有为人民服务的意识；
◎认识质量的重要性。

▪ 知识目标 ▪
◎了解质量管理的发展历程、要求及内容；
◎掌握全面质量管理的内涵及 PDCA 循环工作法；
◎了解 ISO 9000 族的内涵及质量认证的状况、程序、方法；
◎掌握质量分析与控制常用的一些方法。

▪ 技能目标 ▪
◎通过与企业近距离接触和亲自动手测试数据；
◎利用质量统计工具进行分析；
◎针对分析结果，得出一些解决问题的措施；
◎将课本所学知识用到实践中去，有一定的质量管理的能力。

8.1 质量管理概述

8.1.1 质量及质量管理的概念

1. 质量的含义

在生产发展的不同历史时期，人们对质量的理解随着科学技术的发展和社会经济的变化而有所变化。自从美国贝尔电话实验室的统计学家休哈特(W.A.Shewhart)博士于 1924 年首次提出将统计学应用于质量控制以来，质量管理的思想和方法得到丰富和发展。一种新的质量管理思想和质量管理方式的提出，通常伴随的是对质量概念的重新理解和定义。美国质量管理专家朱兰(Joseph M.Juran)博士把新产品质量定义为："质量就是使用性。"克劳斯比(Philip

Crosby)则把产品质量定义为产品符合规定要求的程度。现代管理科学对于质量的定义涵盖了产品的"适应性"和符合"规定性"两方面的内容。ISO 9000系列国际标准中关于质量的定义是:"质量(quality)是一组固有特性满足要求的程度。""要求"是指"明示的、通常隐含的或必须履行的需求或期望"。

工作质量一般指与质量有关的各项工作,对产品质量、服务质量的保证程度。工作质量涉及各个部门、各个岗位工作的有效性,同时,决定着产品质量、服务质量。然而它又取决于人的素质,包括质量人员的质量意识、责任心、业务水平。其中最高管理者的工作质量起主导作用,一般管理层和执行层的工作质量起保证和落实作用。

 知识链接 8-1　某集团的全员工作质量原则

提高工作质量是实现企业腾飞的迫切要求。实践告诉我们,强调执行质量职能是企业全体人员的责任,全体人员都必须具有质量意识和承担质量的责任。某集团制定了以下提高全员工作质量的八项原则:

(1)准确性——指符合有关标准、规范、程序等的程度。准确性是工作质量的基本特征。

(2)时间性——是指工作要及时、准时和省时。及时是遇事不拖延,马上就办;准时是按时完成任务,保证总体节奏的要求;省时是效率要高,以较少的时间完成较多的工作量。

(3)经济性——是指在人力、财力、物力诸方面,投入要少,产出要多。每做一项工作,不仅要达到预期效果,而且应设法减少消耗、降低成本,做到少花钱、多办事。

(4)有效性——是指满足预期功能,实现经济效益和社会效益的程度。例如设计某种卡具,不仅要看是否用于生产,而且要看有无经济效益和社会效益。

(5)主动性——是指发挥人的主观能动性,必须调动全体人员的积极性,使之做到"我要干",而不是"要我干"。对于管理、辅助系统及其成员来说,其工作内容不像生产系统那样明确直观,强调主动性就更有必要。

(6)服务性——是指提供优良服务。企业是一个整体,企业与下属各部门、部门与部门之间,职工与职工之间都处在相互关联之中。每个部门或每个人的工作,都需要相互支持、协作和服务,这样才能促进全员工作质量的提高。

(7)文明性——是指符合政策、法规和职业道德的要求。

(8)安全性——是指工作不能危及人身和财产的安全。

由上可知,工作质量不仅涉及各个方面的工作,而且涉及工作内在的诸属性。为此,必须实行科学的管理,才能取得良好的工作质量。

工程质量是指服务于特定目标的各项工作质量的综合质量。工程质量是产品质量的保证,产品质量是工程质量的体现,因此,质量管理工作应着眼于对工程质量进行管理。

2. 质量管理的概念

质量管理(quality management)是指导和控制组织的与质量有关的相互协调的活动。指导和控制组织的与质量有关的活动,通常包括质量方针和质量目标的建立、质量策划、质量控制、质量保证和质量改进。质量管理是以质量管理体系为载体,通过建立质量方针和质量目标,并为实施规定的质量目标进行质量策划,实施质量控制和质量保证,开展质量改进等活动予以实现的(见图8-1)。质量管理涉及组织的各个方面,是否有效地实施质量管理关系到组织的兴衰。

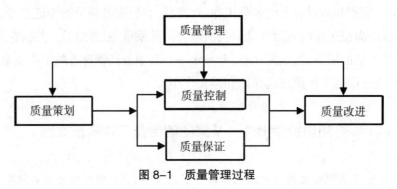

图 8-1　质量管理过程

1) 质量策划

质量策划即设定质量目标并规定必要的运行过程和相关资源以实现其目标的活动。质量策划涉及企业内部的众多方面,例如质量管理体系策划、产品实现过程策划、质量改进策划、适应环境变化的策划等。

2) 质量控制

质量控制即"致力于满足质量要求"的活动。它是通过一系列作业技术和活动对质量形成的整个过程实施控制的,其目的是使产品、过程或体系的固有属性达到规定的要求。它是预防不合格发生的重要手段和措施,贯穿于产品形成和体系运行的全过程。

3) 质量保证

质量保证是对达到质量要求提供信任的活动。质量保证的核心是向人们提供足够的信任,使顾客和其他相关方确信企业的产品、体系和过程达到和满足质量要求。它一般有两方面的含义:一是企业在产品质量方面对用户所做的一种担保,具有"保证书"的含义。这一含义还可引申为上道工序对下道工序提供的质量担保。二是企业为了提供信任所开展的一系列质量保证活动。这种活动对内来说是有效的质量控制活动;对外来说是提供依据以证明企业质量管理工作实施的有效性,以达到使人确信其质量的目的。因此,质量保证包括取信于企业领导的内部质量保证和取信于用户的外部质量保证。

质量控制与质量保证有一定的关联性。质量控制是为了达到规定的质量要求所开展的一系列活动,而质量保证是提供客观证据证实已经达到规定的质量要求的各项活动,并取得顾客和相关方面的信任。因此,有效地实施质量控制是质量保证的基础。

4) 质量改进

质量改进是致力于增强满足质量要求能力的活动。质量改进的目的是提高企业满足质量要求的能力。它是通过产品实现和质量体系运行的各个过程改进来实施的,涉及组织的各方面,包括生产经营全过程中各个阶段、环节、职能、层次,所以企业管理者应着眼于积极主动地寻求改进机会,发动全体成员并鼓励他们参与改进活动。

8.1.2 质量管理的发展

20世纪,人类跨入了以"加工机械化、经营规模化、资本垄断化"为特征的工业化时代。在过去的整整一个世纪中,质量管理的发展,大致经历了三个阶段:

1. 质量检验阶段(20世纪20—30年代)

20世纪初,人们对质量管理的理解还只限于质量的检验。质量检验所使用的手段是各种检测设备和仪表,方式是严格把关,进行百分之百的检验。质量检验是在成品中挑出废品,以保证出厂产品的质量。但这种事后检验把关,无法在生产过程中起到预防、控制的作用。废品已成事实,很难补救。且百分之百的检验,增加检验费用。在生产规模进一步扩大,大批量生产的情况下,其弊端就突显出来。一些著名统计学家和质量管理专家就注意到质量检验的问题,尝试运用数理统计学的原理来解决,使质量检验既经济又准确。1924年,美国的休哈特提出了控制和预防缺陷的概念,并成功地创造了"控制图",把数理统计方法引入质量管理中,使质量管理推进到新阶段。

2. 统计质量控制阶段(20世纪40—50年代)

统计质量控制形成于20世纪40到50年代,主要代表人物是美国贝尔电话实验室的工程师休哈特、道奇和罗米格等。这一阶段的特征是数理统计方法与质量管理的结合。第二次世界大战开始以后,统计质量管理得到了广泛应用。这是由于战争的需要,美国军工生产急剧发展,尽管大量增加检验人员,产品积压待检的情况还是日趋严重,有时又不得不进行无科学根据的检查,结果不仅废品损失惊人,而且在战场上经常发生武器弹药的质量事故,比如炮弹炸膛事件等,对士气产生极坏的影响。在这种情况下,美国军政部门随即组织一批专家和工程技术人员,于1941—1942年间先后制定并公布了Z1.1《质量管理指南》、Z1.2《数据分析用控制图》、Z1.3《生产过程中质量管理控制图法》,强制生产武器弹药的厂商推行,并收到了显著效果。第二次世界大战结束后,美国许多企业扩大了生产规模,除原来生产军火的工厂继续推行质量管理的统计方法以外,许多民用工业企业也纷纷采用这一方法,美国以外的许多国家,如加拿大、法国、德国、意大利、墨西哥、日本也都陆续推行了统计质量管理,并取得了成效。

统计质量管理也存在着缺陷,它过分强调质量控制的统计方法,使人们误认为"质量管理就是统计方法","质量管理是统计专家的事"。使多数人感到高不可攀、望而生畏。同时,它对质量的控制和管理只局限于制造和检验部门,忽视了其他部门的工作对质量的影响。这样,就不能充分发挥各个部门和广大员工的积极性,制约了它的推广和运用。这些问题的解决,又把质量管理推进到一个新的阶段。

3. 全面质量管理阶段(20世纪60年代至今)

科学技术和工业生产的发展,对质量要求越来越高。20世纪50年代以来,火箭、宇宙飞船、人造卫星等大型、精密、复杂的产品出现,对产品的安全性、可靠性、经济性等要求越来越高,质量问题就更为突出。要求人们运用"系统工程"的概念,把质量问题作为一个有机整体加以综合分析研究,实施全员、全过程、全企业的管理。最早提出全面质量管理概念的是美国通用电气公司质量经理费根堡姆。1961 年,他出版了一本著作《全面质量控制》。该书强调执行质量职能是公司全体人员的责任,他提出:"全面质量管理是为了能够在最经济的水平上并考虑到充分满足用户要求的条件下进行市场研究、设计、生产和服务,把企业各部门的研制质量、维持质量和提高质量活动构成一体的有效体系。"

8.1.3 质量管理的国际化

质量的竞争已成为国际市场竞争的焦点。特别是自 20 世纪 70 年代以来,由于世界范围内高技术产业的兴起和社会生产力的发展,国际市场的竞争已由价格竞争转向质量竞争。当前,各国许多主要公司和企业,都在为使自己的产品达到第一流质量而采取有效的对策。质量不仅是国际市场竞争中的主要手段,而且已成为威胁人类社会安全和生存环境的防御力量。质量改进是合理利用资源、提高生产率、减少损失、增加社会效益的有效措施。

现代经济是开放性的世界经济,国际贸易和世界性的经济合作,是每个国家发展经济不可缺少的条件。国家间的相互依赖更加紧密。技术、物资、人才、信息间的互相交流、互相补充、互通有无是现代经济的重要特点。随着国际贸易的发展,标准化已成为国际市场竞争的重要工具,依靠先进标准进行商业竞争已成为国际贸易的一个新动向。产品的生产和出口企业要通过建立质量和环境保证体系,尽快提高质量管理和环境保护水平,获得 ISO 9000 质量管理体系和 ISO 14000 环境标准认证以及各国的"环境标志"产品认证,获得通往国际市场的通行证,从而以优质、环境无害、健康卫生的产品进入国际市场。在采用国际标准的基础上,执行高于国家标准的内控质量标准,建立一套严密的生产管理程序及完善的质量手册,制定标准化管理条例,规范操作重点,形成质量监督网络的标准化质量管理体系,保证影响产品质量和外观效果的每一个细节都得到严格控制,使产品的生产过程全面纳入新的国际质量管理运作体系,并把对顾客满意信息的监控作为质量管理体系业绩的评价,以持续改进作为提高质量管理水平的重要手段,强化资源管理的重要性,进一步规范、完善企业严谨、高效、科学的质量管理体系。

8.2 生产运作过程的质量管理

生产运作的不同阶段有不同质量管理内容。质量管理的基本过程大体上包括:生产前——产品设计开发过程的质量管理;生产中——生产过程中的质量管理;生产后——服务过程质量管理。

8.2.1 产品设计开发的质量管理与控制

产品的设计开发是一个复杂的过程,要同时满足来自用户和制造两方面的要求,所以其质量控制管理特别重要。在进行产品的设计开发质量控制时,应清楚了解顾客需要什么样的产品和服务。正确识别用户的明确要求和潜在要求是产品的设计开发阶段进行质量管理的首要任务,也是确定新产品开发和设计的依据。识别的整个过程就是大量收集情报并进行系统分析。

设计过程又是产品质量的最早孕育过程,可以说,设计阶段是控制最终产品质量的起点。在产品的质量管理过程中,除了考虑选取优质材料、高精度加工之外,还必须充分认识到设计的重要性。

1. 设计开发阶段质量管理的重要性

设计决定了产品的"先天质量"。产品质量的优劣,能否使顾客满意首先取决于产品的设计开发过程,搞好产品的设计和开发是实现产品更新换代、提高产品质量水平的前提。同时,产品设计质量不仅会影响产品本身,还会直接影响到生产秩序,并直接关系到产品的市场竞争力。设计直接决定了生产计划的制订、原材料的采购、工艺制作的难易、调机次数的多少、设备的种类和加工精度、质量等级的高低等。低劣的设计可能导致产品难以生产。

广义的设计是指产品正式投产前的全部开发研制过程。一种新产品从开始提出设计要求直到投产使用,包括调查研究、制订方案、产品设计、试制、试验、鉴定以及制造、装配、销售、使用和维修等过程。狭义的设计只是上述设计过程中的一个阶段,即图纸设计阶段,工作进行到这个阶段的终点,就可认为设计工作完成了。实际上,上述各设计阶段是一个完整的过程,互相之间有着密切的联系。由此可见,设计质量应是包括产品投产前的市场调查、研制开发、设计等各个环节的质量总和,设计过程中任何一个环节的质量问题都可能影响到产品的设计质量,进而影响最终的产品质量。

设计质量既是以后制造质量必须遵循的标准和依据,又是产品最后使用质量必须达到的目标。所以,设计过程的质量管理,是企业产品质量管理工作的起点。如果设计过程的质量管理薄弱,设计不周铸成错误,这种"先天不足"必然带来"后患无穷",不仅严重影响产品质量,还会影响投产后的一系列工作,造成恶性循环。因此,搞好产品设计阶段的质量管理,确保产品设计质量,是企业经营成功的重要环节。为此,企业必须加强产品设计质量管理,把质量问题控制在源头,全方位提升设计质量和减少设计差错的发生,以保证最终产品质量。

2. 设计开发过程质量管理的内容

设计过程管理质量即设计过程本身的工作管理对于产品质量的保证程度。它对后续生产过程有着直接的影响,是实现设计质量核心价值的基础。

针对产品设计的特点,产品设计过程质量管理的具体内容和方法如下:

(1) 明确产品设计的工作程序,制定科学的产品设计管理流程,合理安排设计周期、控制设计进度。

(2) 建立设计质量管理体系,规范各组织和技术接口,落实各环节的质量管理职能与责任,有效控制产品设计过程,减少设计的错误,保证设计质量。

(3) 加强设计文件管理,建立图纸和技术资料管理制度,明确各环节技术文件的传递程序、技术规范、责任人,保证设计图样、工艺等技术文件的质量。

(4)根据质量水平确定目标成本,对产品设计进行经济分析,有效控制设计成本。

(5)加强设计师管理,最优地组织设计团队并保证其相对稳定性。

(6)建立设计标准化体系,制定产品的造型设计、结构设计、工艺设计等相关标准,简化设计工作,并作为产品设计质量审查,产品试制、鉴定质量检查,产品试验质量监督等的依据,保证产品最后定型质量。

(7)更新设计方法,提高设计质量管理的信息化程度,实现设计工作各部门之间有效的信息沟通,确保设计的效率和质量。

总的来说,产品设计过程质量管理就是要在严格遵守技术标准和法律法规的基础上,通过加强设计管理,对设计的全过程实施有效的质量控制,正确处理和协调资金、资源、技术、环境等约束条件,防止设计过程产生缺陷和不足,全面满足设计文件的质量特性,使产品设计更好地满足用户所需要的功能和使用价值的要求,充分发挥产品生产的经济效益。

8.2.2 制造过程的质量管理

制造过程的质量控制必须建立一个控制状态下的系统。所谓控制状态就是生产的正常状态,即生产过程能稳定地、持续地生产符合设计质量的产品。生产系统处于控制状态下才能保证合格产品的连续性和再现性。生产制造过程的质量控制包括工艺准备的质量控制、基本制造过程的质量控制、辅助服务过程的质量控制。进行工艺准备的质量控制时,首先要制订制造过程质量控制计划,其次要进行工艺的分析与验证,再就是进行工艺文件的质量控制。基本制造过程的质量管理是指从材料的进厂到最终产品的整个过程对产品的质量管理。基本任务是:严格贯彻设计意图和执行技术标准,使产品达到质量标准;实施制造过程中各个环节的质量保证,以确保工序质量水平;建立能够稳定地生产符合质量水平要求的产品的生产制造系统。辅助服务过程的质量管理包括物料供应的质量控制、工具供应的质量控制和设备维修的质量控制等内容。

制造过程是产品质量的直接形成过程。制造过程质量管理的目标是保证实现设计阶段对质量的控制意图,其任务是建立一个控制状态下的生产系统,即使生产过程能够稳定地、持续地生产符合设计要求的产品。产品投产后能否保证达到设计质量标准,既与制造过程的技术水平有关,还和制造过程的质量管理水平有关。

1. 生产和制造过程的质量职能和活动

(1)生产和制造过程的质量职能包括:严格贯彻执行制造质量控制计划,对影响工序质量的因素("5M1E")进行有效控制;保证工序质量处于控制状态;有效地控制生产节拍,及时处理质量问题,确保均衡生产。

(2)生产制造过程的质量管理活动主要有以下几项:明确质量责任;合理组织生产岗位培训;提供设备保障;提供计量保障;物资供应;严肃工艺纪律;执行"三自一控";控制关键工序;加强在制品管理;加强质量信息管理;组织文明生产;技术文件与资料的管理;严格工艺更改控制;加强检查考核。

2. 制造过程的质量管理内容

制造过程的质量管理,应当抓好以下几方面的工作:

(1)合理地设置质量控制点。质量控制点的合理设置是产品质量得以保证的前提,因此在质量管理的过程中必需设置相应的控制环节。一般情况下必须设置进货检验、过程检验和最终检验。其次,建立生产部门"三检"制度,设置内部质量控制人员,在生产的各个关键工序建立检验点,同时各级主管为质量第一责任人。最后,可设置专职或兼职的质量监督、检查人员,隶属质量管理部门,而且必须注意的是,质量管理部门必须独立于其他部门,直属企业最高领导管理,这样质量管理才能真正地起到作用。

(2)严格贯彻执行工艺规程,保证工艺质量。在产品的生产加工过程中,必须严格执行生产操作规程,并按工艺要求进行生产。因为制造过程是产品形成的直接过程,产品的好坏直接取决于对生产过程的控制是否有效,任何一个环节的疏忽都可能导致产品出现不合格。因此,在要求生产操作人员严格按工艺要求生产的同时,还必须提高生产操作人员的操作技能,抓好生产过程中各关键控制点、各环节的质量控制,将影响产品质量、工序能力及生产效率的因素都管起来,真正建立起一支高素质、高技能、高效率,并能持续稳定地生产出高质量产品的生产队伍,最终通过对生产过程的有效控制来达到对结果的控制。制造过程的质量管理就是要使影响产品质量的各个因素都处在稳定的受控状态。因此,各道工序都必须严格贯彻执行工艺规程,确保工艺质量,禁止违章操作。

(3)搞好均衡生产和文明生产。良好的生产秩序和整洁的工作场所代表了企业经营管理的基本素质。均衡生产和文明生产是保证产品质量、消除质量隐患的重要途径,也是全面质量管理不可缺少的组成部分。

(4)组织技术检验。把好工序质量关,实行全面质量管理,贯彻预防为主的方针。必须根据技术标准的规定,对原材料、外购件、在制品、产成品以及工艺过程的质量,进行严格的质量检验,保证不合格的原材料不投产、不合格的零部件不转序、不合格的产成品不出厂。质量检验的目的不仅是发现问题,还要为改进工序质量、加强质量管理提供信息。因此,技术检验是制造过程质量控制的重要手段,也是不可缺少的重要环节。

(5)掌握质量动态。为了真正落实制造过程质量管理的预防作用,必须全面、准确、及时地掌握制造过程各个环节的质量现状和发展动态。必须建立和健全各质量信息源的原始记录工作,以及和企业质量体系相适应的质量信息系统(QIS)。

(6)加强不合格品的管理。不合格品的管理是企业质量体系的一个要素。不合格品管理当然是为了对不合格品做出及时的处置,如返工、返修、降级或报废,但更重要的是为了及时了解制造过程中产生不合格品的系统因素,对症下药,使制造过程恢复受控状态。因此,不合格品管理工作要做到三个"不放过",即没找到责任和原因"不放过",没找到防范措施"不放过",当事人没受到教育"不放过"。

(7)搞好工序质量控制。制造过程各工序是产品质量形成的最基本环节,要保证产品质量,预防不合格品的发生,必须搞好工序质量控制。工序质量控制工作主要有三个方面:针对生产工序或工作中的质量关键因素建立质量管理点;在企业内部建立有广泛群众基础的QC小组,并对之进行积极的引导和培养;由于制造过程越来越依赖于设备,所以工序质量控制的重点将逐步转移到对设备工作状态的有效控制上来。

(8)建立畅通的质量信息传递渠道。质量信息的滞后带来的是产品质量的落后,没有畅通的质量信息反馈渠道,是很难保证所生产的产品质量的。因此"信息的及时性"是解决问题的关键,如现场检验人员发现质量问题,首先须进行"横向"信息传递,以最有效、快捷的方法对接到责任点,由责任点的相关人员对生产过程进行调整,防止后续问题的发生,并由责任点将信息向所在部门反馈处理。同时检验人员也进行"纵向"信息传递,将问题向上级反馈,通过上级实现部门与部门之间的沟通处理。这样就将原来的单边"纵向"循环,转变为两边"横向""纵向"的双向循环。从而做到能通过生产一线操作人员解决的问题,则无须基层管理人员介入;能通过基层管理人员解决的问题,则无须中层管理人员介入;能由两个人解决的问题,则无须第三个人介入;能现场解决的问题,则无须提交到会议上解决等。最终实现对问题的快捷、高效处理。

(9)不良产品的有效控制。对不良产品的处理方式通常有让步放行、返工、返修、改作他用、报废等,然而大部分的中小企业在处理不良产品的时候,往往忽视处理后的原因分析、措施制定等有效控制手段,或者说虽然在做,但也仅局限于表面的处理,责任的落实与处罚,进而导致同样的问题重复出现。因此在进行质量问题的处理过程中,同样必须坚决执行"三不放过原则",即不良原因的分析不清不放过,造成产品不合格的责任人未受处理不放过,未制定纠正、预防措施不放过。

8.2.3 服务过程的质量管理

在服务过程中应提供咨询介绍服务,技术培训服务,包退、包换和包修服务,维修服务,访问服务,以达到质量控制的目的。

1. 加强服务过程质量管理的意义

企业经营的最高目标是让顾客满意,使企业获利。而顾客的满意度取决于他们对服务质量的评价。美国著名营销学家贝里、潘拉索拉曼、隋塞莫尔等经过大量研究提出,顾客对服务质量的评价主要依据五个标准,即可靠、敏感、可信、移情、有形证据等。其中,除"可靠"与技术质量有关外,其余几个标准都或多或少与功能性质量即服务过程的质量相关,可见,服务过程的质量对顾客感觉中的整体服务质量有极大的影响。

(1)加强服务过程的质量管理有利于增强服务型企业的竞争力。在面对面服务过程中,顾客不仅会关心他们所得到的服务,而且还会关心他们是"怎样获得"这些服务的,这时"怎样提供服务"为服务型企业提供了广阔的竞争空间。在激烈的竞争中,"怎样提供服务"将帮助企业与其他同类型或同档次的企业区别开来,树立起鲜明的企业形象,从而使企业在激烈的竞争中脱颖而出。

(2)加强服务过程的质量管理是防止服务差错、提高顾客感觉中的整体服务质量的有力举措。加强服务过程的质量管理,能够尽可能地减少服务差错,做到防微杜渐,为顾客提供更多的消费利益和更大的消费价值,进而极大地提高顾客的满意度。

(3)加强服务过程的质量管理有助于树立企业良好的市场形象。从某种意义上说,服务质量与企业形象是互为相长的。一方面,加强服务过程的质量管理,可以大大提高顾客感觉中的整体服务质量,帮助企业树立良好的市场形象,培养顾客的品牌忠诚度;另一方面,服务型企业的市场形象又会对顾客实际经历的服务质量产生重大影响。如果企业有良好的市场形象,顾客往往会原谅服务过程中出现的次要质量问题;反之,则会出现截然相反的后果。

2. 服务过程质量管理的内容

广义的服务过程涵盖从市场调研、产品设计到生产、销售、售后服务的全过程。这里探讨的只是狭义的服务过程——售后服务过程。

售后服务,是指生产企业、经销商把产品(或服务)销售给消费者之后,为消费者提供的一系列服务,包括产品介绍、送货、安装、调试、维修、技术培训、上门服务等。

在市场激烈竞争的今天,随着消费者维权意识的提高和消费观念的变化,消费者在选购产品时,不仅注意到产品实体本身,在同类产品的质量和性能相似的情况下,更加重视产品的售后服务。因此,企业在提供价廉物美的产品的同时,向消费者提供完善的售后服务,已成为现代企业市场竞争的新焦点。中国,有海尔集团因售后服务做得好,而销售稳步上升的案例。

售后服务的内容主要包括:代为消费者安装、调试产品;根据消费者要求,进行有关使用等方面的技术指导;保证维修零配件的供应;负责维修服务;对产品实行"三包",即包修、包换、包退(现在许多人认为产品售后服务就是"三包",这是一种狭义的理解);处理消费者来信来访,解答消费者的咨询。同时用各种方式征集消费者对产品质量的意见,并根据情况及时改进。

客观地讲,优质的售后服务是品牌经济的产物,名牌产品的售后服务往往优于杂牌产品。名牌产品的价格普遍高于杂牌,一方面是基于产品成本和质量,同时也因为名牌产品的销售策略中已经考虑到了售后服务成本。从服务体系而言,产品的售后服务,既有生产厂商直接提供的,也有经销商提供的,但更多的是以厂家、商家合作的方式展现给消费者的。无论是消费者还是商家,都应该要遵守诚信的原则。

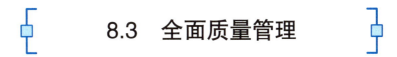

8.3 全面质量管理

8.3.1 全面质量管理的定义、特点

1. 全面质量管理的定义

全面质量管理(total quality management,简称 TQM),是组织全体职工和相关部门参加,综合运用现代科学管理技术成果,控制影响质量形成全过程和各因素,经济地研制、生产和提供顾客满意的产品和服务的系统管理活动。TQM 被提出后,相继为各工业发达国家乃至发展中

国家重视和运用,并在日本取得巨大的成功。多年来,随着世界经济的发展,TQM 在理论和实践上都得到了很大的发展,成为现代企业以质量为核心的提高竞争力和获得更大利益的经营管理体系。

2. 全面质量管理的特点

1) 全面的质量管理

全面质量的管理,即全面的质量管理的对象——"质量"的含义是全面的,不仅要管产品质量,还要管产品质量赖以形成的工作质量和工程质量。实行全面的质量管理,就是为达到预期的产品目标和不断提高产品质量水平,经济而有效地搞好产品质量的保证条件,使工程质量和工作质量处于最佳状态,最终达到预防和减少不合格品、提高产品质量的目的,并要做到成本降低、价格便宜、供货及时、服务周到,以全面质量的提高来满足用户各方面的使用要求。

2) 全过程的质量管理

全过程的质量管理,即全面质量管理范围是全面的。产品的质量,有一个逐步产生和形成的过程,它是经过企业生产经营的全过程一步一步形成的。所以,好的产品质量,是设计和生产出来的,不是仅靠检验得到的。根据这一规律,全面质量管理要求从产品质量形成的全过程,从产品设计、制造到使用的各环节致力于质量的提高,做到防检结合,以防为主。质量管理向全过程管理的发展,就有效地控制了各项质量影响因素,它不仅充分体现了以预防为主的思想,保证质量标准的实现,而且着眼于工作质量和产品质量的提高,争取实现新的质量突破。根据用户要求,从每一个环节做起,都致力于产品质量的提高,从而形成一种更加积极的管理。

3) 全员的质量管理

全员性的质量管理,即全面质量管理要求参加质量管理的人员是全面的。全面质量管理是依靠全体职工参加的质量管理,质量管理的全员性、群众性是科学质量管理的客观要求。产品质量的好坏,是许多工作和生产环节活动的综合反映,因此它涉及企业所有部门和所有人员。这就是说,一方面产品质量与每个人的工作有关,提高产品质量需要依靠所有人员的共同努力;另一方面,在这个基础上产生的质量管理和其他各项管理,如技术管理、生产管理、资源管理、财务管理等各方面之间,存在着有机的辩证关系,它们以质量管理为中心环节相互联系,又相互促进。因此,实行全面质量管理要求企业在集中统一领导下,把各部门的工作有机地组织起来,人人都必须为提高产品质量、为加强质量管理尽自己的职责。只有人人关心产品质量,都对质量高度负责,企业的质量管理才能搞好,生产优质产品才有坚定基础和可靠保证。

4) 综合性的质量管理

综合性的质量管理,即全面质量管理用以管理质量的方法是全面的、多种多样的,它是由多种管理技术与科学方法组成的综合性的方法体系。全面、综合地运用多种方法进行质量管理,是科学质量管理的客观要求。随着现代化大生产和科学技术的发展以及生产规模的扩大和生产效率的提高,对产品质量提出了越来越高的要求。影响产品质量的因素也越来越复杂,既有物质因素,又有人的因素;既有生产技术的因素,又有管理因素;既有企业内部的因素,又有企业外部的因素。要把如此众多的影响因素系统地控制起来,统筹管理,单靠一两种质量管理方法是不可能实现的,必须根据不同情况,灵活运用各种现代化管理方法和措施加以综合治理。

上述特点都是围绕着"有效地利用人力、物力、财力、信息等资源,以最经济的手段生产出顾客满意的产品"这一企业目标的,这是推行全面质量管理的出发点和落脚点,也是全面质量管理的基本要求。坚持质量第一,把顾客的需要放在第一位,树立为顾客服务、对顾客负责的思想,是推行全面质量管理贯彻始终的指导思想。

8.3.2 全面质量管理的基本指导思想

1. 质量第一,以质量求生存

任何产品都必须达到所要求的质量水平,否则就没有或未完全实现其使用价值,从而给消费者及社会带来损失。从这个意义上讲,质量必须是第一位的。市场的竞争其实就是质量的竞争,企业的竞争能力和生存能力主要取决于它满足社会质量需求的能力。"质量第一"并非"质量至上"。质量不能脱离当前的消费水平,也不能不考虑成本而一味追求质量。应该重视质量成本分析,综合分析质量和质量成本,确定最适宜的质量。

案例分析 8-1

在某医药集团每月一次的总调度会上,尽管每次的主题和侧重点都不同,但董事长一定会谈到的内容就是质量。对于这个在他眼中"生存与发展的重大课题",董事长坚定地认为,"品牌"就是品质的牌子,归根结底说的是质量;而"做好药"根本上说的还是质量。质量就是企业的生命线,是企业品牌的支撑点。在当前严峻的监管环境下,如果一个产品的质量出现问题,就可能导致整个企业的覆没,造成不可挽回的后果。从这个意义上说,"药品生产企业是质量第一责任人"的理念和科学的质量管理就显得尤为重要。

分析:质量是企业的生命线。

2. 以顾客为中心,坚持用户至上

外部的顾客可以是最终的顾客,也可以是产品的经销商或再加工者;内部的顾客是企业的部门和人员。实行全过程的质量管理要求企业所有各个工作环节都必须树立为顾客服务的思想。内部顾客满意是外部顾客满意的基础。因此,在企业内部要树立"下道工序是顾客","努力为下道工序服务"的思想。只有每道工序在质量上都坚持高标准,都为下道工序着想,为下道工序提供最大的便利,企业才能目标一致地、协调地生产出符合规定要求、满足用户期望的产品。可见,全过程的质量管理就意味着全面质量管理要"始于识别顾客的需要,终于满足顾客的需要"。

3. 预防为主,不断改进产品质量

优良的产品质量是设计和生产制造出来的,而不是靠事后的检验决定的。事后的检验面对的是既成事实的产品质量。根据这一基本道理,全面质量管理要求把管理工作的重点,从"事后把关"转移到"事前预防"上来;从管结果转变为管因素,实行"预防为主"的方针,把不

合格品消失在它的形成过程之中,做到"防患于未然"。当然,为了保证产品质量,防止不合格品出厂或流入下道工序,并把发现的问题及时反馈,防止再出现、再发生,加强质量检验在任何情况下都是必不可少的。强调预防为主、不断改进的思想,不仅不排斥质量检验,甚至要求其更加完善、更加科学。

4. 用数据说话,以事实为基础

有效的管理是建立在数据和信息分析的基础上的。要求在全面质量管理工作中具有科学的工作作风,必须做到"心中有数",以事实为基础。为此必须要广泛收集信息,用科学的方法处理和分析数据和信息。不能够"凭经验,靠运气"。为了确保信息的充分性,应该建立企业内外部的信息系统。坚持以事实为基础,就是要克服"情况不明决心大,心中无数点子多"的不良决策作风。

5. 重视人的积极因素,突出人的作用

"各级人员都是组织之本,只有他们的充分参与,才能使他们的才干为组织带来收益。"产品和服务的质量是企业中所有部门和人员工作质量的直接或间接的反映。因此,全面质量管理不仅需要最高管理者的正确领导,更重要的是要充分调动企业员工的积极性。只有他们的充分参与,才能使他们的才干为组织带来最大的收益。为了激发全体员工参与的积极性,管理者应该对职工进行质量意识、职业道德、以顾客为中心的意识和敬业精神的教育,还要通过制度化的方式激发他们的积极性和责任感。

案例分析 8-2　全面推进"大质量管理"

康佳制定了新的发展战略,并将企业使命定位于一个世界级的中国企业,立志将康佳打造成一个值得信赖的数字娱乐品牌,一个一流的家庭、手持、车载领域的数字娱乐产品和服务的提供商。康佳人坚信,只有成为世界级中国企业,才能在与跨国企业的竞争中站稳脚跟,才能在国际市场中占有一席之地。为了实现这一战略目标,康佳提出了价值经营的竞争策略。确定了以企业利润和品牌增值为导向、以差异化竞争为基础、以价值增值为目的,统领企业各项经营工作的总体思路。在这一策略的指引下,康佳在全公司启动了质量、精品、创新三大工程。与此同时,康佳又提出了实现全面质量管理的新概念。所谓全面质量管理,就是通过全体员工的参与,改进流程、产品、服务和公司文化,以达到生产百分之百合格的产品,实现客户满意,从而获取竞争优势和长期成功。据康佳集团质量管理专家刘立介绍,目前,康佳已经建立了基于网络技术并与ERP系统集成的QM(质量管理)系统和CS(客户服务)系统,保证产品在实现过程中的生产质量数据和销售系统的售后质量数据得到实时的反馈,而电子化的质量信息反馈卡体系则为相关部门反馈质量问题提供了便捷顺畅的通道。随着全面质量管理体系的建立,康佳大质量管理初见端倪。刘立介绍说,康佳的大质量管理认为,产品质量更是一个系统问题,它贯穿从市场、研发、制造、销售到售后的整个工作链条的始终,涉及每一个环节。与此同时,大质量管理涵盖的不只是产品质量这个硬指标,环境保护、社会责任、品牌认可等要素统统纳入了康佳质量管理的考核范围内。

分析:康佳的大质量管理认为,产品质量更是一个系统问题,它贯穿从市场、研发、制造、销

售到售后的整个工作链条的始终,涉及每一个环节。

8.3.3 全面质量管理的工作方法 PDCA 循环

PDCA 循环又叫戴明环,是美国质量管理专家戴明博士首先提出的,它是全面质量管理所应遵循的科学程序。全面质量管理活动的全部过程,就是质量计划的制订和组织实现的过程,这个过程就是按照 PDCA 循环,不停顿地周而复始地运转的。PDCA 是英语单词 plan(计划)、do(执行)、check(检查)和 action(处理)的第一个字母,PDCA 循环就是按照这样的顺序进行质量管理,并且循环不止地进行下去的科学程序。在质量管理中,PDCA 循环得到了广泛的应用,并取得了很好的效果,因此有人称 PDCA 循环是质量管理的基本方法。

1. PDCA 循环的四个阶段八个步骤

P——代表计划阶段。这个阶段是决定质量管理的目标和怎样实现目标。

D——代表执行阶段。这一阶段是要严格按照计划规定的目标和具体方法去做实实在在的质量管理工作。

C——代表检查阶段。就是检查 D 阶段是否完成了 P 阶段的目标,是否达到了预期效果。

A——代表处理阶段。这个阶段也可以叫"总结"阶段。对于从 D 阶段中找出的成功的经验或失败的教训,要进行纳入标准和总结遗留问题两个工作步骤。是经验就纳入标准化;是教训就作为遗留的问题,转入下一个循环去解决。

PDCA 循环作为科学的管理程序,四个阶段是相辅相成、缺一不可的,而且先后顺序不得颠倒。PDCA 循环法,充分表现了全面质量管理方法与传统的质量管理方法的差异性,是把质量管理工作推向标准化、规范化工作轨道的金钥匙,是把各种质量管理方法融为一体的枢纽。PDCA 循环的具体步骤如图 8-2 所示。

2. PDCA 循环特点

(1) 大环带小环。如果把整个企业的工作作为一个大的 PDCA 循环,那么各个部门、小组还有各自小的 PDCA 循环,就像一个行星轮系一样,大环带动小环,一级带一级,有机地构成一个运转的体系,如图 8-3 所示。

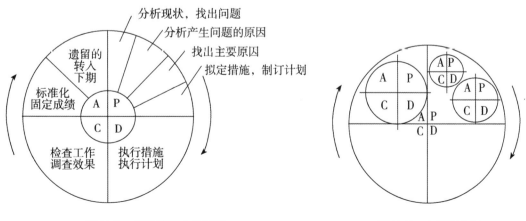

图 8-2 质量管理八步骤图　　　　　　图 8-3 大环套小环

(2) 梯式上升。PDCA 循环不是在同一水平上循环,每循环一次,就解决一部分问题,取得一部分成果,工作就前进一步,水平就提高一步。到了下一次循环,又有了新的目标和内容,更上一层楼。图 8-4 表示了这个阶梯式上升的过程。

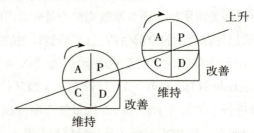

图 8-4　PDCA 循环阶梯式上升

(3) 科学管理方法的综合应用。PDCA 循环应用以质量统计控制工具为主的统计处理方法以及工业工程(IE)中工作研究的方法,作为进行工作和发现、解决问题的工具。PDCA 循环的四个阶段八个步骤的具体内容和所用的方法如表 8-1 所示。

表 8-1　PDCA 循环的四个阶段八个步骤的具体内容和所用的方法

阶段	序号	步骤 管理内容	质量管理方法
P 阶段	1	分析现状,找出质量问题	排列图法,直方图法,控制图法,工序能力分析,KJ 法,矩阵图法
	2	分析产生质量问题的原因	因果分析图法,关联图法,矩阵数据分析法,散布图法
	3	找出影响质量问题的主要因素	排列图法,散布图法,关联图法,系统图法,矩阵图法,KJ 法,实验设计法
	4	制定措施计划	目标管理法,关联图法,系统图法,矢线图法,过程决策程序图法
D 阶段	5	执行措施计划	系统图法,矢线图法,矩阵图法,过程决策程序图法
C 阶段	6	调查效果	排列图法,控制图法,系统图法,过程决策程序图法,检查表,抽样检验
A 阶段	7	标准化,制度化	KJ 法
	8	提出未解决的问题	转入下一个 PDCA 循环

PDCA 循环是有效进行任何一项工作合乎逻辑的工作程序,在质量管理中得到了广泛的应用,并取得了很好的效果。之所以将其称为 PDCA 循环,是因为四个运行过程不是运行一次就完结,而是周而复始地进行,直到彻底解决质量问题。

8.4　质量管理与控制的方法

8.4.1　质量管理常用工具

在一些企业中总有一部分人,当工作中出了问题时,不是想办法解决问题,而是找借口推卸责任。我们经常听到这样的话:"我这道工序难度大,而且老出问题,不是产量低就是废品多,这对我太不公平了。""我已经尽力了,质量仍不过关,我有什么办法。""我们以前都这么做,出了问题与我无关。"

企业要提高产品质量,就要清楚出现这些问题的原因是什么。往往有些问题不是一下子就能看出来的,往往要根据生产数据、应用统计方法进行分析与控制。质量管理中应用的数理统计方法很多,有的涉及较深的数学理论和较难的运算方法,需要经过专门训练的人才能熟练掌握。但对常用的方法,如果能熟练地加以运用,质量管理中的大部分问题可以得到解决。质量管理的基本思想方法是 PDCA 循环;基本数学方法是概率论和数理统计方法。由此而总结出各种常用工具,如排列图、因果分析图、直方图、控制图,等等。人们又根据运筹学、控制论等系统工程科学方法研制了关联图法、系统图法、矩阵图法、矢线图法等"新七种工具"。此外,还有实验设计、方差与回归分析和控制图表等。六西格玛管理也是一种重要的管理方法。

1. 统计调查分析表法

统计调查分析表法是利用统计图表进行数据整理和粗略的原因分析的一种工具。常用类型有:缺陷位置检查表,不合格品分项检查表,频数分布表。

缺陷位置检查表:缺陷位置检查表是将所发生的缺陷标记在产品或零件图的相应位置上并附以缺陷的种类和数据记录。

不合格品分项检查表:不合格品分项检查表将不合格品按其种类、原因、工序、部位或内容等情况进行分类记录,能简便、直观地反映出不合格品的分布情况。表 8-2 所示为不合格品项目调查表。

表 8-2 模板不合格品项目调查表

项目	核对	数量/件
厚度	正正正正正正	30
表面	正正	10
性能	正下	8
板形	正一	6
合计		54

频数分布表:频数分布表主要应用于绘制直方图。

2. 分层法

分层法(也叫分类法),是一种把记录的原始质量数据,按照一定的目的、性质、来源、影响因素等加以分类整理,以便分析质量问题及其影响因素的方法。分层的目的,是为了通过分层把性质不同的数据和错综复杂的影响因素分析清楚,找到问题的症结所在,以便对症下药,解决问题。一般把性质相同、在同一条件下收集的数据归在一起。当数据分散程度较大时,也可以通过分层,将这些数据按某种特征分成两个以上的组。分层时,尤其应使同一层内的数据波动幅度尽可能小,而层间的差别尽可能大,这是分层的关键。

3. 因果图

因果图也叫特性要因图或特性因素图。因其形状像鱼刺和树枝,又称鱼刺图或树枝图。

因果图是日本质量管理专家石川馨最早提出的,因果分析图也称为石川图。它是一种充分发动员工动脑筋、查原因、集思广益的好方法,特别适合于工作中实行质量的民主管理。当出现了某种质量问题,但未搞清楚原因时,可针对问题发动大家寻找可能的原因,使每个人都畅所欲言,把所有可能的原因都列出来。因果图由特性(生产过程或工作过程中出现的结果,例:纱线条干不匀)、原因(对质量特性产生影响的因素)、枝干(表示特性与原因关系的箭线)组成,其基本图形如图 8-5 所示。

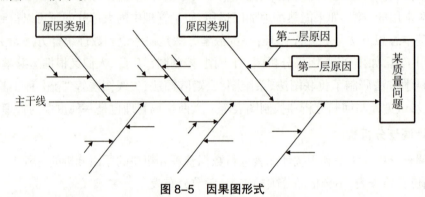

图 8-5　因果图形式

因果图通常有三种类型,即问题分解型、原因罗列型和工序分类型。这三种类型各有利弊,应根据实际情况适当选择利用。

案例分析 8-3

某物流企业负责为某连锁经营企业每天配送日常生活用品,经统计,一段时间内配送不能按时到达各连锁经营店,请绘制配送不能按时到达的因果图。

分析:配送不能按时到达可能有三个主要原因,即顾客方面的原因、物流方面的原因和销售方面的原因。销售方面的原因可归结为信息原因和商品原因,而商品原因有可能是商品库区不正确,或者商品无货或包装破损,信息方面的原因有可能是信息不完整或者信息错误。配送不能按时到达的因果图如图 8-6 所示。

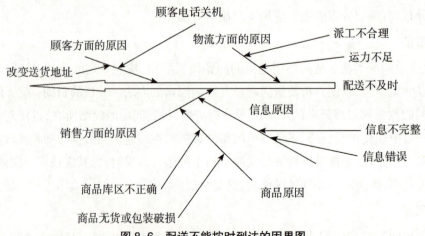

图 8-6　配送不能按时到达的因果图

4. 排列图法

排列图的全称是"主次因素排列图",也称为 Pareto 图。它是用来寻找影响产品质量的各种因素中的主要因素的一种方法,由此可以用来确定质量改进的方向。运用"关键的少数"和"次要的多数"的原理,从而抓住关键因素,解决主要问题。它是针对各种问题按原因或状况分类,把数据从大到小排列而作出的累计柱状图。

一般地讲,取图中前面的 1~3 项作为改善的重点就行了。若再精确些,可采用 ABC 分析法确定重点项目。

 案例分析 8-4

某医院某年对护理差错的原因进行统计分析,其排列图如图 8-7 所示。

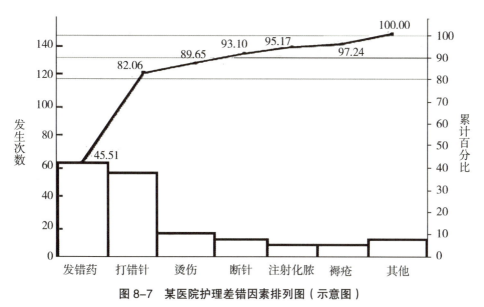

图 8-7 某医院护理差错因素排列图(示意图)

分析:根据排列图的作法作出该医院护理差错因素排列图(示意图),案例中发错药和打错针是 A 类因素,是要解决的重要问题。

5. 直方图法

直方图又称质量分布图,它用于分析和描述生产过程中产品质量分布的状况,以便对总体的质量分布特性进行推断,从而掌握和控制生产过程的质量保证能力。直方图是工序质量控制统计方法中主要的工具之一。一般正常的规律是中间高、两边低,从中间向两边呈逐渐下降的分布,见图 8-8。

直方图用于揭示质量问题,确定质量改进点。从直方图可以直观地看出产品质量特性的分布形态,便于判断过程是否处于控制状态,以决定是否采取相应对策措施。直方图从分布类型上来说,可以分为正常型和异常型。正常型是指整体形状左右对称的图形,此时过程处于稳定(统计控制)状态,如图8-9(a)所示。如果是异常型,就要分析原因,加以处理。常见的异常型主要有如图8-9(b)至图8-9(g)所示的六种。

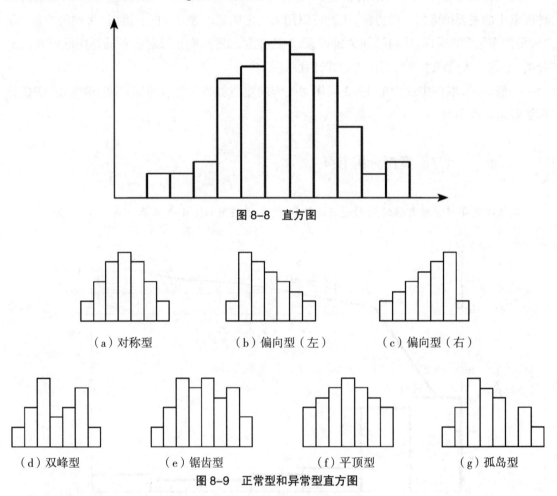

图8-8 直方图

(a)对称型　　(b)偏向型(左)　　(c)偏向型(右)

(d)双峰型　　(e)锯齿型　　(f)平顶型　　(g)孤岛型

图8-9 正常型和异常型直方图

6. 控制图

控制图(又称管理图)就是一种对生产过程进行动态控制的质量管理工具,它用来区分产品质量波动究竟是由偶然性因素引起还是由非偶然性因素引起,从而判断生产是否处于控制状态。其主要作用是进行工序质量过程控制,即起到监控、报警和预防作用。

控制图的基本形式如图8-10所示。在生产过程中,定时抽取样本,把测得的数据点一一描在控制图中。如果数据点落在两条控制界线之间,且排列无缺陷,则表明生产过程正常,否则表明生产条件发生异常,需要对过程采取措施,加强管理,使生产过程恢复正常。

7. 散布图

散布图(scatter diagram)又叫相关图,它是将两个可能相关的变量数据用点画在坐标图上,用来表示一组成对的数据之间是否有相关性。通过对其观察分析,来判断两个变量之间的相关关系。这种问题在实际生产中也是常见的,例如热处理时淬火温度与工件硬度之间的关系,某种元素在材料中的含量与材料强度的关系等。这种关系虽然存在,但又难以用精确的公式或函数关系表示,在这种情况下用散布图来分析就是很方便的。假定有一对变量 x 和 y,x 表示某一种影响因素,y 表示某一质量特征值,通过实验或收集到的 x 和 y 的数据,可以在坐标图上用点表示出来,根据点的分布特点,就可以判断 x 和 y 的相关情况。

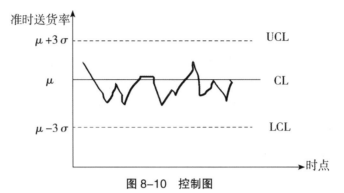

图 8-10　控制图

两变量之间的散布图大致可分为六种情形,如图 8-11 所示。

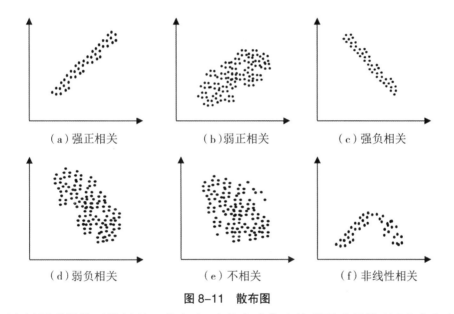

图 8-11　散布图

上面介绍了质量管理常用的一些方法,这些方法集中体现了质量管理"以事实和数据为基础进行分析和判断"的特点。最后需要指出的是:这些方法看起来比较简单,但能够在实际工作中正确、灵活地应用并不是一件简单的事。

8.4.2　质量管理"新七种工具"介绍

关联图、KJ 法、系统图、矩阵图、矩阵数据分析法、PDPC 法以及箭条图统称为"新七种工具"。这七种新工具是日本科学技术联盟于 1972 年组织一些专家运用运筹学或系统工程的原理和方法,经过多年的研究和现场实践后于 1979 年正式提出用于质量管理的。这"新七种工具"的提出不是对"老七种工具"的替代,而是对它的补充和丰富。一般来说,"老七种工具"的特点是强调用数据说话,重视对制造过程的质量控制;而"新七种工具"则基本是整理、分析语言文字资料(非数据)的方法,着重用来解决全面质量管理中PDCA循环的计划阶段的有关问题。因此,"新七种工具"有助于管理人员整理问题、展开方针目标和安排时间进度。

1. 关联图

质量管理中的问题,同样也多是由各种各样的因素组成的。解决如此复杂的问题,不能以一个管理者为中心一个一个因素地予以解决,必须由多方管理者和多方有关人员密切配合,在广阔范围内开展卓有成效的工作。关联图法即是适应这种情况的方法。所谓关联图,是把若干个存在的问题及其因素间的因果关系用箭线连接起来的一种图示工具,是一种关联分析说明图。通过关联图可以找出因素之间的因果关系,便于统观全局、分析以及拟定解决问题的措施和计划。关联图可用于以下方面:制定质量管理的目标、方针和计划;产生不合格品的原因分析;制定质量故障的对策;规划质量管理小组活动的展开;用户索赔对象的分析。关联图的绘制形式一般有以下四种:中央集中型的关联图;单向汇集型的关联图;关系表示型的关联图;应用型的关联图。

2. KJ法

所谓KJ法,就是针对某一问题,充分收集各种经验、知识、想法和意见等语言、文字资料,通过A型图解进行汇总,并按其相互亲和性归纳整理这些资料,使问题明确起来,求得统一认识和协调工作,以利于问题解决的一种方法。KJ法的主要用途:归纳思想、认识事物;打破现状;计划组织;为着共同的目标,小组成员提出自己的经验、意见和想法,然后将这些资料编成卡片并利用A型图解进行整理。贯彻方针:向下级贯彻管理人员的想法和方针,靠强迫命令不会取得好的效果。A型图可以帮助人们进行讨论,集思广益,从而将方针自然地贯彻下去。

3. 系统图

系统图所使用的图(系统图),能将事物或现象分解成树枝状,故也称树形图。系统图就是把要实现的目的与需要采取的措施或手段,系统地展开,并绘制成图,以明确问题的重点,寻找最佳手段或措施。在计划与决策过程中,为了达到某种目的,就需要选择和考虑某一种手段;而为了采取这一手段,又需要考虑它下一级的相应手段。这样,上一级手段成为下一级手段的行动目的。如此把要达到的目的和所需的手段按顺序层层展开,直到可以采取措施为止,并绘制成系统图,就能对问题有一个全貌的认识,然后从图形中找出问题的重点,提出实现预定目标的最理想途径。

系统图的主要用途:新产品研制过程中设计质量的展开;制订质量保证计划,对质量保证活动进行展开;与因果图结合使用;目标、方针、实施事项的展开;明确部门职能、管理职能;对解决企业有关质量、成本、交货期等问题的创意进行展开。

4. 矩阵图

矩阵图法,是指借助数学上矩阵的形式,把与问题有对应关系的各个因素,列成一个矩阵图,然后根据矩阵图的特点进行分析,从中确定关键点(或着眼点)的方法。这种方法,先把要分析问题的因素,分为两大群(如R群和L群),把属于因素群R的因素($R_1, R_2, \cdots, R_m$)和属于因素群L的因素($L_1, L_2, \cdots, L_n$)分别排列成行和列。在行和列的交点上表示着R和L的各因素之间的关系,这种关系可用不同的记号予以表示(如用"○"表示有关系等)。用于多因素分析时,可做到条理清楚、重点突出。它在质量管理中,可用于寻找新产品研制和老产品改进的着眼点,寻找产品质量问题产生的原因等方面。

5. 矩阵数据分析法

矩阵数据分析法,与矩阵图法类似。它区别于矩阵图法的是:不是在矩阵图上填符号,而是填数据,形成一个分析数据的矩阵。它是一种定量分析问题的方法。目前,只是作为一种"储备工具"提出来的,应用这种方法,往往需要借助电子计算机来求解。

6. PDPC 法

PDPC(process decision program chart 的英文缩写)法也称为过程决策程序图法,其工具就是 PDPC 图。所谓 PDPC 法,是为了完成某个任务或达到某个目标,在制订行动计划或进行方案设计时,预测可能出现的障碍和结果,并相应地提出多种应变计划的一种方法。这样在计划执行过程中遇到不利情况时,仍能按第二、第三或其他计划方案进行,以便达到预定的计划目标。利用 PDPC 法,可从全局、从整体掌握系统状态以做出全局性判断;可按时间顺序掌握系统的进展情况。

7. 箭条图

箭条图又称为网络计划技术,我国称为统筹法,它是安排和编制最佳日程计划,有效地实施进度管理的一种科学管理方法,其工具是箭条图。所谓箭条图是把推进计划所必需的各项工作,按其时间顺序和从属关系,用网络形式表示的一种"矢线图"。一项任务或工程,可以分解为许多作业,这些作业在生产工艺和生产组织上相互依赖、相互制约,箭条图可以把各项作业之间的这种依赖和制约关系清晰地表示出来。通过箭条图,能找出影响工程进度的关键和非关键因素,因而能进行统筹协调,合理地利用资源,提高效率与效益。

关键路线是箭条图中一个极其重要的概念。关键路线又称为主要矛盾线,其周期决定了整个作业进度的周期。关键路线上的延迟或提前,将直接导致整个项目总工期的拖延或提前完成。要缩短总工期,必须抓住关键路线上的薄弱环节,采取措施、挖掘潜力,以压缩工期。关键路线能使管理者对工程做到心中有数、明确重点。

 知识链接 8-2　6σ 管理法

6 sigma(六西格玛)是一套系统的业务改进方法体系,是旨在持续改进企业业务流程,实现客户满意的管理方法。它通过系统地、集成地采用质量改进流程,实现无缺陷的过程设计(面向 6 sigma 的设计),并对现有过程进行过程定义(define)、测量(measure)、分析(analyze)、改进(improve)、控制(control),简称 DMAIC 流程;消除过程缺陷和无价值作业,从而提高质量和服务、降低成本、缩短运转周期,达到客户完全满意,增强企业竞争力。其方法体系不仅仅是统计技术,而且是一系列的管理技术和工业工程技术的集成。6 sigma 管理已开始从一种全面质量管理方法演变成为一个高度有效的企业流程设计、改善和优化技术,并提供了一系列同等地适用于设计、生产和服务的新产品开发工具,继而成为全球追求管理卓越性的企业最为重要的战略举措之一。6 sigma 管理逐步发展成为以顾客为主体来确定企业战略目标和产品开发设计的标尺,追求持续进步的一种管理哲学。

8.5 质量管理体系与质量认证

ISO(国际标准化组织)是由各国标准化团体组成的世界性的联合会。ISO 9000 是国际标准化组织质量管理与质量保证标准化技术委员会(ISO/TC176)颁布的所有标准,也称"ISO 9000 族",其质量认证原理被世界贸易组织普遍接受,1994 年我国宣布等同采用。质量认证是独立于买卖双方的第三方机构以 ISO 9000 标准为依据对企业进行审核及注册认证的制度,由于其具有公正、客观的特点,受到企业的普遍欢迎。由于目前国际贸易发展迅速,在签订国际贸易合同时,采购方都事先评审生产企业的质量体系,并将其中有关内容纳入订货合同。

8.5.1 质量管理体系

1. ISO 9000 族标准

ISO 9000 族标准是指"由 ISO/TC176(国际标准化组织质量管理与质量保证标准化技术委员会)制定的所有国际标准"。该标准可帮助组织实施并有效运行质量管理体系,是质量管理体系通用的要求或指南。它不受具体行业或经济部门的限制,可广泛适用于各种类型和各种规模的组织。

2. ISO 9000 的质量管理八大原则

以顾客为关注焦点:组织依存于顾客,因此,组织应理解顾客当前和未来的需求,满足顾客要求并超越顾客期望。

领导作用:领导者确立组织统一的宗旨及方向。他们应当创造并保持使员工能充分参与实现组织目标的内部环境。

全员参与:各级人员都是组织之本,只有他们的充分参与,才能使他们的才干为组织带来收益。

过程方法:将活动和相关的资源作为过程进行管理,可以更高效地得到期望的结果。

管理的系统方法:将相互关联的过程作为系统加以识别、理解和管理,有助于组织提高实现目标的有效性和效率。

持续改进:持续改进总体业绩应当是组织的一个永恒目标。

基于事实的决策方法:有效决策建立在数据和信息分析的基础上。

与供方互利的关系:组织与供方是相互依存的,互利的关系,可增强双方创造价值的能力。

这八项质量管理原则形成了 ISO 9000 族质量管理体系标准的基础。

知识链接 8-3　企业贯彻 ISO 9000 族标准可以带来的好处

推行 ISO 9000 有助于企业提高经济效益，ISO 9000 讲求的是为一个企业的作业过程建立完善的运作系统，并加以有效管制，使各部门及每个员工职责分明，各项工作制度化，旨在将前后工作分成不同的环节去追究问题的根源，使通过这些过程所产生的产品或服务的品质得到保证。显然这样做可以提高员工的品质意识，使每个员工对自己的工作目标和工作的各个环节了如指掌，更明白自己的工作范围和职责，工作更有条理性，更有责任感，更好地发挥工作效率。使其第一次就能将工作做对，减少了浪费与不必要的重复工作的时间，减低了因高次品率、高退货索赔、延期交货而导致的损失，从而降低整体成本，提高企业经济效益，同时也增加了企业的信誉度和美誉度，便于与客户建立长期相互信赖的伙伴关系。推行 ISO 9000 有助于改善企业存在的问题，在推行 ISO 9000 质量体系认证的过程中，质量体系的建立将会对企业普遍存在的问题加以制约，提高企业产品的安全性、可靠性和经济性。

3. 企业推行 ISO 9000 的一般步骤

ISO 9000 标准非常全面，它规范了企业从产品采购到提供产品给顾客的所有过程，牵涉企业内从最高管理层到最基层的全体员工。因此不可否认，推行 ISO 9000 有一定难度，但是，只要真心实意地将推行 ISO 9000 作为提升管理业绩的重要措施而不是只摆摆样子，将它作为一项长期的发展战略，稳扎稳打，按照企业的具体情况进行周密的策划，ISO 9000 终究能在企业里生根结果。

简单地说，推行 ISO 9000 有如下五个必不可少的过程：知识准备—立法—宣贯—执行—监督、改进。

4. 质量体系的建立和实施

一个组织所建立和实施的质量体系，应能满足组织规定的质量目标，确保影响产品质量的技术、管理和人的因素处于受控状态。无论是硬件、软件、流程性材料还是服务，所有的控制应针对减少、消除不合格，尤其是预防不合格。这是 ISO 9000 族的基本指导思想，具体地体现在以下方面：

(1) 控制所有过程的质量。ISO9000 族标准是建立在"所有工作都是通过过程来完成的"这样一种认识基础上的。一个组织的质量管理就是通过对组织内各种过程进行管理来实现的，这是 ISO9000 族关于质量管理的理论基础。当一个组织为了实施质量体系而进行质量体系策划时，首要的是结合本组织的具体情况确定应有哪些过程，然后分析每一个过程需要开展的质量活动，确定应采取的有效的控制措施和方法。

(2) 控制过程的出发点是预防不合格。在产品寿命周期的所有阶段，从最初的识别市场需求到最终满足要求的所有过程的控制都体现了预防为主的思想。例如：

控制市场调研和营销的质量。在准确地确定市场需求的基础上，开发新产品，防止盲目开发而造成不适合市场需要而滞销，浪费人力、物力。

控制设计过程的质量。通过开展设计评审、设计验证、设计确认等活动，确保设计输出满足输入要求,确保产品符合使用者的需求。防止因设计质量问题,造成产品质量先天性的不合格和缺陷,或者给以后的过程造成损失。

控制采购的质量。选择合格的供货单位并控制其供货质量,确保生产产品所需的原材料、外购件、协作件等符合规定的质量要求,防止使用不合格外购产品而影响成品质量。

控制生产过程的质量。确定并执行适宜的生产方法,使用适宜的设备,保持设备正常工作能力和所需的工作环境,控制影响质量的参数和人员技能,确保制造符合设计规定的质量要求,防止不合格品的产生。

控制检验和试验。按质量计划和形成文件的程序进行进货检验、过程检验和成品检验,确保产品质量符合要求,防止不合格的外购产品投入生产,防止将不合格的工序产品转入下道工序,防止将不合格的成品交付给顾客。

控制搬运、贮存、包装、防护和交付。在所有这些环节采取有效措施保护产品,防止损坏和变质。

控制检验、测量和实验设备的质量。确保使用合格的检测手段进行检验和试验,确保检验和试验结果的有效性,防止因检测手段不合格造成对产品质量不正确的判定。

控制文件和资料。确保所有的场所使用的文件和资料都是现行有效的,防止使用过时或作废的文件,造成产品或质量体系要素的不合格。

纠正和预防措施。当发生不合格(包括产品的或质量体系的)或顾客投诉时,即应查明原因,针对原因采取纠正措施以防止问题的再发生。还应通过各种质量信息的分析,主动地发现潜在的问题,防止问题的出现,从而改进产品的质量。

全员培训。对所有从事对质量有影响的工作人员都进行培训,确保他们能胜任本岗位的工作,防止因知识或技能的不足,造成产品或质量体系的不合格。

(3)质量管理的中心任务是建立并实施文件化的质量体系。质量管理是在整个质量体系中运作的,所以实施质量管理必须建立质量体系。ISO 9000族认为:质量体系具有很强的操作性和检查性,要求一个组织所建立的质量体系应形成文件并加以保持。典型质量体系文件的构成分为三个层次,即质量手册、质量体系程序和其他质量文件。质量手册是按组织规定的质量方针和适用的 ISO 9000族标准描述质量体系的文件。质量手册可以包括质量体系程序,也可以指出质量体系程序在何处进行规定。质量体系程序是为了控制每个过程质量,对如何进行各项质量活动规定有效的措施和方法,是有关职能部门使用的文件。其他质量文件包括作业指导书、报告、表格等,是工作者使用的更加详细的作业文件。对质量体系文件内容的基本要求是:该做的要写到,写到的要做到,做的结果要有记录,即"写所需,做所写,记所做"的九字箴言。

(4)持续的质量改进。质量改进是一个重要的质量体系要素,GB/T 19004标准规定,当实施质量体系时,组织的管理者应确保其质量体系能够推动和促进持续的质量改进。质量改进包括产品质量改进和工作质量改进。争取使顾客满意和实现持续的质量改进应是组织各级管理者追求的永恒目标。没有质量改进的质量体系只能维持质量。质量改进旨在提高质量。质量改进通过改进过程来实现,以追求更高的过程效益和效率为目标。

(5) 一个有效的质量体系应满足顾客和组织内部双方的需要和利益。即对顾客而言,需要组织具备交付期望的质量,并能持续保持该质量的能力,追求顾客最终的满意;对组织而言,在经营上以适宜的成本,达到并保持所期望的质量。即满足顾客的需要和期望,又保护组织的利益。

(6) 定期评价质量体系。其目的是确保各项质量活动的实施及其结果符合计划安排,确保质量体系持续的适宜性和有效性。评价时,必须对每一个被评价的过程提出如下几个基本问题:过程是否被确定?过程程序是否恰当地形成文件?过程是否被充分展开并按文件要求贯彻实施?在提供预期结果方面,过程是否有效?

(7) 搞好质量管理关键在领导。组织的最高管理者在质量管理方面应做好下面五件事:确定质量方针,由负有执行职责的管理者规定质量方针,包括质量目标和对质量的承诺;确定各岗位的职责和权限;配备资源,包括财力、物力(其中包括人力);指定一名管理者代表负责质量体系;负责管理评审,确保质量体系持续的适宜性和有效性。

8.5.2 质量认证

很多国家为了保护自己的消费品市场,鼓励消费者优先采购获 ISO 9000 认证的企业产品。可以说,通过 ISO 9000 认证已经成为企业证明自己产品质量、工作质量的一种护照。ISO 9001 质量管理体系认证与贯彻标准密切相关,质量认证是贯彻标准的必然结果。这是当代全面质量管理的重大拓展。

1. 质量认证的概念

质量认证也称合格认证(conformity certification)。关于合格认证,国际标准化组织在 ISO/IEC 指南 2 中,对"认证"一词做了以下定义:"第三方依据程序对产品、过程或服务符合规定的要求给予书面保证。"所谓第三方,指独立于第一方(制造厂、卖方、供方)和第二方(用户、买方、需方)之外的一方,即公正的第三方,因为它与第一方和第二方,没有行政上的隶属关系和经济利益关系。在世界各国的国家技术监督机构就是公认的公正的第三方;此外还有质量管理协会、独立的检验机构等。

所谓质量体系认证,是指对供方的质量体系进行的第三方评定和注册的活动,目的在于通过评定和事后监督来证明供方质量体系符合并满足需方对该体系规定的要求,对供方的质量管理能力予以独立的证实。

习惯上,把产品质量认证和质量体系认证通称为"质量认证"。

(1) 质量管理体系审核和注册发证。质量管理体系认证机构指派数名国家注册审核人员对自愿申请体系认证的组织实施审核工作,包括审核组织的质量管理体系文件,到组织的现场查证实际执行情况,提交审核报告。质量管理体系认证机构根据审核报告,经审查决定是否批准认证。对批准认证的组织颁发质量管理体系认证证书,并将组织的有关情况注册公布,准予组织以一定方式使用体系认证标志。证书有效期为三年。

(2) 质量管理体系监督审核。在证书有效期内,认证机构每年组织至少一次监督检查,查证组织质量管理体系保持情况,一旦发现组织有违反规定的事实证据,即对相应组织采取措施,暂停或撤销组织的体系认证资格。

2. 质量认证的一般程序

组织机构要健全。企业要实施 ISO 9000 质量体系,首先要建立相应的组织机构——领导工作小组,还要指定管理者代表,并聘请认证咨询小组。最后还要成立内部审核小组。质量体系文件要符合国际标准或国家标准。质量体系认证过程总体上可分为四个阶段:认证申请、体系审核、审批与注册发证和监督执行。

(1)向认证机构递交认证申请书。向认证机构提交质量体系文件,认证机构对质量体系文件进行审核,若符合标准即可受理申请。

(2)实施审核。认证机构受理企业申请后,应成立审核组,制订审核计划,分配审核任务并按计划对企业实施审核。

(3)审核组出示审核报告,宣布审核结果,做出是否认证合格的结论。若审核不能通过时,审核组应提出要求,受审企业应据此制定纠正措施并实施。

(4)审核组跟踪验证,并给出结论。最后是颁发证书。

 知识链接 8-4　推行 ISO 9000 质量体系认证应做好哪些关键运作?

在实施 ISO 9000 系列标准的过程中,首先面临的实际问题有:如何正确理解标准的要求;如何有计划、有步骤地完成整个实施过程;如何防止走弯路,减少人力、财力和物力的浪费,尽快达到标准的要求;如何达到审核要求;如何正确选择审核机构;如何维持已建立的质量体系并实现不断改进。对此,在推行 ISO 9000 质量体系认证中应做好如下关键运作:

做好充分的认证准备工作。ISO 9000 认证工作比较复杂,企业对此一般较生疏,因此,充分的准备工作是必不可少的。

聘请认证咨询顾问。国外发达国家已获认证的组织中,60% 以上是通过聘请咨询机构指导完成实施工作的,有不少组织还聘用了常年顾问,使咨询活动延伸到质量体系的维护和改进阶段。聘请认证咨询机构时应选择获得国家备案资格的质量认证咨询机构。

除客户要求企业申请国外机构认证,或企业出于竞争和宣传的需要,可以选择国外机构认证外,一般可选用国内认证机构,切不可既搞"国家认证",又搞"国际认证"。一定要澄清"中国证书在国外不通行"的错误认识。因为,到目前为止,还不存在一家"国际认证机构",就是说,任何国外机构的认证都不能称为"国际认证"。就具体国家而言,带有国家认可标志的认证证书在一定范围内具有广泛的可接受性。

3. 实施 ISO 9000 标准与开展全面质量管理的关系

在企业的实际工作中,我们主张把开展全面质量管理和实施系列标准有机地结合起来。

在具体实施中,可分四类不同企业,实行四种不同的结合方式。

(1) 已开展全面质量管理多年并行之有效,取得成功经验的企业。这类企业过去的成功经验是实施系列标准的良好基础和条件,在此基础上,对照系列标准,结合企业的具体情况,发挥企业的优势,寻找自己的不足,进一步规范、完善企业的质量体系并保证其有效运转,促进企业质量管理工作水平和企业素质的提高。为了提高企业的信誉和竞争能力,企业可以考虑根据市场需要,向经国家认可和授权的权威机构申请对企业的质量体系认证。

(2) 过去推行过全面质量管理,但只限于搞宣传教育或应用一些数理统计方法的企业。对于这样的企业来说,实施系列标准是一个"补课"的好机会。在系列标准指导下,根据企业的产品、服务、工艺等具体情况,按照科学的程序去建立适用的质量体系,使之贯穿于产品质量产生、形成和实现的全过程。明确划分职能,逐级分配,把各项工作落到实处,进一步加强质量教育工作,深刻领会全面质量管理和系列标准的系统性、科学原则,使全体职工都能理解全面质量管理的含义,并提高他们的素质和工作技能。应用数理统计方法要和改进质量相结合,真正发挥这些方法的作用,取得实效。加强质量成绩的考评工作,当在质量活动中取得成绩时,要给予肯定和鼓励,激励员工取得新的更大成绩。总之,这样的企业通过实施标准,通过"补课"踏踏实实地工作,同样也可以提高管理水平,增强企业素质和竞争力。

(3) 新建立的企业或是全面质量管理与实施系列标准工作尚未起步的企业。对于这类企业来说,更要强调开展全面质量管理和实施系列标准相结合。同样,根据企业的具体情况,在系列标准的指导下,按照企业的产品质量产生、形成和实现过程的规律,把影响这些环节的技术、管理等因素控制起来,建立质量体系并明确体系中的具体的质量职能和活动;然后,逐级进行质量职能的分配,并把各个环节的各项工作的"接口"均纳入质量体系的控制范围之内,使得企业的所有质量管理活动协调地发挥作用,获得一个整体的最佳效应。当然,在工作中也必须注意,切忌搞形式、重数量,否则也就不能提高企业的管理水平、实现企业的经营目的。

(4) 已通过认证机构认证的企业。对于这样的企业来说,其质量体系已比较完善,因此,它们的重点是继续深化全面质量管理,在原有的基础上,把企业质量管理水平提高到一个新的台阶。

 案例分析 8-5　A 公司的质量意识

A公司是一家纺织企业,多年来,其始终贯彻"高起点、高标准、高品质"的理念,坚持严格的质量管理,建立和健全标准化体系,以标准化规范企业内部的各项工作。该公司把通过国际ISO 9000质量管理体系认证作为新起点,在全体员工中强调高品质为先,以系统性标准化管理,生产全流程质量控制,一流的设备和创新工艺,生产出让客户满意的各类纺织面料。高品质的产品再辅之以良好的服务,使公司产品受到中外采购商的高度信赖,产品在东方丝绸市场和欧美市场都占有明显的竞争优势。

分析:质量行为取决于质量意识。

基本训练

一、简答题

1. 怎样理解质量管理的含义？质量管理的发展经历了哪几个阶段？
2. 全面质量管理的特点是什么？其指导思想是怎样的？
3. 什么是"ISO 9000 族质量管理标准"？按怎样的程序进行质量认证？
4. 简述因果图和控制图的作用。

二、判断题

1. 与传统的质量管理相比，全面质量管理由以前的单纯符合标准要求转变为满足顾客需要。（   ）
2. 优良的产品质量是检验出来的。（   ）
3. 排列图上有两条纵坐标、一条横坐标。（   ）
4. 采用统计方法控制产品质量最初来自二战争的需要。（   ）
5. 质量体系审核报告可以是书面的，也可以是口头的。（   ）

三、选择题

1. 主要通过严格检验来控制和保证出厂或转入下道工序的产品质量的质量管理阶段是（   ）。
   A. 质量控制　　　　　　　　　　　　B. 质量检验
   C. 统计质量控制　　　　　　　　　　D. 全面质量管理
2. 全面质量管理起源于（   ）。
   A. 日本　　　　B. 中国　　　　C. 苏联　　　　D. 美国
3. 当工序处于统计控制状态时，所得到的直方图的形状属于（   ）。
   A. 正常型　　　B. 偏向型　　　C. 平顶型　　　D. 孤岛型
4. 某散布图中，成对的数据形成的点子云中，当 x 值减少，相应的 y 值也减少，说明 x 与 y 之间是（   ）。
   A. 正相关　　　B. 负相关　　　C. 非线性负相关　　　D. 不相关
5. 建立排列图的理论依据是（   ）。
   A. 大数定理　　　　　　　　　　　　B. 正态分布原理
   C. 帕累托原理　　　　　　　　　　　D. 频数分布原理
6. ISO 指的是（   ）。
   A. 国际标准化组织　　　　　　　　　B. 国际电工委员会
   C. 欧洲电工标准委员会　　　　　　　D. 合格评定委员会

综合案例

AA 公司的质量管理

AA 公司是一家以制药为主，兼有多种经营的综合、开放、外向型的企业型公司，下辖原料药厂、制剂厂、添加剂厂、生物制品厂、医药中间体厂和药物研究所等20多个具有独立法人资格的分厂和经营实体。全公司现有员工约3 000人，主要产品有维生素、磺胺类、营养保健品类等百余种，年产量2 500余吨，年销售额达5亿多元，税利4 000多万元，产品60%以上出口，远销欧美50多个国家和地区，年创汇3 500万美元，名列全国医药行业前列。药品是一种用于预防、治疗疾病和恢复机体功能的特殊商品，药品质量直接关系到人的身体健康和生命安危。因此，该公司大力加强质量管理，取得了好的成效。该公司的质量管理规范如下：

建立高于法定标准的企业标准。该公司有生产批文的产品共131种，其中药品有95种。对这些产品的质量，公司都制定了高于法定标准的企业内控标准和集各国标准之优的优级标准。公司规定，主要产品必须以100%优级品出厂，其余产品也必须严格按企业内控标准出厂。正因为坚持了高标准，该公司的产品普遍受到拥护欢迎。公司每年对国内外进行质量访问，满意率达100%。

规范质量管理工作和职工的质量行为。公司领导认为，药品的质量在很大程度上要依据法制进行管理。针对公司机制转换、组织机构发生变化的实情，该公司有层次地组织干部、职工学习和贯彻《中华人民共和国药品管理法》《药品生产质量管理规范》和《中华人民共和国产品质量法》，并按照公司实际情况重新修订了本公司的质量管理工作规范、质量监督工作规范等33个管理制度以及12个质监、质检员工作标准，以此来规范员工的质量行为，使公司的质量管理有法可依、有规可行。

努力实施《药品生产质量管理规范》。ISO 9000系列标准是国际上唯一统一的质量管理标准，它既使用于工业企业，也使用于建筑业、商业、服务业等。《药品生产质量管理规范》则是针对医药行业制定的全球性质量标准。我国卫生部已将《药品生产质量管理规范》作为药厂生产药品的规范文件，以与国际接轨。近几年公司一直把药品的生产能通过《质量监督工作规范》的认证作为公司质量管理的目标，也作为实现企业管理全面上档次的重要内容之一。首先，该公司按照《质量监督工作规范》改造了制剂分厂，添置了符合《质量监督工作规范》要求的分析仪器。其次，在普及宣传《质量监督工作规范》内容上做了大量工作。公司明确规定，《质量监督工作规范》教育是新职工必修的内容，通过《质量监督工作规范》培训考核是上岗的必备条件。公司通过与美国、瑞士两个药厂合作的方式引进原料药和制剂生产的标准操作程序和严格的管理方法，为全公司现场管理树立样板，从而带动整个公司的质量管理。

另外，在实施企业质量监督、质量考核以及实行质量否决权等方面采取了有力措施。例如，各分厂的奖励工资与产品质量挂钩。凡是产品质量水平和工作水平达到目标任务要求的给予奖励，没有完成目标任务要求的予以惩罚。与其他工作奖惩不同的是，其他工作的奖惩用金额表示，其总数是各项奖惩之和，而质量工作的奖惩用系数表示，各分厂及职工最后获得的奖励工资是其他各项奖励工资与质量系数的乘积。如果其他工作任务完成得很好，而质量目标任务完成得不好，质量系数低，则总的奖励工资也会相应降低。这就是质量否决权。由于有严格的质量监督、质量考核措施，所以全面质量管理能得以落实。

问题：

1.AA公司是如何进行质量管理的？其质量管理有何特点？

2.AA公司下一步的质量管理重点应放在哪里?

提示:该公司有正确的质量管理规范,注重职工质量管理意识的培养,认真贯彻执行有关质量标准。

综合实训

1.收集某一企业的质量数据,利用质量统计工具进行分析,得出相应的结论,并提出相应的质量管理措施。

实训目的:通过与企业近距离接触和亲自动手测试数据,利用质量统计工具进行分析,进一步掌握质量统计分析工具的运用,并提高质量管理的能力。

实训要求:认真观察了解质量数据的收集过程,将课本所学知识用到实践中去。若有可能,自己亲自动手检测数据。收集完数据,利用所学方法进行统计分析,然后针对分析结果,以小组为单位进行讨论,得出解决问题的措施。

2.某纺织厂漂染车间QC小组针对一年中出现的染色疵点进行统计分析如下:色花280个,色渍50个,蜡花17个,色差120个,其他33个。作出排列图并指出影响质量的主要问题。

实训目的:掌握排列图的制作与分析,以小组为单位进行讨论,得出解决问题的措施。

实训要求:学生认真分析提供的数据,认真作图。

3.企业的质量管理措施。

背景资料:

a.某物流公司是一家货代公司,业务相对单一,作业流程也相对简单,其业务流程主要分两大部分:一是发运作业,另外就是到达作业。公司高管多多少少存在"重市场、轻管理"的思想观念,将精力大多投入市场开发等具体业务环节,对于企业的管理,包括质量管理重视不够,该物流公司在运营过程中遇到不少问题,服务质量水平不能得到顾客的完全认同。

b.某机电安装公司,通过竞标承担了某化工厂的设备、管道安装工程。为兑现投标承诺,公司通过质量策划,编制了施工组织设计和相应的施工方案,并建立了现场质量保证体系,制订了检验试验卡,要求严格执行三检制。工程进入后期,为赶工期,采用加班加点办法加快管道施工进度,由此也造成了质量与进度的矛盾。质量检查员在管道施工质量检查时发现,不锈钢管焊接变形过大,整条管形成折线状,不得不拆除,重新组对焊接,造成直接经济损失数千元。

c.某机电安装公司,采取低价中标的方法承接了某钢铁企业的高炉热风炉鼓风机安装任务。由于利润低,施工单位资源投入不足,项目经理对该工程积极性不大,造成施工准备不充分,影响了施工进度和质量。项目经理在电缆采购时只注重价格,使一些伪劣电缆进入施工现场,蒙混过关。工程完工后,通过验收交付使用单位,过了保修期的一个夏季,当工程满负荷运行时,出现电缆发热,并造成停机。

实训内容:

(1)运用所学知识对以上企业质量管理状况进行分析;

(2)结合企业具体情况提出如何进行全面质量管理的一些措施。

实训目的:提高学生对企业质量管理案例的分析能力。

实训要求:

(1)以五到六人为一组,进行合理分工,每人应有明确任务;

(2)认真考察当地一知名企业,熟悉其质量管理的制度、方法和手段;

(3)根据所学知识,对背景资料中的企业质量管理现状进行分析;

(4)在分析的基础上,为如何改进质量管理提出措施;

(5)撰写实训报告,并做PPT;

(6)实训报告完成后设课堂讨论课,相互交流实训经验。

第 9 章　企业成本控制与经济分析

- 思政目标 -

◎具有成本意识；
◎勤俭节约。

- 知识目标 -

◎理解生产成本控制的含义及生产成本控制项目；
◎掌握生产成本控制的程序和方法以及生产系统经济核算的内容和方法；
◎了解生产系统经济核算的体系。

- 技能目标 -

◎能开展生产成本控制工作；
◎能对生产活动进行经济分析。

 引例　中远海控成本上升能否有效控制？

据2022年一季度财报，中远海控的成本仍在上升，一季度营业成本为627.51亿元，同比增加44.89%，较2021年第四季度环比上升0.71%。马士基2022年一季度海运业务营收增加了64%，达156亿美元，但货量减少了7%。马士基预计全年营收将保持强劲，因与2021年相比，2022年各项长约合同运价实现上涨，并能够抵消显著增加的成本。具体来看，马士基一季度海运营运成本面临通胀压力，燃油价格上涨、定期租船等价物以及运营拥堵和瓶颈导致成本增加，运营成本增加21%。燃油总成本增加51%至17亿美元，平均燃油价格上涨54%至每吨611美元，部分被燃油消耗量减少1.6%所抵消。不含燃油的运营成本增加14%至56亿美元，加上销量下降7%，导致固定燃油单位成本为2 438美元，相当于增加了23%。对中远海控与马士基的成本增长不一现象，中远海控证券事务部表示，虽然市场上经常把中远海控和马士基对标，但实际上两家业务结构和占比差异很大。中远海控的运力只占世界总运力的13%，但是承运了中国出口货物的30%。最主要的原因是业务布局、货物流向、货物种类、客户结构、航线布局等诸多因素导致了每家公司成本可能不太一样。简单地通过同类型航运公司做财务数据上的比较，可能缺乏合理性。2022年中远海控营业成本上升情况会不会有一些改善？对此，公司在回复《红周刊》时表示，从当下来看，中远海控成本上升趋势取决于供应链紧张的情况能不能缓解,营业成本实际上和业务规模也成正比。并表示,"在疫情之前,中远海控在集装箱管理成本方面全行业做得最好,有一个术语叫'箱位比'(集装箱TEU总数同集装箱船舶箱位总数的比,数值越低,说明集装箱周转效率越高,相应的箱管成本也就越低),过去我们的箱位比是1.4左右,就意味着我有200万TEU箱位的运力,那只需要配约280万TEU集装箱就能满足正常运输需要。包括在收购东方海外之后,双品牌总体箱位比在整个行业里面很低。"此外,其表示,由于集装箱设备周转效率受全球港口拥堵、供应链迟滞影响,下降明显。这对中远海控而言,需要新造或者租赁集装箱,无法以"成本"的策略去运营。公司现在的箱位比已经超过1.7,投入的资源和成本明显增加。

(资料来源:https://www.zggz1.cn/xiangmuguanli572/116000.html,有改动)

这一案例表明:高效率的生产流程和科学化成本控制管理对于任何一个生产企业都很重要,企业要想具有竞争力,必须降低生产成本,科学的生产管理方法是节约各个环节成本的最好途径。

9.1 生产成本控制

9.1.1 生产成本控制的含义及内容

1. 生产成本及生产成本控制的含义

生产成本亦称制造成本,是指生产活动的成本,即企业为生产产品而发生的成本。生产成本是生产过程中各种资源利用情况的货币表示,是衡量企业技术和管理水平的重要指标。

生产成本是生产单位为生产产品或提供劳务而发生的各项生产费用,包括各项直接支出和制造费用。直接支出包括直接材料(原材料、辅助材料、备品备件、燃料及动力等)、直接工资(生产人员的工资、补贴)、其他直接支出(如福利费);制造费用是指企业内的分厂、车间为组织和管理生产所发生的各项费用,包括分厂、车间管理人员工资、折旧费、修理费及其他制造费用(办公费、差旅费、劳保费等)。

生产成本控制(production cost control)是企业为了降低成本,对各种生产消耗和费用进行引导、限制及监督,使实际成本维持在预定的标准成本之内的一系列工作。

2. 生产成本控制的内容

生产成本控制应该有计划、有重点地区别对待,不同行业、不同企业有不同的控制重点。控制内容一般可以从成本形成过程和成本费用分类两个角度加以考虑。

(1)生产成本控制按成本形成过程可分为产品投产前的控制、制造过程中的控制、流通过程中的控制三个部分。

①产品投产前的控制。产品投产前的控制内容主要包括:产品设计成本、加工工艺成本、

物资采购成本、生产组织方式、材料定额与劳动定额水平等。这些内容对成本的影响最大，可以说产品总成本的60%取决于这个阶段的成本控制工作的质量。这项控制工作属于事前控制方式，在控制活动实施时真实的成本还没有发生，但它决定了成本将会怎样发生，它基本上决定了产品的成本水平。

②制造过程中的控制。制造过程是成本实际形成的主要阶段。绝大部分的成本支出在这里发生，包括原材料、人工、能源动力、各种辅料的消耗以及工序间物料运输费用、车间和其他管理部门的费用支出。投产前控制的种种方案设想、控制措施能否在制造过程中贯彻实施，大部分的控制目标能否实现，和这一阶段的控制活动紧密相关，它主要属于事中控制方式。由于成本控制的核算信息很难做到及时，会给事中控制带来很多困难。

③流通过程中的控制。它包括产品包装、厂外运输、广告促销、销售机构开支和售后服务等费用的控制。在目前强调加强企业市场管理职能的时候，很容易不顾成本地采取种种促销手段，反而抵消了利润增量，所以也要做定量分析。

(2) 生产成本控制按成本费用的构成可分为原材料成本控制、工资费用控制、制造费用控制、企业管理费控制四方面。

①原材料成本控制。在制造业中，原材料费用占总成本比重很大，一般在60%以上，高的可达90%，是成本控制的主要对象。影响原材料成本的因素有采购、库存费用、生产消耗、回收利用等，所以控制活动可从采购、库存管理和消耗三个环节着手。

②工资费用控制。工资在成本中占有一定的比重，增加工资又被认为是不可逆转的。控制工资与效益同步增长，减少单位产品中工资的比重，对于降低成本有重要意义。控制工资成本的关键在于提高劳动生产率，它与劳动定额、工时消耗、工时利用率、工作效率、工人出勤率等因素有关。

③制造费用控制。制造费用开支项目很多，主要包括折旧费、修理费、辅助生产费用、车间管理人员工资等，虽然它在成本中所占比重不大，但因不引人注意，浪费现象十分普遍，是不可忽视的一项内容。

④企业管理费控制。企业管理费是指为管理和组织生产所发生的各项费用，开支项目非常多，也是成本控制中不可忽视的内容。

上述这些都是绝对量的控制，即在产量固定的假设条件下使各种成本开支得到控制。在现实系统中还要达到控制单位产品成本的目标。

3. 生产成本控制的具体措施

建立成本分级归口控制制度；建立严格的费用审批制度；建立原始记录与统计台账制度；建立定员、定额管理制度；建立材料计量验收制度；加强生产现场定置管理；加强物料流转控制；提高全体员工的成本意识。

9.1.2　生产成本控制的程序

1. 制定成本标准

成本标准是成本控制的准绳，包括成本计划中规定的各项指标。但成本计划中的一些指

标都比较综合,还不能满足具体控制的要求,这就必须规定一系列具体的标准。确定这些标准的方法,大致有以下三种:

(1) 计划指标分解法。它是将大指标分解为小指标。分解时,可以按部门、单位分解,也可以按不同产品和各种产品的工艺阶段或零部件进行分解,若更细致一点,还可以按工序进行分解。

(2) 预算法。用制定预算的办法来制定控制标准。有的企业基本上是根据季度的生产销售计划来制定较短期(如月份)的费用开支预算,并把它作为成本控制的标准。采用这种方法特别要注意从实际出发来制定预算。

(3) 定额法。建立定额和费用开支限额,并将这些定额和限额作为控制标准来进行控制。在企业里,凡是能建立定额的地方,都应把定额建立起来,如材料消耗定额、工时定额等。实行定额控制的办法有利于成本控制的具体化和经常化。

在采用上述方法确定成本控制标准时,一定要进行充分的调查研究和科学计算,同时还要正确处理成本指标与其他技术经济指标的关系(如和质量、生产效率等的关系),从完成企业的总体目标出发,经过综合平衡,防止片面性。必要时,还应注意多种方案的择优选用。

2. 监督成本的形成

根据控制标准,对成本形成的各个项目经常地进行检查、评比和监督。不仅要检查指标本身的执行情况,而且要检查和监督影响指标的各项条件,如设备、工艺、工具、工人技术水平、工作环境等。所以,成本日常控制要与生产作业控制等结合起来进行。

3. 及时纠正偏差

针对成本差异发生的原因,查明责任者,分清情况,分清轻重缓急,提出改进措施,加以贯彻执行。对于重大差异项目的纠正,一般采用下列程序:

(1) 提出课题。从各种成本超支的原因中提出降低成本的课题。这些课题首先应当是那些成本降低潜力大、各方关心、可能实行的项目。提出课题的要求,包括课题的目的、内容、理由、根据和预期达到的经济效益。

(2) 讨论和决策。课题选定以后,应发动有关部门和人员进行广泛的研究和讨论。对重大课题,可能要提出多种解决方案,然后进行各种方案的对比分析,从中选出最优方案。

4. 通过生产管理控制生产成本

基于整个生产过程的控制,掌握生产过程中的物流、信息流和资金流的实时流转动态,把生产企业人员、设备、物料、工艺等资源有效地利用于生产过程,从事前、事中、事后控制生产质量和生产成本。这样一来,既可实现对连续制造企业的管理,又可实现对离散制造企业的生产管理,并能完成对区别于连续制造企业和离散制造企业的复杂混合型企业的生产管理。

5. 通过 MES 控制生产成本

制造执行系统(manufacturing execution system, MES)是美国 AMR 公司在 20 世纪 90 年代初提出的,旨在加强 MRP 计划的执行功能,把 MRP 计划通过执行系统同车间作业现场控制系统联系起来。这里的现场控制包括 PLC 程控器、数据采集器、条形码、各种计量及检测仪器、机械手等。MES 设置了必要的接口,与提供生产现场控制设施的厂商建立合作关系。

通过 MES 进行管理,管理部门和操作人员可以根据订单首先制订出主生产计划,以主生产计划的交货时间作为最终的完工时间,以此倒推,制订出生产周期和排产时间。操作者通过 MES 制订 MRP 物料需求计划和排产计划,首先要对物料信息和工艺信息进行管理。物料信息的管理除了对产品物料的基础信息进行管理之外,对于一些具有产品结构复杂、工艺工序烦琐、生产形式多样等特点的生产行为,MES 还对其各种 BOM 信息进行管理,包括工程 BOM、装配 BOM、工程装配 BOM、装箱 BOM 等,在生产之前就能够对产品结构有深入的了解,在设置工艺和工序时便能获得基础数据信息支持。而对于工艺和工序进行管理,不仅有基础的工艺管理要求,还可以结合工序和工艺标准,根据工艺要求的工序和物料,科学可靠地自动制订出排产计划和 MRP 物料需求计划,高效准确,提高整体效率。

传统的生产企业将生产开始到完工转出之间的过程称为"黑箱操作"阶段。也就是说,所有生产资料从第一道工序开始直至成为产品转出整个生产过程,不清楚生产物料的流转情况,不清楚每道工序的完成情况,不清楚生产过程中损耗的实际情况,不清楚生产过程中人员和设备的实际运行情况;人为的信息传递方式,造成信息失真、冗余和虚假,所以导致了监督控制无力,信息混乱,效率降低,生产合格率下降,资源浪费,生产成本增加。现在通过 MES,生产过程中的人员、设备、场地、物料、每个工艺标准和每一道工序都已自动生成唯一的计算机代码,并以代码的形式在整个生产过程中进行信息流转和记录,生产过程全程可追溯生产。此外,MES 采用了工业条码技术,成为计算机代码的载体,这样使得生产过程全程可控,实现了可视化生产。而产品质量也可以在生产过程中得到控制,前一道工序出现问题将不能进行下一道工序,从事中控制产品质量,防止资源浪费,有效控制生产成本,提高生产合格率。

9.1.3 生产成本控制的方法

1. 基于经验的成本控制方法

这是一种最为基础的和较低级别的,但是应用最为普遍,在一定的条件下效果也十分好的成本控制法。大多数企业的成本管理都是由此开始的,而其他每一种成本控制方法的最底层部分其实都是由此构成的。它是管理者借助过去的经验来对管理对象进行控制,从而追求较高的质量、效率和避免或减少浪费的过程。比如说,经验告诉我们,在采购的过程中,"货比三家、反复招标、尽量杀价"可以降低采购成本,于是管理者就要求他们的下属在采购时"货比三家、反复招标、尽量杀价"。又比如,经验告诫我们,在对外采购的过程中,如果缺少必要的监督机制,有的采购人员就可能产生自私行为,从而导致企业损失,于是大量的企业常常不惜牺牲效率和成本设置"关卡"来防止采购人员的自私行为。还比如,人们注意到只要对员工盯紧一点,员工的工作效率就会得到相应提高,于是企业普遍十分强调对员工行为的监督。

2. 基于历史数据的成本控制方法

绝大多数企业都有意识或无意识地、全面地或部分地采取了这种成本控制办法。其基本原理是,根据历史上已经发生的成本,取其平均值或最低值(管理者通常会要求以最低值)作为当前阶段或下一阶段的最高成本控制标准。比如,过去三年或三个月,某种食品原料的平均或最低采购价格是每千克8.13元,企业的有关部门或个人就将这个8.13元确定为当前或未来一个时期同等级原料的最高采购限价来予以控制。采用这种方法最普遍的是那些工程建设类企业和制造业中的企业。

3. 基于预算的目标成本控制方法

在国内企业中间,采取严格的预算管理的企业并不多见。尽管一些企业管理者从各种渠道了解到实行预算管理的种种好处,因而每到年底,他们总会要求财务部门,或者是销售部门,或者是"总经办"这样的部门去为来年做一份预算。然而,由于大家都对怎样做预算一知半解,企业平时又没有积累起做预算所需要的各种数据,以及做预算所需要的相应的组织环境,加上时间十分紧迫(通常他们会要求有关人员在1~7天内完成)和其他一些原因,他们做出的预算,其实只是做预算者在揣摩领导意图后拿出的一个下一年的花钱的计划。而且,做这个计划的人通常明明知道这个花钱计划只是做一做,满足老板当前的要求而已。在大多数企业中,很少有人认为预算会是有用的,不是指预算从理论上讲无用,而是在他们的企业里没有用。

4. 基于标杆的目标成本控制方法

所谓标杆,就是样板,就是别人在某些方面做得比自己好,所以要以别人为楷模来做,甚至比别人做得还要好,或说别人做到了那样的效果,所以我也要求自己达到甚至超过那样的效果。这里的"别人"有三层意思:其一,它可以是别的企业;其二,以自身企业过去的某些绩效为标准来作为未来的目标予以控制;其三,是以本企业的某个部门或某个人创造的某项纪录为目标,要求其他部门或其他人以此为标杆,并力争超越他。

5. 基于市场需求的目标成本控制方法

基于市场需求的目标成本控制方法有时也被称为"基于决策层意志的成本控制法",因为这种方法在使用过程中,决策者的意志将起主导作用。下面是一个典型的基于市场需求的目标成本控制方法的操作案例。

 案例分析 9-1

某公司计划开发生产一种新产品A型涂料,公司技术人员经过攻关,终于研制出了这种涂料的配方。生产这种涂料需要用清铅粉、黑铅粉、黏土和糖浆四种原料,它们所占的比重分别为35%、45%、14%和6%。该公司通过市场调查发现,该类型涂料具有竞争性的市场价格为0.50美元/千克,公司确定的产品投放市场后的目标毛利为0.25美元/千克。

6. 基于价值分析的成本控制方法

一些优秀的制造业中的大企业都使用了这种方法。这类企业往往设有一个专门的部门来负责"降低成本",他们分析现有的工作、事项、材料、工艺、标准,通过分析它们的价值并寻找相应的替代方案,可以相应地降低成本。比如,某企业的成本管理人员经过认真分析,发现将企业内的保洁工作外包给公司以外的专业保洁公司完成,比企业自己养清洁工成本更低,于是提出议案,公司领导看后认为可以,于是就把公司的保洁工作委托给了一家专业保洁公司。

9.2 生产系统的经济核算

9.2.1 生产系统的经济核算概述

1. 生产系统的经济核算含义、内容

经济核算是对企业进行管理的重要方法,它通过记账、算账对生产过程中的劳动消耗和劳动成果进行分析、对比和考核,以求提高经济效益。生产系统的经济核算是以获得最佳经济效益为目标,运用会计核算、统计核算和业务核算等手段,对生产经营过程中活劳动和物资消耗以及取得的成果,用价值形式进行记录、计算、对比和分析,借以发掘增产节约的潜力和途径。

企业经济核算包括生产经营全过程的核算,包括:①生产消耗的核算,即对生产经营中人、财、物消耗的计算、对比、分析、检查,如对职工工资总额、职工人数及构成、工资水平、劳动生产率、工时利用率、工资产值率、固定资产折旧、材料消耗、装备生产率、机械利用率等分项核算,并全面核算成本和成本降低额;②生产成果的核算,即对工作量、工程量、竣工产值(商品产值)、净产值、工程质量、工期、合同履约情况等进行记录、计算、对比、分析和检查;③资金的核算,即计算和分析流动资金周转率、产值资金率、流动资金利润率、固定资产利润率等;④财务成果的核算,即计算分析资金利润率、成本利润率、工资利润率、产值利润率、人均利润及上缴税金和利润等。

企业经济核算一般分为三级核算单位:①实行经济核算制的企业(公司)为独立经济核算单位。其拥有国家赋予的法人地位,拥有独立的固定资产和流动资金,独立计算盈亏,有独立的资金平衡表,在银行有结算账户,有权对外签订经济合同、对内制定内部经济核算办法和内部结算价格,对所属生产单位下达各项技术经济指标并负责物资、技术、生产机具等的供应。②企业所属的工区(工程处)、厂(站)为内部经济核算单位,不作为经济法人,不能独立对外(企业特别指定者除外),无权建立独立的会计制度,只能在企业(公司)统一会计制度控制下实行内部经济核算,执行企业规定的会计制度和下达的指标,计算本单位的盈亏。内部经济核算是企业核算的重要环节。③企业所属的车间(工段)为基层核算单位,一般只核算实物工程量、产量、质量、工料消耗、机械使用等指标。但在实行施工队包工制的单位也同时核算价值指标,计算包工队的盈亏。

班组核算是企业经济核算的基础,属于群众性的核算。本着干什么、管什么、算什么的原则,确定核算内容。它具有简明性、群众性的特点,指标简便易行,核算结果作为评比计奖的依据。

2. 企业生产系统实行经济核算的意义

第一,企业生产系统实行经济核算是劳动时间节约规律的客观要求。这一规律要求企业在生产经营过程中严格节省物化劳动和活劳动耗费,合理地利用一切生产资源,向社会提供更多更好的财富,不断提高经济效益。为此,就必须实行和加强经济核算。

第二,企业生产系统实行经济核算可以降低成本,提高经济效益。企业在商品生产和市场经营中,必须核算成本,降低消耗,取得盈利,提高经济效益,因而必须实行严格的经济核算。

第三,在企业内部实行经济核算,可以确定企业和每个劳动者的经营成果和贡献,进一步加强职工的责任感和使命感,促进职工立足岗位、创造价值,调动职工的积极性和创造性。

3. 生产系统经济核算的基础工作

为保证经济核算工作正常进行,必须做好企业内部的原始记录、定额管理、计量工作、清产核资和厂内计划价格等基础工作。通过经济核算,职工个人的经济利益要同企业的经济利益挂起钩来,做好考核、分析、评比工作,提高核算的效果。企业的经济核算普遍采取统一领导、分级归口管理,专业核算与群众核算相结合的方法。大型企业一般实行厂级、车间、班组三级核算,中、小型企业一般实行厂级、车间二级核算或厂级一级核算。科室的核算属于专业核算。企业经济核算的日常工作,通常由计划、财务部门组织有关科室、车间的职能人员进行。实行经济核算,有利于加强企业管理,调动职工的积极性,促进企业改善生产经营。

原始记录是反映企业生产管理和经济活动的第一手资料,它对于提高企业管理水平、加强成本管理、开展经济核算和完成国家生产计划起着重要作用。原始记录的建立与健全,应以计划、财会部门为主,各职能部门和车间、班组密切配合。原始记录的制定要充分考虑本单位的生产特点,既要符合生产技术管理的要求,又要满足成本核算的需要,还要简便易行,讲究实效。要达到以上要求,必须抓好几个环节:一是抓表格的制定,必须全面考虑项目、内容的设置;二是抓计量设施的完备、准确;三是抓操作者对原始记录的填记是否准确、认真;四是抓原始记录的利用,必须很好地利用每一张原始记录上的数据资料。通过原始记录,严格控制各项费用,并进行分析、统计和成本的计算。在企业管理过程中,必须重视原始记录的整理工作,狠抓原始记录的管理工作。

案例分析 9-2

某仓储公司的原始记录送货单如表 9-1 所示。

表 9-1 送货单　　　　　　　　　　　　　　　　　　NO.0312789

单位:　　　　　　　　　　　　　　　　　　　　　　日期:2022 年 12 月 26 日

品名	规格	单位	数量	单价	金额	备注
螺帽	20 mm	个	100	1.00	100.00	
螺栓	20 mm	个	100	2.00	200.00	
漏电保护器	3 型	个	20	10.00	200.00	

收货单位:(盖章)　　　　　制单:陈胜　　　　　送货单位:(盖章)
经手人:　　　　　　　　　　　　　　　　　　　　经手人:王红

4. 生产系统的经济核算的指标体系

各项核算内容通过一系列技术经济指标来体现。经济核算的指标体系一般包括产量指标（实物产量、工时产量）、产值指标（总产值、商品产值、净产值）、品种指标（产品品种数量、新品数量等）、质量指标（产品或零部件合格率、优质品率、成品或部件一次装配合格率等）、劳动指标（全员或生产工人劳动生产率、工时利用率等）、物资消耗指标（单位产品消耗量、万元产值物资消耗量等）、设备利用指标（设备利用率等）、成本指标（主要产品单位成本、可比产品成本降低率等）、资金占用指标（固定资产利润率、流动资金利润率、流动资金周转天数等）、利润指标（资金利润率、产值利润率）等。

9.2.2 班组经济核算

1. 班组经济核算的含义和要求

班组经济核算是在轮班、生产小组或流水线范围内，利用价值或实物指标，将其劳动耗费和劳动占用与劳动成果进行比较，以取得良好经济效果的一种管理方法。它是整个生产现场管理的基础，又是组织广大群众当家理财的好形式，也是现场成本控制不可缺少的重要环节。班组经济核算的要求是：建立适应班组生产和经营特点的核算组织；确定适合班组生产特点的经济核算指标，并使班组和个人有明确的经济责任；做好定额管理、原始记录、计量验收等各项基础工作，做到事事有记录，考核有依据，计量有标准；建立严格的考核、检查、评比和奖惩制度；做到以较少的劳动耗费取得较大的劳动成果，保证厂级和车间各项指标的完成。

班组经济核算一般是在车间主任领导下，由班组长负责组织，由核算员具体承担。班组核算员在业务上要接受车间和有关科室核算人员的指导。班组经济核算一般不设专职核算员，由现场生产工人兼任。核算工作一般都在业余时间进行。为了不影响工人的生产和休息，有的企业在班组内建立兼职核算机构，将核算工作分摊到人，设立材料核算员、考勤员、设备管理员、质量检查员等，各项指标分别由其进行核算。这样做，有利于把班组所有成员动员起来，对本班组的生产活动进行记录、计算分析和考核，做到事事有人管、人人有专责，形成一个人人参加核算、控制的网络。搞好班组核算，必须建立相应的规章制度，具体包括：材料及工具的领、退、保管制度；考勤和劳动组织制度；设备管理和维修制度；质量检验制度；成本控制制度；评比奖励制度等。为了便于执行上述各项制度，各班组可根据具体情况，制定各种实施细则和有关补充规定。

2. 制定班组经济核算指标的注意事项

确定班组经济核算指标应注意的问题如下：①应根据"干什么，管什么，算什么"和以生产为中心的原则来确定，那些与班组和职工主观因素无关和不能控制的指标不能列入班组的考核指标；②既要照顾不同班组的生产特点，又要与专业核算一致和衔接；③既要包括与班组相关的主要经济指标，又要反对事无巨细、过分强调全面，搞烦琐哲学，影响主要经济指标考核的倾向；④要通俗易懂、简便易行；⑤既要便于经济指标的核算和分析，又要有利于经济责任的划分，使各班组及职工责任清楚、目的明确、物质利益分配合理，认真地实施控制与核算。

3. 班组经济核算指标和形式

班组经济核算指标包括：

(1) 产量指标。可采用实物、劳动工时、计划价格和产量计划完成率计算。

(2) 质量指标。可以采用等级品率、合格品率、废品率、返修品率等指标反映。

(3) 材料消耗指标。可以采用材料耗用数量、耗用金额表示，也可用材料利用率等相对数表示。

(4) 工时指标。可以用工时利用率和出勤率等指标来反映。

(5) 设备完好率和利用率指标。

(6) 成本降低指标。这是综合性指标，一般只包括班组直接消耗的各种材料和支出的费用，不包括固定资产折旧及修理费用。

班组经济核算的形式包括：

(1) 指标核算、计分计奖形式。车间将经济指标分解落实到班组，班组按规定核算完成情况。考核方式是按核算指标的重要程度和计分标准，逐项打分，按分数的多少反映指标完成情况，并确定相应的奖惩。

(2) 限额卡核算形式。这种方式是根据生产任务和材料消耗定额核定的定额材料费用，制定限额卡，班组依卡领用材料。到月末，车间按完成任务和领用材料的情况进行考核，按材料的节约或超支情况决定奖惩。

(3) 其他方式，如厂币核算形式，账、卡、表核算形式等；也可以将几种核算形式结合起来使用。

4. 班组经济核算单位的确定

班组经济核算单位，应根据班组生产和劳动组织的特点，以及岗位责任制的要求来确定，一般有以下几种：①以整个班组为经济核算单位，它适用于没有轮班或各轮班经济责任不易划分或难以考核的单位；②以轮班为经济核算单位，它适用于生产周期短，能按轮班分清经济责任和计算生产成果的单位；③以机台为经济核算单位，它适用于能按单机进行核算的单位；④以生产线为经济核算单位，它适用于连续生产而又无法按轮班划清经济责任和计算生产成果的单位。

9.3 生产系统的经济活动分析

1. 生产系统的经济活动分析的含义

生产系统经济活动分析，是运用各种经济指标和核算资料，对企业的经济活动过程及其成果进行分析研究。它是企业经济核算工作的重要环节，是促使企业改善经营管理，提高经济效益的一种管理活动。它能够使企业的经营者了解企业的过去，预测未来，控制现在，提高企业管理水平。

2. 生产系统的经济活动分析的内容

生产系统经济活动分析的内容,主要取决于企业业务的性质。在工业企业中,通常有生产分析、人员配备和劳动效率分析、成本分析、销售和利润分析以及资金分析,还有专项资金项目的经济效果分析。

(1)生产分析。生产分析包括对生产均衡性、产品产量、产品品种、产品质量和生产成套性以及固定资产利用情况、材料供应和利用情况、劳动生产率、工时利用情况等影响生产的各个主导因素的分析。

(2)人员配备和劳动效率分析。在进行分析时,应对企业人员配备、职工队伍的素质、工作时间的利用、劳动和工作的效率进行分析,寻找以较少的人力或工作时间完成和超额完成生产经营和管理工作任务的途径。

(3)成本分析。成本分析主要包括对生产费用预算执行情况的分析、产品成本计划完成情况的分析、可比产品成本降低任务完成情况的分析、主要产品单位成本的分析、主要技术经济指标的变动对成本影响的分析,以及产品成本功能分析。

(4)销售和利润分析。销售和利润分析包括对产品销售和产品销售利润、其他销售利润、营业外收支,以及利润分配的分析。

(5)资金分析。资金分析主要包括资金来源和资金占用状况的一般分析、固定资产利用情况的分析、定额和非定额流动资金的分析、流动资金周转率的分析、资金利润率的分析,以及产值资金率的分析。在商业企业中,除资金、利润分析外,着重进行商品流转分析和商品流通费分析。

3. 生产系统的经济活动分析的作用

(1)促使企业全面完成生产经营计划。通过对计划完成情况的检查,可以促使企业的各部门和职工强化计划的观念,提高执行计划的自觉性,提出保证完成计划的措施,使整个企业的生产经营计划能够顺利执行;可以了解企业在制订和执行计划过程中,是否存在预测不准、计划不周、执行失控、监督不严等现象,以便从中总结经验,改进计划管理工作。

(2)督促企业的经营活动遵守国家政策法令和规章制度。分析企业的生产经营活动,必然要了解企业的生产经营活动是怎样进行的,要对企业经营活动的合理性、合法性、效益性做出评价。因此,有了经常性的经济活动分析工作,就能够对企业遵守国家政策法令和规章制度起到一定的督促作用,增强企业遵纪守法的观念。

(3)推动企业健全经济责任制。经济活动分析工作能否深入,效果大小,同经济责任制的建立有关,通过建立经济责任制,把企业生产经营的目标和合理利用人力、物力、财力提高经济效益的要求,进行分解落实,成为各部门的具体目标,把经济责任的考核同经济利益的奖罚密切结合起来,有利于加强各部门的责任心,提高职工的积极性。

(4)为提高企业素质和经营管理水平提供决策资料。在分析企业的经济活动中,往往要联系企业的素质,从经营决策、指挥调度、人员设备保证上,研究其对取得生产经营成果和效益的影响。针对存在的问题采取有效措施,以提高企业素质,提高企业管理水平。因此,经济活动分析可以为有关部门和领导提供这方面的决策的参考资料。

4. 生产系统的经济活动分析的种类

按不同标准划分,生产系统的经济活动分析有不同种类:按范围可分为全企业的经济活动分析、车间或部门的经济活动分析、班组或柜组的经济活动分析;按要求可分为综合分析、典型分析和专题分析;按时间可分为定期分析和不定期分析;按任务可分为事前的预测分析、事中执行过程的控制分析,以及事后的检查分析等;按分析包括的内容划分,有全面分析和专题分析;按分析资料的形式划分,有书面分析、报告式分析;按分析的层次划分,有全厂分析和部门的分析。不管经济活动采取何种形式,都要注意经济活动分析的有效性,即重实效,而不是重形式。

5. 生产系统的经济活动分析的程序

经济活动分析一般由四个步骤组成:对比找出差距;研究查明原因;计算确定影响;总结提出建议。在每一步骤中,则贯穿运用一定的方法,现分别说明如下:

(1) 对比找出差距。

在一般情况下,对比找出差距是经济活动分析工作的起始点。对比或比较的范围是很广的,在实践中,对比标准主要有:同预定目标、同计划或定额相比;同上期或历史最好水平相比;同国内外先进水平相比。对比所运用的方法,通常称为比较法。比较所利用的指标数据,可以是绝对数,也可以是相对数或者是相关比例数。在运用对比找差距方法时,必须注意经济现象或经济指标的可比性,即被比较的现象或指标,必须在性质上同类、范围上一致、时间上相同。

(2) 研究查明原因。

在对比找出差距的基础上,研究查明差距(或差异)产生的原因,这是分析工作的重要一步。每项经营活动的结果,都可能由很多的原因造成,或者说会受到多种因素的影响,这些原因或因素有些是密切联系的。因此,我们可以按照这种联系,经过逻辑判断和推理,确定经济指标间相互关系的模式,排成固定的公式,在分析中加以运用,以确定差距产生的原因。

(3) 计算确定影响。

计算确定影响,就是根据影响经济指标的因素或原因,计算它们的变动对经济指标的具体影响,以明确作用的方向(有利或不利)和影响程度的大小。根据因素影响的方向和程度,便于在进行决策和制定措施中抓住主要矛盾,有重点地解决问题。

在实践中,确定原因和计算影响一般是同时进行的,因此,也可以把它们看作是一个步骤,称为确定影响的因素。计算因素的影响,即测定各个因素变化对某一经济指标的影响程度,通常采用"连环代替法"或者它的变形"差额计算法"。

(4) 总结提出建议。

根据分析的结果,总结企业的工作,提出改善企业经营管理的建议,供管理者作为进行决策、制定措施的参考,以充分发掘企业的潜力,不断提高生产经营的经济效益。所以,总结提出建议,是整个分析工作的重要步骤。

6. 财务分析和经济活动分析

财务分析和经济活动分析的相同点在于"分析",有相同或相近的分析程序、分析方法、分析形式等。区别主要在于:

(1) 对象与内容不同。财务分析的对象是企业财务活动,包括资金的筹集、投放、耗费、回收、分配等。经济活动分析的对象是企业的经济活动,除了财务活动,还有生产活动。

(2) 分析的依据不同。财务分析的依据主要是企业会计报表资料。经济活动分析的资料则包括企业内部各种会计资料、统计资料、技术或业务资料等。

(3) 分析的主体不同。财务分析的主体具有多元性,可以是企业的投资者、债权人,也可以是企业经营者、企业职工及其他与企业有关或对企业感兴趣的部门、单位或个人。经济活动分析通常是一种经营分析,分析的主体是企业经营者或职工。

7. 生产系统的经济活动分析的方法

(1) 对比法:又称比较法,把有关指标的本期实际数对比本期计划数、对比上期实际数、对比本企业历史最优成绩或对比同行业先进成绩等,以找出差距,查明原因。

(2) 比率分析法:把对比的数值改成相对数,计算出比率,然后进行对比分析,具体有趋势比率分析、构成比率分析和相关比率分析。

(3) 因素分析法:具体有连锁替代法、差额计算法和线性规划法等。连锁替代法又称因素替换法,是将影响某项指标的几个相互联系的因素合理地加以排列,顺次把其中一个因素视为可变,其他因素视为不变,逐个替代,以计算每一因素对指标变动的影响程度的方法。合理排定诸因素的顺序,是运用这种方法的前提条件。因为变换因素替代顺序,会得出不同的结果。差额计算法是连锁替代法的简化形式,它以各个因素的实际数与基数(计划数或者其他对比的数值)之间的差额,计算确定各因素对指标变动的影响程度。线性规划法是把相互联系、相互制约的因素纳入一定的数学模型求解,得出一定限制条件下最优方案的方法(线性规划模型)。

在中国,有些企业定期地举行经济活动分析会议,由厂长或经理、总会计师、财务会计科长、经济核算人员和职工代表参加。它是专业分析与群众分析相结合、领导检查与群众监督相结合的一种有效形式。

 案例分析 9-3　某酒店经济活动分析管理内容提要

经济活动分析是酒店经营管理的一个重要工具,搞好经济活动分析对指导酒店加强经营管理、促进成本控制、提高经济效益、保证各项预算的完成具有重要作用。

一、经济活动分析的任务

(1) 在经济核算基础上,通过对酒店经营活动过程及结果的分析研究,考核预算的执行情况,通过正确评估经营活动,揭示预算执行中的矛盾,分析预算与实际差异原因,提出改进措施,以促进酒店经营管理水平的提高。

(2) 挖掘增收节支潜力,高效地使用人力、物力、财力,提高经济效益。

(3) 通过经济活动的分析,使各部门领导层和执行层都能了解本部门的经营情况和酒店的财务状况,以调动全体员工参与管理的积极性和主动性。

(4) 通过对预算执行情况的分析,积累酒店经营情况资料,为编制下期预算提供依据。

二、经济活动分析的组织与分工

经济活动分析工作在总经理领导下,由财务部经理负责组织实施,按"统一领导,分级管理"的原则,各有关部门都负有分析预算完成情况的责任。各部门分工如下:

销售部:市场、客源、房金收入和市场营销费用情况分析。

客房部:客房消耗用品、全店布件洗涤与PA清洁用品等分析。

前厅部:商务中心的收入和费用分析。

康乐部:销售情况分析以及康乐营收和成本耗用分析。

餐饮部:餐饮营收与成本分析,物料、器皿等费用消耗分析,以及商品销售情况分析。

基本训练

一、简答题

1. 生产系统的经济活动分析的程序是怎样的?
2. 举例说明生产成本及生产成本控制的含义。
3. 班组经济核算指标有哪些?
4. 生产成本控制的方法有哪些?
5. 举例说明生产系统的经济活动分析的程序。

二、判断题

1. 财务分析和经济活动分析内容是相同的。(　　)
2. 生产系统经济活动分析,是企业经济核算工作的重要环节。(　　)
3. 班组经济核算一般是在车间主任领导下,由班组长负责组织,由核算员具体承担。(　　)
4. 班组核算是企业经济核算的基础,核算结果不能作为评比计奖的依据。(　　)
5. 为保证经济核算工作正常进行,必须做好企业内部的原始记录。(　　)

三、选择题

1. 对生产均衡性、产品产量、产品品种、产品质量等的分析属于(　　)。

　　A. 生产分析　　　　　　B. 人员配备和劳动效率分析

　　C. 成本分析　　　　　　D. 销售和利润分析

2. 生产系统的经济活动分析的种类按范围可分为(　　)。

　　A. 事前的预测分析、事中执行过程的控制分析,以及事后的检查分析等

　　B. 全企业的经济活动分析、车间或部门的经济活动分析、班组或柜组的经济活动分析

　　C. 综合分析、典型分析和专题分析

　　D. 全厂分析和部门的分析

3. 生产系统的经济活动分析常用的技术方法有(　　)。
　A. 对比法　　　　　　　B. 比率分析法
　C. 因素分析法　　　　　D. 成本分析法
4. 别人在某些方面做得比自己好,所以要以别人为楷模来做属于(　　)。
　A. 基于经验的成本控制方法
　B. 基于标杆的目标成本控制方法
　C. 基于历史数据的成本控制方法
　D. 基于预算的目标成本控制方法
5. 确定成本标准的方法有(　　)。
　A. 计划指标分解法　　　B. 预算法
　C. 经验法　　　　　　　D. 定额法

综合案例

北大荒薯业的成本分析

"三最"冠全国——产量、质量、成本三项主要指标名列全国之首。2006 年 12 月,记者从全国马铃薯专业委员会年会上获悉,北大荒马铃薯产业有限公司(简称北大荒薯业)从 8 月 23 日带料试车以来,创下了三个"全国之最",即生产精淀粉最多、产品质量最好、整体成本最低。已销售产品 5 000 多吨,其中部分产品直销韩国,还有大量客商等待签约,预计全部淀粉销售后可实现利润 1 000 万元。

2006 年,在齐齐哈尔农垦分局的支持下,北大荒薯业进行了体制创新,组建股份制公司,克山农场的职工、马铃薯种植大户和公司的全体员工共 4 461 人入股北大荒马铃薯产业有限公司,农场职工、企业员工与马铃薯产业结成了紧密的利益共同体。克山农场还聘请专家对全场 1 398 个马铃薯种植户进行全员培训,帮助他们解决种植和管理的技术难题。全场落实了 230 个种植马铃薯 300 亩以上的大户,形成市场牵龙头、龙头带基地、基地连大户的产业化格局。体制的创新,将原料基地与公司紧密联结在一起,确保了原料的生产和销售。

2006 年,克山农场在降水天数、降水量、相对湿度达标天数等适合晚疫病大发生的几项气候指标都较上年更加严重的情况下,攻克了马铃薯晚疫病防治这一世界性难题,取得了平均亩产两吨的产量,为公司提供了原料保证。

公司狠抓了全面质量管理,由外国专家从 8 月 23 日开始带领员工带料试车,至 10 月 28 日,共加工马铃薯近 10 万吨,生产淀粉近 1.5 万吨,马铃薯精淀粉提取率达到 96% 以上。其中优级品达到 60% 左右,一极品达到 100%,淀粉的白度在 92～95 之间,黏度在 1 500～1 700 之间,各项指标完全达到甚至超过国家规定标准,达到欧盟标准要求。

(资料来源:赵景才,迟玉梅. 北大荒薯业"三最"冠全国[N]. 农垦日报,2006-12-29)

问题:北大荒薯业产量、质量和成本三项主要指标名列全国之首的主要原因是什么?

综合实训

背景资料:

某硬质合金厂已经确定了目标质量成本。管理人员在分析车间质量成本时发现,废品损失是最主要的质量成本构成项目,于是将其作为控制质量成本的重点对象。在确定质量目标成本时,他们对造成废品损失的各个项目逐一分析并参考了历史资料,特别是近年来的资料,以及同行业的先进水平,确定各品种合格率以及全品种综合合格率作为目标值。在2022年实际水平的基础上,确立2023年的目标质量和质量成本为:综合合格率提高5%,不低于87%,质量成本费用下降52万元。

实训要求:

(1)以5~6人为一组,进行合理分工,每人应有明确任务;

(2)根据背景资料中企业定的质量成本控制目标,分阶段实施控制,制订控制计划和控制措施;

(3)利用所学的成本考核指标进行模拟考核;

(4)考核各单位对质量成本管理的开展情况,并制定质量改进措施;

(5)撰写实训报告,并制作PPT;

(6)实训报告完成后进行课堂讨论,相互交流实训经验。

参考文献
References

[1] 徐小平. 管理学 [M]. 2版. 北京:科学出版社,2014.

[2] 荣晓华,孙喜林. 管理学原理 [M]. 4版. 大连:东北财经大学出版社,2013.

[3] 龚丽春. 管理学原理 [M]. 北京:冶金工业出版社,2008.

[4] (美)斯蒂芬·P. 罗宾斯,玛丽·库尔特. 管理学 [M]. 11版. 李原,孙健敏,黄小勇,译. 北京:中国人民大学出版社,2012.

[5] (美)斯蒂芬·P. 罗宾斯,蒂莫西·A. 贾奇. 组织行为学 [M]. 14版. 孙健敏,李原,黄小勇,译. 北京:中国人民大学出版社,2012.

[6] 周三多,陈传明,贾良定. 管理学——原理与方法 [M]. 6版. 上海:复旦大学出版社,2014.

[7] 赵继新,阎子刚. 供应链管理 [M]. 3版. 北京:机械工业出版社,2017.

[8] 陈国华. 生产运作管理 [M]. 3版. 南京:南京大学出版社,2016.

[9] 马士华,林勇,等. 供应链管理 [M]. 5版. 北京:机械工业出版社,2016.

[10] 韩之俊,许前,钟晓芳. 质量管理 [M]. 4版. 北京:科学出版社,2017.

[11] 张群. 生产与运作管理 [M]. 3版. 北京:机械工业出版社,2014.

[12] 李全喜. 生产运作管理 [M]. 3版. 北京:北京大学出版社,2014.

[13] 马士华. 供应链管理 [M]. 2版. 武汉:华中科技大学出版社,2014.

[14] 王光娟,程芳,汪嘉彬. 市场营销学 [M]. 北京:清华大学出版社,2018.

[15] (美)R. 韦恩·蒙迪,罗伯特·M. 诺埃,沙恩·R. 普雷梅克斯. 人力资源管理 [M]. 8版. 葛新权,郑兆红,王斌,等,译. 北京:经济科学出版社,2003.

[16] 杨春甫,李光富. 财务管理 [M]. 武汉:华中科技大学出版社,2007.

[17] 季辉. 现代企业经营与管理 [M]. 5版. 大连:东北财经大学出版社,2020.